大学入試 ランク順

RANK

聴いて覚える
世界史 探究

Gakken

JN048610

👑 ランク順 "聴いて覚える" の特長

単語や用語を暗記する際は，繰り返し反復することが重要です。しかし，日々の勉強や入試対策でやるべきことは多岐に渡るので，なかなか暗記に時間を割けないことも…。
そんなときにおすすめなのが，本書で取り上げる **"聴いて覚える" 勉強法** です。

ANYTIME!

👑 **POINT 1**

まとまった時間が取れなくても，**スキマ時間に聞き流すだけで**暗記につながる

ANYWHERE!

👑 **POINT 2**

聴くだけなら，**どんな場所でも，**手がふさがっていてもできる

LEARN QUICKLY!

INPUT

OUTPUT

👑 **POINT 3**

「音声聞き流しでインプット」
「紙面の一問一答でアウトプット」
を繰り返すことで**記憶が定着**

本書には，一問一答の文章を読み上げた音声がついています。音声は次のいずれかの方法で聞くことができます。

PCで聞く場合

https://gbc-library.gakken.jp/

上記 URL から，「Gakken Book Contents Library」にアクセスいただき，以下手順で進めてください。

① 画面下の「次へ」をタップ

② Gakken ID とパスワードを入力してログイン

※下記 ID・パスワードではなく，Gakken ID 登録時にお客様で設定いただいたものをご入力ください。

※ Gakken ID の登録がお済みでない場合は「新規会員登録はこちら」から会員登録をお願いします。

③ ログイン後，「コンテンツ追加＋」ボタンから下記 ID・パスワードを入力して書籍を登録

④ 書籍登録完了後，「コンテンツ管理」画面に表示される，コンテンツ一覧から本書を選び，再生

● ID：**3bxm3**

● パスワード：**ax5q9w8u**

スマートフォンで聞く場合

音声再生アプリ「my-oto-mo」で聞く

上記二次元コードから，アプリ「my-oto-mo」をダウンロードしてください。アプリ内で本書の表紙をタップいただくと，パスワード入力画面が出てきますので，下記パスワードを入力します。その後，アプリ内で音声のダウンロードが終了すると，聞くことができます。

● パスワード：**kikurank**

「Gakken Book Contents Library」で聞く

上記二次元コードから，「Gakken Book Contents Library」にアクセスいただき，上の「PC で聞く場合」と同じ手順で進めてください。

● ID：**3bxm3**

● パスワード：**ax5q9w8u**

👑 書籍の特長

音声を聴いて，世界史探究の用語をインプットしたあとに，書籍の一問一答を解くアウトプットトレーニングをして，記憶を定着させましょう。ここでは誌面の特長を紹介します。

見出し語は入試に出る用語を精選！

見出し語は，入試過去問分析を基に，入試に繰り返し出題されている用語を精選しています。入試で確実に合格点を取るために必要な知識を，無駄なく効率的に学ぶことができます。

出題頻度に応じてランクを掲載！

全ての見出し語には，入試における出題頻度を示す「金」「銀」「銅」のランクを明示しています。また，各 THEME についても，入試での出題頻度に応じて「金」「銀」「銅」のランクを示しました。

THEME

人類の起源と文化の形成

出題頻度 👑

一問一答番号 0001―0024

0001	人類の歩みは，アフリカ大陸で始まったと考えられている。最古の人類は◯◯と呼ばれ，アウストラロピテクスがその代表である。 (中京大)	猿人
0002	2001年にチャドで見つかった◯◯と呼ばれる猿人の骨は，700万年から600万年も前のものと推定されている。 (中央大)	サヘラントロプス
0003	約440万年前には，いまのエチオピアに◯◯が存在したことが1990年代にわかった。 (中央大)	ラミダス猿人
0004	猿人の代表としては，南アフリカで発見された，「南の猿」を意味する◯◯があげられる。 (北星学園大)	アウストラロピテクス
0005	約240～180万年前に登場した◯◯の活動期には氷河期も含まれたが，彼らは火を使用することによってこの環境に適応できるようになった。 (中京大)	原人
0006	1929年に中国の周口店で約60万年前の◯◯の化石が発見された。 (学習院大)	北京原人
0007	約240～180万年前には原人が現れた。インドネシアで発見された◯◯がその代表である。 (二松学舎大)	ジャワ原人
0008	60万年前頃になると，◯◯が出現する。この時期は氷河期に重なり低温であったが，彼らは洞窟に住み，毛皮を着用した。 (北星学園大)	旧人

8

ランク順だからタイパ最強

書籍には過去問分析を基に，入試に出題される可能性の高い問題をまとめました。すべての問題には，入試における出題頻度を示す「金」「銀」「銅」のランクを明示しています。ランクを意識しながら問題を解くことで，入試でよく問われるポイントを，効率よく学習することができます。

0009	約20万年前には，より進化した旧人が出現した。ドイツで1856年に最初に発見された□□□がその代表である。 （二松学舎大）	ネアンデルタール人
0010	約20万年前になると，現生人類（ホモ゠サピエンス）に属する□□□が出現し，世界各地に広がった。 （中央大）	新人
0011	人類が打製石器を用い，狩猟・採集生活を営んでいた時代を□□□と呼ぶ。 （獨協大）	旧石器時代
0012	□□□を用いて，狩猟・漁労・採集生活を営んでいた時代を旧石器時代と呼ぶ。 （関西大）	打製石器
0013	斧・石臼などの磨製石器を用い，農耕・牧畜を始めるようになった時代を□□□と呼ぶ。 （獨協大）	新石器時代
0014	獲得経済から生産経済への移行にともなって□□□が使用され始めた。 （龍谷大）	磨製石器
0015	剝片石器のうち小さなものは□□□と呼ばれ，木や骨の柄にはめこんで使用されることも多かった。 （法政大）	細石器
0016	20万年ほど前に，われわれの直接の祖先である新人が現れた。ヨーロッパのクロマニョン人や中国の□□□などがこれにあたる。 （二松学舎大）	周口店上洞人（しゅうこうてんじょうどうじん）
0017	フランスで発見された□□□は新人に属する。 （南山大）	クロマニョン人

右側見出し（縦書き）：
古代文明と東アジア／アジアと地中海・世界の形成／イスラーム教とヨーロッパ世界／ヨーロッパ世界の膨張／アジアの動揺と「世界の一体化」／近世ヨーロッパと世界の動向／近代社会の形成／欧米諸国の世界分割／世界現代史

赤シートでの暗記チェックに対応！

本書に付属する「赤シート」を使えば，暗記テストができるようになっています。

問題文は学習効果の高いものを掲載！

見出し語に対応した問題文はその用語を問う際の一般的な問い方であることを主眼に選定しています。また，問題文のなかには，より効果的な演習を可能にするために改題を施しているものやオリジナルで作成しているものもあります。

CONTENTS

古代文明の出現と東アジア

掲載問題数 ４３７問

狩猟・採集から農耕・牧畜に移るとともに，世界各地の大河流域を中心に古代文明が出現し，様々な民族が古代帝国を築いていきました。古代文明の展開と中国古代帝国の変遷に続き，中央ユーラシアから東アジア世界の動きを見ていきましょう。

人類の起源と文化の形成

見出し番号 0001—0024

☑ 0001 👑	人類の歩みは，アフリカ大陸で始まったと考えられている。最古の人類は▢▢▢と呼ばれ，アウストラロピテクスがその代表である。 （中京大）	猿人
☑ 0002 👑	2001年にチャドで見つかった▢▢▢と呼ばれる猿人の骨は，700万年から600万年も前のものと推定されている。 （中央大）	サヘラントロプス
☑ 0003 👑	約440万年前には，いまのエチオピアに▢▢▢が存在したことが1990年代にわかった。 （中央大）	ラミダス猿人
☑ 0004 👑	猿人の代表としては，南アフリカで発見された，「南の猿」を意味する▢▢▢があげられる。 （北星学園大）	アウストラロピテクス
☑ 0005 👑	約240〜180万年前に登場した▢▢▢の活動期には氷河期も含まれたが，彼らは火を使用することによってこの環境に適応できるようになった。 （中京大）	原人
☑ 0006 👑	1929年に中国の周口店で約60万年前の▢▢▢の化石が発見された。 （学習院大）	北京原人
☑ 0007 👑	約240〜180万年前には原人が現れた。インドネシアで発見された▢▢▢がその代表である。 （二松学舎大）	ジャワ原人
☑ 0008 👑	60万年前頃になると，▢▢▢が出現する。この時期は氷河期に重なり低温であったが，彼らは洞窟に住み，毛皮を着用した。 （北星学園大）	旧人

☑ 0009 ☐	約20万年前には，より進化した旧人が出現した。ドイツで1856年に最初に発見された◻◻◻◻◻がその代表である。 (二松学舎大)	ネアンデルタール人
☑ 0010 ☐	約20万年前になると，現生人類（ホモ＝サピエンス）に属する◻◻◻◻◻が出現し，世界各地に広がった。 (中央大)	新人
☑ 0011 ☐	人類が打製石器を用い，狩猟・採集生活を営んでいた時代を◻◻◻◻◻と呼ぶ。 (獨協大)	旧石器時代
☑ 0012 ☐	◻◻◻◻◻を用いて，狩猟・漁労・採集生活を営んでいた時代を旧石器時代と呼ぶ。 (関西大)	打製石器
☑ 0013 ☐	斧・石臼などの磨製石器を用い，農耕・牧畜を始めるようになった時代を◻◻◻◻◻と呼ぶ。 (獨協大)	新石器時代
☑ 0014 ☐	獲得経済から生産経済への移行にともなって◻◻◻◻◻が使用され始めた。 (龍谷大)	磨製石器
☑ 0015 ☐	剝片石器のうち小さなものは◻◻◻◻◻と呼ばれ，木や骨の柄にはめこんで使用されることも多かった。 (法政大)	細石器
☑ 0016 ☐	20万年ほど前に，われわれの直接の祖先である新人が現れた。ヨーロッパのクロマニョン人や中国の◻◻◻◻◻などがこれにあたる。 (二松学舎大)	周口店上洞人 （しゅうこうてんじょうどうじん）
☑ 0017 ☐	フランスで発見された◻◻◻◻◻は新人に属する。 (南山大)	クロマニョン人

☑ 0018 ☐	フランスの◯◯◯の遺跡は，20世紀前半に発見された洞穴絵画遺跡である。 (早稲田大)	ラスコー
☑ 0019 ☐	現生人類に属する新人は，スペインの◯◯◯などに洞穴絵画を残している。 (関西大)	アルタミラ
☑ 0020 ☐	人類はその歴史の大半を◯◯◯，すなわち狩猟・漁労・採集活動に依存してきたが，紀元前9000年頃，西アジアで食料を自ら生産する牧畜や農耕が始まった。 (早稲田大)	獲得経済
☑ 0021 ☐	氷河期が終わると自然環境が大きく変わり，人々は洞窟から離れて，平地で農耕や牧畜による◯◯◯に移行した。 (関西大)	生産経済
☑ 0022 ☐	初期の農法は，雨水にたよる◯◯◯であり，肥料を用いない略奪農法であった。 (立教大)	乾地農法
☑ 0023 ☐	初期農法は，肥料を施さなかったので◯◯◯と呼ばれる。 (中央大)	略奪農法
☑ 0024 ☐	メソポタミアの「◯◯◯」は，人類が最初に農耕を開始した地域の一つである。 (明治大)	肥沃（ひよく）な三日月地帯

THEME

古代のオリエント世界とアフリカ

見出し番号 0025〜0116

出題頻度 ♛

☑ 0025 ☐	西アジアとエジプト，小アジアを含む地域は◯◯◯と呼ばれ，メソポタミア文明とエジプト文明が誕生し，初期の都市国家や王国が樹立された。 (早稲田大)	オリエント

☑ 0026 ☐	◻◻◻◻◻両河流域の肥沃な沖積平野で発展した古代メソポタミア文明では，多くの都市国家が建国されて神殿を中心とした神権政治が行われていた。 (学習院大)	ティグリス・ユーフラテス川
☑ 0027 ☐	紀元前3000年頃からメソポタミア南部で初めて都市国家を形成した◻◻◻◻は楔形文字(くさびがた)を使用し，ジッグラトと呼ばれる聖塔を建設した。 (東京学芸大)	シュメール人
☑ 0028 ☐	西アジアでは前3000年頃にシュメール人によって，◻◻◻◻・ウルク・ラガシュなどの都市国家が築かれた。 (オリジナル)	ウル
☑ 0029 ☐	メソポタミアでは多数の粘土板文書が出土しているが，その中には◻◻◻◻の王ギルガメシュを主人公とする叙事詩もあった。 (青山学院大)	ウルク
☑ 0030 ☐	メソポタミア南部では，シュメール人により前3000年頃からウル，ウルク，フランス隊に発見された◻◻◻◻などの都市国家が建設された。 (早稲田大)	ラガシュ
☑ 0031 ☐	前24世紀頃，セム語系の◻◻◻◻がシュメール人の都市国家をつぎつぎに征服し，メソポタミアで最初の統一国家を建設した。 (皇學館大)	アッカド人
☑ 0032 ☐	メソポタミア地方を初めて統一したのは，◻◻◻◻の率いるアッカド人であった。 (西南学院大)	サルゴン1世
☑ 0033 ☐	シュメール人の都市国家は前24世紀にアッカド人に征服されたが，◻◻◻◻として再興された。 (明治大)	ウル第3王朝
☑ 0034 ☐	前19世紀初めにはセム語系の◻◻◻◻がバビロン第1王朝（古バビロニア王国）を建て，メソポタミアを再び統一した。 (専修大)	アムル人

☑ 0035 ⟡	前19世紀頃, シリア方面からセム語系のアムル人がメソポタミアに侵入し, バビロンを都とする◯◯◯◯を樹立した。　　　　　　　　　　　　　　　　　　　　（京都大）	バビロン第1王朝 (古バビロニア王国)
☑ 0036 ⟡	セム語系のアムル人が興したバビロン第1王朝は, 第6代の◯◯◯◯のときに全メソポタミアを支配した。　（甲南大）	ハンムラビ王
☑ 0037 ⟡	バビロン第1王朝で定められた◯◯◯◯は, 「目には目を, 歯には歯を」の復讐法の原則に立っていた。　　（皇學館大）	ハンムラビ法典
☑ 0038 ⟡	ハンムラビ法典は◯◯◯◯の原則をとっていたが, 身分の違いによって刑罰には差がつけられていた。　　　　　　　　　　　　　　　　　　　　　（東京理科大）	復讐法
☑ 0039 ⟡	メソポタミアでは, 都市国家を支える農業や◯◯◯◯と呼ばれる聖塔などの巨大建造物建設のための測量術が発展した。　　　　　　　　　　　　　　　（学習院大）	ジッグラト
☑ 0040 ⟡	楔形文字で書かれた世界最古の文学作品として知られる『◯◯◯◯』はメソポタミア南部ウルクの王を主人公とするものである。　　　　　　　　　　　　（武蔵大）	ギルガメシュ叙事詩
☑ 0041 ⟡	シュメール人は◯◯◯◯を粘土板に刻み, 祭祀・法律・歴史などを記録した。　　　　　　　　　　　　（早稲田大）	楔形文字（くさびがた）
☑ 0042 ⟡	紀元前のメソポタミアでは, ◯◯◯◯という記数法が用いられ, 数学や農学などの実用的な学問が発達した。　　　　　　　　　　　　　　　　　　　（東洋大）	六十進法
☑ 0043 ⟡	月の満ち欠けをもとにして作られた◯◯◯◯はシュメールに始まり, バビロニアでは季節を調整するために太陽暦と併用する太陰太陽暦として発展した。　（明治大）	太陰暦

□ 0044 ☑	前16世紀初め，鉄器の使用で知られる小アジアの □ により，バビロン第1王朝が滅ぼされた。 (関西学院大)	ヒッタイト人
□ 0045 ☑	前16世紀初め，小アジアのヒッタイトにより，バビロン第1王朝が滅ぼされた。その後，北部からミタンニが，イラン方面から □ がメソポタミアに進出した。 (関西学院大)	カッシート
□ 0046 ☑	前16世紀，北メソポタミアに成立した □ 王国は前15世紀にはエジプトやヒッタイトと並び繁栄したが，後にアッシリアに併合された。 (オリジナル)	ミタンニ
□ 0047 ☑	古代エジプトのナイル川流域では，早くから □ と呼ばれる部族的独立集落が形成された。 (京都産業大)	ノモス
□ 0048 ☑	エジプトでは，古王国時代の都であった □ がデルタ地帯の南端にあって栄えた。 (関西大)	メンフィス
□ 0049 ☑	古代エジプトの王は □ と呼ばれ，太陽神ラーの子として崇められた。 (中央大)	ファラオ
□ 0050 ☑	□ は，現在のルクソールに位置したエジプト中王国の都で，新王国時代にもたびたび都が置かれた。 (青山学院大)	テーベ
□ 0051 ☑	中王国時代末期のエジプトでは，シリア方面から遊牧民 □ が馬と戦車をもって侵入し，デルタ地帯を支配するほどになった。 (大阪学院大)	ヒクソス
□ 0052 ☑	エジプトの新王国時代，太陽神ラーと都テーベの守護神の □ とが結びついた信仰がさかんとなった。 (オリジナル)	アメン（アモン）

☑ 0053 ☐	エジプト新王国の王[____]は，それまでの神々の信仰を禁じて，一つの神アテンを信仰する信仰改革を断行した。 (オリジナル)	アメンヘテプ4世(アメンホテプ4世)
☑ 0054 ☐	アメンヘテプ4世が改宗し，民衆にも信仰することを強制した唯一神を[____]という。 (オリジナル)	アテン
☑ 0055 ☐	アメンヘテプ4世は，都を[____]に移し，政治改革や宗教改革を実行しようとした。 (早稲田大)	テル=エル=アマルナ
☑ 0056 ☐	アメンヘテプ4世の信仰改革の影響を受けて，古王国以来の固定的な様式に代わり，自由で写実的な様式を特徴とする[____]が生み出された。 (立正大)	アマルナ美術
☑ 0057 ☐	エジプト新王国の[____]は，前13世紀にシリアの支配をめぐってカデシュでヒッタイトと戦った。 (大阪経済法科大)	ラメス2世(ラムセス2世，ラメセス2世)
☑ 0058 ☐	前1286年頃，シリアの要塞都市[____]で，ラメス2世率いるエジプトと，ムワタリ王率いるヒッタイトが戦った。 (大阪学院大)	カデシュ
☑ 0059 ☐	古代エジプト人は霊魂の不滅を信じてミイラを作り，[____]と呼ばれる冥界の王による死後の審判に備えて「死者の書」を残した。 (早稲田大)	オシリス
☑ 0060 ☐	古代エジプトでは，多神教の中の主神である太陽神を[____]と呼んだ。 (明治大)	ラー
☑ 0061 ☐	古代エジプトでは，オシリスの審判を受けるための呪文を記した「[____]」が書かれた。 (関西学院大)	死者の書

☑ 0062	古代エジプトで最大のピラミッドを建造したファラオは _____ である。（関西学院大）	クフ王
☑ 0063	古代エジプトでは，門を守る守護獣はライオンの身体と人間の顔を組み合わせた _____ の形を取ることもあった。（慶應義塾大）	スフィンクス
☑ 0064	古代エジプトでは，1年を365日とする _____ が作られ，ユリウス暦の原型となった。（武蔵大）	太陽暦
☑ 0065	古代エジプトの神殿や墳墓には象形文字である _____ が残されている。（名古屋外国語大）	神聖文字 （ヒエログリフ）
☑ 0066	古代エジプトでは植物の繊維で作った _____ が紙として用いられた。（関西学院大）	パピルス
☑ 0067	シャンポリオンは _____ の研究から神聖文字の解読に成功している。（東京理科大）	ロゼッタ＝ストーン
☑ 0068	フランスの _____ はナポレオン軍のエジプト遠征中に発見されたロゼッタ＝ストーンに刻まれた古代エジプト文字の解読に最初に成功した。（青山学院大）	シャンポリオン
☑ 0069	エジプトでは，神聖文字をもとにその簡略体である神官文字とさらに簡略化され日常的に用いられた _____ が生み出された。（中央大）	民用文字 （デモティック）
☑ 0070	エジプトでは，象形文字の神聖文字（ヒエログリフ）が発明されるとともに，簡略化された民用文字や _____ がパピルスに記された。（中央大）	神官文字 （ヒエラティック）

☑ 0071 ☐	ナイル川の氾濫後，荒れた土地を再区画するために発達した◯◯◯◯は，数学・天文学・暦学などの発達をもたらした。 (摂南大)	測地術
☑ 0072 ☐	エジプトには独自の文化が生みだされ繁栄したが，やがてギリシア・エーゲ海方面からの「◯◯◯◯」の進出などにより勢力を弱めた。 (関東学院大)	海の民
☑ 0073 ☐	古代オリエントにおいて内陸商業で繁栄した◯◯◯◯はダマスクスを拠点として，中継貿易を行った。 (桜美林大)	アラム人
☑ 0074 ☐	◯◯◯◯はシドン・ティルスなどの都市国家を作り，植民市の一つとしてカルタゴを建設した。 (青山学院大)	フェニキア人
☑ 0075 ☐	フェニキア人は◯◯◯◯やティルスなどの都市国家を母市（拠点）として，高度な造船・航海術を活かして地中海で旺盛な交易を行った。 (法政大)	シドン
☑ 0076 ☐	フェニキア人が築いた都市国家の◯◯◯◯は，植民市カルタゴを建設した。 (関西学院大)	ティルス
☑ 0077 ☐	フェニキア文字から派生した◯◯◯◯を母体として，ソグド文字，ウイグル文字，モンゴル文字などの内陸アジアの文字が形成された。 (北海道大)	アラム文字
☑ 0078 ☐	◯◯◯◯はギリシア人に伝わり，アルファベットの起源となった。 (跡見学園女子大)	フェニキア文字
☑ 0079 ☐	イギリスの◯◯◯◯らによる楔形文字の解読は，古代メソポタミア文明・アッシリア文明・ペルシア文明の本格的研究への扉を開いた。 (東京学芸大)	ローリンソン

☑ 0080 ☺	セム語系の ［　　］ は, 前13世紀頃, モーセに率いられてエジプトの地からパレスチナへ脱出し, やがて前1000年頃, 王国を建設した。 (関西大)	ヘブライ人
☑ 0081 ☺	「出エジプト」を敢行した ［　　］ は, シナイ山で神から十戒を授かった。 (関西学院大)	モーセ
☑ 0082 ☺	ヘブライ人は前1500年頃から地中海東岸の ［　　］ に定住し, 前1000年頃, 王国を成立させた。 (畿央大)	パレスチナ（カナーン）
☑ 0083 ☺	前13世紀に「［　　］」を敢行したモーセは, シナイ山で神から十戒を授かり, ヘブライ人をパレスチナ(カナーン)の地に導いた。 (オリジナル)	出エジプト
☑ 0084 ☺	イスラエル王国は, 2代 ［　　］・3代ソロモン王という二人の王のもとで繁栄した。 (センター)	ダヴィデ王
☑ 0085 ☺	前1000年頃, ヘブライ人は王国を建設し, ダヴィデ王とその子 ［　　］ の時代に大いに繁栄することになった。 (関西大)	ソロモン王
☑ 0086 ☺	前10世紀末頃, ヘブライ人の王国は二つに分裂し, そのうちの北の ［　　］ は前8世紀後半にアッシリアによって滅ぼされた。 (名古屋学院大)	イスラエル王国
☑ 0087 ☺	ソロモン王の死後, ヘブライ人の王国は分裂した。南の ［　　］ は新バビロニア(カルデア)に征服され, 住民の多くがバビロンに連れ去られた。 (佛教大)	ユダ王国
☑ 0088 ☺	新バビロニアは前586年, ユダ王国を滅ぼし, その住民の多くをバビロンに連れて行くといういわゆる「［　　］」を行った。 (愛知工業大)	バビロン捕囚

17

089	新バビロニアの[___]が，ユダ王国を滅ぼし，ヘブライ人のバビロン捕囚を行った。 （オリジナル）	ネブカドネザル2世
090	ユダヤ（ヘブライ）人はアケメネス朝によってバビロンから解放されると，イェルサレムにヤハウェの神殿を再建し，[___]を確立した。 （東京理科大）	ユダヤ教
091	ユダヤ教は，モーセ五書などを含む『[___]』を教典としている。 （関西学院大）	旧約聖書
092	ヘブライ（ユダヤ）人の間では，唯一神[___]を信じる一神教が生まれ，救世主（メシア）を待望する観念が生じた。 （早稲田大）	ヤハウェ（ヤーヴェ）
093	ユダヤ教は，ユダヤ人のみが救われるとする[___]や救世主（メシア）の出現を待望する信仰などを特色としている。 （畿央大）	選民思想
094	ユダヤ人は，全能神ヤハウェへの信仰と選民思想，終末における[___]出現の希望をもとに独自の宗教を確立していった。 （東洋大）	メシア（救世主）
095	イスラエルとヨルダンにまたがる湖周辺で発見された「[___]」は『旧約聖書』の写本などを含む文書群である。 （関西学院大）	死海文書
096	オリエント文明の影響を受けて，東地中海沿岸では，青銅器文明である[___]が誕生した。 （東京経済大）	エーゲ文明
097	前2000年紀前半にエーゲ文明を代表する[___]が最盛期をむかえた。 （京都府立大）	クレタ文明（ミノア文明）

№		
☑ 0098 ☐	イギリスの　　　　　はクレタ文明の発見につながるクノッソスの宮殿の発掘を行った。　　　　　　　（日本大）	エヴァンズ
☑ 0099 ☐	クレタ島は海上交易で栄え，その中心地　　　　　には壮大な宮殿が作られた。　　　　　　　　　（跡見学園女子大）	クノッソス
☑ 0100 ☐	クレタ文明で使用された　　　　　は文字が刻まれた粘土板の質が悪く，出土数も少ないために未解読である。　　　　　　　　　　　　　　　　　　　　　　（中部大）	線文字A
☑ 0101 ☐	エーゲ海周辺では，前16世紀頃からペロポネソス半島を中心に　　　　　が栄えた。　　　　　　　（関西学院大）	ミケーネ文明
☑ 0102 ☐	ギリシア本土では，前16世紀頃からミケーネ文明が築き始められた。ミケーネ，　　　　　，ピュロスなどに巨石でできた城塞王宮が建てられた。　　　　　　（中京大）	ティリンス
☑ 0103 ☐	ギリシア南部ペロポネソス半島の南西部メッセニア地方の　　　　　の地にミケーネ時代の宮殿遺跡が存在する。　　　　　　　　　　　　　　　　　　　　（学習院大）	ピュロス
☑ 0104 ☐	エーゲ文明においては，クレタ文明期には線文字Aが用いられ，さらにそれをもとにして作られた　　　　　がミケーネ文明期になると用いられた。　　　　（西南学院大）	線文字B
☑ 0105 ☐	線文字Bは，イギリスの建築家　　　　　らによって解読された。　　　　　　　　　　　　　　　　（法政大）	ヴェントリス
☑ 0106 ☐	ギリシア人の一派である　　　　　は前20世紀頃からギリシアの地に定着し，前15世紀から前13世紀頃にミケーネ文明の黄金時代を現出した。　　　　　　（駒澤大）	アカイア人

☑ 0107 ↻	小アジアの[　　　]にも古くから文明が興り，その遺跡は19世紀の終わりにシュリーマンによって発掘された。 (駒澤大)	トロイア(トロヤ)
☑ 0108 ↻	19世紀のドイツ人考古学者の[　　　]は，トロイア（トロヤ）遺跡を発掘し，叙事詩「イリアス」でもうたわれたトロイア戦争が実在したことを明らかにした。 (静岡福祉大)	シュリーマン
☑ 0109 ↻	古代オリエントの統一は，前7世紀前半に[　　　]によって達成された。だが前612年には被征服民の反乱により国は崩壊し，四つの王国に分裂した。 (東京国際大)	アッシリア王国
☑ 0110 ↻	ティグリス川中流沿岸に位置する[　　　]には，前8世紀末以降，アッシリアの首都が置かれた。 (獨協大)	ニネヴェ
☑ 0111 ↻	アッシリアの王[　　　]は，最大版図を築き，首都ニネヴェに大図書館を建設した。 (オリジナル)	アッシュル=バニパル
☑ 0112 ↻	バビロニアには前7世紀後半にカルデア人による[　　　]が成立し，ネブカドネザル2世の時代に最盛期をむかえた。 (法政大)	新バビロニア(カルデア)
☑ 0113 ↻	アッシリアが前612年に滅ぼされると，この地はエジプト・リディア・新バビロニア（カルデア）・[　　　]の4王国分立の時代をむかえた。 (首都大東京)	メディア
☑ 0114 ↻	アナトリア西部に建国された[　　　]は，東西交通の要衝として中継貿易で栄え，最古の金属貨幣を使用した。 (早稲田大)	リディア
☑ 0115 ↻	エジプトを除くと最も古いアフリカ人の王国とされる[　　　]は，交易路の支配によって栄え、メロエに遷都してからは，進んだ製鉄技術と商業で繁栄した。 (中央大)	クシュ王国

古代文明の
出現と東アジア
アジアと地中海
世界の形成
イスラーム教と
ヨーロッパ世界
ヨーロッパ
世界の進展
アジアの動向と
世界の「一体化」
近世ヨーロッパ
世界の動向
近代社会
の形成
欧米諸列強の
世界分割
世界現代史

| ☑ 0116 ☐ | エジプト以外で, 最も古いアフリカ人の国とされるのは, ナイル川上流のクシュ王国であり, □□□を都とした時代は, 製鉄と商業によって繁栄した。 (大阪経済大) | メロエ |

THEME

南アジアの古代文明

見出し番号 0117—0131

出題頻度
♛

☑ 0117 ☐	インドで最も古い文明は前2600年頃に興った□□□で, モエンジョ=ダーロやハラッパーに代表される遺跡には, 煉瓦づくりの都市が形成された。 (明治大)	インダス文明
☑ 0118 ☐	前1500年頃, 中央アジアからアーリヤ人がインド西北部のパンジャーブ地方に進入し, 先住民の□□□の人々を征服していった。 (オリジナル)	ドラヴィダ系
☑ 0119 ☐	インダス川中流域に位置し, パンジャーブ地方にあるインダス文明の遺跡は□□□である。 (西南学院大)	ハラッパー
☑ 0120 ☐	インダス文明における代表的な都市として, インダス川下流域の□□□と中流域のハラッパーがある。 (武蔵大)	モエンジョ=ダーロ (モヘンジョ=ダロ)
☑ 0121 ☐	インダス文明が衰退した後, 前1500年頃に□□□が移住してきた。□□□は東北インドへと進出し, 農耕を開始して定住していった。 (関西大)	アーリヤ人
☑ 0122 ☐	前1500年頃から牧畜民のアーリヤ人がアフガニスタンとパキスタンの国境付近にある□□□を越えて西北インドに侵入した。 (東京理科大)	カイバル峠
☑ 0123 ☐	アーリヤ人の征服・定住以降, インドではバラモンを最上位とする□□□と呼ばれる身分的観念が形成された。 (日本大)	ヴァルナ制 (ヴァルナ)

☑ 0124 ☐	アーリヤ人の社会では司祭である〔　　　〕が大きな力を持ち，〔　　　〕教が生まれた。 （明治大）	バラモン
☑ 0125 ☐	ヴァルナ制とは，人がバラモン（司祭），〔　　　〕（武士），ヴァイシャ（農民・牧畜民・商人），シュードラ（隷属民）の四つの身分に分かれるとする観念である。 （宝塚大）	クシャトリヤ
☑ 0126 ☐	ヴァルナ制では，庶民階層は〔　　　〕に分類された。 （浜松大）	ヴァイシャ
☑ 0127 ☐	ヴァルナ制の中で最下位に位置したのは，〔　　　〕である。 （獨協大）	シュードラ
☑ 0128 ☐	インドでは，職業や血縁などによって結びついた集団を指す際，「生まれ」を意味する〔　　　〕が用いられる。 （西南学院大）	ジャーティ
☑ 0129 ☐	インド独特の社会制度として知られる〔　　　〕は，ヴァルナとジャーティが組み合わされ，今日まで長い時間をかけて形成されてきた。 （大東文化大）	カースト制度
☑ 0130 ☐	古代インドでは，〔　　　〕と呼ばれる宗教文献が編纂された。 （関西大）	ヴェーダ
☑ 0131 ☐	アーリヤ人の社会では，インド最古の聖典である『〔　　　〕』が成立し，自然神に対する賛美がうたわれた。 （武蔵大）	リグ=ヴェーダ

中国の古代文明

見出し番号 0132→0198

☑ 0132	黄河中流域には，食物の煮炊きに利用された彩文土器を特色とする新石器文化である，　　　　　が興った。 （東洋大）	仰韶文化 ヤンシャオ（ぎょうしょう）
☑ 0133	1973年の　　　　　（浙江省）の発見によって，長江下流域では今から7000年前頃には既に稲作が行われていたことが明らかとなった。 （立命館大）	河姆渡遺跡（かぼと）
☑ 0134	中国の新石器時代の文化として，紀元前5000年〜前3000年頃に黄河中流域に展開した　　　　　と呼ばれる土器を特色とする仰韶文化がある。 （東海大）	彩文土器（彩陶）（さいとう）
☑ 0135	前3千年紀に，黄河中下流域を中心に黒陶を特徴とする　　　　　が形成された。 （西南学院大）	竜山文化 ロンシャン（りゅうざん）
☑ 0136	前3千年紀，黄河中下流域を中心に成立した竜山文化は薄手の　　　　　を特色とした。 （甲南大）	黒陶（こくとう）
☑ 0137	史書の上では，　　　　　が中国最初の王朝とされるが，その王都の遺跡は確認されていない。 （駒澤大）	夏（か）
☑ 0138	現在，亀の甲羅や獣骨に刻まれた出土文字資料によってその実在が確認される中国最古の王朝は　　　　　である。 （駒澤大）	殷（いん）
☑ 0139	現在確認できる中国最古の王朝の殷は　　　　　とも呼ばれる。 （愛知学院大）	商（しょう）

☑ 0140 ☖	殷後期の都の遺跡である[ ]から出土した甲骨文字は，現在の漢字に直接つながる中国最古の文字である。 (早稲田大)	殷墟 (いんきょ)
☑ 0141 ☖	中国文明の農耕文明は，黄河・長江を中心に展開した。黄河流域では集落である[ ]が点在し，氏族制のもとで共同体的な生活が営まれていた。 (関西学院大)	邑 (ゆう)
☑ 0142 ☖	殷は亀甲や獣骨を焼いて最高神である上帝の意志をうかがう[ ]をとり行なった。 (愛知学院大)	神権政治
☑ 0143 ☖	殷は漢字の起源の一つとなった[ ]を用い，精巧な青銅器を祭祀に使用していた。 (近畿大)	甲骨文字
☑ 0144 ☖	古代に銅に錫 (すず) などの金属を混ぜることで硬度が強化されることが発見され，[ ]の武器が作られるようになった。 (武蔵大)	青銅器
☑ 0145 ☖	前11世紀半ば，殷を倒した[ ]は一族や功臣に領地を与えて諸侯とした。 (愛知学院大)	周
☑ 0146 ☖	前770年，周は東方の洛邑 (らくゆう) に遷都した。これ以前を[ ]，以後を東周という。 (國學院大)	西周
☑ 0147 ☖	[ ]は西周の都であり，現在の西安付近に位置する。 (東洋大)	鎬京 (こうけい)
☑ 0148 ☖	周は，国内を統治するにあたって，王と諸侯との間に封土 (領地) を介在させた[ ]を採用した。 (大妻女子大)	封建 (制度)

☑ 0149	周王は一族や功臣に [ ] という領地を与えて諸侯とし，土地と農民を世襲的に支配させた。 (法政大)	封土
☑ 0150	周は王族や功臣，各地の土着の首長に封土（領地）を与えて諸侯とし，軍役と貢納の義務を負わせた。王や諸侯の下には [ ] と呼ばれる家臣が従った。 (オリジナル)	卿・大夫・士
☑ 0151	周は封建制の支配階級の基盤として同姓の父系集団である [ ] を組織しており，それを維持する規範として宗法を定めていた。 (法政大)	宗族
☑ 0152	周王朝では封建制による支配が行われ，王や諸侯は [ ] に基づく親族関係によって秩序を維持してきた。 (同志社大)	宗法
☑ 0153	周王朝は前8世紀前半に，新たに即位した平王が都を [ ] に移したとされている。これがいわゆる東周時代の始まりである。 (東海大)	洛邑
☑ 0154	周は，前770年を境にして前半を西周，後半を [ ] と呼び，[ ] の時期には，諸侯が割拠するようになった。 (大阪経済大)	東周
☑ 0155	周は前8世紀に都を鎬京から洛邑に移した。これ以降を東周と呼び，その前半を [ ]，後半を戦国時代と分けるのが一般的である。 (近畿大)	春秋時代
☑ 0156	春秋時代には，周王朝を尊重して夷狄を打ちはらうというスローガンである [ ] が唱えられた。 (明治大)	尊王攘夷
☑ 0157	春秋時代には，尊王攘夷のスローガンを掲げて諸侯間の同盟を指導した有力諸侯が登場した。彼らのことを [ ] と称する。 (法政大)	覇者

☑ 0158 🏳	春秋の五覇の筆頭とされる斉の◻︎◻︎◻︎は，管仲を重用して富国強兵を進めた。 (関西学院大)	桓公 かんこう
☑ 0159 🏳	春秋時代には晋の◻︎◻︎◻︎ら有力諸侯が周王の権威を利用し，覇者として主導権を握った。 (近畿大)	文公 ぶんこう
☑ 0160 🏳	周の東遷から晋が3国に分裂するまでの時代を春秋時代，それ以降，秦が統一するまでを◻︎◻︎◻︎という。 (大阪経済大)	戦国時代
☑ 0161 🏳	有力諸侯であった◻︎◻︎◻︎を家臣の韓・魏・趙が分割し，周王が彼等を諸侯に取り立ててから，中国は戦国時代に突入することになる。 (國學院大)	晋 しん
☑ 0162 🏳	◻︎◻︎◻︎の三家が晋の国土を三分し，前403年周王によって三家が諸侯と認められた。これより戦国時代が始まり，周は一諸侯に転落した。 (愛知学院大)	韓・魏・趙 かん・ぎ・ちょう
☑ 0163 🏳	前403年以降の中国は，有力諸侯がみずから王を名乗って自立するようになり，「◻︎◻︎◻︎」と呼ばれる一連の強国を先頭に，各国が勢力を競い合う時代が続いた。(明治大学)	戦国の七雄
☑ 0164 🏳	戦国の七雄の一つである◻︎◻︎◻︎は山東省の北部に位置する臨淄に国都を置き，強盛を誇った。 (早稲田大)	斉 せい
☑ 0165 🏳	戦国の七雄の一つである◻︎◻︎◻︎は薊を都とし，河北省の北部・東北地方南部を領有した。 (関西学院大)	燕 えん
☑ 0166 🏳	春秋戦国時代には，小刀を模した◻︎◻︎◻︎や農具の形をした布銭などの青銅貨幣が発行されて流通した。 (日本大)	刀銭 とう

古代文明の出現と東アジア

アジアと地中海世界の形成

イスラーム教とヨーロッパ世界

ヨーロッパ世界の進展

アジアの動向と「世界の一体化」

近世ヨーロッパ世界の動向

近代社会の形成

欧米諸列強の世界分割

世界現代史

☑ 0167	春秋時代末期になると青銅貨幣が現れ，韓・魏・趙などでは農具の形を模した_____が用いられた。 （國學院大）	布銭
☑ 0168	春秋・戦国時代の中国では小刀を模した刀銭，鋤の形をした布銭，穴あきの_____などが造られ，流通した。 （中央大）	円銭
☑ 0169	楚では，貝貨を模したものとされる_____が製作，使用された。 （上智大）	蟻鼻銭
☑ 0170	春秋戦国時代には，孔子を祖とする_____の思想を始めとして，諸子百家と称される様々な思想家や学派が登場した。 （早稲田大）	儒家
☑ 0171	_____は，礼に基づく自己抑制と他人への親愛の情である仁を基本理念にすえ，周代を理想とした。 （法政大）	孔子
☑ 0172	孔子は春秋時代の_____の国に生まれた。 （学習院大）	魯
☑ 0173	儒学の五経のうちには，魯を対象とする年代記である『_____』が含まれている。 （法政大）	春秋
☑ 0174	戦国時代の思想家_____は，孔子の後継者として性善説を唱えた。 （國學院大）	孟子
☑ 0175	孔子の教えを継承，発展させた孟子は_____を唱えた。 （大阪経済大）	性善説

| ☑ 0176 ☐ | 儒家の◻︎は性悪説の立場から，礼による教化を説いた。　　　　　　　　　　　　（東京理科大） | 荀子 |

| ☑ 0177 ☐ | 荀子は，礼による規律維持を強調した◻︎の立場をとった。　　　　　　　　　　　（東洋大） | 性悪説 |

| ☑ 0178 ☐ | 諸子百家の一派である◻︎は儒家の仁の思想を批判し，家族を超えた博愛主義や諸国間の戦争を否定する非戦論（非攻）を唱えた。　　　　　　　（学習院大） | 墨家 |

| ☑ 0179 ☐ | ◻︎を祖とする墨家は，儒家を批判し，兼愛・交利・非攻を説いた。　　　　　　　　（金城学院大） | 墨子 |

| ☑ 0180 ☐ | 老子や荘子を祖とする一派◻︎は，儒家の教えを人為的だと否定し，政治の秘訣は無為自然にあるとした。　　　　　（成蹊大） | 道家 |

| ☑ 0181 ☐ | ◻︎や荘子に代表される道家は，儒家の教えを人為的なものとして，政治の要諦は「道」に従ってあるがままの状態に逆らわない無為自然に基づくべきだと主張した。（西南学院大） | 老子 |

| ☑ 0182 ☐ | 老子・荘子は，人為的なものを否定し，◻︎を説いた。　　　　　　　　　　　　（東京理科大） | 無為自然 |

| ☑ 0183 ☐ | 秦は法治主義を唱える◻︎の思想家である商鞅を登用して国力を強化した。　　　　　（オリジナル） | 法家 |

| ☑ 0184 ☐ | 秦は孝公のときに◻︎を登用し，富国強兵政策をとってから発展して戦国の七雄に数えられ，強大となった。　　　　　　　　　（愛知学院大） | 商鞅 |

□ 0185	法家は官僚として実際に政治にかかわったが，戦国末期に法家の思想を大成して著述した◻︎などが有名である。 （西南学院大）	韓非子
□ 0186	徳治主義の儒家の他には，成文法による法治主義を主張する法家や，兵法・戦略を説く◻︎なども知られている。 （北星学園大）	兵家
□ 0187	兵家の代表的な人物としては，◻︎や呉子が知られている。 （オリジナル）	孫子
□ 0188	諸子百家の一つである◻︎は，概念と本質との一致や調和を論理的に説こうとした。 （関西学院大）	名家
□ 0189	戦国時代の諸子百家のうち，「白馬は馬に非ず」と説いた◻︎は名家に属する。 （立命館大）	公孫竜
□ 0190	◻︎は万物を陰陽の気で説明し，後に五行説と結びついた。 （西南学院大）	陰陽家
□ 0191	諸子百家の一つである陰陽家の◻︎は，陰陽五行説を唱えたことで知られる。 （早稲田大）	鄒衍
□ 0192	諸子百家のうち，農家を代表する◻︎は，農民の立場から農耕の重要性を説いた。 （早稲田大）	許行
□ 0193	春秋戦国時代には，外交戦略を各国に説く◻︎と呼ばれる一派が現れた。 （明治大）	縦横家

☑ 0194	◻ は戦国時代に合従策を提唱し，秦に対抗するための6カ国同盟を成立させたが，後に連衡策に敗れ失脚した。 (専修大)	蘇秦
☑ 0195	蘇秦は合従策を説いて秦に対抗したが， ◻ の連衡策に敗れた。 (早稲田大)	張儀
☑ 0196	戦国時代の各国の歴史や縦横家の言説を記した『◻』は漢代にまとめられ，戦国時代の由来となった。 (立命館大)	戦国策
☑ 0197	戦国時代の屈原の作品を収めたことで知られる，当時の韻文を集めた書物は『◻』である。 (松山大)	楚辞
☑ 0198	楚で作られた詩歌の作品集『楚辞』の主要な作者として知られる ◻ は，『離騒』で衰退していく楚への哀惜をうたっている。 (東海大)	屈原

THEME

アメリカ大陸の古代文明

出題頻度 ♔

見出し番号 0199-0211

☑ 0199	◻ とは，メキシコ高原から中央アメリカ一帯に興った古代文明の総称である。 (大阪経済大)	メソアメリカ文明(中米文明)
☑ 0200	メソアメリカ文明の最初期に位置づけられるのが，メキシコ湾岸に成立した ◻ である。 (関西学院大)	オルメカ文明
☑ 0201	中央アメリカのユカタン半島を中心に栄えた ◻ では，精密な暦法，絵文字，二十進法に基づく数学など，独自の文化や宗教が発達した。 (センター)	マヤ文明

☑ 0202 ☐	_____は紀元前1世紀頃からメキシコ高原に栄え，太陽神をまつる「太陽のピラミッド」で知られる文明である。 (武蔵大)	テオティワカン文明
☑ 0203 ☐	メキシコ高原では，北方から南下してきた民族が，14世紀に湖上の都テノチティトランを築いて_____を発展させた。 (同志社大)	アステカ王国
☑ 0204 ☐	14世紀に_____を首都とするアステカ王国が建てられ，メキシコ湾岸から太平洋岸までを支配下に収めた。 (関西学院大)	テノチティトラン
☑ 0205 ☐	メキシコでは，アメリカ大陸原産の_____を主食とし，_____を原料とするトルティーリャを食べる文化が続いている。 (専修大)	トウモロコシ
☑ 0206 ☐	古代から南米アンデス山脈一帯にも大規模な石造建築を持つ文化が存在した。それらは_____と総称される。 (大阪経済大)	アンデス文明
☑ 0207 ☐	アンデス高地でも，トウモロコシの栽培が伝わるとともに定住化が進み，前10世紀頃，_____が成立した。 (聖心女子大)	チャビン文化
☑ 0208 ☐	15世紀には，_____が標高3000mを超える高地の都市クスコを拠点として急速に勢力を拡大し，アンデス一帯を勢力下に置いた。 (専修大)	インカ帝国
☑ 0209 ☐	_____に都を置き，高度な文明を誇っていたインカ帝国はピサロによって滅ぼされた。 (早稲田大)	クスコ
☑ 0210 ☐	インカ帝国の皇帝の離宮遺跡である_____では，宮殿や住居が整然と並び，当時の文化水準の高さを示している。 (京都産業大)	マチュ=ピチュ

☑ 0211 �	インカ帝国では，縄の結び方で数量などを示す［＿＿＿］が用いられた。　　　　　　　　　　　　　　（京都産業大）	キープ（結縄）

THEME
中央ユーラシアの騎馬遊牧民

見出し番号 0212—0224

☑ 0212	南ロシアの草原地帯からカザフ草原・モンゴル高原を経て中国に至る［＿＿＿］では，古くから騎馬遊牧民が活躍した。　　　　　　　　　　　　　　　　　　　　（文教大）	草原の道
☑ 0213	紀元前7世紀から前3世紀頃に黒海北岸の草原地帯を中心に遊牧国家を形成した［＿＿＿］は，独特の動物文様をもつ馬具や武器に文化的特徴がある。　　　　　　　（オリジナル）	スキタイ
☑ 0214	匈奴（きょうど）の全盛期を築いた［＿＿＿］は高祖を破り，漢（前漢）に貢納させた。　　　　　　　　　　　　　（関西学院大）	冒頓単于（ぼくとつぜんう）
☑ 0215	5世紀にはモンゴル高原に［＿＿＿］が興り，やがてタリム盆地一帯を支配し，6世紀にかけて強勢を誇ったが，6世紀半ばにトルコ系民族の突厥によって滅ぼされた。　（国士舘大）	柔然（じゅうぜん）
☑ 0216	「［＿＿＿］」は，6世紀半ばに突厥に滅ぼされた柔然など，遊牧国家の君主が名乗った称号である。　　　　　（駒澤大）	可汗（カガン）
☑ 0217	5世紀に遊牧民族の［＿＿＿］はササン朝に侵入したが，突厥と結んだササン朝に滅ぼされた。　　　　　　　（近畿大）	エフタル
☑ 0218	6世紀の半ば，モンゴル高原から興り，大遊牧国家を作ったトルコ系の［＿＿＿］は，583年に東西分裂した。　　（上智大）	突厥（とっけつ）

☑ 0219 ☐	6世紀後半に突厥は内紛によって東西に分裂した。このうち ___ は7世紀に再興し勢いを取り戻したが，744（745）年にトルコ系のウイグルに滅ぼされた。 （中央大）	東突厥
☑ 0220 ☐	___ はアラム文字に由来するといわれ，北方遊牧民最古の文字と見られる。 （京都産業大）	突厥文字
☑ 0221 ☐	中央アジアに大遊牧国家を築いていた突厥が7世紀に隋，唐の攻撃によって衰えると，8世紀の半ばに同じトルコ系の ___ が草原地帯の支配者となった。 （近畿大）	ウイグル
☑ 0222 ☐	___ は古くから国際交易で活躍し，ゾロアスター教・マニ教などを中央アジアや中国などに広めた。 （防衛大）	ソグド人
☑ 0223 ☐	ソグド人は，アラム文字起源の ___ を用いた。この文字は，ソグド商人の活躍とともに広く使用され，ウイグル文字などの原型になった。 （成蹊大）	ソグド文字
☑ 0224 ☐	漢はオアシス都市の ___ 東方の烏塁城に西域都護府を置き，タリム盆地を支配した。また，唐代には六都護府の一つも置かれた。 （高知工科大）	亀茲（クチャ）

THEME

秦の統一と漢の成立

見出し番号 0225—0285

出題頻度 ♕

☑ 0225 ☐	戦国の七雄のうち， ___ は紀元前4世紀に咸陽を都とし，国内改革で法家思想を取り入れて強大となり，前221年，中国を統一した。 （近畿大）	秦
☑ 0226 ☐	中国を初めて統一した秦は ___ を都とし，全国統一の基盤を不動のものにした。 （國學院大）	咸陽

☑ 0227 ☐	中国を初めて統一した秦王の政は，自ら「光輝く神」という意味の[　　　]と名乗り，中央集権体制をしいた。 （関西大）	始皇帝
☑ 0228 ☐	始皇帝は，政治の面では[　　　]など法家の政治家を用いて儒学者を弾圧し，皇帝権力の絶対化と中央集権化を推進した。 （西南学院大）	李斯
☑ 0229 ☐	秦の始皇帝は，行政制度としては[　　　]を施行した。 （京都産業大）	郡県制
☑ 0230 ☐	秦の始皇帝は，統一貨幣として[　　　]を発行した。 （関西大）	半両銭
☑ 0231 ☐	前3世紀，秦の始皇帝は[　　　]によって思想・言論の統制を行い，皇帝権力の絶対化を推し進めた。（京都産業大）	焚書・坑儒
☑ 0232 ☐	中国を統一した秦の始皇帝は，戦国時代に北方の諸国がそれぞれ築いていた長城を修復・連結し，[　　　]を構築した。 （東洋大）	万里の長城
☑ 0233 ☐	前3世紀末からモンゴル高原を中心に遊牧国家を築いた[　　　]は，万里の長城地帯を挟んで中国側と対立した。 （明治大）	匈奴
☑ 0234 ☐	始皇帝の陵墓の東で発掘された[　　　]は，出土した陶製人馬像や武器によって始皇帝の権力の強さを物語っている。 （駒澤大）	兵馬俑
☑ 0235 ☐	始皇帝の死後，前209年に中国史上初の農民反乱である[　　　]が起こり，これを契機に各地で反乱が起き，秦は統一後わずか15年で滅んだ。 （オリジナル）	陳勝・呉広の農民反乱

古代文明の出現と東アジア

アジアと地中海世界の形成

イスラーム教とヨーロッパ世界

世界の進展

アジアの動向と「世界の一体化」

近世ヨーロッパ世界の動向

近代社会の形成

欧米諸列強の世界分割

世界現代史

☑ 0236 ☐	劉邦と（　　　　）の名門の出である項羽が力を伸ばし，秦を滅ぼした。その後，4年間の激闘の末，劉邦が中国を統一し，漢王朝を興した。 （オリジナル）	楚 そ
☑ 0237 ☐	秦を滅ぼした（　　　　）は，楚の将軍を務めた家柄の出身であった。 （立教大）	項羽 こうう
☑ 0238 ◪	楚から出た項羽は，秦を滅ぼしたが，前202年の（　　　　）で劉邦に敗れ自害した。 （早稲田大）	垓下の戦い がいか
☑ 0239 ☐	前3世紀後半，秦末の混乱の中で農民出身の（　　　　）と楚の名門出身の項羽が覇権を争ったが，（　　　　）が勝利して漢を建国した。 （駒澤大）	劉邦（高祖） りゅうほう
☑ 0240 ☐	始皇帝の死後，農民出身の劉邦と楚の武将である項羽とが力を伸ばし，戦いの末に劉邦が中国を統一して（　　　　）を建てた。 （京都産業大）	漢（前漢） ぜんかん
☑ 0241 ☐	前202年，中国では漢が建国され，（　　　　）を都とした。 （東京経済大）	長安
☑ 0242 ☐	漢では，当初，郡県制と封建制を併用する（　　　　）が施行され，封建された諸侯王は領域内の政治や経済に大きな権限をもった。 （センター）	郡国制
☑ 0243 ☐	前漢の時代，各地に領土を与えられた諸王の勢力が伸張し，6代皇帝が彼らの勢力を抑圧したので，（　　　　）が起きた。 （明治大）	呉楚七国の乱 ごそ
☑ 0244 ◪	前漢の6代皇帝である（　　　　）は呉楚七国の乱を鎮圧して中央集権化を進めたが，武帝はそれをさらに強化した。 （日本大）	景帝 けい

☑ 0245	前2世紀後半，前漢の第7代◻◻◻が大規模な対外遠征を行った。また，その時代には儒家が登用され，儒学が官学となった。 (国士舘大)	武帝
☑ 0246	前漢の武帝の時代には地方長官が有能な人材を推薦する◻◻◻の制度がとられたが，地方豪族の子弟が推薦されるという弊害を生んだ。 (法政大)	郷挙里選
☑ 0247	前漢の武帝の時代になると，漢王朝の中国支配の正当性を擁護した◻◻◻の提案によって儒学は官学となる。 (青山学院大)	董仲舒
☑ 0248	前漢の時代になると，儒学の経典として五経が定められ，その教えが◻◻◻によって教授された。 (青山学院大)	五経博士
☑ 0249	儒学の経典としては『礼記』『春秋』『書経』『易経』『詩経』からなる◻◻◻が重んじられた。唐代にはこれらの注釈書である『◻◻◻正義』が編纂された。(オリジナル)	五経
☑ 0250	前漢は武帝の時代に大規模な外征を行ったが，その結果，財政は急速に悪化した。これに対処するため，武帝は新たな貨幣◻◻◻を鋳造した。 (明治大)	五銖銭
☑ 0251	前漢の武帝が行った，特産物を貢納させ，その物資が不足している地域に転売する財政打開策を◻◻◻という。 (徳島文理大)	均輸（均輸法）
☑ 0252	前漢の武帝は，物価が低いときに物資を買っておき，物価が上がったときに売り出す◻◻◻を採用した。 (創価大)	平準（平準法）
☑ 0253	前漢の武帝は積極的な対外政策の軍事費を賄うため，◻◻◻を専売にし，均輸・平準を実施して物資の流通と物価の調整を行った。 (オリジナル)	塩・鉄

古代文明の
出現と東アジア

アジアと地中海
世界の形成

イスラーム教と
ヨーロッパ世界

ヨーロッパ
世界の進展

アジアの動向と
「世界の一体化」

近世ヨーロッパ
世界の動向

近代社会
の形成

欧米諸列強の
世界分割

世界現代史

0254	前2世紀後半には, 匈奴に追われた月氏がバクトラ周辺に進入し, ◻︎◻︎◻︎を建国した。 (中央大)	大月氏
0255	前漢の武帝は匈奴を挟み撃ちにするために張騫を使節として, 大月氏や◻︎◻︎◻︎に派遣した。 (日本女子大)	烏孫
0256	前漢の武帝は大月氏と同盟して匈奴と戦うために◻︎◻︎◻︎を使者として派遣した。 (関西大)	張騫
0257	オアシスの道は, 草原の道の南の砂漠地帯に点在するオアシス諸都市を結ぶ交通路で, 運ばれた物産にちなんで◻︎◻︎◻︎とも呼ばれる。 (中央大)	絹の道 (シルクロード)
0258	前漢の武帝は汗血馬の産地である◻︎◻︎◻︎に遠征を行った。 (オリジナル)	大宛 (フェルガナ)
0259	前漢の武帝は, 大宛 (フェルガナ) に遠征軍を派遣し, 良馬として知られる◻︎◻︎◻︎を獲得した。 (文教大)	汗血馬
0260	秦末の混乱期に, 南海郡の地に◻︎◻︎◻︎が建国された。 (オリジナル)	南越国
0261	前漢の武帝は南越国を滅ぼして, 現在の広東省北東部に◻︎◻︎◻︎などを設置した。 (明治大)	南海郡
0262	衛氏朝鮮は, 前2世紀初めに◻︎◻︎◻︎によって朝鮮半島西北部に建てられたが, 前漢の武帝によって滅ぼされた。 (南山大)	衛満

☑ 0263 ⤴	朝鮮半島西北部には，□□□と呼ばれる独立王国が存在していたが，前108年に武帝の治世にあった前漢によって滅ぼされた。 (東京学芸大)	衛氏朝鮮
☑ 0264 ⤴	前漢の武帝の時代，朝鮮半島には，平壌付近に設置された□□□などあわせて四つの郡が置かれ，中国の直轄地となった。 (東京学芸大)	楽浪郡 らくろう
☑ 0265 ⤴	前漢末期には，外戚の□□□が実権を握り，前漢を滅ぼして自ら帝位についた。 (明治大)	王莽 おうもう
☑ 0266 ⤴	前漢王朝の外戚として権力を掌握した王莽は，事実上の前漢最後の皇帝となった劉嬰を追放して皇帝に即位し，□□□を建国した。 (早稲田大)	新
☑ 0267 ⤴	王莽の現実離れした統治政策は，社会の混乱をまねき，□□□などの農民反乱や豪族の蜂起が起き，新は15年で崩壊した。 (明治大)	赤眉の乱 せきび
☑ 0268 ⤴	新末の戦乱に乗じて勢力を拡大した漢室の一族□□□は，中国の再統一をなしとげて漢を復活させた。 (早稲田大)	劉秀（光武帝） りゅうしゅう
☑ 0269 ⤴	後漢を建てた劉秀は光武帝として即位して□□□に都を置いた。 (立命館大)	洛陽 らくよう
☑ 0270 ⤴	後漢は，91年に西域都護に任じられた□□□の活躍により，タリム盆地を支配した。 (東海大)	班超 はんちょう
☑ 0271 ⤴	西域都護の班超は部下の□□□をローマに向けて派遣した。彼は，シルクロードをたどりパルティアに至ったが，シリア地方より引き返した。 (成城大)	甘英 かんえい

☑ 0272	後漢の時代の166年には　　　　の使者と名乗る人物がベトナム中部に至ったということが『後漢書』に記されている。　　　　　　　　　　　　　　（同志社大）	大秦王安敦
☑ 0273	後漢末期には，宦官が豪族出身官僚を弾圧・排除する　　　　が起こった。　　　　　　　　　　　　　（中央大）	党錮の禁
☑ 0274	太平道の創始者の　　　　は，後漢末に黄巾の乱を引き起こした。　　　　　　　　　　　　　　　（大阪学院大）	張角
☑ 0275	184年に張角が率いる　　　　が起こると各地に私兵を蓄えた群雄が割拠する状態となり，後漢王朝は滅亡へと向かった。　　　　　　　　　　　　　　　　（関西大）	黄巾の乱
☑ 0276	中国には，後漢末に黄巾の乱を起こした　　　　を始め，宗教を中核とする秘密結社が多い。　　　　（センター）	太平道
☑ 0277	後漢に張陵が興した宗教結社　　　　は，その後の道教の源流となった。　　　　　　　　　　　（青山学院大）	五斗米道
☑ 0278	後漢王朝の儒者である馬融および鄭玄は，儒教経典の整理やその注釈を行う　　　　を確立した。　　（早稲田大）	訓詁学
☑ 0279	は，太古から武帝の時代までの中国の歴史を記述した『史記』を著した。　　　　　　　　（南山大）	司馬遷
☑ 0280	司馬遷の『　　　　』は黄帝から武帝時代までの歴史を，紀伝体という形式で記述したもので，以後この形式が正史の基本形となった。　　　　　　　　　　　（奈良大）	史記

☑ 0281 ☐	［ ］が編纂した『漢書』は，その後の史書の範となった。 (青山学院大)	班固 はん こ
☑ 0282 ☐	後漢の班固がまとめた『［ ］』は，日本（倭）について触れた最古の文献である。 (神奈川大)	漢書 かんじょ
☑ 0283 ☐	春秋戦国時代の中国では，まだ紙は普及しておらず，［ ］に毛筆と墨で文字を記す時代であった。 (学習院大)	木簡・竹簡
☑ 0284 ☐	後漢の宦官であった［ ］は皇帝に紙を献上し，製紙法の改良に寄与した。 (学習院大)	蔡倫 さいりん
☑ 0285 ☐	日本に関しては1世紀，光武帝が「［ ］」の銘のある印綬を奴の国王に授与している。 (法政大)	漢委奴国王 かんのわのなのこくおう

THEME

魏晋南北朝時代

見出し番号 0286—0359

☑ 0286 ☐	後漢末の3世紀にも長江中下流域は争乱状態となり，魏・呉・蜀が分立する［ ］をむかえた。 (中央大)	三国時代
☑ 0287 ☐	魏の曹操は天下統一を進めたが，208年の［ ］で劉備・孫権の連合軍に敗れた。 (オリジナル)	赤壁の戦い せきへき
☑ 0288 ☐	三国時代，曹丕が漢の皇帝から禅譲によって［ ］の皇帝に即位した。 (オリジナル)	魏 ぎ

40

古代文明の出現と東アジア

アジアと地中海世界の形成

イスラーム教とヨーロッパ世界

ヨーロッパ世界の進展

アジアの動向と「世界の一体化」

近世ヨーロッパ世界の動向

近代社会の形成

欧米諸列強の世界分割

世界現代史

| □ 0289 | 後漢末の群雄割拠に際し，□□□□が後漢の禅譲を受けて魏を建国すると，劉備・孫権も蜀・呉を建国した。
（京都大） | <ruby>曹丕<rt>そうひ</rt></ruby> |

| □ 0290 | 三国時代において，劉備の建てた□□□□が最も早く滅亡した。
（中央大） | <ruby>蜀<rt>しょく</rt></ruby> |

| □ 0291 | 前漢皇帝の子孫と称する□□□□は，四川地方の成都を都として蜀を建国した。
（大阪経済大） | <ruby>劉備<rt>りゅうび</rt></ruby> |

| □ 0292 | □□□□は，劉備が建国した蜀の都であり，現在の四川省の中心都市である。
（東洋大） | <ruby>成都<rt>せいと</rt></ruby> |

| □ 0293 | 劉備の臣の□□□□は，赤壁の戦いで孫権とともに曹操の遠征軍を撃破した後，天下三分の計に従って蜀の建国に尽力した。
（早稲田大） | <ruby>諸葛亮<rt>しょかつりょう</rt></ruby>
（<ruby>諸葛孔明<rt>こうめい</rt></ruby>） |

| □ 0294 | 三国時代，孫権が江南を基盤とし皇帝を名乗り，□□□□を建てた。
（近畿大） | <ruby>呉<rt>ご</rt></ruby> |

| □ 0295 | 曹丕が後漢の皇帝から譲られて華北に魏を建国すると，江南の□□□□と四川の劉備もそれぞれ呉・蜀を建国した。
（早稲田大） | <ruby>孫権<rt>そんけん</rt></ruby> |

| □ 0296 | 黄巾の乱の後，華北地域で曹操の子の曹丕が洛陽を都とした魏を建国すると，長江下流域では孫権が□□□□を都とした呉を建国した。
（明治大） | <ruby>建業<rt>けんぎょう</rt></ruby> |

| □ 0297 | 三国時代，□□□□は魏の禅譲によって晋（西晋）を建て，呉を滅ぼすことで統一を達成した。
（上智大） | <ruby>司馬炎<rt>しばえん</rt></ruby> |

☑ 0298 ☐	3世紀の三国分裂状態に終止符をうったのが，司馬炎の建国した◻︎であり，呉を破って中国統一を達成した。 (関西大)	晋（西晋）
☑ 0299 ☐	中国を統一した晋（西晋）だったが，◻︎という帝室内部の争いのため，政権が動揺し，その中から騎馬遊牧民が勢力を伸ばし，新しい時代の幕開けとなった。(関西大)	八王の乱
☑ 0300 ☐	西晋末には八王の乱に続いて◻︎が起こり，316年に西晋は滅んだ。 (青山学院大)	永嘉の乱
☑ 0301 ☐	晋（西晋）は匈奴に滅ぼされたが，皇族の◻︎が江南で晋（東晋）を復興した。 (立教大)	司馬睿
☑ 0302 ☐	五胡諸民族に追われた西晋の一族は，317年に建康を都にして◻︎を建国した。 (学習院大)	東晋
☑ 0303 ☐	匈奴に滅ぼされた西晋の一族が，317年，◻︎（現在の南京）を都にして東晋を建国した。 (学習院大)	建康
☑ 0304 ☐	魏晋南北朝の時代には，◻︎と総称される匈奴などの遊牧諸民族が華北地方に割拠した。 (関西大)	五胡
☑ 0305 ☐	4世紀前半，匈奴の別派である◻︎によって後趙が建国された。 (法政大)	羯
☑ 0306 ☐	五胡十六国の五胡とは，匈奴，鮮卑，羯，◻︎，羌を指すといわれている。 (オリジナル)	氐

古代文明の出現と東アジア

アジアと地中海世界の形成

イスラーム教とヨーロッパ世界

ヨーロッパ世界の進展

アジアの動向と「世界の一体化」

近世ヨーロッパ世界の動向

近世社会の形成

欧米諸列強の世界分割

世界現代史

☑ 0307	チベット高原やその周辺ではチベット系の [　　　] や氐が早くから活動していたが，4世紀には相次いで華北地方に侵入して国を建てた。 (首都大東京)	羌 (きょう)
☑ 0308	匈奴の勢力が解体した後，2世紀には五胡の一つである [　　　] が東方からモンゴル高原に勢力を伸ばし，4世紀に北魏を建てた。 (早稲田大)	鮮卑 (せんぴ)
☑ 0309	匈奴の中から現れた劉淵(りゅうえん)は，匈奴の栄光復活を旗印に西晋の支配から独立して，[　　　] 時代の口火を切った。 (関西学院大)	五胡十六国
☑ 0310	華北の政治的混乱は，鮮卑族の [　　　] が建国した北魏の統一によって収拾された。 (東京学芸大)	拓跋氏 (たくばつ)
☑ 0311	386年に鮮卑の [　　　] が国を再建して魏王と称し，396年帝位についた。北魏の太祖道武帝である。 (立教大)	拓跋珪 (たくばつけい)
☑ 0312	439年，遊牧民の一つ鮮卑の拓跋氏の建てた [　　　] が，中国華北を統一した。 (愛知工業大)	北魏 (ほくぎ)
☑ 0313	5世紀前半，鮮卑の拓跋氏が建てた北魏の [　　　] が，華北を統一した。[　　　] は寇謙之を重用して道教を広めた。 (早稲田大)	太武帝 (たいぶてい)
☑ 0314	不老長寿と現世利益を願う道教は北魏の [　　　] によって大成され，彼を重用した太武帝は道教を国教とした。 (青山学院大)	寇謙之 (こうけんし)
☑ 0315	北魏の第6代皇帝の [　　　] は，均田制などを施行し，洛陽に遷都した。 (上智大)	孝文帝 (こうぶんてい)

☑ 0316 ☆	北魏の孝文帝は税収の確保と農民の生活安定を図って均田制や三長制を施行し，また都を＿＿＿＿から洛陽へ遷し，積極的な漢化政策を推進した。　　　　（首都大東京）	平城
☑ 0317 ☆	北魏では，胡服や鮮卑語を禁止するなどの＿＿＿＿がとられた。　　　　　　　　　　　　　　　　　　（早稲田大）	漢化政策（中国化政策）
☑ 0318 🏛	東魏の実権を握った高歓の子の高洋は，東魏の孝静帝から禅譲を受けて＿＿＿＿を建てた。　　（オリジナル）	ほくせい 北斉
☑ 0319 ☆	西魏を継承した＿＿＿＿は，東魏にとって代わった北斉を併合した。　　　　　　　　　　　　　　　　（上智大）	北周
☑ 0320 🏛	5世紀の中国江南では，晋を再興した東晋の武将＿＿＿＿が実権を握り，南朝の宋を建てた。　（愛知工業大）	劉裕
☑ 0321 ☆	東晋の武将であった劉裕は，420年に＿＿＿＿を建国した。　　　　　　　　　　　　　　　　　　　（オリジナル）	そう 宋
☑ 0322 ☆	五胡諸民族に追われた西晋の一族は，317年に東晋を建国した。以後宋・斉・＿＿＿＿・陳というように漢族の南朝諸王朝が交代していった。　　　　　（学習院大）	りょう 梁
☑ 0323 ☆	581，楊堅（文帝）によって建国された隋は，589年に南朝の＿＿＿＿を滅ぼして，三国時代以来ほぼ分裂時代が続いた中国を再統一した。　　　　　　（東海大）	ちん 陳
☑ 0324 ☆	三国時代から439年の北魏の華北統一以降，華北と江南に統一王朝が併存した時代までを＿＿＿＿という。　　　　　　　　　　　　　　　　　（オリジナル）	魏晋南北朝時代

☑ 0325	439年の北魏の華北統一以降，華北で興亡した5王朝は　　　　　といわれる。　　　　　　　　　　　　　（畿央大）	北朝
☑ 0326	5世紀前半に北魏によって華北は統一されるが，同じ頃南には東晋に代わって宋から陳に至る　　　　　が成立した。　　　　　　　　　　　　　　　　　　　　（関西大）	南朝
☑ 0327	三国時代の魏では，人材を郷里の評判によって評定し，それに対応する官職に任命する　　　　　が施行された。　　　　　　　　　　　　　　　　　　　　（関西大）	九品中正（きゅうひんちゅうせい）
☑ 0328	魏晋南北朝時代は，名門の家柄が高級な官職を代々独占する　　　　　の時代となり，特に東晋・南朝では貴族文化が花開いた。　　　　　　　　　　　　　（愛知教育大）	（門閥）貴族
☑ 0329	魏で導入された　　　　　は，国家が官有地に集団耕作者を置いて耕作させるものであった。　　　　　（昭和女子大）	屯田制（とんでん）
☑ 0330	西晋の司馬炎（武帝）は身分に応じて土地所有の上限を定める土地制度の　　　　　を実施した。　　（大阪経済大）	占田・課田法（せんでん・かでん）
☑ 0331	北魏の孝文帝は中国古代の官僚的政治支配を取り入れ，国家が農民に年齢に応じて土地を支給する　　　　　という土地制度を実施した。　　　　　　　　　（学習院大）	均田制（北魏）（きんでん）
☑ 0332	北魏の孝文帝は　　　　　という村落制度を定め，均田制の実施のために戸籍の調査や税の徴収を行わせた。　　　　　　　　　　　　　　　　　　　　（学習院大）	三長制
☑ 0333	東晋の詩人　　　　　は，田園詩人といわれ，「帰去来辞（ききょらいのじ）」などその詩は六朝（りくちょう）第一と評されている。　　（大阪経済大）	陶淵明（陶潜）（とうえんめい）

☑ 0334 ⌖	南北朝時代の梁の皇太子 [ ] は詩文集『文選』を編纂した。 (オリジナル)	昭明太子
☑ 0335 ⌖	梁の昭明太子は，詩文集『 [ ] 』を編纂した。 (同志社女子大)	もんぜん 文選
☑ 0336 ⌖	六朝時代に， [ ] と呼ばれる四字と六字の対句から構成され，典拠を踏まえた華麗で技巧的な文体が流行した。 (東海大)	しろくべんれいたい 四六駢儷体
☑ 0337 ⌖	東晋の [ ] は「女史箴図」の作者とされ，中国画の祖といわれる。 (青山学院大)	こがいし 顧愷之
☑ 0338 ⌖	「画聖」と称された顧愷之は「 [ ] 」の作者として有名である。 (法政大)	じょししんず 女史箴図
☑ 0339 ⌖	魏晋南北朝期，天師道（五斗米道^{ごとべいどう}）は神仙思想を取り込んで広範囲に流行した。『蘭亭序』で有名な東晋の書家 [ ] の一族も天師道の信者であったといわれる。(関西大)	おうぎし 王羲之
☑ 0340 ⌖	北朝の北魏では，河川を基準にした独特の地理書である酈道元^{れきどうげん}の『 [ ] 』など実用的な学問が結実した。 (慶應義塾大)	すいけいちゅう 水経注
☑ 0341 ⌖	後漢末期，各地に農民反乱が起こって社会不安が増大すると，儒教は衰退し，魏晋時代には老荘思想が歓迎され， [ ] と呼ばれる哲学議論が流行した。 (青山学院大)	せいだん 清談
☑ 0342 ▰	魏晋南北朝には，儒教はふるわず，老荘思想の流れから起こり，超世俗的な論議をくり返す清談が流行した。阮^{げん}籍^{せき}ら「 [ ] 」はその代表である。 (オリジナル)	ちくりんしちけん 竹林の七賢

古代文明の出現と東アジア

アジアと地中海世界の形成

イスラーム教とヨーロッパ世界

ヨーロッパ世界の進展

アジアの動向と世界の一体化

近世ヨーロッパ世界の動向

近代社会の形成

欧米諸列強の世界分割

世界現代史

□ 0343	北魏では，総合的な農書（農業書）である『＿＿＿』が編纂された。　　　　　　　　　　　　　　（武蔵大）	斉民要術 せいみんようじゅつ
□ 0344	＿＿＿は後漢末の張陵を始祖とする五斗米道（天師道）などが源流となり，老荘思想や神仙思想とも融合しつつ形成された。　　　　　　　　　　　（慶應義塾大）	道教
□ 0345	華北では4〜5世紀に西域出身の＿＿＿，鳩摩羅什らが布教や仏典の漢訳に努め，仏教は多くの人々に受け入れられた。　　　　　　　　　　　　　　（早稲田大）	仏図澄 ぶっとちょう （ブドチンガ）
□ 0346	5世紀初め西域から後秦に迎えられた＿＿＿は，長安で布教および仏典の翻訳に従事して中国仏教の発展に貢献した。　　　　　　　　　　　　　　　（関西大）	鳩摩羅什 くまらじゅう （クマラジーヴァ）
□ 0347	東晋の僧＿＿＿は陸路で直接インドに行って仏教を学び，帰りは海路で，東南アジアから広東に入った。その旅行の様子を『仏国記』にまとめた。　　　（専修大）	法顕 ほっけん
□ 0348	東晋時代の僧である法顕による『＿＿＿』は当時の西域諸国の姿やグプタ朝全盛期のインドの事情を知る貴重な史料となっている。　　　　　　　　　（立教大）	仏国記
□ 0349	前漢の武帝により郡が置かれ，莫高窟と呼ばれる石窟寺院があるオアシス都市は＿＿＿である。　　（武蔵大）	敦煌 とんこう
□ 0350	魏晋南北朝時代，華北には大規模な石窟寺院が開かれたが，中でも甘粛省敦煌の近郊にある＿＿＿は有名である。　　　　　　　　　　　　　　　　（関西大）	莫高窟 ばっこうくつ
□ 0351	5世紀の北魏の時代から造営された大同近郊の＿＿＿の石窟寺院には，ガンダーラ美術やグプタ美術の影響が見られる。　　　　　　　　　　　（山梨学院大）	雲崗 うんこう

☑ 0352 ⌂	北魏の洛陽遷都から唐の玄宗時代までに造営されたとされる洛陽南方の◯◯◯では，巨大な石窟寺院や10数メートルにもなる巨大な石仏が建造された。　　（法政大）	竜門
☑ 0353 ⌂	中国東北地方から朝鮮半島北部にかけて，北方系の民族によって建国された◯◯◯は，4世紀末に即位した広開土王の頃に最盛期をむかえた。　　（オリジナル）	こう く り 高句麗
☑ 0354 ⌂	4世紀頃辰韓（しんかん）を統一して建国した◯◯◯は慶州を都としてしだいに発展，唐と組んで百済・高句麗を滅ぼし，676年に古代三国を統一した。　　（愛知大）	しん ら 新羅 しらぎ
☑ 0355 ⌂	4世紀の朝鮮半島南西部では，◯◯◯が馬韓を統一して成立した。　　（関西学院大）	ひゃくさい 百済 くだら
☑ 0356 ⌂	◯◯◯の女王卑弥呼（ひ み こ）は，239年に使者を三国の魏に遣わし，魏に朝貢して冊封を受け「親魏倭王」の称号を得た。　　（駒澤大）	や ま たいこく 邪馬台国
☑ 0357 🏛	邪馬台国の女王卑弥呼が魏に使節を送った頃，日本は小国が分立して争っていたが，4世紀以降◯◯◯によって統一が進んだ。　　（オリジナル）	ヤマト政権
☑ 0358 ⌂	朝鮮半島の諸国など，周辺諸国が中国の皇帝に使節を送って貢物をする外交を◯◯◯という。　　（オリジナル）	朝貢
☑ 0359 🏛	5世紀になると◯◯◯（日本）の王たちも南朝にしばしば使節を送り，朝貢を行った。　　（オリジナル）	倭国

☑ 0360	北朝の北周から出た隋の _____ は，南朝の陳を征服して中国の統一をはたした。　　　　　　　　　（畿央大）	楊堅（文帝）
☑ 0361	589年，北周から出た _____ の文帝によって中国は約400年ぶりに南北統一された。　　　　　　　（早稲田大）	隋
☑ 0362	隋の文帝は南朝の陳を滅ぼして中国を統一し，都を _____ に置いて，改革を推し進めた。　　（日本女子大）	大興城
☑ 0363	隋の第2代皇帝 _____ は，文帝が建設した大運河を拡充して華北と江南を結ぶ大運河を完成させた。　（桜美林大）	煬帝
☑ 0364	隋の第2代皇帝の煬帝は， _____ を完成させ，華北と江南を結び付けた。　　　　　　　　　　　　（関西大）	大運河
☑ 0365	隋の楊堅（文帝）に始まる官吏登用制度の _____ は，唐から宋へと継承され，元では一時的に中断しながらも，清末まで存続した。　　　　　　　　　　　　　　（東洋大）	科挙
☑ 0366	_____ は隋末の混乱に乗じて挙兵し，隋の恭帝から禅譲を受けて唐を建てた。　　　　　　　　　　　（中央大）	李淵（高祖）
☑ 0367	隋末の混乱に乗じて挙兵した李淵は，618年に帝位について _____ を建てた。　　　　　　　　　　　（成城大）	唐

☑ 0368 ⌣	唐の支配体制の基礎は，第2代皇帝の□のときに固められ，その治世は貞観の治といわれる。 (日本大)	太宗 (李世民)
☑ 0369 ⌣	国力充実を背景に唐の第2代皇帝の太宗の治世は讃えられ，「□」と呼ばれた。 (東京都市大)	貞観の治
☑ 0370 ⌣	隋・唐では魏晋南北朝時代に体系化が進んだ法令の制度を受け継ぎ，□に基づいて，中央官制が整えられた。 (オリジナル)	律令
☑ 0371 ⌣	□とは中書省，門下省，尚書省を指し，唐代の中央政府の中核となった。 (青山学院大)	三省
☑ 0372 ⌣	唐代の三省の一つ□は皇帝の詔勅の立案起草を担当した。 (早稲田大)	中書省
☑ 0373 ⌣	唐代の三省の中で詔勅の草案などを審議するのは□で，「貴族の牙城」と呼ばれた。 (聖心女子大)	門下省
☑ 0374 ⌣	唐代の三省の中で，行政機関である六部を統括するのは□であった。 (聖心女子大)	尚書省
☑ 0375 ⌣	唐代の尚書省には，吏部・戸部・礼部・兵部・刑部・工部の□が所属した。 (関西学院大)	六部
☑ 0376 ⌣	唐で行われた□では，農民に口分田や永業田などの土地を支給することによって租・庸・調の税を徴収した。 (京都女子大)	均田制 (唐)

☑ 0377 ☐	唐は初期には，西魏に始まった徴兵による＿＿＿＿を整え，兵役を負担させた。 (日本大)	府兵制
☑ 0378 ☐	唐代では，農民には永業田と口分田を与え，その代わりに農民から粟や絹布などの＿＿＿＿を徴収した。 (明治大)	租・調・庸（租・庸・調）
☑ 0379 ☐	農民は，租・調・庸とは別に，地方から課せられた労役である＿＿＿＿にも従事する必要があった。 (神奈川大)	雑徭 （ざつよう）
☑ 0380 ☐	唐代，科挙は六部の一つである＿＿＿＿が実施したが，官職への任用にあたっては別に吏部が行う試験を受けなければならなかった。 (京都女子大)	礼部
☑ 0381 ☐	唐代の六部のうち，＿＿＿＿は財政を統轄した官庁である。 (オリジナル)	戸部 （こ）
☑ 0382 ☐	唐代，実際に官吏に任命されるためには，科挙に合格した上で＿＿＿＿で行われる貴族的な教養が問われる試験に合格する必要があった。 (立命館大)	吏部 （り）
☑ 0383 ☐	唐は中央に三省と六部を置き，地方では＿＿＿＿を採用し，さらに周辺民族の統治のために都護府を設置した。 (成城大)	州県制
☑ 0384 ☐	唐は第3代皇帝の＿＿＿＿のときに新羅と結び，百済と高句麗を破った。 (同志社大)	高宗（唐）
☑ 0385 ☐	唐は，服属した異民族に対し，＿＿＿＿といわれる間接統治策をとった。 (高知工科大)	羈縻政策 （きび）

☑ 0386 ☐	太宗と高宗の時代，唐は北アジアから中央アジアの遊牧民を征服し，この地に[　　　　　]を置いて支配を及ぼした。 （関西大）	都護府
☑ 0387 ☐	中国の皇帝が周辺諸民族の君主を封ずることで形成された東アジアの国際関係を，[　　　　]という。　（早稲田大）	冊封体制 <small>さくほう</small>
☑ 0388 ☐	唐の時代，武后・韋后一族によるいわゆる[　　　　]によって朝廷の政治は混乱し，玄宗が即位して建て直しが図られた。 （早稲田大）	武韋の禍 <small>ぶ い か</small>
☑ 0389 ☐	唐では，高宗の皇后であった[　　　　]が帝位について，一時的に国号を周と称した。　　（日本大）	則天武后（武則天）
☑ 0390 ☐	則天武后は中国史上唯一の女帝となり，[　　　]を建てた。 （関西学院大）	周（武周）
☑ 0391 ☐	高宗の死後，高宗の皇后であった則天武后が子の[　　　　]・睿宗を廃して帝位につき，国名を周と改めたため唐朝は一時途絶えた。　（大東文化大）	中宗
☑ 0392 ☐	7世紀末，則天武后が帝位につき，国号を周と改めた。中宗の復位によって唐は復活するが，中宗は[　　　]によって毒殺された。　（京都産業大）	韋后 <small>い</small>
☑ 0393 ☐	[　　　　]は国政を改革したが，晩年になって政治に熱意を失い，楊貴妃を寵愛し，楊氏一族を要職につけたりしたため政治が乱れた。　（大東文化大）	玄宗
☑ 0394 ☐	玄宗は武韋の禍で乱れた政治を立て直し，治世の前半は「[　　　　]」と呼ばれる中興期をむかえた。（駒澤大）	開元の治

| ☑ 0395 | 広州には唐朝によって宦官などが市船司に任命され貿易管理にあたった。また，外国人居留地である◻◻◻も置かれた。 （立命館大） | 蕃坊 |

| ☑ 0396 | 唐朝は，徴兵による府兵制を放棄し，傭兵による◻◻◻を採用した。 （立教大） | 募兵制 |

| ☑ 0397 | 唐の時代，辺境では防衛にあたる◻◻◻が地方の権力を握るようになった。 （神奈川大） | 節度使 |

| ☑ 0398 | 玄宗の寵愛を受けた◻◻◻の一族が実権を握り，それに対する反発から節度使の安禄山が反乱を起こし，唐の勢威が衰え始めた。 （山梨学院大） | 楊貴妃 |

| ☑ 0399 | 玄宗に仕えた◻◻◻は安史の乱で洛陽を占領し，大燕皇帝と自称した。 （上智大） | 安禄山 |

| ☑ 0400 | 安禄山の盟友で，唐に大乱を起こしたソグド系軍人は◻◻◻である。 （東京経済大） | 史思明 |

| ☑ 0401 | 唐朝の玄宗は晩年になって政治に熱意を失い，楊貴妃を寵愛し，楊氏一族を要職につけたりしたため政治が乱れ，◻◻◻が起こった。 （大東文化大） | 安史の乱 |

| ☑ 0402 | 安史の乱の頃，有力な節度使が地方の行政・財政の権力を握って◻◻◻として自立していった。 （学習院大） | 藩鎮 |

| ☑ 0403 | 唐は，財政再建のために，土地資産に課税して，夏・秋の2回徴税する新しい税制の◻◻◻を導入した。 （神奈川大） | 両税法 |

☑ 0404 ☐	安史の乱後、 [　　　] が徳宗に献策し、新税制である両税法が実施された。 （京都産業大）	ようえん 楊炎
☑ 0405 ☐	唐は9世紀後半に起こった [　　　] によって壊滅的な打撃を受け、その後、節度使の朱全忠によって滅ぼされた。 （センター）	こうそう 黄巣の乱
☑ 0406 ☐	唐代末期には、塩の密売人となった黄巣が、 [　　　] に呼応して挙兵した。 （佛教大）	おうせんし 王仙芝
☑ 0407 ☐	[　　　] は黄巣の乱に参加し、唐に帰順して節度使となったが、後に唐を滅ぼして後梁を建国した。 （法政大）	しゅぜんちゅう 朱全忠
☑ 0408 ☐	唐代文学では詩文が重んじられ、詩仙と称される [　　　] や杜甫を頂点として、唐詩は中国文学史上で最高の傑作とされる。 （慶應義塾大）	りはく 李白
☑ 0409 ☐	安史の乱で陥落した長安を見て「国破れて山河あり、城春にして草木深し」と詠んだ、詩聖と称される人物は [　　　] である。 （立教大）	とほ 杜甫
☑ 0410 ☐	李白・杜甫らと並んで有名な盛唐の詩人 [　　　] は、仏教に傾倒して詩仏と呼ばれ、山水画をよくしたことが伝えられる。 （学習院大）	おうい 王維
☑ 0411 ☐	唐後期に玄宗と楊貴妃の悲恋をうたった『長恨歌』の作者は [　　　] である。 （京都産業大）	白居易（白楽天）
☑ 0412 ☐	唐代、 [　　　] は柳宗元などとともに古文復興を提唱し、六朝時代に流行した形式的・技巧的な文体を排して、簡潔で実質的な文章を作るべきだと主張した。 （東北学院大）	かんゆ 韓愈

№		
☑ 0413	唐の時代の韓愈や◻◻◻◻らは漢代より前の古文を尊重し，技巧的な文体より簡明な文体をめざした。（学習院大）	柳宗元 （りゅうそうげん）
☑ 0414	唐の玄宗に仕えた◻◻◻◻は，仏像・鬼神の画や山水画に秀で，線描で量感・立体感を表す画風を特徴とした。 （明治大）	呉道玄 （ごどうげん）
☑ 0415	唐初期の書家であり政治家でもあった◻◻◻◻は，太宗に重用されたが，高宗によって左遷された。　（学習院大）	褚遂良 （ちょすいりょう）
☑ 0416	唐代の書家◻◻◻◻は，安史の乱に際して義勇軍を率いて戦った。 （佛教大）	顔真卿 （がんしんけい）
☑ 0417	唐の時代，訓詁学の集大成ともいうべき『五経正義』が◻◻◻◻らによって編纂され，これが科挙の試験のための教科書となった。 （愛知淑徳大）	孔穎達 （くようだつ）
☑ 0418	唐の時代，◻◻◻◻が西域を経てインドに赴き，ナーランダー僧院で学んだ。彼は帰国後，『大唐西域記』を著している。 （大阪産業大）	玄奘 （げんじょう）
☑ 0419	唐の太宗は，645年に玄奘がインドから帰国すると，彼を歓迎し，西域からインドについての情報をまとめた『◻◻◻◻』の撰述を要請した。 （学習院大）	大唐西域記 （だいとうさいいきき）
☑ 0420	唐僧◻◻◻◻はインドから経典を持ち帰り『南海寄帰内法伝』を著し，その後の中国仏教に大きな影響を与えた。 （駒澤大）	義浄 （ぎじょう）
☑ 0421	唐の義浄は海路でインドとの間を往復し，『◻◻◻◻』を著した。 （関西学院大）	南海寄帰内法伝

☑ 0422 ☆	ネストリウス派のキリスト教は東方へ伝播し，中国には唐代に伝来して◻と呼ばれた。 (早稲田大)	景教
☑ 0423 ☆	ゾロアスター教は北魏の頃に中国にも伝わり，◻と呼ばれた。 (日本大)	祆教（けんきょう）
☑ 0424 ☆	唐の首都長安には「唐代の三夷教」と呼ばれる祆教・景教・◻，それにイスラーム教（回教）などを始め，多様な宗教が伝えられた。 (オリジナル)	マニ教
☑ 0425 ☆	唐代を代表する陶磁器として，2色以上のうわ薬を素地に直接かけて焼く◻がある。 (名城大)	唐三彩
☑ 0426 ☆	7世紀のチベットでは，◻により吐蕃が建てられ，チベット文字などが生み出された。 (大東文化大)	ソンツェン=ガンポ
☑ 0427 ☆	7世紀のチベットでは◻が建国され，唐とインドの影響を受けながら独自の文化を発展させていった。 (成城大)	吐蕃（とばん）
☑ 0428 ☆	チベットでは，7世紀にソンツェン=ガンポがチベット諸族を統一し，インド文字をもとにして◻が作成された。 (京都産業大)	チベット文字
☑ 0429 ☆	◻は8～9世紀にチベットで成立した仏教で，元朝で保護された。 (中央大)	チベット仏教（ラマ教）
☑ 0430 ☆	雲南では，8世紀から9世紀にかけて栄えていた南詔が滅亡し，その後，◻が建てられた。 (明治大)	大理

□ 0431 ☐	雲南のチベット=ビルマ系の ⬚ では，唐文化を取り入れ，漢字を公用化し，仏教を奨励した。 （慶應義塾大）	南詔 <small>なんしょう</small>
□ 0432 ☐	高句麗が滅亡した後，大祚栄（<small>だいそえい</small>）が中国東北地方に ⬚ を建国し，唐の官僚制や仏教文化を取り入れ，日本とも盛んに通交した。 （駒澤大）	渤海 <small>ぼっかい</small>
□ 0433 ☐	新羅では仏教が保護されて栄え，都の慶州には ⬚ などの寺院が営まれた。 （天理大）	仏国寺
□ 0434 ☐	新羅は唐の官僚制を導入したが，社会の基盤として特権的な身分制度である ⬚ を確立した。 （愛知学院大）	骨品制 <small>こっぴん</small>
□ 0435 ☐	唐が後梁によって倒されると，節度使は次々に独立し，華北では ⬚ と，短期間に五代の王朝が交代した。 （國學院大）	後梁（<small>こうりょう</small>）・後唐（<small>こうとう</small>）・後晋（<small>こうしん</small>）・後漢（<small>こうかん</small>）・後周（<small>こうしゅう</small>）
□ 0436 ☐	唐を滅ぼした朱全忠は，五代最初の王朝である ⬚ を建国した後，息子に暗殺された。 （杉山女学園大）	後梁
□ 0437 ☐	唐の滅亡から宋の建国までの，短命な王朝が交代し，小国が分立した時代を ⬚ という。 （センター）	五代十国 <small>ごだいじっこく</small>

CHAPTER

2

アジアと地中海世界の形成

掲載問題数 343問

仏教はインドから東南アジアに広がり，各地域の国家形成に影響を与えました。オリエントにはイラン人の国家が建設され，一方地中海世界にはギリシア文明が生まれ，その伝統はローマ帝国に引き継がれていきました。

☑ 0438	◯◯◯◯はバラモン教の祭式至上主義に対する批判から生まれた。 (獨協大)	ウパニシャッド哲学
☑ 0439	紀元前6世紀にガンジス川中流域に興った◯◯◯は，マガダ国に併合された。 (甲南大)	コーサラ国
☑ 0440	◯◯◯◯は前6世紀頃にガンジス川中流域で興った国で，この地から仏教やジャイナ教が生まれた。 (青山学院大)	マガダ国
☑ 0441	生前の行為が次の生に影響を及ぼし，生命は無限に生まれ変わるという考えを◯◯◯という。 (青山学院大)	輪廻転生
☑ 0442	ウパニシャッド哲学は，生き物は「行為」を意味する◯◯◯から影響を受け，輪廻転生を繰り返すという考えを論じた。 (西南学院大)	業（カルマ）
☑ 0443	前6〜前5世紀頃のインドで，業（カルマ）によって決定された輪廻から解き放たれて◯◯◯できることを説くウパニシャッド哲学が確立された。 (同志社大)	解脱
☑ 0444	ヒマラヤ山麓のシャカ族の王子であった◯◯◯が開いた仏教は，徹底した無常観にたち，解脱の道を説いた。 (駒澤大)	ガウタマ=シッダールタ（ブッダ）
☑ 0445	ガウタマ=シッダールタは◯◯◯の実践と四諦による解脱を説いた。 (名古屋学芸大)	八正道

古代文明の出現と東アジア

アジアと地中海世界の形成

イスラーム教とヨーロッパ世界

ヨーロッパ世界の進展

アジアの動向と「世界の一体化」

近世ヨーロッパの動向

近代社会の形成

欧米諸列強の世界分割

世界現代史

□ 0446	ヴァルダマーナを教祖とする ◯◯◯ は，不殺生の戒律の厳守と，肉体的苦行による解脱を説いている。 (法政大)	ジャイナ教
□ 0447	前6世紀〜前5世紀のインドにおいてクシャトリヤに属する ◯◯◯ が開いたジャイナ教は，苦行と不殺生によって人間は救済されると説いた。 (駒澤大)	ヴァルダマーナ（マハーヴィーラ）
□ 0448	前4世紀末，チャンドラグプタはインド最初の統一王朝である ◯◯◯ を建国した。 (神奈川大)	マウリヤ朝
□ 0449	前4世紀末に ◯◯◯ を都としてチャンドラグプタが建てたマウリヤ朝は，第3代アショーカ王の時代に最盛期をむかえた。 (関西大)	パータリプトラ
□ 0450	マウリヤ朝の最盛期を築いた ◯◯◯ は，征服のための戦いで多くの犠牲者を出したことを悔い，晩年には仏教に帰依して，仏典の編纂や布教を行った。 (神奈川大)	アショーカ王
□ 0451	アショーカ王は深く仏教に帰依し，仏教等で説かれる普遍的倫理としての ◯◯◯ に基づく政治を行うことに努めた。 (防衛大)	ダルマ（法）
□ 0452	マウリヤ朝のアショーカ王は，ダルマの理念を詔勅として発布し，領内各地に詔勅を刻んだ ◯◯◯ を建てた。 (明治大)	磨崖碑・石柱碑
□ 0453	初期仏教は，ブッダを抽象的に表したシンボルや，仏舎利を納めた建造物である ◯◯◯ を崇拝した。 (専修大)	ストゥーパ
□ 0454	マウリヤ朝のアショーカ王は，インド亜大陸東南の ◯◯◯ への仏教布教のために王子を派遣した。 (専修大)	セイロン島

☑ 0455	アショーカ王の死後にマウリヤ朝は衰退し，西北部は中央アジアやイラン東部から進入したイラン系の◯◯◯やパルティアに支配された。　　　　　　（防衛大）	サカ族（人）
☑ 0456	1世紀には中央アジアから西北インドにかけて，イラン系の◯◯◯が建国され，2世紀に最盛期をむかえた。　　　　　　（関西大）	クシャーナ朝
☑ 0457	1世紀になるとイラン系の◯◯◯が西北インドを征服し，クシャーナ朝が興った。　　　　　　（龍谷大）	クシャーン人
☑ 0458	1世紀にはイラン系のクシャーナ朝が台頭して西北インドを支配し，2世紀のカニシカ王の時代には◯◯◯を都として中央アジアにまで支配を拡げた。　　　　　　（関西大）	プルシャプラ
☑ 0459	インドではクシャーナ朝の最盛期を築いた◯◯◯が仏教を保護した。　　　　　　（和歌山大）	カニシカ王
☑ 0460	西北インドの◯◯◯を中心に栄えた仏教美術は，バクトリア王国のギリシア人が伝えたヘレニズム彫刻の手法の影響を受けている。　　　　　　（オリジナル）	ガンダーラ
☑ 0461	ドラヴィダ系の王朝の◯◯◯は，前1世紀にデカン高原に成立し，ローマとの季節風交易で栄えた。　　　　　　（文教大）	サータヴァーハナ朝
☑ 0462	1世紀にギリシア人によって書かれた『◯◯◯』には，インド洋を舞台に季節風を利用して行われていた遠距離交易の様子が窺われる。　　　　　　（学習院大）	エリュトゥラー海案内記
☑ 0463	仏教教団は戒律や教義により多数の部派に分かれたが，その中の◯◯◯はスリランカ（セイロン島）に伝えられて発展した。　　　　　　（名古屋芸術大）	上座部

□ 0464	紀元前後になると，それまでのいわゆる部派仏教に対し，衆生の救済を重視する◯◯◯が成立した。　(中央大)	大乗 (だいじょう)
□ 0465	サータヴァーハナ朝の時代，バラモン出身の◯◯◯が，大乗仏教の教理を体系化した。　(日本大)	竜樹 (りゅうじゅ) (ナーガールジュナ)
□ 0466	インドでは4世紀に入ると，ガンジス川中流域のパータリプトラを都として◯◯◯が興った。　(中京大)	グプタ朝
□ 0467	グプタ朝は◯◯◯がガンジス川中流域を征服して創始した王朝である。　(関西学院大)	チャンドラグプタ1世
□ 0468	グプタ朝の第3代の王◯◯◯は北インドの大部分を統一し，最盛期をもたらした。　(日本大)	チャンドラグプタ2世
□ 0469	グプタ朝は分権的統治体制をしき，◯◯◯が公用語化され，ヒンドゥー教が社会に定着するようになった。　(東海学園大)	サンスクリット語
□ 0470	古代インドの二大叙事詩の一つである『◯◯◯』は，前8世紀の北インドの部族間の抗争をうたったものである。　(摂南大)	マハーバーラタ
□ 0471	古代インドの二大叙事詩の一つである『◯◯◯』は，コーサラ国の王子が魔王と戦い王妃を助ける冒険叙事詩である。　(摂南大)	ラーマーヤナ
□ 0472	グプタ朝では，サンスクリット文学が保護され，『シャクンタラー』を著した◯◯◯らが活躍した。　(武蔵大)	カーリダーサ

63

☑ 0473 □	グプタ朝の時代，詩人カーリダーサがサンスクリット文学の傑作『＿＿＿』を著した。　　　　　　　　（文教大）	シャクンタラー
☑ 0474 □	グプタ朝が5世紀に建立した＿＿＿は，仏教研究の中心として発展した。この僧院には仏典を求めて唐の僧の玄奘もやってきた。　　　　　　　　　　　　　　　（成蹊大）	ナーランダー僧院
☑ 0475 □	グプタ朝の時代，美術においても，ガンダーラ美術の影響を脱した純インド的な要素を強調する＿＿＿が成立した。　　　　　　　　　　　　　　　　　　　　（同志社大）	グプタ様式（グプタ美術）
☑ 0476 □	グプタ朝では，インド西部＿＿＿の石窟寺院にある壁画に代表される，純インド的なグプタ美術がさかんになった。　　　　　　　　　　　　　　　　　（オリジナル）	アジャンター
☑ 0477 □	アジャンターと同じくインド西部＿＿＿の石窟寺院には，仏教・ヒンドゥー教・ジャイナ教の壁画や彫刻が残っている。　　　　　　　　　　　　　　　　（オリジナル）	エローラ
☑ 0478 □	紀元前後以降になると，バラモン教にインド各地の民間信仰が融合した＿＿＿が成立する。　　　　（東洋大）	ヒンドゥー教
☑ 0479 □	ヒンドゥー教は，破壊の神とされる＿＿＿を始め，多くの神々を信仰する多神教である。　　　　（同志社大）	シヴァ
☑ 0480 □	ヒンドゥー教には主要な三神がある。世界を創造するブラフマー，世界を維持する＿＿＿，世界を破壊するシヴァである。　　　　　　　　　　　　　　　　　（関西大）	ヴィシュヌ
☑ 0481 □	前200年頃〜後200年頃に，ヴァルナの義務・規範を定めた『＿＿＿』がまとめられた。　　　　　（防衛大）	マヌ法典

☑ 0482	グプタ朝が滅んだ後，7世紀初めに◯◯◯が成立したが，短期間で滅び，これが古代インドの事実上最後の王朝となった。 （大阪経済法科大）	ヴァルダナ朝
☑ 0483	7世紀初めには，◯◯◯がガンジス川流域にヴァルダナ朝を建てた。王はヒンドゥー教とともに，仏教をあつく保護した。 （同志社大）	ハルシャ王(ハルシャ=ヴァルダナ)
☑ 0484	ヴァルダナ朝の衰退後，◯◯◯と称する勢力が支配する王国が分立した。 （関西学院大）	ラージプート
☑ 0485	6世紀になるとドラヴィダ系の◯◯◯が台頭し，以後デカン高原を支配した。 （日本大）	チャールキヤ朝
☑ 0486	◯◯◯は南インドのドラヴィダ系タミル人の王朝で，11世紀にはシュリーヴィジャヤに遠征した。 （愛知淑徳大）	チョーラ朝
☑ 0487	前3世紀頃～後14世紀に南インド最南端の◯◯◯のもとでタミル文化が発展したが，ハルジー朝によって滅ぼされた。 （関西学院大）	パーンディヤ朝
☑ 0488	3世紀～9世紀のインド南部では，タミル系の◯◯◯が栄えたが，チョーラ朝によって滅ぼされた。 （関西学院大）	パッラヴァ朝
☑ 0489	紀元前4世紀頃には，ベトナム北部で，独特の青銅器や鉄製農具を特徴とする◯◯◯が発展した。 （東京経済大）	ドンソン文化
☑ 0490	前4世紀頃から，ベトナム北部を中心に，青銅製の祭器である◯◯◯などで知られるドンソン文化が発展した。 （学習院大）	銅鼓（どうこ）

古代文明の出現と東アジア

アジアと地中海世界の形成

イスラーム教とヨーロッパ世界

ヨーロッパ世界の進展

アジアの動向と「世界の一体化」

近世ヨーロッパ世界の動向

近代社会の形成

欧米列強の世界分割

世界現代史

☑ 0491 ⤴	漢の武帝は南越を滅ぼすと，ユエ付近に中国最南の □□□ を設置して南海貿易の拠点とした。 (國學院大)	日南郡 にちなん
☑ 0492 ⤴	唐はベトナム北部を南シナ海貿易の拠点として位置づけ，六都護府の一つ □□□ を置いて支配を続けた。 (法政大)	安南都護府 あんなんとごふ
☑ 0493 ⤴	ベトナムでは，11世紀初めに李朝が成立し，現在のハノイを都として，国号を □□□ と定めた。 (青山学院大)	大越 (ダイベト)
☑ 0494 ⤴	10世紀になるとベトナム人は中国から独立をはたし，11世紀初めに李公蘊が □□□ という王朝を建てた。 りこううん (オリジナル)	李朝
☑ 0495 ■	ベトナム北部は，前2世紀末から中国の支配下にあったが，後11世紀に入ると □□□ （現在のハノイ）を都とする大越国が成立した。 (名古屋大)	昇竜
☑ 0496 ⤴	中国の宋の時代以降，ベトナム北部にいくつかの長期王朝が建てられたが，その一つである □□□ の時には，元軍の侵入を撃退している。 (学習院大)	陳朝 ちん
☑ 0497 ⤴	ベトナム北部に建てられた陳朝では，漢字を利用した □□□ と呼ばれる文字が作られた。 (青山学院大)	チュノム (チューノム・字喃)
☑ 0498 ⤴	東アジアでは，紀元前後の頃からインドや中国との交流が活発になり，海上交易が発展すると，インド洋と南シナ海をつなぐ □□□ が生まれた。 (大東文化大)	港市国家
☑ 0499 ⤴	ベトナム中部からカンボジア，タイに至る地域には，1世紀頃におけるメコン川下流域での □□□ 建国を皮切りに独自の王朝が成立した。 (東洋大)	扶南 ふなん

☑ 0500	2世紀のローマの金貨が，扶南の外港であった［　　　］の遺跡からも出土した。　　　　　　　　　　　　（日本大）	オケオ
☑ 0501	ベトナムの中部から南部にかけては，2世紀末に［　　　］が成立し，インドの様々な文化を受容しながら，中継貿易の拠点として発展した。　　　　　　　　（中央大）	チャンパー
☑ 0502	2世紀末のベトナム中部には，［　　　］がチャンパーを建国した。この国は中国名を林邑・占城などという。　　　　　　　　　　　　　　　　　（学習院大）	チャム人
☑ 0503	6世紀にメコン川中流域に［　　　］によってヒンドゥー教の影響が強いカンボジアが興った。　　　（西南学院大）	クメール人
☑ 0504	メコン川中流域では7世紀にカンボジアが勢力を強め，9世紀初めには［　　　］に都を置いた。　　（オリジナル）	アンコール
☑ 0505	12世紀にカンボジアに建てられた［　　　］は当初ヒンドゥー教の寺院として造営されたが，後に仏教の寺院になった。　　　　　　　　　　　　　　　（慶應義塾大）	アンコール＝ワット
☑ 0506	東南アジアのアンコール遺跡の中心のアンコール＝ワットは，12世紀前半にアンコール朝の［　　　］により造営された。　　　　　　　　　　　　　　　　　（上智大）	スールヤヴァルマン2世
☑ 0507	アンコール朝のカンボジアでは，12世紀に［　　　］が都城として建設された。　　　　　　　　（関西学院大）	アンコール＝トム
☑ 0508	7世紀半ば，スマトラ島のパレンバンを中心に［　　　］が成立した。　　　　　　　　　　　　　　（オリジナル）	シュリーヴィジャヤ

古代文明の出現と東アジア

アジアと地中海世界の形成

イスラーム教とヨーロッパ世界

ヨーロッパ世界の進展

アジアの動向と「世界の一体化」

近世ヨーロッパ世界の動向

近代社会の形成

欧米諸列強の世界分割

世界現代史

☑ 0509 ⌂	東南アジアでは，7世紀にスマトラ島の□□□□を中心とするシュリーヴィジャヤが栄えるようになった。 （関西学院大）	パレンバン
☑ 0510 ⌂	宋代には，スマトラ島を中心とする港市国家群である□□□が，内陸物産の集貨や中継貿易を通じて繁栄した。 （早稲田大）	三仏斉
☑ 0511 ⌂	8～9世紀にジャワ島中部に建てられた□□□では，大乗仏教が保護され，ボロブドゥールが造営された。 （京都産業大）	シャイレンドラ朝
☑ 0512 ⌂	ジャワ島では，大乗仏教の寺院としてシャイレンドラ朝の時代に□□□が造営された。 （明治大）	ボロブドゥール
☑ 0513 ⌸	仏教寺院のボロブドゥールと同じ頃，ジャワ島中部の□□□はヒンドゥー教の寺院であるプランバナン寺院を建てた。 （オリジナル）	(古) マタラム朝
☑ 0514 ⌸	ジャワ島中部の盆地では，8世紀に古マタラム朝が成立し，□□□と呼ばれる寺院群を建設している。 （オリジナル）	プランバナン
☑ 0515 ⌂	10世紀にジャワ島に成立した□□□では，影絵芝居の「ワヤン」の題材として知られる『マハーバーラタ』がジャワ語訳された。 （早稲田大）	クディリ朝
☑ 0516 ⌂	世界無形文化遺産であるジャワ島の影絵芝居「□□□」では，おもに古代インドの叙事詩の『マハーバーラタ』が題材とされる。 （阪南大）	ワヤン
☑ 0517 ⌸	タイのチャオプラヤ川下流域では，7世紀から11世紀頃にかけて，モン人による□□□が発展した。 （京都府立大）	ドヴァーラヴァティー（王国）

0518	7世紀には, 現在のタイを流れるチャオプラヤ川の下流域に [　　　] がドヴァーラヴァティー (王国) を建てた。 (京都女子大)	モン人
0519	13世紀, タイではタイ人による最初の本格的国家の [　　　] が建てられた。 (駒澤大)	スコータイ朝 (スコータイ王国)
0520	ビルマ (ミャンマー) のエーヤワディー (イラワディ) 川下流域では, ビルマ系の [　　　] の国があったが, 11世紀になるとパガン朝が興り, 仏教が広まった。 (近畿大)	ピュー人
0521	1044年にビルマ最初の統一王朝である [　　　] が成立し, スリランカから上座部仏教を受容したが, 13世紀末に元の侵入を受けた後, 滅んだ。 (東洋大)	パガン朝 (パガン王国)

THEME

古代イランとギリシア世界

見出し番号 0522—0649

0522	紀元前550年にキュロス2世が建国した [　　　] は, ダレイオス1世のときに最盛期をむかえ, 東はインダス川, 西はエーゲ海北岸に至る大帝国となった。 (センター)	アケメネス朝
0523	アケメネス朝の王 [　　　] は4王国のほとんどを滅ぼして帝国の基礎を築き, また捕囚とされていたユダヤ人を解放した。 (早稲田大)	キュロス2世
0524	アケメネス朝の第2代の王 [　　　] はエジプトを征服し, 全オリエントを再統一した。 (龍谷大)	カンビュセス2世
0525	アケメネス朝の第3代の王 [　　　] は, 貨幣を鋳造し, 税制を整備するなど財政の基盤をかため, エーゲ海北岸からインダス川に至る大帝国を築いた。 (関西学院大)	ダレイオス1世

古代文明の出現と東アジア ／ アジアと地中海世界の形成 ／ イスラーム教とヨーロッパ世界 ／ ヨーロッパ世界の進展 ／ アジアの動向と「世界の一体化」 ／ 近世ヨーロッパ世界の動向 ／ 近代社会の形成 ／ 欧米諸列強の世界分割 ／ 世界現代史

☑ 0526 ♡	アケメネス朝のダレイオス1世は「◻︎◻︎◻︎」と呼ばれる国道を作り，多数の宿駅を設けて，駅伝制を整備した。 （早稲田大）	王の道
☑ 0527 ■	アケメネス朝のダレイオス1世は，スサから◻︎◻︎に至る「王の道」を建設させた。 （大手前大）	サルデス
☑ 0528 ♡	アケメネス朝のダレイオス1世は，都の◻︎◻︎を起点に，「王の道」と呼ばれる道路を整備した。 （関西学院大）	スサ
☑ 0529 ♡	アケメネス朝のダレイオス1世は内政を整備し，「王の道」と呼ばれる公道を建設し，街道に宿場を設ける◻︎◻︎を整備した。 （青山学院大）	駅伝制
☑ 0530 ♡	アケメネス朝のダレイオス1世は全土を約20の州に分け，各州に王の代理として治安維持と徴税を行う◻︎◻︎を置いた。 （東京経済大）	知事(サトラップ)
☑ 0531 ♡	アケメネス朝のダレイオス1世は「◻︎◻︎◻︎」と呼ばれる王直属の監察官を置いて，州の長官であるサトラップの動向を報告させた。 （早稲田大）	王の目・王の耳
☑ 0532 ♡	アケメネス朝の3代目の王ダレイオス1世は◻︎◻︎に新都を建設し，東はインダス川から西はエーゲ海北岸に至る広大な帝国を建設した。 （愛知工業大）	ペルセポリス
☑ 0533 ♡	前3世紀にアム川流域にギリシア人が建国した◻︎◻︎では，ヘレニズム文化が栄えたが，この国はスキタイ系のトハラ人に滅ぼされた。 （早稲田大）	バクトリア
☑ 0534 ♡	前3世紀半ばに，遊牧イラン人がカスピ海東南に◻︎◻︎を建てた。都に定められたクテシフォンは東西貿易の要所となり，大いに栄えた。 （武蔵川女子大）	パルティア

□ 0535 ☑ ♡	パルティアは，セレウコス朝の支配下からイラン系遊牧民の族長 [ ] によって建国された国である。 (学習院大)	アルサケス
□ 0536 ☑ ♡	パルティアは東西貿易の利益を独占して栄え，『史記』の中では [ ] として紹介されている。 (関西学院大)	安息
□ 0537 ☑ ♡	[ ] はパルティアの首都で，ササン朝も首都に定めた。 (上智大)	クテシフォン
□ 0538 ☑ ▣	パルティアは前2世紀の君主 [ ] のときメソポタミアを征服し，クテシフォンを建設した。 (上智大)	ミトラダテス1世
□ 0539 ☑ ♡	パルティアの勢力下にあったイラン高原南部のイラン人たちは，アルダシール1世に率いられて，224年パルティアを倒し，[ ] を建てた。 (京都府立大)	ササン朝
□ 0540 ☑ ♡	3世紀前半に [ ] によって樹立されたササン朝では，ゾロアスター教が国教とされるなど，イランの伝統文化の復活が進められた。 (高知工科大)	アルダシール1世
□ 0541 ☑ ♡	ササン朝の王 [ ] は，ローマ皇帝ウァレリアヌスを捕虜とし，東方ではクシャーナ朝を破った。 (立教大)	シャープール1世
□ 0542 ☑ ♡	ササン朝最盛期の王 [ ] は中央集権改革を進め，東ローマ皇帝のユスティニアヌスと抗争して優位に立ち，突厥と結んでエフタルを滅ぼした。 (早稲田大)	ホスロー1世
□ 0543 ☑ ♡	古代ペルシア人の信仰した [ ] は，善神アフラ=マズダと悪神アンラ=マンユ（アーリマン）とを対立させる，善悪二元論に基づいた宗教であった。 (早稲田大)	ゾロアスター教

☑ 0544 ☐	サン朝の時代，ゾロアスター教の教典『　　　』が編纂された。　　　　　　　　　　　　　　　（東洋大）	アヴェスター
☑ 0545 ☐	アケメネス朝で保護され，ササン朝では国教となったゾロアスター教の最高神で，光明・善の神であるのは　　　　である。　　　　　　　　　　　　（大阪学院大）	アフラ=マズダ
☑ 0546 ☐	ゾロアスター教で，光明・善の神と対立する暗黒・悪の神は　　　　である。　　　　　　　　　（大阪学院大）	アンラ=マンユ（アーリマン）
☑ 0547 ☐	ゾロアスター教にキリスト教・仏教の要素を融合するなどして3世紀前半にササン朝で成立したのが，　　　　である。　　　　　　　　　　　　　　（京都産業大）	マニ教
☑ 0548 ☐	前8世紀頃のギリシアでは，各地で有力者の指導のもとにいくつかの集落が連合し，　　　　してポリスが作られた。　　　　　　　　　　　　　　　（東京経済大）	集住（シノイキスモス）
☑ 0549 ☐	ミケーネ文明滅亡後のいわゆる　　　　を経て，前8世紀に入ると，ギリシアにはポリスという都市国家が出現する。　　　　　　　　　　　　　　（青山学院大）	暗黒時代
☑ 0550 ☐	ギリシアの都市アテネの中心に位置する丘である　　　　の上には，古代アテネの守護女神であったアテナをまつるパルテノン神殿の遺構が建っている。（学習院大）	アクロポリス
☑ 0551 ☐	古代ギリシアのポリスの公共広場として，交易・集会・裁判などが行われた場所を　　　　という。　（東京経済大）	アゴラ
☑ 0552 ☐	古代ギリシアのポリス社会で市民に分配された世襲農地を「持ち分地（　　　　）」という。　　　　（立教大）	クレーロス

☑ 0553	アテネの北西に位置した〔　　　〕には，アポロン神に捧げられた神殿が置かれており，そこは巫女を通じた神託でよく知られていた。　　　　　　　　　　　　（駒澤大）	デルフォイ（デルフィ）
☑ 0554	前776年からはゼウス神殿で有名な〔　　　〕で祭典が行われ，開催中はいっさいの戦いが中止された。　　（中部大）	オリンピア
☑ 0555	古代ギリシア人は，〔　　　〕という同一民族としての意識は持っていたものの，統一国家を形成することはなかった。　　　　　　　　　　　　　　　　　　（成蹊大）	ヘレネス
☑ 0556	古代ギリシア人は自らをヘレネスと呼ぶ一方，異民族を「わけのわからないことばを話す人」を意味する〔　　　〕と呼んだ。　　　　　　　　　　　　　　　　　　（中部大）	バルバロイ
☑ 0557	古代ギリシア人の植民市であった南イタリアの〔　　　〕は，現在のナポリである。　　　　　　　　　　（武蔵大）	ネアポリス
☑ 0558	ギリシア植民市に由来する地中海周辺地域の都市として，現在のマルセイユに相当する〔　　　〕がある。　　　　　　　　　　　　　　　　　　（金城学院大）	マッサリア
☑ 0559	前8〜前7世紀，ギリシア人は本格的に地中海に進出して各地に植民市を形成したが，シチリア島では島内最大の植民市〔　　　〕を建設した。　　　　　　（早稲田大）	シラクサ
☑ 0560	トルコのイスタンブールの起源はギリシアの植民市に遡り，当初は〔　　　〕と呼ばれていた。　　（早稲田大）	ビザンティオン
☑ 0561	スパルタは，ギリシア人の一派〔　　　〕の人々が先住民族を征服して建設し，ペロポネソス半島南部に位置するポリスである。　　　　　　　　　　　　（早稲田大）	ドーリア系

☑ 0562 ☖	スパルタの伝説的立法者の◻︎は，戦時下のような軍国主義的社会体制を採用した。　　　　　（青山学院大）	リュクルゴス
☑ 0563 ☖	古代ギリシアでは，18歳以上の成年男性市民から構成される◻︎が，国政の最高決定機関であった。　　　　　　　　　　　　（岐阜聖徳学園大）	民会（古代ギリシア）
☑ 0564 ☖	ヘイロータイと呼ばれていた奴隷身分の農民に対して，商工業に従事する◻︎と呼ばれる人びとも，スパルタ市民に対して従軍と貢納の義務を負った。　（成蹊大）	ペリオイコイ
☑ 0565 ☖	スパルタでは，少数の自由市民が，商工業に従事するペリオイコイや，被征服先住民で隷属民である◻︎を支配した。　　　　　　（福岡大）	ヘイロータイ
☑ 0566 ☖	ギリシア人の一派◻︎の人々が建設したアテネでは，重装歩兵として軍事力の中核を形成する富裕な平民が勢力を伸ばした。　　　　（佛教大）	イオニア系
☑ 0567 ☖	古代ギリシアの各ポリスでは◻︎として国防を担う平民が勢力を増していった。　　（関西学院大）	重装歩兵
☑ 0568 ☖	古代ギリシアでは，重装歩兵は◻︎と呼ばれる密集隊形を組んで戦闘に参加した。　　（武蔵大）	ファランクス
☑ 0569 ☖	アテネでは，前7世紀後半に◻︎が従来の慣習法を成文化し，貴族による法の独占を破った。（東洋英和女学院大）	ドラコン
☑ 0570 ☖	前6世紀初頭に執政官◻︎が改革を断行し，血統ではなく財産に応じて市民の参政権と兵役義務を定めた。　　　　　　　（青山学院大）	ソロン

☑ 0571	古代ギリシアにおいては，借金を返すことができずに奴隷として働くことを命じられた「□□□」が存在したが，ソロンはこれを禁じた。 (慶應義塾大)	債務奴隷
☑ 0572	アテネでは，前561年に□□□が僭主政治を確立し，中小農民の保護をはかった。 (成蹊大)	ペイシストラトス
☑ 0573	アテネでは，前6世紀初めにソロンの改革が行われたが，不満を持つ者も多く，これらを抱き込んで非合法的に独裁権を握る□□□が現れた。 (早稲田大)	僭主（せんしゅ）
☑ 0574	民衆派の指導者□□□は前508年に改革を断行し，陶片追放（オストラキスモス）を創設し，部族制も再編した。 (オリジナル)	クレイステネス
☑ 0575	クレイステネスは僭主の台頭を防ぐため，□□□の制度を創設した。 (福岡大)	陶片追放（オストラキスモス）
☑ 0576	クレイステネスは，従来からの血縁に基づく4部族制を解体して住民の村落を中心とした□□□を設け，行政や軍事の単位とした。 (早稲田大)	デーモス（区）
☑ 0577	前5世紀前半にアケメネス朝は，アテネやスパルタなどのギリシア諸ポリスとの□□□に敗れ，その後アレクサンドロス大王の東方遠征によって滅亡した。 (関西学院大)	ペルシア戦争
☑ 0578	前5世紀初め，小アジア西岸の□□□などのギリシア人植民市がアケメネス朝に対して反乱を起こしたが，鎮圧された。 (同志社大)	ミレトス
☑ 0579	ペルシア戦争では，前490年にアテネのミルティアデス軍が□□□でアケメネス朝の遠征軍を破った。 (立教大)	マラトンの戦い

☑ 0580 ⮔	ペルシア戦争中の[　　　]では，レオニダス率いる約300人のスパルタ軍がアケメネス朝の大軍に敗れて全滅した。 (摂南大)	テルモピレーの戦い
☑ 0581 ⮔	ペルシア戦争では，初めペルシアが優勢だったが，マラトンの戦いでアテネ軍が勝利し，前480年の[　　　]でもギリシア側が勝利を収めた。 (法政大)	サラミスの海戦
☑ 0582 ⮔	ペルシア戦争において，アテネ海軍はこぎ手が上中下三段に並んだ[　　　]を用いた。 (同志社大)	三段櫂船 かいせん
☑ 0583 ⮔	マラトンの戦いでアケメネス朝の軍を破ったアテネ軍は，[　　　]の指導によって前480年のサラミスの海戦でペルシア軍を破った。 (順天堂大)	テミストクレス
☑ 0584 ⮔	前479年，アテネとスパルタの連合軍は[　　　]でアケメネス朝を破り，ギリシア側の勝利を決定的にした。 (順天堂大)	プラタイアの戦い
☑ 0585 ⮔	将軍[　　　]の時代にはアテネは海軍国として発展し，内部では直接民主政が完成され，ほとんどすべての官職が市民に開放された。 (明治大)	ペリクレス
☑ 0586 ⮔	アテネは，ペルシア戦争での勝利後の前5世紀中頃に民主政を完成させ，盟主となった[　　　]を利用して急速にその勢力を伸ばしていった。 (関西学院大)	デロス同盟
☑ 0587 ⮔	ペルシア戦争後，アテネが急速に勢力を広げたことに，[　　　]の盟主スパルタは脅威を感じた。 (成蹊大)	ペロポネソス同盟
☑ 0588 ⮔	アテネの勢力拡大を恐れたスパルタはアテネとの対立を深め，両者は全ギリシアを巻きこむ[　　　]を開始した。 (岐阜淑徳学園大)	ペロポネソス戦争

☑ 0589	ペリクレスの死後, アテネの民主政治は腐敗して ＿＿＿ に陥っていった。 (駒澤大)	衆愚政治
☑ 0590	古代ギリシアにおいて衆愚政治をまねいた政治家たちは ＿＿＿ と呼ばれていた。 (青山学院大)	デマゴーゴス (デマゴーグ)
☑ 0591	ペロポネソス戦争によって, ギリシア社会全体が混乱し, スパルタを破った ＿＿＿ が一時有力となった。 (天理大)	テーベ(テーバイ)
☑ 0592	テーベの指導者 ＿＿＿ は, 前371年のレウクトラの戦いでスパルタに勝利した。 (関西学院大)	エパメイノンダス
☑ 0593	マケドニアは国王 ＿＿＿ の下で勢力を伸長させ, 前338年のカイロネイアの戦いにおいてアテネ・テーベ連合軍に勝利した。 (青山学院大)	フィリッポス2世
☑ 0594	前338年, マケドニア王フィリッポス2世は ＿＿＿ でアテネ・テーベの連合軍を破り, ギリシア諸都市を制圧した。 (福岡大)	カイロネイアの戦い
☑ 0595	前4世紀後半, フィリッポス2世はカイロネイアの戦いでアテネ・テーベの連合軍を破り, 多くのポリスからなる ＿＿＿ を作ってギリシアを支配した。 (九州産業大)	コリントス同盟 (ヘラス同盟)
☑ 0596	＿＿＿ は, 前334年東方遠征に出発し, ペルシア(アケメネス朝)を征服した後, ギリシア・エジプトからインド西北部にまたがる大帝国を建設した。 (明治大)	アレクサンドロス大王
☑ 0597	前333年に起こった ＿＿＿ で, アレクサンドロス大王はダレイオス3世を破った。 (関西大)	イッソスの戦い

☑ 0598 ☐	アケメネス朝は，紀元前333年のイッソスの戦いとその後の [ ] によってアレクサンドロス大王の遠征軍に敗れ，ついに滅亡した。 (駒澤大)	アルベラの戦い
☑ 0599 ☐	アレクサンドロス大王はアケメネス朝最後の王である [ ] と対決し，前333年のイッソスの戦いで大勝を収めた。 (立教大)	ダレイオス3世
☑ 0600 ☐	前331年におけるアレクサンドロス大王のエジプト征服の後，彼の名にちなんだ [ ] は，その後ヘレニズム文化の中心地として栄えた。 (北海道大)	アレクサンドリア
☑ 0601 ☐	アレクサンドロス大王の死後，帝国は [ ] と呼ばれる部下の将軍たちによって分割された。 (明治大)	ディアドコイ (後継者)
☑ 0602 ☐	都をアレクサンドリアに置いた [ ] はヘレニズム世界の中心的存在であったが，前30年にローマによって滅ぼされた。 (同志社大)	プトレマイオス朝エジプト
☑ 0603 ☐	アレクサンドロス大王の死後に建てられた [ ] は，アンティオキアを首都として繁栄したが，紀元前1世紀にローマの属州となった。 (オリジナル)	セレウコス朝シリア
☑ 0604 ☐	アレクサンドロス大王が没すると，その広大な領土は [ ]，プトレマイオス朝エジプト，セレウコス朝シリアなどに分裂した。 (東洋大)	アンティゴノス朝マケドニア
☑ 0605 ☐	ホメロスの叙事詩『イリアス』『オデュッセイア』に見られるように，古代ギリシア人の心にはゼウスを主神とする [ ] の神話世界が生きていた。 (立正大)	オリンポス12神
☑ 0606 ☐	ギリシア文化の特徴の一つは，主神 [ ] を代表とするオリンポス12神が，神話の中で人間と同様に感情を持つ姿で描かれていることにある。 (駒澤大)	ゼウス

☑ 0607	[　　　　]は，トロイア戦争における英雄たちを描いた叙事詩『イリアス』や『オデュッセイア』を著した。 （オリジナル）	ホメロス
☑ 0608	ホメロスは叙事詩『[　　　　]』で，アキレウスやヘクトールなどトロイア戦争の英雄たちを描いた。　（早稲田大）	イリアス
☑ 0609	『[　　　　]』は，英雄オデュッセウスがトロイア戦争でギリシアを勝利に導いた後，いくたの困難を切り抜けて帰国するまでを描いた叙事詩である。　（聖心女子大）	オデュッセイア
☑ 0610	[　　　　]は前700年頃，『神統記』で神々の系譜をまとめ，『労働（仕事）と日々』では農民の日常生活を描き，勤労の尊さを説いた。　（東海大）	ヘシオドス
☑ 0611	前8〜7世紀の詩人ヘシオドスは，勤労の大切を説いた『[　　　　]』を著した。　（法政大）	労働と日々
☑ 0612	前700年頃に活躍したヘシオドスはゼウスをたたえ，天地創造から始まるギリシアの神々の系譜『[　　　　]』を著した。　（立正大）	神統記
☑ 0613	古代ギリシアでは，女性詩人[　　　　]が叙情詩を残した。　（南山大）	サッフォー
☑ 0614	[　　　　]はペルシア戦争に自らも参戦し，悲劇『アガメムノン』を著した。　（早稲田大）	アイスキュロス
☑ 0615	[　　　　]は前5世紀のアテネで悲劇の上演形式に改良を加えて文芸として完成させ，『オイディプス王』，『アンティゴネ』，『アイアス』などの作品を残した。　（東海大）	ソフォクレス

☑ 0616 ☆	古代ギリシアの劇作家 [ ] は, 悲劇『メデイア』や『アンドロマケ』を著した。 (立教大)	エウリピデス
☑ 0617 ☆	前5〜4世紀のアテネでは, [ ] による『女の平和』や『女の議会』に代表される喜劇が作られた。 (関西学院大)	アリストファネス
☑ 0618 ☆	万物の根源や真理の存在を追究する学問である [ ] は, 前600年代のギリシアに遡ることができる。 (駒澤大)	イオニア自然哲学
☑ 0619 ☆	古代ギリシアでは, 合理性と論理性を重視する科学的態度が生まれ, [ ] は万物の根源を「水」であると考えた。 (明治大)	タレス
☑ 0620 ☆	前6世紀, エーゲ海のサモス島の出身でイタリアに移住した [ ] は, 万物の根源は「数」であると考えた。 (学習院大)	ピタゴラス
☑ 0621 ☆	古代ギリシアでは, 原子論的唯物論哲学の祖とされる [ ] のような自然哲学の潮流から自然科学の思考がめばえた。 (松山大)	デモクリトス
☑ 0622 ☆	前6世紀, [ ] は万物の根源を「火」と考え,「万物は流転する」との考えを示した。 (法政大)	ヘラクレイトス
☑ 0623 ☆	民主政期のアテネでは, プロタゴラスを代表とした弁論術指導を職業とする [ ] が活躍した。 (駒澤大)	ソフィスト
☑ 0624 ☆	ソフィストの [ ] は「万物の尺度は人間」として真理の相対性を唱えた。 (関西学院大)	プロタゴラス

☑ 0625 ☐	「万物の尺度は人間」として真理の相対性を唱えたプロタゴラスのようなソフィストに対して，□□□は普遍的・客観的真理の存在を主張した。 （関西学院大）	ソクラテス
☑ 0626 ☐	アテネの哲学者□□□は，事象の背後にあるイデアこそ永遠不変の実在であるとした。 （甲南大）	プラトン
☑ 0627 ☐	哲学者プラトンは著書の『□□□』で，理想とする国家・教育などを述べた。 （青山学院大）	国家
☑ 0628 ☐	□□□はアレクサンドロス大王の少年期に教育係を務め，『形而上学』その他を著した。 （法政大）	アリストテレス
☑ 0629 ☐	プラトンは，真に存在するのは善や美という観念で現実世界はその観念が現れたものにすぎないという，□□□論を主張した。 （早稲田大）	イデア
☑ 0630 ☐	□□□は病気の原因を科学的に究明し，医の倫理を説き「医学の父」と呼ばれた。 （松山大）	ヒッポクラテス
☑ 0631 ☐	ペルシア戦争を主題とする□□□の著書『歴史』は，物語風の歴史叙述の典型とされている。 （早稲田大）	ヘロドトス
☑ 0632 ☐	アテネ出身の歴史家で，ペロポネソス戦争の歴史を精密な史料批判に基づいて記述した□□□は，「科学的歴史記述の祖」とされる。 （愛知工業大）	トゥキディデス
☑ 0633 ☐	前5世紀後半，アテネの彫刻家の□□□はパルテノン神殿造営の総監督となり，この神殿の「アテナ女神像」を制作した。 （東海大）	フェイディアス

☑ 0634 ☐	古代ギリシア建築はおもに柱の様式から，荘重な [　　　]，優雅なイオニア式，華麗で繊細なコリント式などに分類される。　　　　　　　　　　　（立正大）	ドーリア式
☑ 0635 ☐	[　　　]の建築は柱頭の優雅な渦巻き状の飾りを特徴とし，アテネのエレクティオン神殿に代表される。　　　　　　　　　　　　　　　　　　　（早稲田大）	イオニア式
☑ 0636 ☐	古代ギリシア建築のうち，複雑で華麗・繊細な装飾をもつのは [　　　]である。　　　　　　　　　　　　（順天堂大）	コリント式
☑ 0637 ☐	アテネの軍事上の拠点であったアクロポリスには，前5世紀，ペリクレスの命でポリスの守護神であるアテナ女神をまつる [　　　]が建てられた。　　　　　　（東京大）	パルテノン神殿
☑ 0638 ☐	アレクサンドロス大王の時代，ギリシア文化が東方に波及し，各地域でオリエント文化と融合して [　　　]と呼ばれる新しい文化が生まれた。　　　　　　　（明治大）	ヘレニズム文化
☑ 0639 ☐	ヘレニズム時代，[　　　]と呼ばれるギリシア語が共通語となった。　　　　　　　　　　　　　　　　　（明治大）	コイネー
☑ 0640 ☐	ヘレニズム時代には，甘美な女性美を表現した「[　　　]」や人間の感情・動きを激しく描写した「ラオコーン」といった優れた彫刻作品が現れた。　　　　　（明治大）	ミロのヴィーナス
☑ 0641 ☐	ヘレニズム時代になると，エジプトの都アレクサンドリアに，[　　　]と呼ばれる王立研究所が設立された。　　　　　　　　　　　　　　　　　　（学習院大）	ムセイオン
☑ 0642 ☐	[　　　]はエジプトのアレクサンドリアに建設されたムセイオンで学び，平面幾何学を大成した。　（関西大）	エウクレイデス

☑ 0643 ⌂	ヘレニズム時代の天文学者の[____]は，地球は自転しながら太陽の周囲を公転すると主張した。 (早稲田大)	アリスタルコス
☑ 0644 ⌂	シチリア島のシラクサ出身で「浮力の原理」など様々な発見をしたことで知られる[____]は，アレクサンドリアで学んだことがあると考えられている。 (学習院大)	アルキメデス
☑ 0645 ⌂	アレクサンドリアでは，地球の円周を科学的に測定し，ムセイオンの所長を務めた[____]などが活躍した。 (東洋大)	エラトステネス
☑ 0646 ⌂	ヘレニズム時代，ポリスの枠にとらわれない生き方である[____]の思想が知識人の間に生まれた。 (関西大)	世界市民主義 (コスモポリタニズム)
☑ 0647 ⌂	[____]に始まるストア派哲学は，禁欲による幸福追求や世界市民主義を説いた。 (成蹊大)	ゼノン
☑ 0648 ⌂	ヘレニズム時代には，より普遍的な価値を志向する「世界市民主義」が広まり，こうした考え方を背景として，[____]の哲学が生まれた。 (関西学院大)	ストア派
☑ 0649 ⌂	禁欲を説くストア派と精神的快楽を唱える[____]は，いずれも個人の精神の平静さを追求する中で生まれた哲学である。 (名城大)	エピクロス派

THEME

ローマ帝国の成立とキリスト教の発展

出題頻度 ♛

見出し番号 0650—0780

☑ 0650 ⌂	ローマは，イタリア半島有数の大河である[____]の東岸，河口から約25km遡った地に建国された。 (学習院大)	ティベル川

☑ 0651 ☐	ローマは，紀元前10世紀頃にイタリア半島に定住した古代イタリア人の一派である◻︎によって，ティベル川のほとりに建設された都市国家から発展した。(オリジナル)	ラテン人
☑ 0652 ☐	古代のイタリア半島では，トスカナ地方を拠点とする◻︎が早くから文明を開花させた。 (愛知学院大)	エトルリア人
☑ 0653 ☐	初期の共和政ローマでは，市民が貴族（◻︎）と平民（プレブス）に区別され，元老院の議員を始めとする貴族が政治を支配していた。 (北海道学園大)	パトリキ
☑ 0654 ☐	共和政ローマでは，主として中小農民からなる平民（◻︎）と貴族（パトリキ）との間には身分の格差があった。 (高崎経済大)	プレブス
☑ 0655 ☐	共和政下のローマ市民は貴族と平民からなっていたが，少数の貴族が構成する元老院と2名の◻︎が国政を支配していた。 (西南学院大)	コンスル（執政官）
☑ 0656 ◼	コンスルは市民全員が参加する◻︎での選挙によって毎年2名選出されていたが，選出されるのは貴族に限定されていた。 (学習院大)	民会（古代ローマ）
☑ 0657 ☐	共和政ローマでは，非常時には任期6ヵ月以内限定で◻︎が任命され，全権が委ねられた。 (大東文化大)	ディクタトル（独裁官）
☑ 0658 ☐	共和政ローマでは，貴族の終身議員からなる◻︎が国政の指導権を有した。 (中部大)	元老院
☑ 0659 ☐	前5世紀初めには，平民の権利を護るために◻︎の役職が設けられ，平民会が作られた。 (日本大)	護民官

☑ 0660 ⌂	前5世紀初頭，平民のみで構成される◯◯◯◯の設置と，護民官を平民から選ぶことが認められた。 （中央大）	平民会
☑ 0661 ⌂	前5世紀半ば，ローマ最古の成文法といわれる◯◯◯◯が公開された。 （立教大）	十二表法
☑ 0662 ⌂	前367年に成立した◯◯◯◯によって，コンスル（執政官）の1名は平民から選出されることになった。 （早稲田大）	リキニウス・セクスティウス法
☑ 0663 ⌂	古代ローマでは，前287年に成立した◯◯◯◯で，平民会の議決が元老院の認可なしに国法となることが定められた。 （成蹊大）	ホルテンシウス法
☑ 0664 ■	前6世紀に共和政となったローマは，前272年，南イタリアのギリシア人植民市◯◯◯◯を破り，イタリア半島の征服を完了した。 （順天堂大）	タレントゥム
☑ 0665 ⌂	共和政ローマは◯◯◯◯と呼ばれる支配体制を行っていた。これは，イタリアの諸都市を三種類に分けて個別に統治するものである。 （学習院大）	分割統治
☑ 0666 ⌂	ローマ最古の石舗装の軍道として知られる◯◯◯◯は，ローマと地方都市を結ぶ重要なものとなっている。 （西南学院大）	アッピア街道
☑ 0667 ⌂	アフリカ北岸のチュニジアの地には，前9世紀頃にフェニキア人が植民市◯◯◯◯を建設していた。 （大手前大）	カルタゴ
☑ 0668 ⌂	古代ローマは，北アフリカの都市国家カルタゴとの3度にわたる◯◯◯◯に勝利したことで，西地中海の覇者となった。 （早稲田大）	ポエニ戦争

☑ 0669 ⟳	前218年から前201年までの第2次ポエニ戦争では，カルタゴの将軍 ◻ が率いる軍に，ローマ軍はしばしば敗れて苦戦した。 (学習院大)	ハンニバル
☑ 0670 ⟳	第2次ポエニ戦争では，カルタゴの武将ハンニバルは，前216年の ◻ でローマに大打撃を与えた。 (成蹊大)	カンネーの戦い
☑ 0671 ⟳	第2次ポエニ戦争では，前202年にローマの将軍スキピオが ◻ でカルタゴを破った。 (福岡大)	ザマの戦い
☑ 0672 ⟳	カルタゴの将軍ハンニバルはローマに大きな脅威を与えたものの，前202年，カルタゴ近郊のザマでローマの将軍 ◻ に敗北した。 (京都女子大)	スキピオ
☑ 0673 ⟳	イベリア半島の大部分はポエニ戦争以後ローマ人によって属州化され，◻ の名で呼ばれるようになった。 (西南学院大)	ヒスパニア
☑ 0674 ⟳	古代ローマは，シチリア島を始めイタリア半島以外の征服地を ◻ として支配した。 (大東文化大)	属州
☑ 0675 ⟳	ポエニ戦争後，属州統治の任務を負った元老院議員や属州の徴税請負を行った ◻ 階層は，属州から莫大な富を手に入れた。 (日本大)	騎士
☑ 0676 ⟳	ローマ世界における，戦争捕虜を奴隷として使役する大土地経営を ◻ といい，ポエニ戦争の混乱の中で急速に広まった。 (中央大)	ラティフンディア
☑ 0677 ⟳	ポエニ戦争後のローマでは，土地を失った農民は ◻ となって，その多くが遊民としてローマ市に流入した。 (成城大)	無産市民

☑ 0678 ☐	前2世紀後半ローマの護民官に選出された◯◯◯◯は富裕者の公有地占有を制限し，無産市民に土地を再分配することで軍事力の回復をはかった。 (成城大)	グラックス兄弟
☑ 0679 ☐	共和政ローマでは，有力者たちが貧民に「◯◯◯◯」を提供して政治的支持の獲得をはかった。 (オリジナル)	パンと見世物（パンとサーカス）
☑ 0680 ☐	ユグルタ戦争が終わると，まもなくローマは内乱に突入し，スラを代表とする閥族（門閥）派と，◯◯◯◯を指導者とする平民派が争った。 (早稲田大)	マリウス
☑ 0681 ☐	ローマでは，政治家が無産市民らが支持する◯◯◯◯と元老院による支配を守ろうとする閥族派に分かれて内乱状態になった。 (杏林大)	平民派
☑ 0682 ☐	◯◯◯◯は，閥族派の政治家・軍人として元老院の権威を復興しようとし，ディクタトル（独裁官）に就任して平民派を弾圧した。 (早稲田大)	スラ
☑ 0683 ☐	平民派のマリウスと争った◯◯◯◯のスラは，ディクタトル（独裁官）となった。 (関西学院大)	閥族派
☑ 0684 ◼	古代ローマの奴隷は紀元前2世紀後半に，最初の属州である◯◯◯◯で大規模な反乱を起こした。 (京都大)	シチリア島
☑ 0685 ☐	古代ローマでも多数の奴隷が存在した。前1世紀に起きた◯◯◯◯は，剣奴と呼ばれる奴隷が起こしたものである。 (椙山女学園大)	スパルタクスの反乱
☑ 0686 ☐	前1世紀前半の◯◯◯◯がきっかけとなって，イタリア半島の大部分の都市の市民にローマ市民権が与えられた。 (日本大)	同盟市戦争

☑ 0687	カエサル・ポンペイウス・クラッススの3人は，前60年から◯◯◯◯を行った。 （早稲田大）	第1回三頭政治
☑ 0688	◯◯◯◯は前63年頃にセレウコス朝シリアを征服し，後に第1回三頭政治に参加した。 （早稲田大）	ポンペイウス
☑ 0689	第1回三頭政治に参加した富豪の◯◯◯◯は，パルティア遠征で戦死した。 （関西学院大）	クラッスス
☑ 0690	第1回三頭政治に加わった◯◯◯◯は前44年に終身ディクタトルとなるが，元老院を無視したために，共和派に暗殺された。 （関西大）	カエサル
☑ 0691	カエサルは，ガリアへの遠征で名声をあげ，独裁官となったが，共和派の◯◯◯◯らに暗殺された。 （札幌学院大）	ブルートゥス
☑ 0692	◯◯◯◯遠征で勢威を高めたカエサルは，ポンペイウスを倒し，事実上の独裁者となり，諸改革を断行したが，共和派の手で暗殺された。 （東京農業大）	ガリア
☑ 0693	カエサルが暗殺された翌年に，オクタウィアヌスは，カエサルの部下であったアントニウスおよびレピドゥスとともに◯◯◯◯を開始した。 （オリジナル）	第2回三頭政治
☑ 0694	カエサルの養子であるオクタウィアヌスは，第2回三頭政治でアントニウスや◯◯◯◯と協力して閥族派を抑えこみ，支配地域を分担した。 （東京農業大）	レピドゥス
☑ 0695	オクタウィアヌスは，第2回三頭政治に参加した◯◯◯◯をアクティウムの海戦で破り，単独の支配者となった。 （同志社大）	アントニウス

☑ 0696 ☐	カエサル亡き後に成立した第2回三頭政治では, 彼の養子の ☐ が最終的な勝利者となって地中海世界を平定し, 事実上の帝政を開始した。　　　　　　　（関西大）	オクタウィアヌス
☑ 0697 ☐	第2回三頭政治でオクタウィアヌスとアントニウスは対立し, エジプト女王と結んだアントニウスが ☐ で敗北したことで, ローマの内乱が終結した。　（早稲田大）	アクティウムの海戦
☑ 0698 ☐	前31年, カエサルの養子であったオクタウィアヌスは, エジプトの女王 ☐ と結んだアントニウスをアクティウムの海戦で破った。　　　　　　　　　　（東洋大）	クレオパトラ
☑ 0699 ☐	オクタウィアヌスは, 前27年に元老院から ☐ という尊称を授かった。　　　　　　　　　　（青山学院大）	アウグストゥス（尊厳者）
☑ 0700 ☐	オクタウィアヌスは共和政の形式を尊重して自らを市民の「第一人者（ ☐ ）」と呼んだが, 実態は独裁であった。　　　　　　　　　　　　　　　　　　（大谷大）	プリンケプス
☑ 0701 ☐	オクタウィアヌスはアウグストゥスの称号を受け,「市民の中の第一人者」と自称し, ☐ を開始した。　　　　（札幌学院大）	プリンキパトゥス（元首政）
☑ 0702 ☐	地中海全域を統治したローマは200年間,「 ☐ 」と呼ばれる平和と繁栄を謳歌した。　　　（大東文化大）	ローマの平和（パクス=ロマーナ）
☑ 0703 ☐	☐ 帝から始まる五賢帝時代は, 約200年間続いたパクス=ロマーナの中でも特筆すべき時期であった。（駒澤大）	ネルウァ
☑ 0704 ☐	☐ 帝は, ローマ帝国史上最大の版図をもたらした。彼は現在のルーマニアに相当するダキアや東方への遠征を行った。　　　　　　　　　　　　　　　　（駒澤大）	トラヤヌス

☑ 0705	現在のルーマニアの地に紀元前より分布していた ◯◯◯◯ 人の王国は，トラヤヌス帝時代のローマ帝国軍との戦争の末，106年に属州となった。　　　（日本女子大）	ダキア
☑ 0706	五賢帝の一人である ◯◯◯◯ 帝は内政整備と辺境防衛に執心し，ブリタニアに長城を築いた。　　　（獨協大）	ハドリアヌス
☑ 0707	ローマ帝国の五賢帝に数えられるハドリアヌス帝は，◯◯◯◯ に長城を築いた。　　　（明治大）	ブリタニア
☑ 0708	ネルウァ・トラヤヌス・ハドリアヌス・ ◯◯◯◯ ・マルクス=アウレリウス=アントニヌスの五賢帝が統治した時代はローマの最盛期であった。　　　（近畿大）	アントニヌス=ピウス
☑ 0709	◯◯◯◯ 帝は，ストア派の哲学者で「哲人皇帝」とも呼ばれ，『自省録』を残している。　　　（慶應義塾大）	マルクス=アウレリウス=アントニヌス
☑ 0710	五賢帝の最後の皇帝マルクス=アウレリウス=アントニヌス帝は，『 ◯◯◯◯ 』を著すなど，哲人皇帝と呼ばれる。　　　（早稲田大）	自省録
☑ 0711	◯◯◯◯ 帝は，ローマの大火がキリスト教徒の仕業であるとして迫害を行った。　　　（関西学院大）	ネロ
☑ 0712	ローマはネルウァ帝から始まる ◯◯◯◯ の時代に最大の版図を擁するに至る。　　　（明治大）	五賢帝
☑ 0713	◯◯◯◯ 帝は，212年のアントニヌス勅令によって，ローマ帝国領内の全自由民にローマ市民権を与えた。　　　（成蹊大）	カラカラ

☑ 0714	ローマでは，235年に始まる [　　　] には，各地の軍団が皇帝を擁立して半世紀間に26人の皇帝が乱立し，政情は混迷をきわめた。 （京都大）	軍人皇帝（の）時代
☑ 0715	軍人皇帝の一人である [　　　] 帝は，260年にササン朝のシャープール1世とのエデッサの戦いに敗れて捕虜となった。 （近畿大）	ウァレリアヌス
☑ 0716	ローマ帝国の帝政の後期，奴隷制大農場経営に代わって小作人を用いる [　　　] が広まった。 （日本大）	コロナトゥス
☑ 0717	ローマ帝国の帝政後期，奴隷制大農場経営は危機に陥り，没落農民や解放奴隷を [　　　] と呼ばれる小作人として使用する農場経営が広まってゆく。 （オリジナル）	コロヌス
☑ 0718	3世紀末に即位した [　　　] 帝は四帝分治制の導入や軍事力の強化などで混乱を収め，皇帝礼拝の制度を定めて東方的専制政治を行った。 （近畿大）	ディオクレティアヌス
☑ 0719	ディオクレティアヌス帝は，皇帝礼拝の制度を定めて [　　　] と呼ばれる東方的専制政治を行った。 （近畿大）	ドミナトゥス（専制君主政）
☑ 0720	ディオクレティアヌス帝のときに，正帝と副帝を二人ずつ立てて統治させる [　　　] がしかれた。 （同志社大）	四帝分治制（テトラルキア）
☑ 0721	ディオクレティアヌス帝の政策を引き継いだ [　　　] 帝は，ミラノ勅令によりキリスト教を公認し，帝国の統一を図った。 （青山学院大）	コンスタンティヌス
☑ 0722	コンスタンティヌス帝が作らせた [　　　] は，信頼性の高い通貨として，地中海貿易で活用された。 （日本大）	ソリドゥス金貨

0723	コンスタンティヌス帝は330年には首都を◯◯に定め，コンスタンティノープルと改称した。　（青山学院大）	ビザンティウム
0724	ローマ帝国は330年に遷都し，当時の皇帝の名にちなんで◯◯と改称した。　（立命館大）	コンスタンティノープル
0725	392年，◯◯帝はアタナシウス派のキリスト教を国教とし，他宗教を禁じた。　（関西大）	テオドシウス
0726	ローマ人たちの話した◯◯は，中世以降，近代に至るまで学術語や教会の公用語として使用された。　（駒澤大）	ラテン語
0727	古代ローマが帝政へと移行する頃，詩人◯◯は建国叙事詩『アエネイス』を著した。　（関西学院大）	ウェルギリウス
0728	ウェルギリウスは，ローマ建国叙事詩『◯◯』を著した。　（同志社大）	アエネイス
0729	ローマ帝国内へのラテン語の普及に伴い文化もさかんになり，『叙情詩集』を著した◯◯らが活躍した。　（駒澤大）	ホラティウス
0730	アウグストゥス帝の時代，叙情詩人の◯◯は，『転身譜（変身物語）』や『愛の歌』などの作品を残した。　（東海大）	オウィディウス
0731	古代ローマではギリシアを起源とする弁論術も発展し，『国家論』の著者でローマ最高の弁論家◯◯を生み出した。　（駒澤大）	キケロ

□ 0732	キケロは雄弁で知られた当時の有力な政治家の一人であり，政務の傍ら『□□□』『法律論』などの哲学的著作も著したことで知られている。 (学習院大)	国家論
□ 0733	ストア派の哲学者の□□□はラテン語で『幸福論』を著し，ネロ帝の師でもあった。 (関西学院大)	セネカ
□ 0734	1〜2世紀のローマ帝国では，奴隷出身のストア派哲学者として知られる□□□などのギリシア人が活躍した。 (佛教大)	エピクテトス
□ 0735	ギリシア人歴史家の□□□は小スピキオの保護を受け，彼のカルタゴ攻撃に同行し，カルタゴの滅亡を目撃した。 (近畿大)	ポリビオス
□ 0736	ポリビオスの著述である『□□□』にはギリシアとローマそれぞれからみる歴史観が反映されている。 (駒澤大)	歴史
□ 0737	□□□はアウグストゥス帝に委嘱されて，『ローマ建国史（ローマ史）』を著した。 (近畿大)	リウィウス
□ 0738	リウィウスの著した『□□□』は，建国以来のローマの歴史をラテン語で書いたものである。 (オリジナル)	ローマ建国史（ローマ史）
□ 0739	□□□はアウグストゥス帝からネロ帝までのローマの政治史を記述した『年代記』やゲルマン人社会を記述した『ゲルマニア』を著した。 (駒澤大)	タキトゥス
□ 0740	タキトゥスは，アウグストゥス帝の死からネロ帝の死までのローマの政治史を記述した『□□□』などを著し，ローマの退廃に警告を発した。 (同志社大)	年代記

古代文明の出現と東アジア
アジアと地中海世界の形成
イスラーム教とヨーロッパ世界
ヨーロッパ世界の進展
アジアの動向と「世界の一体化」
近世ヨーロッパ世界の動向
近代社会の形成
欧米諸列強の世界分割
世界現代史

☑ 0741 ☐	移動前のゲルマン人についての重要史料として，タキトゥスの『 ___ 』がある。 （関西学院大）	ゲルマニア
☑ 0742 ☐	カエサルはガリア遠征の記録を『 ___ 』にまとめている。 （明治大）	ガリア戦記
☑ 0743 ☐	ギリシア人の伝記作家の ___ はギリシア・ローマの英雄を比較して論じた『対比列伝（英雄伝）』を著した。 （神戸女子大）	プルタルコス
☑ 0744 ☐	プルタルコスはギリシア・ローマの英雄的人物を比較し，評論した『 ___ 』を著した。 （東京経済大）	対比列伝（英雄伝）
☑ 0745 ☐	紀元前後に活躍し，『地理誌』を著した ___ は，小アジア生まれのギリシア人であった。 （中京大）	ストラボン
☑ 0746 ☐	ギリシア人地理学者ストラボンの『 ___ 』は，ルネサンス時代の「地理上の発見」に影響を与えた書の1冊ともなった。 （学習院女子大）	地理誌
☑ 0747 ☐	ローマ時代， ___ は，様々な知識を百科全書的に集大成した『博物誌』を書いたが，ウェスウィウス山の噴火の際に死亡した。 （同志社大）	プリニウス
☑ 0748 ☐	自然科学の分野では，プリニウスが百科全書的な知識の集大成として『 ___ 』を著した。 （西南学院大）	博物誌
☑ 0749 ☐	幾何学的宇宙観は，『天文学大全』で天動説を唱えた ___ によって集大成され，長く中東・ヨーロッパに影響を与えた。 （法政大）	プトレマイオス

☑ 0750	古代ローマ時代に建てられた南フランスのニーム近郊にある石づくりの [ ] は，三層アーチからなる巨大なものである。 (駒澤大)	ガール水道橋
☑ 0751	ローマ市内に建てられた，ローマの神々をまつった神殿を [ ] という。 (創価大)	パンテオン
☑ 0752	ローマの街の中心部の東南には，約5万人の観客を収容できた円形闘技場 [ ] が存在した。 (学習院大)	コロッセウム
☑ 0753	カエサルは前46年にローマに太陽暦を導入し，暦の改革を断行した。こうして成立したのが [ ] である。 (立命館大)	ユリウス暦
☑ 0754	教皇グレゴリウス13世は，1582年にユリウス暦の閏年の精度を高めた [ ] を制定した。 (立命館大)	グレゴリウス暦
☑ 0755	前79年，イタリア半島のウェスウィウス山が噴火し，近隣の都市 [ ] が灰に埋まった。 (立教大)	ポンペイ
☑ 0756	紀元後30年頃，ナザレのイエスは，ユダヤ教の支配層である祭司や [ ] の遵守を主張するパリサイ派が，信仰を形式的なものにしたと批判した。 (法政大)	律法
☑ 0757	紀元後1世紀のパレスチナでは，ユダヤ教の一派で律法の遵守を重んずる [ ] などがローマ帝国の支配を受け入れた。 (関西学院大)	パリサイ派
☑ 0758	ユダヤ教の支配層は，イエスの教えはローマ帝国への反逆であると，ユダヤ総督の [ ] に訴えた。 (法政大)	ピラト

☑ 0759 ♡	十二使徒の一人である◻︎◻︎◻︎は1世紀に殉教したが，その後，彼の墓とされる場所にサン=ピエトロ大聖堂が建てられた。　　　　　　　　　　　　　　　　　　（福岡大）	ペテロ
☑ 0760 ♡	◻︎◻︎◻︎は，ユダヤ人以外の異邦人へのキリスト教の伝道を積極的に行い「異邦人の使徒」とも呼ばれた。　　　　　　　　　　　　　　　　　　（法政大）	パウロ
☑ 0761 ♡	キリスト教の教典となっている『◻︎◻︎◻︎』には，『使徒行伝』や『福音書』が含まれる。　　　　　　（獨協大）	新約聖書
☑ 0762 ♠	新約聖書に収められたイエスの言行録である『◻︎◻︎◻︎』には，マタイ・マルコ・ルカ・ヨハネの4書がある。　　　　　　　　　　　　　　　　　（関西学院大）	<ruby>福音書<rt>ふくいんしょ</rt></ruby>
☑ 0763 ♠	新約聖書の『◻︎◻︎◻︎』はペテロとパウロを中心とした使徒の伝道の記録である。　　　　　　（関西学院大）	<ruby>使徒行伝<rt>しとぎょうでん</rt></ruby>
☑ 0764 ♡	ローマ帝国による迫害の中，キリスト教徒は地下墓所である◻︎◻︎◻︎で礼拝を行った。　　　　（関西学院大）	カタコンベ
☑ 0765 ♡	キリスト教は，最初は迫害をこうむる立場だったが，4世紀初めにコンスタンティヌス帝の◻︎◻︎◻︎により認可を得た。　　　　　　　　　　　　　　　　　（中部大）	ミラノ勅令
☑ 0766 ♡	325年に開かれた◻︎◻︎◻︎では，アタナシウス派が正統とされた。　　　　　　　　　　　　　　　　　　（東洋大）	ニケーア公会議
☑ 0767 ♡	325年に開催されたニケーア公会議においてはキリストを神と同質とする◻︎◻︎◻︎が正統教義とされた。　（関西大）	アタナシウス派

№ 0768	325年のニケーア公会議で正統とされたアタナシウスが説いた説が整えられ，神とイエスと聖霊の三者を不可分とする□□□が確立した。　　　　　　　　（中央大）	三位一体説
№ 0769	325年のニケーア公会議で，キリストを人間であるとする□□□が異端とされた。　　　　　　　　　（早稲田大）	アリウス派
№ 0770	□□□帝は，ローマ古来の宗教の復興を企てたため，後に「背教者」と呼ばれた。　　　　　　　（金城学院大）	ユリアヌス
№ 0771	ローマ帝国内の行政管区に応じて，ローマ・コンスタンティノープル・イェルサレム・アレクサンドリア・□□□からなる五本山が形成された。　　（学習院女子大）	アンティオキア
№ 0772	ローマ帝国時代，長期にわたる教義論争を通じて，□□□と呼ばれる著作家が活躍し，正統教義の確立に貢献した。　　　　　　　　　　　（畿央大）	教父
№ 0773	教父□□□は，マニ教への傾倒を経て，キリスト教に回心し，正統教義の確立に尽力した。　　（慶應義塾大）	アウグスティヌス
№ 0774	教父アウグスティヌスは，410年に西ゴート人がローマを略奪した事件をきっかけとして，『□□□』を執筆した。　　　　　　　　　　　　　　（立教大）	神の国（神国論）
№ 0775	教父アウグスティヌスは自伝『□□□』の中で，自らの幼少期から，マニ教への傾倒を経て，キリスト教に回心するまでの軌跡に触れている。　　（早稲田大）	告白録
№ 0776	431年のエフェソス公会議で，キリストの神性と人性とを分離して考える□□□は異端と宣告された。　（神戸学院大）	ネストリウス派

№		解答
☑ 0777 ☆	マリアは431年に開催された[____]で「神の母」であると承認され，それに反対したネストリウスは異端として追放された。　　　　　　　　　　　　　　（立命館大）	エフェソス公会議
☑ 0778 ☆	エジプトやシリアでは，イエスに神性のみを認める単性論の信奉者が多かったが，451年の[____]は，これを異端とした。　　　　　　　　　　　　　　　　　（中央大）	カルケドン公会議
☑ 0779 ☆	キリストは神性しか持たないとする[____]は，451年のカルケドン公会議で異端とされた。　　　　　　（立命館大）	単性論
☑ 0780 ▧	単性論はイエスに神性のみを認め，エジプトの[____]などに受け継がれた。　　　　　　　　　　　　　（早稲田大）	コプト教会

3

イスラーム教と
ヨーロッパ世界

掲載問題数 202問

7世紀に生まれたイスラーム教は，アフリカから南アジアまで信徒と文明圏を拡大させました。ヨーロッパでは，ゲルマン人諸民族の国家形成にともなって，独自のヨーロッパ世界が形成されていきました。

☑ 0781	メッカはアラビア半島の紅海沿岸地帯である[　　　]地方に位置する。　　　　　　　　　　　　　　　（上智大）	ヒジャーズ地方
☑ 0782	メッカの商人[　　　]は，610年頃に神の言葉を預かった預言者であると自覚し，イスラーム教を創始した。　　　　　　　　　　　　　　　　　　　　（早稲田大）	ムハンマド
☑ 0783	メッカの名門一族である[　　　]の商人の家に生まれたムハンマドは，アッラーの啓示を受けて，厳格な一神教であるイスラーム教を唱えた。　　　　　　　（明治大）	クライシュ族
☑ 0784	イスラーム教を創始したムハンマドは，メッカの名門であるクライシュ族の一つ，[　　　]に生まれた。　　　　　　　　　　　　　　　　　　　　（大阪学院大）	ハーシム家
☑ 0785	ムハンマドは，610年頃に唯一神[　　　]の啓示を受け，厳格な一神教であるイスラーム教を唱えた。　　（同志社大）	アッラー
☑ 0786	ムハンマドはメッカの征服を達成し，古くから多神教の神殿であった[　　　]をイスラーム教の聖殿とした。　　　　　　　　　　　　　　　　　　　　（オリジナル）	カーバ
☑ 0787	イスラーム教の教典『[　　　]』は，ムハンマドに示された神の言葉とともに，ムハンマドの言行なども編纂したものである。　　　　　　　　　　　　（中央大）	コーラン（クルアーン）
☑ 0788	メッカの有力者の迫害を受けたムハンマドは，622年に信者とともにメディナに移住した。これを[　　　]といい，イスラーム暦ではこの年を紀元元年とする。　（國學院大）	ヒジュラ（聖遷）

□ 0789	ヒジュラ（聖遷）とは，イスラーム教を創始したムハンマドが，迫害から逃れてメッカから◯◯◯に移住したことをさす。　　　　　　　　　　　（神奈川大）	メディナ
□ 0790	ムハンマドは迫害を受けたためメディナに逃れ，共同体である◯◯◯を作り儀礼を定めてイスラーム教を創始した。　　　　　　　　　　　　　　　　（大阪経済大）	ウンマ
□ 0791	預言者ムハンマドのメディナへの移住があった年を紀元元年とする◯◯◯が現在でも使われている国家が存在する。　　　　　　　　　　　　　　　　（関西学院大）	イスラーム暦（ヒジュラ暦）
□ 0792	イスラーム教徒はムハンマドの死後，指導者として後継者を意味する◯◯◯を選んだ。　　　　（オリジナル）	カリフ
□ 0793	ムハンマドの義父だったアブー=バクルは信徒により選出されたカリフとして政教両権を握った。以後，第4代カリフのアリーまでの時代を◯◯◯時代と呼ぶ。（青山学院大）	正統カリフ
□ 0794	632年にムハンマドが死去すると，その後継者として義父の◯◯◯が初代カリフに選ばれた。（大阪経済大）	アブー=バクル
□ 0795	ニハーヴァンドの戦いではイスラーム教徒がササン朝を破ったが，当時のイスラーム世界を率いていたのは，第2代正統カリフの◯◯◯であった。　　（佛教大）	ウマル
□ 0796	ササン朝は642年の◯◯◯でイスラーム軍に敗れ，まもなく滅亡した。　　　　　　　　　　　（早稲田大）	ニハーヴァンドの戦い
□ 0797	『コーラン（クルアーン）』は，第3代正統カリフである◯◯◯の時代に編纂された。　　　　（大東文化大）	ウスマーン

☑ 0798 ♡	初代カリフのアブー=バクルから第4代の◻︎◻︎◻︎までの カリフを正統カリフという。　　　　　　　　（大阪学院大）	アリー
☑ 0799 ♡	イスラーム教の教義は，神の前での平等を説き， 「◻︎◻︎◻︎」と総称される信者の義務を定めている。 　　　　　　　　　　　　　　　　　　（名古屋外国語大）	六信五行
☑ 0800 ♛	イスラーム教の定める戒律のうち，断食が行われる月の ことを◻︎◻︎◻︎という。　　　　　　　　　　（大東文化大）	ラマダーン
☑ 0801 ♡	イスラーム教は，ユダヤ教もキリスト教も一神教である ため，その信者を保護した。これに応じて，ユダヤ教徒 とキリスト教徒は「◻︎◻︎◻︎」と呼ばれた。　（東京都市大）	啓典の民 <small>けいてん　たみ</small>
☑ 0802 ♡	異教徒に対するイスラーム教徒の戦いのことを◻︎◻︎◻︎ と呼ぶ。　　　　　　　　　　　　　　　　（関東学院大）	ジハード（聖戦）
☑ 0803 ♡	アラブの大征服時代，アラブ軍は，征服地の要地に ◻︎◻︎◻︎と呼ばれる軍営都市を建設し，そこに駐屯した。 　　　　　　　　　　　　　　　　　　　　（日本大）	ミスル
☑ 0804 ♡	661年に第4代正統カリフのアリーが暗殺された後，シリ ア総督の◻︎◻︎◻︎がカリフ位を宣言し，ウマイヤ朝を興 し，ダマスクスを都とした。　　　　　　　　（関西大）	ムアーウィヤ
☑ 0805 ♡	661年に成立した◻︎◻︎◻︎は北アフリカ一帯や中央アジ アにも領域を広げ，711年には西ゴート王国を滅ぼして イベリア半島をも支配した。　　　　　　　　（佛教大）	ウマイヤ朝
☑ 0806 ♡	661年にシリア総督のムアーウィヤは◻︎◻︎◻︎を都とし てウマイヤ朝を開いた。　　　　　　　　　　（明治大）	ダマスクス

☑ 0807	＿＿＿は，第4代正統カリフのアリーとその子孫をムハンマドの後継者とする一派である。 （法政大）	シーア派
☑ 0808	シーア派の＿＿＿を国教とするファーティマ朝はエジプトを支配していたが，アイユーブ朝に滅ぼされた。 （明治大）	イスマーイール派
☑ 0809	サファヴィー朝は過激な宗教政策からの脱却をはかり，より穏健なシーア派の＿＿＿を国教としてイランへの布教を進めた。 （立教大）	十二イマーム派
☑ 0810	イスラーム教徒の主流派である＿＿＿は，ムハンマドの言行に従うことを重視している。 （オリジナル）	スンナ派
☑ 0811	ウマイヤ朝は，改宗した非アラブ系ムスリムに対し，異教徒であるキリスト教徒やユダヤ教徒と同じように＿＿＿と呼ばれる人頭税を課していた。 （南山大）	ジズヤ
☑ 0812	ウマイヤ朝末期までのイスラーム世界において，イスラームに改宗した非アラブ人のことを＿＿＿と呼ぶ。 （南山大）	マワーリー
☑ 0813	ウマイヤ朝はアラブ人による異民族支配に基づいていたので，「＿＿＿」と呼ばれる。 （大阪経済大）	アラブ帝国
☑ 0814	8世紀，ウマイヤ朝打倒の革命運動が起こり，これが成功してアブー＝アルアッバースが＿＿＿を成立させた。 （オリジナル）	アッバース朝
☑ 0815	アッバース朝の首都として第2代カリフによって造営された＿＿＿は，各地から商品が集まる巨大な国際貿易都市として繁栄を遂げた。 （福岡大）	バグダード

☑ 0816 ⌂	アッバース朝の第2代カリフの◻◻◻は，ティグリス川西岸に円形の都市バグダードを建造し，「平安の都」と名付けた。 (明治学院大)	マンスール
☑ 0817 ⌂	正統カリフ時代，初めは征服地の先住民にのみ課され，後にムスリム・非ムスリムを問わず課されるようになった地租を◻◻◻と呼ぶ。 (法政大)	ハラージュ
☑ 0818 ⌂	バグダードは8世紀に，◻◻◻とも呼ばれるアッバース朝の首都となり，広大な領域を統治する中心地として栄えた。 (明治学院大)	イスラーム帝国
☑ 0819 ⌂	アッバース朝では，宰相である◻◻◻を頂点とする官僚制度が発達し，中央集権化が進んだ。 (龍谷大)	ワズィール
☑ 0820 ⌂	751年，アッバース朝は◻◻◻で唐に勝利した。この際，中国の製紙法が西方へ伝わったとされる。 (オリジナル)	タラス河畔の戦い
☑ 0821 ⌂	第5代カリフの◻◻◻のときに，アッバース朝は最盛期をむかえたが，その死後に弱体化が始まった。 (成蹊大)	ハールーン=アッラシード
☑ 0822 ⌂	イスラーム帝国では，アッバース朝の支配を逃れた一族がイベリア半島に◻◻◻を築いた。 (オリジナル)	後ウマイヤ朝
☑ 0823 ⌂	8世紀半ばから11世紀前半にかけてイベリア半島を支配した後ウマイヤ朝の首都は◻◻◻である。 (青山学院大)	コルドバ
☑ 0824 ⌂	後ウマイヤ朝の最盛期をもたらしたのは929年にカリフを称した◻◻◻で，時のビザンツ皇帝やドイツ王にも使節を送り，学芸も大いに奨励した。 (上智大)	アブド=アッラフマーン3世

ゲルマン人の大移動とフランク王国の発展

見出し番号 0825—0871

☑ 0825 ♛	大移動以前のゲルマン人の社会には，武装した男性の自由民からなる ◻︎ という最高機関が存在していた。 (中央大)	民会（ゲルマン）
☑ 0826 ♛	4世紀後半，アジア系の ◻︎ がドン川を越えて西に進み，ゲルマン人の一派である東ゴート人の大半を征服した。 (同志社大)	フン人
☑ 0827 ♛	アジア系のフン人は4世紀後半にドン川を越えて西に進出し，当時黒海北部に定住していた ◻︎ の大半を征服した。 (東海大)	東ゴート人
☑ 0828 ♛	ゲルマン人の一派である ◻︎ は，376年にドナウ川を越えてローマ帝国領内に侵入し，410年にはアラリック王の下でローマを略奪した。 (上智大)	西ゴート人
☑ 0829 ♛	西ローマ帝国はゲルマン人の傭兵隊長の ◻︎ によって滅ぼされた。 (青山学院大)	オドアケル
☑ 0830 ♛	ゲルマン人はイタリアへも侵入し，493年にはラヴェンナを都とする ◻︎ が建国された。 (駒澤大)	東ゴート王国
☑ 0831 ♛	東ゴート人は，◻︎ 大王のもとでフン人の支配を逃れ，イタリア半島に移動してオドアケルの王国を倒し，ここに建国した。 (順天堂大)	テオドリック
☑ 0832 ♛	6世紀，ゲルマン人国家の ◻︎ がトレドに都を置き，イベリア半島を掌握していたが，711年にウマイヤ朝に滅ぼされた。 (早稲田大)	西ゴート王国

☑ 0833 ⛉	ゲルマン人のうち，□□□はパンノニアからイベリア半島を経て，北アフリカに建国した。　　　　　　　（早稲田大）	ヴァンダル人
☑ 0834 ⛉	5世紀前半に北アフリカに建国された□□□は，東ローマ帝国のユスティニアヌス帝により滅ぼされた。　　　　（中央大）	ヴァンダル王国
☑ 0835 ⛉	ゲルマン人の□□□がガリア東南部に移動して建国した王国は，後にフランク王国に滅ぼされた。　　　（明治大）	ブルグンド人
☑ 0836 ⛉	ゲルマン人の□□□は，6世紀半ばにパンノニアから北イタリアに入って建国した。　　　　　　　　　　（早稲田大）	ランゴバルド人
☑ 0837 ⛉	□□□は5世紀半ば頃から大ブリテン島に渡って，9世紀までに七王国を建てた。　　　　　　　　　　　（明治大）	アングロ=サクソン人
☑ 0838 ⛉	5世紀前半にアングロ=サクソン人が大ブリテン島へ渡り，9世紀までに□□□を建国した。　　　（東海学園大）	七王国（ヘプターキー）
☑ 0839 ⛉	大ブリテン島南部では，9世紀前半，七王国の一つウェセックスの王□□□が台頭し，829年には他の六王国すべてを自らの宗主権の下に服させた。　　　　　（法政大）	エグバート
☑ 0840 ⛏	ヨーロッパの先住民であった□□□は，ゲルマン人の大移動により今日のアイルランド・スコットランド・ウェールズなどに追いやられた。　　　　　　（名城大）	ケルト人
☑ 0841 ⛏	現在のハンガリー人の祖であるマジャール人はアジア系民族で，9世紀末に□□□に定住し，建国した。　　　　　　　　　　　　　　　　　　　（上智大）	パンノニア

☑ 0842 ☐	フン人は，5世紀に◯◯◯王の下で，パンノニアを中心とする大帝国を建設した。 (日本大)	アッティラ
☑ 0843 ☐	451年の◯◯◯で，西ローマ帝国・ゲルマン人の連合軍がアッティラ王のフン軍を破った。 (早稲田大)	カタラウヌムの戦い
☑ 0844 ☐	フランク人は次第にガリア北部に移住・拡大してゆき，5世紀後半にクローヴィスがフランク王国を建国し◯◯◯を開いた。 (大東文化大)	メロヴィング朝
☑ 0845 ☐	フランク王国最初の王である◯◯◯は，アタナシウス派に改宗し，ローマ教会との提携を深めた。 (京都産業大)	クローヴィス
☑ 0846 ☐	8世紀にはメロヴィング朝フランク王国の権力は衰え，王家の行政・財政の長（官）である◯◯◯が実権を握るようになった。 (青山学院大)	宮宰（マヨル＝ドムス）
☑ 0847 ☐	フランク王国は，732年の◯◯◯でイスラーム勢力を撃退した。 (京都産業大)	トゥール・ポワティエ間の戦い
☑ 0848 ☐	フランク王国の宮宰◯◯◯は，ピレネー山脈を越えて侵入してきたイスラーム軍を，732年のトゥール・ポワティエ間の戦いで撃退した。 (法政大)	カール＝マルテル
☑ 0849 ☐	カール＝マルテルの息子ピピンは，ローマ教皇の支持を得て王位につき，◯◯◯を開いた。 (日本大)	カロリング朝
☑ 0850 ☐	751年にカロリング朝を開いたフランク国王◯◯◯は，ラヴェンナ地方を寄進しローマ教皇との関係を強めた。 (東洋大)	ピピン

古代文明の出現と東アジア

アジアと地中海世界の形成

イスラーム教とヨーロッパ世界

ヨーロッパ世界の進展

アジアの動向と「世界の一体化」

近世ヨーロッパ世界の動向

近代社会の形成

欧米諸列強の世界分割

世界現代史

☑ 0851 ⌢	カロリング朝を開いたピピンは，ランゴバルド王国を破り，□□□を教皇に寄進した。　　　　　　　（関西学院大）	ラヴェンナ地方
☑ 0852 ⌢	ピピンの子の□□□はランゴバルド王国制圧後，ザクセン人やアヴァール人，イスラーム教徒を撃退し，西欧のほとんどはフランク王国の支配下となった。　（上智大）	カール大帝（シャルルマーニュ）
☑ 0853 ⌢	6世紀，アルタイ語系遊牧民の□□□が中央ヨーロッパに進出してきたが，やがて，カール大帝に征伐された。　　　　　　　　　　　　　　　　　（オリジナル）	アヴァール人
☑ 0854 ⌢	カール大帝は，北東の□□□を服従させてローマ=カトリックに改宗させるなどして，大陸のゲルマン諸部族を統合した。　　　　　　　　　　　　　　　（名城大）	ザクセン人
☑ 0855 ⌢	カール大帝は広大な領土を統治するため，全国を州に分け，地方の有力者を州の長官である□□□に任命し，巡察使を派遣してこれを監督させた。　（北海学園大）	伯 はく
☑ 0856 ▨	カール大帝は，各地の有力豪族を各州の長官である伯に任じ，彼らの地方統治を□□□に監督させるという形での中央集権政策を採用した。　　　（学習院大）	巡察使 じゅんさつし
☑ 0857 ⌢	800年に教皇□□□はカロリング朝フランク王国のカール大帝を西ヨーロッパ世界の守護者とみなし，ローマ帝国の帝冠を授与した。　　　　　（愛知大）	レオ 3 世
☑ 0858 ⌢	カール大帝は，国家の運営に識字力が必要であることを認識し，言葉の教育に着手するなど，□□□と呼ばれる古典文化の復興に努めた。　　　　（上智大）	カロリング=ルネサンス
☑ 0859 ⌢	□□□は，カール大帝に招かれて宮廷学校の運営にあたり，カロリング=ルネサンスで中心的役割を果たした。　　　　　　　　　　　　　　　　（早稲田大）	アルクイン

□ 0860 ⌂	カール大帝の死後，フランク王国では相続をめぐって争いが起こり，結局，843年の◻とその後の870年のメルセン条約によって王国は3分された。　　（東京農業大）	ヴェルダン条約
□ 0861 ⌂	カール大帝の死後，◻がその位を継承したが，その三人の子供は帝国の相続をめぐって内乱を起こした。　　　　　　　　　　　　　　　　（学習院大）	ルートヴィヒ1世
□ 0862 ⌂	フランク王国の内乱は，ルートヴィヒ1世の長男ロタール1世に対し，彼の二人の弟である◻とシャルル2世が対抗する形で激しく展開した。　　　（学習院大）	ルートヴィヒ2世
□ 0863 ⌂	カール大帝の死後，ルートヴィヒ1世がその位を継承したが，彼の長男◻1世と，その弟ルートヴィヒ2世とシャルル2世が対立した。　　　　　　（学習院大）	ロタール
□ 0864 ⌂	ルートヴィヒ2世は870年に，西フランクの◻との間で中部フランクの分割・併合を取り決める条約を取り交わした。　　　　　　　　　　　　（立教大）	シャルル2世
□ 0865 ⌂	カール大帝の死後，内紛が起こり，帝国はヴェルダン条約（843年），◻（870年）により，東フランク・西フランク・イタリアに分裂した。　（青山学院大）	メルセン条約
□ 0866 ⌂	フランク王国の分裂の結果，ドイツ地方に成立した東フランク王国は919年より◻の支配するところとなった。　　　　　　　　　　　　　　（福岡大）	ザクセン家
□ 0867 ⌂	ザクセン朝第2代の王◻は，962年に帝冠を受けて神聖ローマ帝国の初代皇帝となった。　　　　（中央大）	オットー1世
□ 0868 ⌂	962年，ザクセン朝のオットー1世がローマ教皇◻より帝冠を受けた。　　　　　　　　　　　　（早稲田大）	ヨハネス12世

古代文明の出現と東アジア

アジアと地中海世界の形成

イスラーム教とヨーロッパ世界

ヨーロッパ世界の進展

アジアの動向と「世界の一体化」

近世ヨーロッパ世界の動向

近代社会の形成

欧米諸列強の世界分割

世界現代史

☑ 0869 ☆	962年，ザクセン朝のオットー1世が戴冠し，後に帝国は□□と称されるようになった。 (関西大)	神聖ローマ帝国
☑ 0870 ☆	西フランク王国では，987年にパリ伯の□□がカペー朝初代の王位についた。 (関西学院大)	ユーグ=カペー
☑ 0871 ☆	西フランク王国では，ノルマン人の侵入を経験し，ユーグ=カペーが王位について□□を開いたが，その支配は全土には及ばなかった。 (武蔵大)	カペー朝

THEME
ノルマン人の活動・封建制と荘園制

見出し番号 0872—0891

出題頻度 ♛

☑ 0872 ☆	北ヨーロッパには北ゲルマンに属する□□が住み，ヴァイキングとして恐れられていた。 (関東学院大)	ノルマン人
☑ 0873 ☆	□□とも呼ばれたノルマン人は，スカンディナヴィアを根拠地として古くから海上交易を行い，また海賊や略奪行為で恐れられた。 (オリジナル)	ヴァイキング
☑ 0874 ☆	リューリクに率いられたノルマン人の一派はスラヴ人地域に進出し，862年に□□を建国した。 (上智大)	ノヴゴロド国
☑ 0875 ☆	□□が率いたノルマン人の一派はロシアに入り，スラヴ人を支配して9世紀にノヴゴロド国を建国した。 (大谷大)	リューリク
☑ 0876 ☆	ノヴゴロド公はドニエプル川沿いを南下して，882年には□□を建て，しだいにスラヴ人に同化していった。 (大手前大)	キエフ公国

□ 0877 □	10世紀初め，ノルマン人の首長 ◯◯◯◯ は，セーヌ川下流域にノルマンディー公国を建てた。 （関西学院大）	ロロ
□ 0878 □	ロロを首長とするノルマン人の一派は，10世紀初めに西フランク王と封建的主従関係を結んで ◯◯◯◯ を建てた。 （立教大）	ノルマンディー公国
□ 0879 □	9世紀末のイングランドで， ◯◯◯◯ がデーン人の侵入を撃退し，アングロ=サクソン系諸王の法を集大成して法典を編纂するなど法制を整備した。 （法政大）	アルフレッド大王
□ 0880 □	デーン人の王である ◯◯◯◯ は，11世紀前半にイングランドに侵入して王になった。 （関西学院大）	クヌート （カヌート）
□ 0881 □	◯◯◯◯ はノルマン=コンクェストによって即位し，ウィリアム1世としてイングランドにノルマン朝を開いた。 （中央大）	ノルマンディー公ウィリアム
□ 0882 □	地中海に進出したノルマン人のルッジェーロ2世は，12世紀前半に南イタリアに ◯◯◯◯ を建てた。 （國學院大）	両シチリア王国
□ 0883 □	ノルマン人の ◯◯◯◯ は，1130年に両シチリア王国を建てた。 （明治大）	ルッジェーロ2世
□ 0884 □	ヨーロッパにおける ◯◯◯◯ は，有力者が主君となり臣下に土地（封土）を与え，臣下は主君に奉仕，軍務を行うという，土地を媒介とする主従関係である。 （駒澤大）	封建制
□ 0885 □	ヨーロッパの封建的主従関係の起源は，ローマ時代の ◯◯◯◯ と，古ゲルマンの従士制が結合したものと考えられている。 （桜美林大）	恩貸地制

☑ 08986 ☼	封建制に先だち，古いゲルマン社会で自由民が有力者から保護を受ける代わりに忠誠を尽くした慣行を◻︎という。 (名古屋学院大)	従士制 じゅうし
☑ 08987 ☼	中世ヨーロッパでは，領主は国王の役人が領地に立ち入ったり課税するのを拒む◻︎をもち，領主と農民を自由に支配した。 (山梨学院大)	不輸不入権 (インムニテート)
☑ 08988 ☼	中世ヨーロッパでは，荘園内の農奴は，領主に対して直営地で◻︎を行い，また保有地の収穫物の一部を貢納する義務を負った。 (神奈川大)	賦役 ふえき
☑ 08989 ☼	中世ヨーロッパでは，荘園制において直営地の耕作を主とする労働地代を賦役，保有地の収穫物を主とする生産物地代を◻︎と呼んだ。 (大阪産業大)	貢納
☑ 08950 ☼	中世ヨーロッパでは，農業労働は◻︎によって担われるようになり，労働力としての奴隷が使われる場面は少なくなる。 (慶應義塾大)	農奴
☑ 08951 ☼	領主は国王の役人が荘園に立ち入ったり課税したりするのを拒む不輸不入権をもち，農民を◻︎によって裁くなど，荘園と農民を支配することができた。 (立教大)	領主裁判権

THEME
イスラーム世界の拡大

見出し番号 0892—0922

出題頻度 ♛

☑ 08952 ☼	アッバース朝から9世紀に自立したイラン系イスラーム王朝の◻︎は遊牧トルコ人に対する「聖戦」を敢行し，多数のトルコ人奴隷を西アジアへ供給した。(甲南大)	サーマーン朝
☑ 08953 ☼	10世紀，中央アジア初のトルコ系イスラーム王朝である◻︎が建国された。 (同志社大)	カラハン朝

古代文明の出現と東アジア

アジアと地中海世界の形成

イスラーム教とヨーロッパ世界

ヨーロッパ世界の進展

アジアの動向と「世界の一体化」

近世ヨーロッパ世界の動向

近代社会の形成

欧米諸列強の世界分割

世界現代史

☑ 0894 ☐	10世紀にアフガニスタンに駐屯するサーマーン朝のマムルーク軍団が自立し，□□□□を建てた。 （國學院大）	ガズナ朝
☑ 0895 ☐	12世紀末，ガズナ朝に代わった□□□□は，デリーを陥れて北インドの大部分を支配した。 （駒澤大）	ゴール朝
☑ 0896 ☐	ゴール朝のマムルーク出身の将軍□□□□は，1206年にデリーを都としてインド初のイスラーム王朝である奴隷王朝を建てた。 （流通経済大）	アイバク
☑ 0897 ☐	13世紀の初めには，アイバクがインドで最初のイスラーム王朝である□□□□をデリーに建設した。 （明治大）	奴隷王朝
☑ 0898 ☐	アイバクが建てたとされるインド最古のミナレット（光塔）を□□□□という。 （追手門学院大）	クトゥブ＝ミナール
☑ 0899 ☐	9世紀後半，トルコ系軍人によってエジプトに建てられたイスラーム王朝の□□□□は，シリアにも領土を広げた。 （オリジナル）	トゥールーン朝
☑ 0900 ☐	10世紀の初めにチュニジアで興った□□□□はイスマーイール派を信奉しており，エジプト・シリアに進出し，新たな都としてカイロを建設した。 （上智大）	ファーティマ朝
☑ 0901 ☐	ファーティマ朝は，969年にフスタートの北東で新都の建設を開始したが，この新都が□□□□である。 （防衛大）	カイロ
☑ 0902 ☐	ファーティマ朝の宰相であったサラディン（サラーフ＝アッディーン）は，カイロを都として□□□□を建てた。 （立教大）	アイユーブ朝

☑ 0903 ☐	アイユーブ朝の建国者である◯◯は，十字軍が占領していた聖地イェルサレムを奪回した。　（追手門学院大）	サラーフ=アッディーン(サラディン)
☑ 0904 ☐	アイユーブ朝を廃した◯◯はモンゴル軍を撃退し，首都カイロがイスラーム世界の中心となった。（國學院大）	マムルーク朝
☑ 0905 ☐	マムルーク朝は，第5代君主◯◯の治世にモンゴル軍を撃退し，アッバース朝カリフをカイロに復活させ，イスラーム国家としての権威を高めた。　　　　（同志社大）	バイバルス
☑ 0906 ☐	12世紀後半にカイロを支配したアイユーブ朝，およびそれに続くマムルーク朝では◯◯と呼ばれるムスリムの商人グループが国際貿易を担った。　　（国士舘大）	カーリミー商人
☑ 0907 ☐	イスラーム圏の支配者は，トルコ系の人々を軍人奴隷である◯◯として養成して様々な場面で活用した。（関西大）	マムルーク
☑ 0908 ☐	アッバース朝の支配領域の辺境に生まれた軍事政権の一つであるシーア派の◯◯は，946年にバグダードに入城し，現在のイラン・イラクを支配した。　　（近畿大）	ブワイフ朝
☑ 0909 ☐	ブワイフ朝は946年にはバグダードに入り，アッバース朝の君主から◯◯の称号を与えられてイスラーム法を施行する権限を与えられた。　　　　（上智大）	大アミール
☑ 0910 ☐	セルジューク朝の建国者◯◯はブワイフ朝を追放して，バグダードのカリフからスルタンの称号を授与された。　　　　　　　　　　　　　　　（早稲田大）	トゥグリル=ベク
☑ 0911 ☐	11世紀に中央アジアから南下したトルコ系集団は◯◯を建て，王朝の始祖トゥグリル=ベクは1055年にアッバース朝のカリフからスルタンという称号を受けた。　（新潟大）	セルジューク朝

☑ 0912 ☆	［　　　］とは，おもにスンナ派の世俗の支配権保持者が用いる称号で，セルジューク朝の君主などが名乗った。 (関西学院大)	スルタン(支配者)
☑ 0913 ☆	初期のイスラーム世界では，アラブ人ムスリムたちは，［　　　］と呼ばれる俸給・年金を受け取っていた。 (同志社大)	アター
☑ 0914 ☆	ブワイフ朝は，土地の徴税権を軍人に与え，各人の俸給に見合う金額を農民や都市民から徴税する［　　　］を始めた。この制度はセルジューク朝で整備された。(東洋大)	イクター制
☑ 0915 ☆	セルジューク朝の宰相［　　　］はニザーミーヤ学院を設立し，学芸振興などに努めたが，過激なシーア派の一派に殺害された。 (上智大)	ニザーム=アルムルク
☑ 0916 ⬛	11世紀後半，セルジューク朝の一派は［　　　］を建国し，アナトリア地方のイスラーム化，トルコ化を進めた。 (オリジナル)	ルーム=セルジューク朝
☑ 0917 ☆	中央アジアからイランにかけて，1077年に成立した［　　　］が勢力を伸ばしたが，チンギス=カン（ハン）の率いるモンゴル軍によって滅ぼされた。 (東洋大)	ホラズム=シャー朝
☑ 0918 ☆	13世紀初めから15世紀にかけて成立した，アイバクの建てた奴隷王朝とその後に続くトルコ人などが建国した四つの王朝をあわせて［　　　］と総称する。 (関西大)	デリー=スルタン朝
☑ 0919 ⬛	トルコ系の［　　　］は，奴隷王朝を倒してデリー=スルタン朝の第2王朝を築き，地租の金納化を始めとする経済制度改革を行った。 (立教大)	ハルジー朝
☑ 0920 ☆	デリー=スルタン朝最後のアフガン系王朝の［　　　］は，1526年のパーニーパットの戦いでバーブル率いるムガル帝国軍に敗れて滅亡した。 (オリジナル)	ロディー朝

☑ 0921	デリー=スルタン朝3番目の王朝である [____] は，モンゴル軍の侵略に悩まされ，南部に遷都したが，その様子はイブン=バットゥータの記録に残っている。　（専修大）	トゥグルク朝
☑ 0922	デリー=スルタン朝4番目の王朝である [____] は，ティムールの部将ヒズル=ハンが建てた王朝である。　（オリジナル）	サイイド朝

THEME
アフリカのイスラーム化

見出し番号 0923—0940

出題頻度 ♔

☑ 0923	アラビア半島南部から移住してきた人びとにより，紀元前後にエチオピアに [____] が建設された。この王国はキリスト教を受け入れた。　（専修大）	アクスム王国
☑ 0924	7世紀頃に成立した [____] は，ニジェール川流域から豊富な金を産出し，これをムスリム商人が運んでくるサハラ砂漠で採掘された岩塩と交換した。　（西南学院大）	ガーナ王国
☑ 0925	8世紀以降，アフリカ大陸の [____] を縦断してニジェール川と北アフリカを結ぶ交易がさかんになった。（専修大）	サハラ砂漠
☑ 0926	ムスリム商人は，サハラ砂漠を縦断してガーナ王国を訪問し，同国に産する金とサハラ砂漠の [____] との交易を行った。　（立教大）	岩塩（塩）
☑ 0927	サハラ交易ではムスリム商人が活躍し，砂漠地域から岩塩，ニジェール川流域からは [____] などを商品としてもたらした。　（専修大）	金
☑ 0928	マリ王国やソンガイ王国では，イスラーム教徒が支配権を握り，[____] 中流域の都市であるトンブクトゥは経済・文化の中心として栄えた。　（畿央大）	ニジェール川

☑ 0929 ☐	13世紀，ニジェール川流域に建国された□□□はトンブクトゥを中心に，北アフリカとの交易やメッカ巡礼の経由地として発展した。 　　　　　　　　　　（早稲田大）	マリ王国
☑ 0930 ☐	マリ王国は隊商交易の拠点となっていた□□□を中心に，北アフリカとの交易やメッカ巡礼の経由地として発展した。 　　　　　　　　　　（早稲田大）	トンブクトゥ
☑ 0931 ☐	□□□はマリ王国最盛期の国王で，数千人の従者とともにメッカ巡礼を行ったといわれている。　（早稲田大）	マンサ＝ムーサ
☑ 0932 ☐	15世紀の西アフリカではイスラーム化が進み，□□□の都ガオは交易とともにイスラームの学問の中心地として栄えた。 　　　　　　　　　　（東洋大）	ソンガイ王国
☑ 0933 ☐	9世紀頃には，アフリカのチャド湖岸に黒人王国の□□□が建国された。 　　　　　　　　　　（早稲田大）	カネム＝ボルヌー王国
☑ 0934 ☐	インド洋に流れ込むザンベジ川の南部，□□□から出土する中国製陶磁器やインド産ガラス玉は，その繁栄を物語っている。 　　　　　　　（大阪学院大）	大ジンバブエ遺跡
☑ 0935 ☐	□□□は，アフリカ南部のジンバブエを中心とした地域を支配し，金や象牙などの輸出で繁栄した。　（日本大）	モノモタパ王国
☑ 0936 ☐	現在のケニア東岸にある海港都市の□□□には，明の鄭和の艦隊が訪れ，ヴァスコ＝ダ＝ガマも寄港した。 　　　　　　　　　　（法政大）	マリンディ
☑ 0937 ☐	□□□は現在のケニアの南端にある海港都市で，ムスリム商人の拠点として発達し，14世紀前半にはイブン＝バットゥータも寄港した。 　　　（法政大）	モンバサ

☑ 0938 ☐	現在のタンザニア南部にある［　　　］は，イブン＝バットゥータが訪れたことでも知られ，港市として栄えたが，15世紀末にポルトガルに占領された。　　（オリジナル）	キルワ
☑ 0939 ☐	アフリカ東海岸では，共通語として現地のバントゥー諸語とアラビア語が混合した［　　　］が普及した。　　（関西学院大）	スワヒリ語
☑ 0940 ☐	中世，アラビア海からインド洋ではムスリム商人が三角帆の［　　　］を使って活動した。　　（青山学院大）	ダウ船

☑ 0941 ☐	［　　　］と呼ばれるイスラーム法は，『コーラン』の法解釈の集成である。　　（京都産業大）	シャリーア
☑ 0942 ☐	イスラームの神学・法学を整備していった［　　　］と呼ばれるムスリムの知識人は，裁判官・教師・礼拝の指導者などを務めた。　　（青山学院大）	ウラマー
☑ 0943 ☐	［　　　］はムハンマドの言行に関する伝承で，イスラーム法の基盤となった。　　（慶應義塾大）	スンナ
☑ 0944 ☐	［　　　］とは，ムハンマドの言行に関する伝承を表す用語である。　　（青山学院大）	ハディース
☑ 0945 ☐	イスラーム世界では学問が奨励され，教育・研究の専門機関である［　　　］が作られた。　　（九州産業大）	マドラサ（学院）

0946	ファーティマ朝期，10世紀にカイロに創立されたイスラーム神学や法学の学院を□□□という。　（青山学院大）	アズハル学院
0947	11世紀にセルジューク朝により設立された□□□は，当時のイスラーム世界の最高学府とされ，多くのスンナ派のウラマーを養成した。　（中央大）	ニザーミーヤ学院
0948	イスラーム世界において，内面の信仰を重視する神秘主義を□□□といい，民衆の間に広がった。（北海道学園大）	スーフィズム
0949	修行によってアッラーとの一体感を得ることを第一義としたイスラーム神秘主義の修行者を□□□という。　（東京都市大）	スーフィー
0950	セルジューク朝の時代，イスラーム神学者の□□□は神秘主義を容認してスーフィズムの理論化を進めた。　（東洋大）	ガザーリー
0951	チュニス出身の歴史家の□□□は，14世紀後半に『世界史序説（歴史序説）』を著し，歴史発展の法則性を論じた。　（流通科学大）	イブン＝ハルドゥーン
0952	14世紀後半，歴史家イブン＝ハルドゥーンは『□□□』を著し，王朝興亡の歴史の法則性を唱えた。　（名古屋外国語大）	世界史序説
0953	アッバース朝時代の歴史家□□□は『預言者たちと諸王の歴史』を年代記形式で編纂した。　（西南学院大）	タバリー
0954	イスラーム世界では，9世紀前半に□□□と呼ばれる学術施設が建設され，ギリシア語やペルシア語文献の収集とアラビア語への翻訳が行われた。　（早稲田大）	知恵の館（バイト＝アルヒクマ）

0955 ☑ ☐	ギリシア語文献の翻訳により進展したイスラームの学問研究の中から、後に、『医学典範』を著したブハラ出身の◻◻◻◻が現れた。　　　　　　　　　（学習院大）	イブン=シーナー（アヴィケンナ）
0956 ☑ ☐	医学研究で著名なイブン=シーナー（アヴィケンナ）は、『◻◻◻◻』を著した。　　　　　　　　　　　（桜美林大）	医学典範 てんぱん
0957 ☑ ☐	コルドバ生まれの◻◻◻◻によるアリストテレスの著作への注釈は、中世西欧でアリストテレス研究の典拠とされ、スコラ学の形成に大きな影響を与えた。　（京都府立大）	イブン=ルシュド（アヴェロエス）
0958 ☑ ☐	化学や数学もイスラーム世界で独自の発展を遂げ、アッバース朝期の◻◻◻◻は代数学を発達させた。　　（関西大）	フワーリズミー
0959 ☑ ☐	インドからイスラーム世界に◻◻◻◻が伝えられたことは、アラビア数字や十進法の採用とあいまって、数学の発達に大きく寄与した。　　　　　　　　　　（大谷大）	ゼロの概念
0960 ☑ ☐	ペルシア語が文章語として確立したイランでは、◻◻◻◻が『シャー=ナーメ（王の書）』を記した。　　　　　　　　　　　　　　　　　　　　　（甲南大）	フィルドゥシー
0961 ☑ ☐	フィルドゥシーの『◻◻◻◻』はペルシア語文学の最高傑作の一つである。　　　　　　　　　　（京都産業大）	シャー=ナーメ（王の書）
0962 ☑ ☐	11世紀後半、◻◻◻◻は、セルジューク朝に仕えて正確な太陽暦を編み、『四行詩集（ルバイヤート）』を著した。　　　　　　　　　　　　　　　　　　（明治大）	ウマル=ハイヤーム
0963 ☑ ☐	セルジューク朝時代、数学・天文学にも秀でた詩人ウマル=ハイヤームは『◻◻◻◻』を著した。　（西南学院大）	四行詩集（ルバイヤート）

☑ 0964 ☐	インド・イラン・アラビア・ギリシアなどの説話を集大成した『　　　』は，16世紀のカイロでほぼ現在の形にまとめられた。　　　　　　　　　　　（センター）	千夜一夜物語（アラビアン=ナイト）
☑ 0965 ☐	モロッコ出身のイスラーム教徒　　　は旅行記『三大陸周遊記』を口述した。　　　　　　　　　（明治大）	イブン=バットゥータ
☑ 0966 ☐	イブン=バットゥータは，モロッコから中国にいたる地域を旅して，『　　　』を残した。　　　　（福岡大）	大旅行記（三大陸周遊記）
☑ 0967 ☐	イスラーム美術では，中国絵画の影響をうけ，モスク建築や書物の挿し絵から発展した　　　が知られる。　　　　　　　　　　　　　　　　（九州産業大）	細密画（ミニアチュール）
☑ 0968 ☐	イスラーム社会では卑金属を貴金属に変えようとする　　　が流行した。　　　　　　　　　　（大東文化大）	錬金術
☑ 0969 ☐	イスラーム社会の各地の都市には軍人・商人・職人・知識人などが居住し，イスラーム教の礼拝堂である　　　があった。　　　　　　　　　　　（名城大）	モスク
☑ 0970 ☐	モスクには　　　と呼ばれる尖塔があり，そこから毎日の礼拝時刻を知らせるアザーンが響く。　（関西大）	ミナレット
☑ 0971 ☐	イスラーム建築では，様々な文様を複雑に組み合わせた　　　と呼ばれる独自の装飾が生み出された。　　　　　　　　　　　　　　　　（西南学院大）	アラベスク
☑ 0972 ☐	ウマイヤ朝第6代カリフのワリードは，706年から715年にかけて，ダマスクスの中心部に大モスクを建設した。それは今日では　　　と呼ばれている。　（神奈川大）	ウマイヤ=モスク

☑ 0973 ☆	イスラーム社会では，都市の住宅や公共施設は，多くが富裕な商人や貴族たちの［　　　］と呼ばれる寄進による信託財産制度によって建築され，維持されていた。(愛知大)	ワクフ
☑ 0974 ☆	イスラームの都市では，民衆の集まる市場は［　　　］と呼ばれていた。(立教大)	スーク（バザール）
☑ 0975 ☆	イスラーム世界の隊商宿は［　　　］といわれた。(神戸女子大)	キャラヴァンサライ
☑ 0976 ☆	北アフリカの先住民である［　　　］のあいだでは，11世紀半ばにイスラーム化が急速に進み，彼らはモロッコにムラービト朝を興した。(岐阜聖徳学園大)	ベルベル人
☑ 0977 ☆	11世紀半ば，アフリカのサハラ西部にベルベル人によるスンナ派の宗教運動が起こって［　　　］が成立し，マラケシュを都として栄えた。(関西大)	ムラービト朝
☑ 0978 ☆	モロッコの［　　　］は，先住民であるベルベル人が11世紀半ばに興したムラービト朝の都である。(立教大)	マラケシュ
☑ 0979 ☆	12世紀にモロッコに成立した［　　　］は，ムラービト朝を滅ぼして北アフリカとイベリア半島を支配した。(関西大)	ムワッヒド朝
☑ 0980 ☆	イベリア半島最後のイスラーム王朝である［　　　］の時代に，グラナダにアルハンブラ宮殿が建てられた。(オリジナル)	ナスル朝
☑ 0981 ☆	イベリア半島最後のイスラーム王朝であるナスル朝は，［　　　］を首都とした。(國學院大)	グラナダ

☑ 0960 ☐

グラナダに建てられた[　　　]は，イベリア半島の代表的なイスラーム建築である。

（國學院大）

アルハンブラ宮殿

4

ヨーロッパ
世界の進展

掲載問題数 189問

ローマ帝国分裂後，東ローマ（ビザンツ）帝国
は周辺の諸民族が割拠する中で衰退していきま
す。西ヨーロッパ世界では，十字軍遠征の後は
各国の王権が伸張します。その中で勢力が再編
され，近代国家の輪郭が見えてきます。

☑ 0983 ⟲	中世ヨーロッパでは，農奴は一定日数，封建領主に対して賦役と貢納などの義務を負った。更に教会に対しては◻を納めなければならなかった。 （聖心女子大）	十分の一税
☑ 0984 ⟲	イエスの弟子◻は初代のローマ教皇と位置づけられた。 （関西学院大）	ペテロ
☑ 0985 ⟲	西ローマ帝国が滅亡すると，ローマ教会は6世紀末の教皇◻以来，ゲルマン人への布教を熱心に行った。 （関西大）	グレゴリウス1世
☑ 0986 ⟲	グレゴリウス7世は1075年に俗人による聖職叙任を聖職売買として禁じたが，これは神聖ローマ皇帝ハインリヒ4世との間の◻に発展した。 （法政大）	叙任権闘争
☑ 0987 ⟲	ザクセン朝以来，神聖ローマ皇帝は世俗諸侯に対抗するためにも，教会・修道院組織を統治に利用する◻をとっていた。 （法政大）	帝国教会政策
☑ 0988 ⟲	教皇の◻は，叙任権をめぐって争った皇帝ハインリヒ4世を破門した。 （関東学院大）	グレゴリウス7世
☑ 0989 ⟲	教皇グレゴリウス7世に破門された皇帝の◻は，雪中のカノッサ城（北イタリア）で教皇に許しを請うた。 （法政大）	ハインリヒ4世
☑ 0990 ⟲	1077年に教皇が神聖ローマ皇帝を破門し屈服させた事件を◻という。 （神戸学院大）	カノッサの屈辱

☑ 0991 ☐	カノッサの屈辱後も皇帝と教皇との対立は続いたが，1122年，両者の間で□□□が成立し，教皇の権威は高まった。　　　　　　　　　　　　　　　　（大妻女子大）	ヴォルムス協約
☑ 0992 ☐	中世ヨーロッパでは，耕地を三分し，それぞれ春耕地・秋耕地・休耕地として年ごとに順次利用していき，3年で一巡するという□□□が普及した。　　　　（オリジナル）	三圃制（さんぽ）
☑ 0993 ☐	中世ヨーロッパでは，三圃制や家畜に引かせる□□□などの普及で農業生産力が増大した。　　（産業能率大）	鉄製重量有輪犂（ゆうりんすき）
☑ 0994 ☐	教皇□□□は1095年にクレルモン宗教会議（公会議）を開催し，十字軍を提唱した。　　　　　　　　（中央大）	ウルバヌス2世
☑ 0995 ☐	1095年，□□□が招集され，聖地奪回のため十字軍の大遠征が決定された。　　　　　　　　　　　（明治大）	クレルモン宗教会議
☑ 0996 ☐	第1回十字軍の結果，パレスチナにキリスト教徒の国家である□□□が建国された。　　　　　（青山学院大）	イェルサレム王国
☑ 0997 ☐	アイユーブ朝の創始者の□□□はキリスト教徒からイェルサレムを奪還した。　　　　　　　　　（早稲田大）	サラーフ=アッディーン（サラディン）
☑ 0998 ☐	イェルサレムがサラディンによって奪われると，第3回十字軍が実施されたが，イギリス王□□□の奮戦にもかかわらず聖地奪回はならなかった。　　（関西学院大）	リチャード1世
☑ 0999 ☐	「バルバロッサ（赤髭）（あかひげ）」と呼ばれた神聖ローマ皇帝□□□は，第3回十字軍に英王・仏王とともに出陣したが，その途上で死亡した。　　　　　　　（上智大）	フリードリヒ1世

☑ 1000	教皇 _____ は教皇権の隆盛期を築き，第4回十字軍を提唱した。 (オリジナル)	インノケンティウス3世
☑ 1001	第4回十字軍は聖地イェルサレムではなくコンスタンティノープルをめざし，1204年に，ここに _____ を建国した。 (北海道大)	ラテン帝国
☑ 1002	第4回十字軍は， _____ の利害に沿って聖地奪還には向かわず，コンスタンティノープルを占領してラテン帝国を建てた。 (中央大)	ヴェネツィア商人
☑ 1003	イスラーム勢力は，パレスチナにおける十字軍勢力の最後の拠点 _____ を陥落させた。 (青山学院大)	アッコン
☑ 1004	1212年，神のお告げを聞いたとする少年らに率いられた _____ が生まれたが，悲劇的な結末に終わった。 (明治大)	少年十字軍
☑ 1005	フランス王のフィリップ4世は _____ を解散させ，莫大な財産を奪って王権強化に役立てた。 (大東文化大)	テンプル騎士団
☑ 1006	第1回十字軍の際に結成された _____ は戦闘と救護活動で活躍し，1530年にはマルタ島を与えられ，マルタ騎士団と名乗った。 (オリジナル)	ヨハネ騎士団
☑ 1007	_____ は，エルベ川以東の植民活動およびバルト海の沿岸に住むスラブ人の改宗へと，その活動を転換していくこととなった。 (駒澤大)	ドイツ騎士団

THEME

商業の発達と都市の成立

出題頻度

見出し番号 1008→1029

☑ 1008	封建社会の安定とともに商業が発達し始め，商人の活躍の場が広がり，□□□□が発達した。　（オリジナル）	貨幣経済
☑ 1009	十字軍の影響で各地の行き来がさかんになり，□□□□で発展する都市が現れた。　（オリジナル）	遠隔地貿易
☑ 1010	イタリアの港市ではムスリム商人を通じた東方貿易がさかんになり，□□□□が発達した。　（オリジナル）	地中海商業圏（地中海交易圏）
☑ 1011	北ドイツの諸都市を中心に，北海やバルト海をめぐって貿易が発達したのが，□□□□である。　（オリジナル）	北ヨーロッパ商業圏（北海・バルト海交易圏）
☑ 1012	中世の北イタリア諸都市は，領主である司教権力を抑え，□□□□と呼ばれる自治都市となり，さらに都市同盟を結成した。　（西南学院大）	コムーネ
☑ 1013	中世のドイツでは，主要な都市は皇帝の支援を得て，諸侯層とならぶ□□□□を形成した。　（青山学院大）	自由都市（帝国都市）
☑ 1014	中世ヨーロッパでは，都市に逃れてきた農奴が一定期間で自由身分とされたことから，ドイツでは「□□□□」という言葉が生まれた。　（関東大）	都市の空気は（人を）自由にする
☑ 1015	11世紀以降のヨーロッパで各自治都市の行政の基礎となったのは，□□□□と呼ばれる同職組合であった。　（青山学院大）	ギルド

☑ 1016 ☐	中世ヨーロッパの手工業者が結成した[　　　]は，労働時間や製品の生産量，販売価格などについて規約を定め，相互扶助に努めた。　(成城大)	同職ギルド**（ツンフト）**
☑ 1017 ☐	中世ヨーロッパの手工業者は，商人ギルドに対抗して同職ギルドを作り，[　　　]により市政への参加を実現した。　(青山学院大)	ツンフト闘争
☑ 1018 ☐	13世紀後半から都市同盟の形で発展した[　　　]は，リューベックやハンブルクなどを中心として交易で栄え，北ヨーロッパ商業圏を支配した。　(日本大)	ハンザ同盟
☑ 1019 ☐	バルト海貿易の中心地で，後にハンザ同盟の盟主となった都市は[　　　]である。　(神戸女子大)	リューベック
☑ 1020 ☐	中世，バルト海に面したリューベックやエルベ川河口に位置する[　　　]などを中心とする北海・バルト海交易圏では，生活必需品の交易が行われた。　(高知工科大)	ハンブルク
☑ 1021 ☐	中世には，現在のベルギーにあたる[　　　]の諸都市は毛織物産業を育成し，全ヨーロッパに毛織物を輸出して経済的に発展した。　(早稲田大)	フランドル地方
☑ 1022 ☐	フランドル地方では，中世以来[　　　]が毛織物産業で繁栄していたが，15世紀中葉以降アントウェルペンがこれに取って代わった。　(明治大)	ブリュージュ
☑ 1023 ☐	中世フランスの[　　　]などの諸都市で開催された国際的な定期市では，遠隔地の商品が取引された。(早稲田大)	シャンパーニュ地方
☑ 1024 ☐	ドイツ南部に位置する[　　　]は，中世の富豪フッガー家の活動拠点となった地である。　(関西大)	アウクスブルク

☑ 1025 ☐	金融業者としても知られる中世の富豪◯◯◯は本拠地をアウクスブルクに置いた。 (関西学院大)	フッガー家
☑ 1026 ☐	北イタリアの諸都市は, フリードリヒ1世の介入から自治権を防衛するために, 12世紀に◯◯◯を結んで戦った。 (慶應義塾大)	ロンバルディア同盟
☑ 1027 ☐	12世紀, ◯◯◯は北イタリアの諸都市とともにロンバルディア同盟を組織した。 (上智大)	ミラノ
☑ 1028 ☐	北イタリアの港市◯◯◯は東方貿易で台頭し, ヴェネツィアのライバルとして発展した。コロンブスの出身地としても有名である。 (大阪産業大)	ジェノヴァ
☑ 1029 ☐	アドリア海沿岸に位置し, 9世紀から都市としての発展を見た◯◯◯は, 東方貿易の拠点として繁栄した。 (福岡大)	ヴェネツィア

THEME

ビザンツ帝国とスラヴ人

見出し番号 1030—1066

出題頻度 ♛

☑ 1030 ☐	395年にローマ帝国が東西に分裂し, 東ローマ帝国はギリシア的性質を帯びて◯◯◯とも呼ばれて独自の政治体制を維持し, 約1000年にわたり存続した。 (愛知教育大)	ビザンツ帝国
☑ 1031 ☐	ビザンツ帝国は『ローマ法大全』の編集を命じた◯◯◯の時代に最盛期をむかえた。 (東洋大)	ユスティニアヌス (ユスティニアヌス大帝)
☑ 1032 ☐	ユスティニアヌス帝の時代にトリボニアヌスを中心に編纂された『◯◯◯』は, 勅法集, 法学説, 民法概論の3部よりなる。 (オリジナル)	ローマ法大全

☑ 1033 ⌂	ユスティニアヌス大帝は，コンスタンティノープルにビザンツ様式の壮麗な　　　　を再建するなど，その権勢を誇示した。 （慶應義塾大）	ハギア=ソフィア聖堂
☑ 1034 ⌂	イタリアのラヴェンナには，ユスティニアヌス大帝のモザイク壁画で知られるビザンツ様式の　　　　が建てられた。 （南山大）	サン=ヴィターレ聖堂
☑ 1035 ⌂	東ローマ帝国では，ドームとモザイク壁画を特色とする　　　　が発展し，ハギア=ソフィア聖堂はその代表的な建築物の一つである。 （順天堂大）	ビザンツ様式
☑ 1036 ⌂	ビザンツ様式の建築物の特徴としては，ドームとガラス・石・貝殻などの小片を用いた　　　　があげられる。 （明治大）	モザイク壁画
☑ 1037 ⌂	ビザンツ皇帝　　　　は，帝国防衛のために全国をいくつかのテマ（軍管区）に分け，その司令官に行政をも担わせた。 （オリジナル）	ヘラクレイオス1世
☑ 1038 ⌂	ビザンツ帝国は，帝国の領土をいくつかの区に分け，その司令官に軍事・行政の権限を与える　　　　という制度をしいた。 （山梨学院大）	テマ制(軍管区制)
☑ 1039 ⌂	7世紀以降，ビザンツ帝国では軍管区制とともに，小農民に土地を与えて代わりに兵役義務を課す　　　　が行われた。 （専修大）	屯田兵制
☑ 1040 ⌂	726年にビザンツ皇帝　　　　が発布した聖像禁止令は東西教会の亀裂を引き起こした。 （立命館大）	レオン3世
☑ 1041 ⌂	8世紀，侵攻するイスラーム勢力に対抗してビザンツ皇帝レオン3世が　　　　を出すと，ローマ教会はこれに反発し，東西教会の対立は激化した。 （関西学院大）	聖像禁止令

古代文明の出現と東アジア

アジアと地中海世界の形成

イスラーム教とヨーロッパ世界

ヨーロッパ世界の進展

アジアの動向と「世界の一体化」

近世ヨーロッパの世界の動向

近代社会の形成

欧米諸列強の世界分割

世界現代史

☑ 1042 ⛏	ギリシア正教徒は◻️と呼ばれるキリストや聖母などを描いた聖像画を用い，教会で崇拝していた。 (駒澤大)	イコン
☑ 1043 ⛏	ビザンツ帝国では11世紀以降，西欧の封建制に似た，軍役奉仕と結びついた土地貸与の制度である◻️が広まった。 (早稲田大)	プロノイア制
☑ 1044 ⛏	ローマ教会は，1054年には東の◻️と西のローマ＝カトリック教会に分裂した。 (関西学院大)	ギリシア正教会
☑ 1045 ⛏	◻️の北方を先住地とするスラヴ人は，6世紀になると大移動前のゲルマン人が住んでいたビザンツ帝国北側の広大な地域に急速に広がった。 (西南学院大)	カルパティア山脈
☑ 1046 ⛏	西スラヴ人に含まれる◻️はカトリックに改宗し，14世紀のカジミェシュ（カシミール）大王のもとで最盛期をむかえた。 (大東文化大)	ポーランド人
☑ 1047 ⛏	西スラヴ人のうちポーランド人は10世紀頃建国し，14世紀前半の君主◻️の時代に繁栄した。 (青山学院大)	カジミェシュ（カシミール）3世（大王）
☑ 1048 ⛏	ポーランドは14世紀末にリトアニア大公国と合併し，◻️が成立した。 (上智大)	ヤゲウォ朝（ヤゲロー朝）
☑ 1049 ⛏	◻️は9世紀前半頃にモラヴィア王国を建て，10世紀にはベーメン（ボヘミア）王国を統一した。 (愛知学院大)	チェック人
☑ 1050 ⛏	スラヴ民族のうち，チェック人は9世紀末にカトリックを受容し，10世紀には◻️を建てた。 (國學院大)	ベーメン（ボヘミア）王国

☑ 1051	チェック人は9世紀前半頃に[　　　]を建てたが，10世紀にマジャール人に滅ぼされた。　　　　　（愛知学院大）	モラヴィア王国
☑ 1052	ギリシア正教会は布教のためにグラゴール文字を発展させた[　　　]を考案するなど，スラヴ人への布教を熱心に進めた。　　　　　　　　　　　　　　（同志社大）	キリル文字
☑ 1053	非スラヴ系民族の一つ[　　　]は，黒海北岸からドナウ川中流のパンノニア平原に移動し，10世紀末にハンガリー王国を建国，カトリックに改宗した。　（関東学院大）	マジャール人
☑ 1054	ザクセン家第2代の王オットー1世は，マジャール人を955年の[　　　]で破った。　　　　　　（京都産業大）	レヒフェルトの戦い
☑ 1055	10世紀末頃，マジャール人はパンノニア平原に[　　　]を建てた。　　　　　　　　　　　　　　（上智大）	ハンガリー王国
☑ 1056	10世紀に即位したキエフ大公の[　　　]はギリシア正教を受け入れ，ロシアのビザンツ化を進めた。（大東文化大）	ウラディミル1世
☑ 1057	非スラヴ系のブルガール人はビザンツ帝国に侵入し，7世紀末に[　　　]を建てた。　　　　　　（日本大）	ブルガリア帝国（ブルガリア王国）
☑ 1058	バルカン半島に定着した南スラヴ人のうち，[　　　]はギリシア正教に改宗してビザンツ帝国に服属したが，12世紀に王国を建てた。　　　　　　　（青山学院大）	セルビア人
☑ 1059	ラテン系の民族意識を持つ[　　　]の国であるワラキア公国とモルダヴィア公国が現れるのは，14世紀頃のことである。　　　　　　　　　　　　　　（早稲田大）	ルーマニア人

☑ 1060	南スラヴに属しカトリックを受容した◻は一時期独立国家をもったが，11世紀末からハンガリーの事実上の属領となった。 (國學院大)	クロアティア人
☑ 1061	南スラヴ人の◻は9世紀にフランク王国の支配下に入るとカトリックを受け入れ，後にハプスブルク家領に組み込まれた。 (摂南大)	スロヴェニア人
☑ 1062	キプチャク＝ハン国の支配は，ロシア史上「◻」と呼ばれているが，この時代を経てロシアにモンゴルの行政制度が影響を及ぼした。 (明治大)	タタールのくびき（モンゴル人のくびき）
☑ 1063	15世紀末，◻は，イヴァン3世のもとでモンゴル支配から脱却した。 (上智大)	モスクワ大公国
☑ 1064	15世紀後半に，モスクワを中心に勢力を築いた◻はモンゴルからの独立を果たし，ツァーリという称号を自称した。 (オリジナル)	イヴァン3世
☑ 1065	イヴァン3世は，ビザンツ帝国最後の皇帝の姪と結婚し，自身がビザンツ皇帝の後継者だとして，◻の称号を用いた。 (上智大)	ツァーリ（皇帝）
☑ 1066	ロシアの領土拡大は，初めて正式にツァーリを称した◻の治世末期，イェルマークのシベリア遠征あたりから本格化した。 (学習院大)	イヴァン4世

THEME

封建社会の解体・教皇権の衰退

見出し番号 1067—1081

出題頻度 ♛

☑ 1067	労働地代・生産物地代から◻への切り換えは，農奴に対する領主の人格的支配を緩めることになった。 (明治大)	貨幣地代

☑ 1068 ☐	中世ヨーロッパでは，14世紀中頃に流行した◻️により人口の3分の1が失われたといわれる。　（関西学院大）	黒死病（ペスト）
☑ 1069 ☐	中世のイギリスでは，他国に先駆けて貨幣地代が普及し，◻️と呼ばれる独立自営農民が誕生した。　（東洋大）	ヨーマン
☑ 1070 ☐	戦争による荒廃と重税に苦しめられたフランスの農民たちが，1358年に◻️を起こした。　（明治大）	ジャックリーの乱
☑ 1071 ☐	1381年にイギリスで発生した◻️では，農奴制の廃止，取引の自由，地代の減額等を国王に約束させたが，後に鎮圧された。　（明治大）	ワット＝タイラーの乱
☑ 1072 ☐	ワット＝タイラーの乱のとき，身分制度を批判する聖職者◻️は「アダムが耕しイヴが紡いだとき，だれが貴族であったか」と説教した。　（中央大）	ジョン＝ボール
☑ 1073 ☐	1303年，教皇権の絶対性を唱えた◻️がフランス国王フィリップ4世に捕えられ，憤死する事件が起きた。　（名城大）	ボニファティウス8世
☑ 1074 ☐	教皇ボニファティウス8世は1303年，フランス国王◻️に捕えられ，ローマ近郊のアナーニに捕囚された。　（上智大）	フィリップ4世
☑ 1075 ☐	1303年，教皇ボニファティウス8世がフランス王と争って憤死した◻️が起こった。　（首都大東京）	アナーニ事件
☑ 1076 ☐	1309年，フランス王フィリップ4世は，ローマ教皇庁を◻️に移転させた。　（実践女子大）	アヴィニョン

古代文明と東アジアの出現

アジアと地中海世界の形成

イスラーム教とヨーロッパ世界

ヨーロッパ世界の進展

アジアの動向と「世界の一体化」

近世ヨーロッパ世界の動向

近代社会の形成

欧米諸列強の世界分割

世界現代史

☑ 1077	フィリップ4世は教皇庁をアヴィニョンに移転させ, 教皇をフランス王権の支配下に置いた。これは, 古代ヘブライ人の故事になぞらえて「 　　　 」と呼ばれる。　　　（上智大）	教皇のバビロン捕囚
☑ 1078	14世紀後半から15世紀前半まで, 複数の教皇が並び立つ「 　　　 」と呼ばれる状況が続いた。　　　（清泉女子大）	教会大分裂（大シスマ）
☑ 1079	イギリスのオクスフォード大学教授 　　　 は14世紀後半に教皇や教会制度を批判して, 聖書の英訳を図った。　　　（早稲田大）	ウィクリフ
☑ 1080	プラハ大学で神学の教鞭をとっていた 　　　 は, カトリック教会の腐敗を厳しく批判し, その結果コンスタンツ公会議において異端として火刑に処された。　（名城大）	フス
☑ 1081	教会大分裂による教会の混乱を収拾するために, 1414年に 　　　 が開催され, フスが異端とされて火刑に処せられた。　　　（北海道大）	コンスタンツ公会議

THEME
英仏王権の伸長

見出し番号 1082—1117

出題頻度 👑

☑ 1082	1066年にノルマンディー公ウィリアムがイングランドへ侵入して 　　　 を制し, ウィリアム1世として即位しノルマン朝を建てた。　　　（大谷大）	ヘースティングズの戦い
☑ 1083	1066年のヘースティングズの戦いで勝利を収めたノルマンディー公が, ノルマン朝初代の君主 　　　 としてイングランド国王に即位した。　　　（獨協大）	ウィリアム1世
☑ 1084	1066年, ノルマンディー公ウィリアムはノルマン=コンクェストを行い, ウィリアム1世として即位し, 　　　 を開いた。　　　（中央大）	ノルマン朝

☑ 1085 ◻	イングランドにおいてノルマン朝は12世紀半ばまで存続したが，その断絶後，王位はフランス諸侯である◻のアンリが継承した。 (学習院大)	アンジュー伯
☑ 1086 ◻	ノルマン朝断絶後，アンジュー伯アンリがヘンリ2世として国王となり，1154年に◻を開いた。 (中央大)	プランタジネット朝
☑ 1087 ◻	1154年，ノルマン朝の断絶を機に，西部フランスのアンジュー伯が◻として王位を継承し，プランタジネット朝を開いた。 (成蹊大)	ヘンリ2世
☑ 1088 ◻	イギリス国王ヘンリ2世の子，◻は，フランス国王フィリップ2世と戦ってフランス領地の大半を失った。 (花園大)	ジョン王
☑ 1089 ◻	イギリスでは，ジョン王が国内で重税を課したため，不満をもつ貴族らが結束し，王権を制限すべく，1215年に国王に◻を認めさせた。 (近畿大)	<ruby>大憲章<rt>だいけんしょう</rt></ruby>（マグナ=カルタ）
☑ 1090 ◻	◻が大憲章を無視したため，シモン=ド=モンフォールに率いられた貴族たちが反乱を起こし，国王を屈服させた。 (近畿大)	ヘンリ3世
☑ 1091 ◻	◻が1265年に国王に認めさせた議会が，一般にイギリス議会の起源とされている。 (早稲田大)	シモン=ド=モンフォール
☑ 1092 ◻	中世のイギリスではノルマン朝以来王権が強かったが，議会制の形成も早く，1295年には国王◻のもとでいわゆる模範議会が招集された。 (早稲田大)	エドワード1世
☑ 1093 ◻	イギリス王エドワード1世は，政治の諸原則を議論するため，聖職者・貴族・騎士・市民の代表が参加する◻を1295年に開催した。 (早稲田大)	模範議会

□ 1094	12世紀末に即位したフランス王[　　　]は，イギリスのジョン王と戦ってフランス国内におけるイギリス領の大半を奪った。 (明治大)	フィリップ2世
□ 1095	南フランス諸侯の保護をうけたアルビジョワ派（カタリ派）を征服した[　　　]は，第6回・第7回十字軍にも参加した。 (名城大)	ルイ9世
□ 1096	フランス王ルイ9世は1248〜1254年に行われた[　　　]を指揮し，下エジプトに攻め込むが，成立したばかりの現地のイスラーム王朝に大敗した。 (名古屋外国語大)	第6回十字軍
□ 1097	1270年の[　　　]は，フランス王ルイ9世が北アフリカのチュニスで疫病により没したため，失敗に終わった。 (清泉女子大)	第7回十字軍
□ 1098	フランス国王ルイ9世は，南フランスの異端派を討伐する[　　　]を終結させた。 (法政大)	アルビジョワ十字軍
□ 1099	12〜13世紀にヨーロッパに広がったキリスト教の[　　　]は，善悪二元論の立場にたち，異端とされた。 (オリジナル)	アルビジョワ派（カタリ派）
□ 1100	フランスの[　　　]は，1302年に教皇ボニファティウス8世との争いに備えて，フィリップ4世によって初めて召集され，聖職者・貴族・市民によって構成された。 (法政大)	全国三部会
□ 1101	フランスでは，1328年にカペー朝が断絶すると，[　　　]のフィリップ6世が王位についた。 (早稲田大)	ヴァロワ朝
□ 1102	1328年，カペー朝が絶えてヴァロワ朝に代わると，1339年，イギリス王[　　　]が王位継承権を主張してフランスと開戦した。 (成蹊大)	エドワード3世

☑ 1103 ☐	イギリス国王エドワード3世は，母系がカペー家であることから，フランス王位を主張してフランスに侵入し，（　　　　）が始まった。　　　　　　　　　　　（上智大）	百年戦争
☑ 1104 ☐	百年戦争は，初め長弓兵を用いるイギリス軍が優勢で，1346年の（　　　　）で大勝利を収めた。　　　（中央大）	クレシーの戦い
☑ 1105 ☐	百年戦争中，1356年のポワティエの戦いでは（　　　　）が率いるイギリス軍が，フランス王ジャン2世を捕虜とした。　　　　　　　　　　　　　　　　　　　　（明治大）	エドワード黒太子こくたいし
☑ 1106 ◾	百年戦争において，エドワード3世の長子エドワードが1356年に（　　　　）でフランス軍に勝利した。　（早稲田大）	ポワティエの戦い
☑ 1107 ◾	百年戦争が始まると，フランス東部の大貴族（　　　　）がイギリスと結ぶなど，フランス側は国王派と親英派に分裂し，劣勢が続いた。　　　　　　　　　　　　　（日本大）	ブルゴーニュ公
☑ 1108 ☐	1429年，（　　　　）はイギリス軍に包囲された都市オルレアンを解放し，王太子を東部の都市ランスに導いてフランス王として戴冠させた。　　　　　　　　（大妻女子大）	ジャンヌ＝ダルク
☑ 1109 ☐	フランス王側について軍を率いて戦ったジャンヌ＝ダルクは，1429年に（　　　　）をイギリス軍の包囲から解放した。　　　　　　　　　　　　　　　　　　（立教大）	オルレアン
☑ 1110 ☐	ジャンヌ＝ダルクがオルレアンの包囲を破って戦局を一転させた結果，前国王の死から7年目にしてようやく（　　　　）の戴冠式がランスで行われた。　　　（日本大）	シャルル7世
☑ 1111 ☐	百年戦争末期，フランスはシャルル7世のもとで，フランス北海岸の港市（　　　　）をのぞく全領土を確保し，戦争はフランスの勝利に終わった。　　　　　（愛知大）	カレー

☑ 1112	百年戦争後のイギリスでは，王位継承をめぐってランカスター家とヨーク家による◯◯◯が起こった。（中央大）	バラ戦争
☑ 1113	バラ戦争では，プランタジネット朝の系統をつぐ◯◯◯とヨーク家の両派に分かれて戦った。（関西学院大）	ランカスター家
☑ 1114	バラ戦争はランカスター家と◯◯◯との王位継承をめぐるイギリスの内乱で，多くの貴族が両派に分かれて激しく戦った。（明治大）	ヨーク家
☑ 1115	イギリスで，バラ戦争を終結させたヘンリ7世は◯◯◯を開いた。（関西学院大）	テューダー朝
☑ 1116	百年戦争の後，イギリスでは王位争いの内乱が起こるが，1485年にランカスター派の◯◯◯が即位してテューダー朝を開いた。（立教大）	ヘンリ7世
☑ 1117	テューダー朝では，国王直属の裁判所である◯◯◯が，王権に対立した貴族を処罰した。（京都産業大）	星室庁裁判所

THEME

中世末期のヨーロッパ諸国

見出し番号 1118—1136

出題頻度 ♛

☑ 1118	◯◯◯とは，神聖ローマ皇帝が帝国教会政策の貫徹をめざし，教皇の保護を名目に行ったイタリアへの干渉である。（立教大）	イタリア政策
☑ 1119	神聖ローマ帝国では◯◯◯の断絶後，「大空位時代」と呼ばれる事実上の無皇帝状態が続いていた。（法政大）	シュタウフェン朝

☑ 1120 ☐	13世紀半ばに神聖ローマ帝国はシュタウフェン朝が断絶し，事実上皇帝のいない「◻◻◻◻」となった。 (上智大)	大空位時代
☑ 1121 ☐	神聖ローマ皇帝の◻◻◻◻は，1356年に「金印勅書」を発布し，7名の選帝侯に皇帝の選出権を認めた。 (明治大)	カール4世
☑ 1122 ☐	1356年に，ルクセンブルク家の神聖ローマ皇帝カール4世は「◻◻◻◻」によって皇帝選出権を7人の選帝侯に与えた。 (立教大)	金印勅書
☑ 1123 ☐	オーストリアの◻◻◻◻は，1438年以降神聖ローマ皇帝位を世襲することになる。 (大阪経済大)	ハプスブルク家
☑ 1124 ☐	デンマーク，スウェーデン，ノルウェーの3国が14世紀末に結んだ同盟（同君連合）を◻◻◻◻という。 (関東学院大)	カルマル同盟
☑ 1125 ☐	デンマーク女王の◻◻◻◻は，カルマル同盟を主導して3国の事実上の支配者となった。 (神戸女子大)	マルグレーテ
☑ 1126 ☐	カルマル同盟によって，◻◻◻◻・スウェーデン・ノルウェーの同君連合が成立し，◻◻◻◻のマルグレーテがその支配者となった。 (福岡大)	デンマーク
☑ 1127 ☐	神聖ローマ皇帝が「イタリア政策」によって介入すると，イタリア諸都市は，教皇党（ゲルフ）と◻◻◻◻に分かれて争った。 (早稲田大)	皇帝党（ギベリン）
☑ 1128 ☐	神聖ローマ皇帝によるイタリア政策をうけ，イタリアでは諸勢力の抗争が激化したが，教皇を支持した党派を◻◻◻◻と呼ぶ。 (オリジナル)	教皇党（ゲルフ）

☑ 1129	スペイン王国は1492年にナスル朝を滅ぼし，数世紀にわたった◻︎を完結させた。 （西南学院大）	国土回復運動（レコンキスタ）
☑ 1130	◻︎は，聖ヤコブの墓が発見されたとの噂から巡礼が始まり，ローマ・イェルサレムと並ぶ三大巡礼地として多くの巡礼者を集めた。 （早稲田大）	サンチャゴ=デ=コンポステラ
☑ 1131	13世紀末に両シチリア王国は分裂し，シチリアはバルセロナを拠点に地中海に進出してきた◻︎が支配した。 （同志社大）	アラゴン王国
☑ 1132	1469年，カスティリャ王女イサベルとアラゴン王子◻︎の結婚により，後のスペイン（イスパニア）王国の礎が形成された。 （同志社大）	フェルナンド
☑ 1133	1479年，国土回復運動で中心的な役割を果たしてきた◻︎とアラゴン王国とが合併し，スペイン王国が成立した。 （中央大）	カスティリャ王国
☑ 1134	アラゴン王子フェルナンドとカスティリャ王女◻︎との婚姻をうけて両国が合併し，スペイン王国が1479年に誕生した。 （早稲田大）	イサベル
☑ 1135	カスティリャ王国とアラゴン王国は合併して◻︎となり，1492年にはグラナダを陥落させナスル朝を滅ぼした。 （早稲田大）	スペイン（イスパニア）王国
☑ 1136	カスティリャ王国から分離・独立した◻︎は，国王ジョアン2世のもとで王権を強化し，大航海時代の幕開けをした。 （神戸学院大）	ポルトガル王国

中世西ヨーロッパの文化

見出し番号 1137―1171

☑ 1137 △	_____ は東方起源の修道院を西ヨーロッパに導入してイタリアのモンテ=カシノに修道院を開き，修道院運動を推進した。　　　　　　　　　　　　　　　（神戸女子大）	ベネディクトゥス
☑ 1138 △	6世紀にイタリアの _____ に修道院を建てた聖ベネディクトゥスの戒律は，やがて西ヨーロッパで広く用いられるようになった。　　　　　　　　　　　　　（大阪産業大）	モンテ=カシノ
☑ 1139 △	グレゴリウス改革にも影響を与えたベネディクト派の _____ は，11世紀には教会刷新運動の拠点となった。　　　　　　　　　　　　　　　　　　　　　　（上智大）	クリュニー修道院
☑ 1140 △	11世紀末にフランス中部に創設され，開墾運動にも活躍した修道会は _____ である。　　　　　（大阪学院大）	シトー修道会
☑ 1141 △	13世紀には，使徒的生活を理想として清貧を説き，信者からの施しを生活の糧とする _____ が出現した。　　　　　　　　　　　　　　　　　　　　　　（法政大）	たくはつ 托鉢修道会
☑ 1142 △	托鉢修道会を代表する _____ は，イタリアのアッシジに創設された。　　　　　　　　　　　　（京都産業大）	フランチェスコ修道会
☑ 1143 △	13世紀に設立されたフランチェスコ修道会と _____ は，托鉢しながら布教したので，托鉢修道会と呼ばれる。　　　　　　　　　　　　　　　　　　　　（日本大）	ドミニコ修道会
☑ 1144 △	イスラーム世界との接触を通じてアリストテレスの哲学が紹介されると，キリスト教神学も深化・発展し，_____ として体系化されていった。　　　　（神奈川大）	スコラ学

☑ 1145 ☐	スコラ学の中心的な議論は，実在論と唯名論との間に起こった□□□であった。 　　　　　　　　　　　　（同志社大）	普遍論争
☑ 1146 ☐	アンセルムスは，普遍は個々の事物に先行して実在するとする□□□を唱えた。 　　　　　　　　　　　（桜美林大）	実在論
☑ 1147 ☐	イギリスでは著名な神学者が輩出し，実在論を唱えたカンタベリ大司教の□□□は，スコラ学の父とされた。 　　　　　　　　　　　　　　　　　　　　　　（関西大）	アンセルムス
☑ 1148 ☐	アベラールは，普遍とは名目上の存在であり個々の事物が実在するとする□□□を唱えた。 　　　　　　（桜美林大）	唯名論 ゆいめい
☑ 1149 ☐	普遍論争において，フランスのスコラ学者であった□□□が唯名論を主張した。 　　　　　　　　　　（成蹊大）	アベラール
☑ 1150 ☐	スコラ学の大成者であるイタリアの□□□が著した『神学大全』は，スコラ学の集大成として長く権威を保った。 　　　　　　　　　　　　　　　　　　　　（神戸女子大）	トマス＝ アクィナス
☑ 1151 ☐	西ヨーロッパ中世では，神学が最高の学問であり，それはスコラ学として発展し，『□□□』を著したトマス＝アクィナスによって集大成される。 　　　　　（立正大）	神学大全 たいぜん
☑ 1152 ☐	イギリスのスコラ学者□□□は，唯名論に依拠して，信仰と理性，神学と哲学の区別を説いた。 　　　　　（関西大）	ウィリアム＝オブ＝ オッカム
☑ 1153 ☐	イギリスのスコラ学者□□□は観察や実験を重視し，イギリス経験論の基礎を確立した。 　　　　　　（駒澤大）	ロジャー＝ ベーコン

☑ 1154 ☆	十字軍に伴ってイスラーム文化やその地に保存されていた古典文化が西欧に大きな影響を与え、[　　　]といわれる文化的革新が起こった。　　　　　（早稲田大）	12世紀ルネサンス
☑ 1155 ▣	シチリア島は、イベリア半島の[　　　]と並んで、ギリシア語やアラビア語からラテン語への翻訳作業の中心地となった。　　　　　（上智大）	トレド
☑ 1156 ▣	12世紀になると、イブン=ルシュドらの学問成果はシチリア島の都市[　　　]や、イスラームの影響が残るイベリア半島でラテン語に翻訳された。　　　　　（法政大）	パレルモ
☑ 1157 ☆	イタリア南部の[　　　]は、アラビア医学の影響を受けた医学部で有名である。　　　　　（明治大）	サレルノ大学
☑ 1158 ☆	[　　　]は、11世紀に設立されたと記録される北イタリアの大学で、ローマ法研究で有名である。　　　　　（法政大）	ボローニャ大学
☑ 1159 ☆	イギリスの[　　　]は、独特の学寮制を特色とし、イギリスの神学研究の中心となった大学である。　　　　　（椙山女学園大）	オクスフォード大学
☑ 1160 ☆	トマス=アクィナスも教授を務めたフランスの[　　　]は、神学の最高学府の一つであった。　　　　　（関西学院大）	パリ大学
☑ 1161 ☆	[　　　]は、13世紀初頭にオクスフォード大学の教師・学生が移って設立された。　　　　　（東京農業大）	ケンブリッジ大学
☑ 1162 ☆	11世紀の中世ヨーロッパでは、半円状アーチを多用し、石造天井が基本である[　　　]が生み出された。　　　　　（東京農業大）	ロマネスク様式

□ 1163 ☐	11〜12世紀には，イタリアの◯◯◯に代表されるロマネスク様式が発達した。　　　　　　　　（京都産業大）	ピサ大聖堂
□ 1164 ☐	12世紀末頃に広がった◯◯◯は，尖塔とアーチと広い窓を特色とし，広い窓はステンドグラスで飾られた。　　　　（西南学院大）	ゴシック様式
□ 1165 ☐	フランスのパリ南西にある◯◯◯は，アミアン大聖堂とならぶゴシック様式の代表的建築である。　（関西学院大）	シャルトル大聖堂
□ 1166 ☐	ゴシック様式の代表的な教会として，パリの◯◯◯があげられる。　　　　　　　　　　　　　（関西学院大）	ノートルダム大聖堂
□ 1167 ☐	ドイツのゴシック様式による大聖堂では，大型ステンドグラスをはめた◯◯◯が知られている。　　　　（関西大）	ケルン大聖堂
□ 1168 ☐	フランス中世文化を代表する武勲詩『◯◯◯』は，カール大帝によるイベリア半島のイスラーム征討時の騎士に関する英雄譚である。　　　　　　　　　　　　　（早稲田大）	ローランの歌
□ 1169 ☐	『◯◯◯』は13世紀前半に完成した英雄叙事詩で，民族移動期の伝説を素材とし，英雄ジークフリートとその妻クリームヒルトをうたっている。　　　　　　（金城学院大）	ニーベルンゲンの歌
□ 1170 ☐	12世紀に完成した『◯◯◯』は，ケルト人の伝説から発展した騎士道物語である。　　　　　　　　（オリジナル）	アーサー王物語
□ 1171 ☐	中世ヨーロッパには英雄戦士の伝説や叙事詩などが残されており，各地を遍歴する◯◯◯が歌っていたものから騎士道物語が作られた。　　　　　　　　　（西南学院大）	吟遊詩人

CHAPTER

5

アジアの動向と「世界の一体化」

掲載問題数 371問

東アジアは長い再編の時代となり，ユーラシア大陸を統合するモンゴル帝国が生まれました。15世紀末以降は，アジアの富を求めてヨーロッパ勢力が進出し，アメリカ大陸をも含む「世界の一体化」の動きが始まりました。

東アジア諸国の自立

見出し番号 1172—1186

出題頻度

☑ 1172	北方民族のキタイ（契丹）は，中国の五代の◻◻◻の建国に協力した代償として，燕雲十六州を獲得した。 (東洋大)	こうしん 後晋
☑ 1173	キタイ（契丹）は後晋の建国に協力した見返りに，936年に◻◻◻の地を得た。 (立教大)	えんうん 燕雲十六州
☑ 1174	華北を支配した五代最後の王朝◻◻◻では，禁軍を率いる趙匡胤が部下に擁立されて宋王朝を建てた。 <small>ちょうきょういん</small> (福岡大)	こうしゅう 後周
☑ 1175	◻◻◻は916年にキタイ（遼）を建国し，初代皇帝となった。 (明治大)	やりつあぼき 耶律阿保機
☑ 1176	10世紀に北方民族の◻◻◻は，五代の後晋から華北の燕雲十六州を獲得し，後に国号を遼とした。 (北海道大)	きったん キタイ（契丹）
☑ 1177	モンゴル東部では，キタイが勢力を強め，10世紀に◻◻◻を建国した。 (明治大)	りょう 遼
☑ 1178	燕雲十六州をめぐって争っていた宋と遼は，1004年の◻◻◻により恒久的な和平を確立した。 (学習院大)	せんえん 澶淵の盟
☑ 1179	遼は遊牧民の民政を司る北面官と農耕民の民政にあたる南面官を置く，◻◻◻をとった。 (立教大)	二重統治体制

☑ 1180 ☐	遼は，漢字を母体とした大字とウイグル文字を母体とした小字からなる◯◯◯を用いた。 （摂南大）	契丹文字
☑ 1181 ☐	遼の王族の◯◯◯はカラキタイ（西遼）を興し，カラハン朝を滅ぼした。 （成蹊大）	耶律大石
☑ 1182 ☐	遼の王族の耶律大石はモンゴル高原に向かい，さらに中央アジアを制して◯◯◯を建国した。 （甲南大）	カラキタイ（西遼）
☑ 1183 ☐	1038年にチベット系タングートの◯◯◯が皇帝を名乗り，西夏（大夏）を建てた。 （東海大）	李元昊
☑ 1184 ☐	宋は，チベット系遊牧民の◯◯◯が建てた西夏と1044年に慶暦の和約を結び，懐柔に努めた。 （西南学院大）	タングート（党項）
☑ 1185 ☐	1038年に，黄河湾曲部のオルドスにいたタングート族は◯◯◯を建国し，仏教を基調とする独自の文化を作った。 （國學院大）	西夏
☑ 1186 ☐	◯◯◯は漢字をもとに西夏の初代皇帝である李元昊が作らせたとされる。 （関西学院大）	西夏文字

THEME

宋と金

見出し番号 1187—1241

出題頻度
♛

☑ 1187 ☐	◯◯◯は，唐末から五代十国の時代に混乱をきわめた中国の主要部を統一して宋を建国した。 （早稲田大）	趙匡胤（太祖）

☑ 1188 ☐	10世紀に建国された［　　　　］は, これまで地方勢力の乱立を引き起こした節度使の実権を奪い, 皇帝の親衛軍を強化するとともに, 文人を重用する文治主義をとった。　（神奈川大）	宋（北宋）
☑ 1189 ☐	10世紀に建国され, 黄河と大運河の結節点であった［　　　　］に都を置いた宋は文治主義をとった。　（学習院女子大）	開封 （かいほう）
☑ 1190 ☐	後周の武将であった趙匡胤は960年に宋（北宋）を建国し, 次の皇帝である［　　　　］は中国を統一した。（東洋大）	太宗 （たいそう）
☑ 1191 ☐	北宋は, 官僚から武人を追い出す一方, 文人を重用する［　　　　］をとった。　（西南学院大）	文治主義 （ぶんち）
☑ 1192 ☐	宋の太祖は科挙の最終試験として［　　　　］を創設した。　（武蔵大）	殿試 （でんし）
☑ 1193 ☐	宋の第6代皇帝の［　　　　］は, 宰相に王安石を起用して制度の改革に努めた。　（青山学院大）	神宗 （しんそう）
☑ 1194 ☐	宋の［　　　　］は新法と呼ばれる改革を行い, 当時悪化していた財政を好転させたが, 保守派の強い反対を受けた。　（東京学芸大）	王安石
☑ 1195 ☐	王安石の新法のうち, ［　　　　］は, 挿苗・播種期に必要とされる資金を農民に低利で貸し与えるものであった。　（神奈川大）	青苗法 （せいびょう）
☑ 1196 ☐	王安石は中小商人への低利の貸付である［　　　　］を施行した。　（センター）	市易法 （しえき）

☑ 1197 ☐	王安石の新法のうち，□□□□の目的は，職役の免除を願う者から徴収した免役銭で職役にあたる者を雇用することにあった。 (神奈川大)	募役法 (ぼえき)
☑ 1198 ☐	王安石の新法では，農民に耕作用の馬を飼育させ，戦時に軍馬として徴発する□□□□が実施された。 (広島修道大)	保馬法
☑ 1199 ☐	王安石の改革には，大商人の搾取を防止する均輸法や民兵を組織する□□□□などがあったが，保守派の反対によって挫折した。 (青山学院大)	保甲法
☑ 1200 ☐	神宗が亡くなると，司馬光を中心とする□□□□によって新法の大部分は撤廃されることになった。 (明治大)	旧法党
☑ 1201 ☐	王安石の行った急激な改革に対しては反対者も多かった。その代表格が『資治通鑑』を編纂した□□□□である。 (関西大)	司馬光
☑ 1202 ☐	司馬光の著した『□□□□』は，およそ戦国時代から五代末までを記した歴史書である。 (法政大)	資治通鑑 (しじつがん)
☑ 1203 ☐	『資治通鑑』は君主の統治に役立つことを目的に書かれ，□□□□の形式で編まれた通史であり，王朝の正統性と君臣の別を示した。 (愛知学院大)	編年体
☑ 1204 ☐	宋の第8代皇帝であった□□□□は書画の大家でもあり，文芸の保護に努めた。 (城西大)	徽宗 (きそう)
☑ 1205 ☐	12世紀初，ツングース系の□□□□の建てた金が遼を滅ぼすと，金はモンゴル高原に勢力をのばした。 (早稲田大)	女真(ジュシェン) (じょしん)

☑ 1206 ⛏	中国東北地方に居住していた女真の（ ）が建てた金王朝は，1127年に北宋の首都開封を占領し，以後華北を支配した。 (川村学園女子大)	ワンヤンアグダ 完顔阿骨打
☑ 1207 ⛏	遼の支配下にあった東北地方で建国した（ ）は，女真（ジュシェン）の王朝で，北宋と結んで遼を滅ぼした後，その北宋も滅ぼした。 (立教大)	金
☑ 1208 ⛏	金は部族制に基づく（ ）という軍事・社会組織を維持する一方，華北では宋の州県制を継承した。 (フェリス女学院大)	もうあん ぼうこく 猛安・謀克
☑ 1209 ⛏	（ ）は金代に考案され，漢字と契丹文字を参考に作られた。 (オリジナル)	女真文字
☑ 1210 ⛏	金代の（ ）は儒教・仏教・道教の調和を説く全真教を開いた。 (青山学院大)	おうじゅうよう 王重陽
☑ 1211 ⛏	王重陽を開祖とする（ ）は，儒教・仏教・道教の要素をあわせもち，特に禅宗からの影響が強かった。 (早稲田大)	全真教
☑ 1212 ⛏	金は当時の宋の都である開封を陥落させ，上皇の徽宗と皇帝の欽宗を捕らえ，北方に拉致してしまった。これを（ ）と呼んでいる。 (慶應義塾大)	せいこう 靖康の変
☑ 1213 ⛏	1127年に女真族の金が開封を陥落させると，高宗は臨安（杭州）を首都として（ ）を建てた。 (福岡大)	南宋
☑ 1214 ⛏	宋はいったん滅びるが，欽宗の弟が即位して宋（南宋）を再建し，（ ）を都とした。 (センター)	りんあん こうしゅう 臨安（杭州）

古代文明の出現と東アジア

アジアと地中海世界の形成

イスラーム教とヨーロッパ世界

ヨーロッパ世界の進展

アジアの動向と「世界の一体化」

近世ヨーロッパ世界の動向

近代社会の形成

欧米諸列強の世界分割

世界現代史

☑ 1215 ☁	南宋の内部では武将の＿＿＿＿を始めとする主戦派と秦檜ら講和派が対立したが，高宗は主戦派を抑えて，金と和議を結んだ。 (学習院大)	<ruby>岳飛<rt>がくひ</rt></ruby>
☑ 1216 ☁	南宋では，金に対する講和派と主戦派とが対立し，主戦派の岳飛は，講和派の＿＿＿＿によって投獄され，処刑された。 (城西大)	<ruby>秦檜<rt>しんかい</rt></ruby>
☑ 1217 ☁	北宋では唐代までの門閥貴族は没落し，新興地主層の＿＿＿＿が登場して，民間の経済活動は活発になった。 (國學院大)	<ruby>形勢戸<rt>けいせいこ</rt></ruby>
☑ 1218 ☁	宋において，官僚任用試験としての科挙制度が整えられ，科挙を通して官僚となった家は＿＿＿＿と呼ばれ，税制や法制の上で優遇措置が与えられた。 (駒澤大)	<ruby>官戸<rt>かんこ</rt></ruby>
☑ 1219 ☁	中国では大土地経営における小作農は＿＿＿＿と呼ばれ，地主たちの収奪の下に置かれていた。 (明治大)	<ruby>佃戸<rt>でんこ</rt></ruby>
☑ 1220 ☁	宋代以降，科挙合格者を中心とした政治と文化を担う知識人は＿＿＿＿・読書人と呼ばれた。 (立教大)	<ruby>士大夫<rt>したいふ</rt></ruby>
☑ 1221 ☁	北宋時代にインドシナ半島のチャンパーから<ruby>早稲<rt>わせ</rt></ruby>種の＿＿＿＿が導入され，江南では稲の二期作が行われるようになった。 (防衛大)	<ruby>占城稲<rt>せんじょうとう</rt></ruby>
☑ 1222 ☁	南宋では長江下流域の稲作の重要性が増大して，「＿＿＿＿」という言葉で言及された。 (防衛大)	<ruby>蘇湖<rt>そこ</rt></ruby>（<ruby>江浙<rt>こうせつ</rt></ruby>）熟すれば天下足る
☑ 1223 ☁	北宋の都として栄えた開封の繁栄ぶりは，<ruby>張択端<rt>ちょうたくたん</rt></ruby>によって「＿＿＿＿」に描かれた。 (学習院大)	<ruby>清明上河図<rt>せいめいじょうがず</rt></ruby>

☑ 1224	商業活動は，唐代では都市の内部の市（いち）でだけ許されていたが，宋代には規制がくずれ，城壁の外に□□□と呼ばれる定期市場が現れた。　　　　　　　（東海学園大）	草市（そうし）
☑ 1225	宋代には，新たな商工業活動を行う□□□という小都市が出現するようになり，商人や手工業者の同業組合も現れた。　　　　　　　　　　　　　　　（学習院大）	鎮（ちん）
☑ 1226	中国で海上貿易を管理する役所であった□□□は，唐の中期，広州に初めて開設された。（慶應義塾大）	市舶司（しはくし）
☑ 1227	中世に，アラビア海からインド洋では□□□がダウ船を使って活動し，中国にも訪れた。　　（青山学院大）	ムスリム商人
☑ 1228	宋代の都市では，□□□といった同業組合が生まれた。　　　　　　　　　　　　　　　　　　　（龍谷大）	行・作（こう・さく）
☑ 1229	青磁や白磁などの陶磁器の製造は宋代にさかんになり，特に江西省の□□□は中国一の陶磁器の産地として世界的に名をはせた。　　　　　　　　　　（神戸女子大）	景徳鎮（けいとくちん）
☑ 1230	宋代の中国では，□□□といった陶磁器の生産がさかんになり，ジャンク船により各地に輸出された。（中央大）	青磁・白磁
☑ 1231	宋代に，四川で相互の決済のために商人達が発行した手形の□□□が，後に政府の公認により最初の紙幣となった。　　　　　　　　　　　　　　　（神戸学院大）	交子（こうし）
☑ 1232	宋代には商業が発展し，銅銭の他に世界最初の紙幣である交子や，南宋で使用された□□□などの紙幣が使用された。　　　　　　　　　　　　　　　（日本女子大）	会子（かいし）

☑ 1233	老荘思想や仏教哲学も取り込みながら万物や人間の本質を追求する新しい儒学である宋学が、『太極図説』を著した◯◯◯らによって始められた。 （日本女子大）	周敦頤
☑ 1234	12世紀後半に活躍した南宋の◯◯◯は、実践的な倫理としての儒学を追求し、朱子学の祖となった。 （法政大）	朱熹（朱子）
☑ 1235	朱熹は、四書を儒学の根本経典として、「理が人間（社会）に宿ったものこそ、人間のあるべき本質」とする◯◯◯を説いた。 （オリジナル）	性即理
☑ 1236	南宋の朱熹が完成した朱子学は、五経とともに『大学』・『中庸』・『論語』・『孟子』からなる、◯◯◯を重んじた。 （愛知学院大）	四書
☑ 1237	南宋の儒学者の◯◯◯は心即理の唯心論を唱え、朱熹と対立した。 （福岡大）	陸九淵
☑ 1238	宋代には散文がさかんとなり、『新唐書』や『新五代史』を著した◯◯◯らの名文家が出て、唐以来の古文復興を受け継いだ。 （西南学院大）	欧陽脩
☑ 1239	新法に反対した◯◯◯は宋代を代表する文人であり、「赤壁の賦」などの作品を残した。 （早稲田大）	蘇軾（蘇東坡）
☑ 1240	宋代には、宮廷画家を中心とする写実的な◯◯◯が成立した。 （関西大）	院体画
☑ 1241	◯◯◯は北宋に全盛期をむかえ、その後、南宗画と呼ばれるようになった。 （東京農業大）	文人画

モンゴル帝国と元

`見出し番号` 1242—1294

☑ 1242 ◻	◯◯◯◯はモンゴル語で集会の意味で，カンの選出や遠征など，重要な事項を決めた。 （跡見学園女子大）	クリルタイ
☑ 1243 ◻	モンゴル高原の東端に居住していたと考えられるモンゴル族は，全部族を統一した◯◯◯が西夏，ホラズム=シャー朝を討って西方・南方に版図を拡大した。 （オリジナル）	チンギス=カン（ハン）
☑ 1244 ◻	チンギス=カンは，遊牧諸勢力を◯◯◯と呼ばれる軍事・行政組織によって再編成した。 （駒澤大）	千戸制
☑ 1245 ◻	モンゴル帝国は，チンギス=カンの時代に領土を広げ，西遼を奪ったトルコ系の◯◯◯や，西トルキスタン・イラン方面のホラズム=シャー朝を倒した。 （西南学院大）	ナイマン
☑ 1246 ◻	モンゴル帝国第2代皇帝の◯◯◯は金を滅ぼし，カラコルムに都を置いた。 （センター）	オゴデイ（オゴタイ）
☑ 1247 ◻	金を滅ぼしたオゴデイは，モンゴル帝国の首都として，モンゴル高原に◯◯◯を建設した。 （立教大）	カラコルム
☑ 1248 ◻	◯◯◯はオゴデイの死去を知ってヨーロッパ遠征軍を返し，ヴォルガ川下流域の草原地帯に本拠を置き，キプチャク=ハン国（ジョチ=ウルス）を建てた。 （成蹊大）	バトゥ
☑ 1249 ◻	◯◯◯公国は13世紀にバトゥ率いるモンゴル軍によって攻略され，公国は滅亡した。 （大阪経済法科大）	キエフ

☑ 1250 ☐	1241年に，バトゥの率いるモンゴル軍がドイツ・ポーランド連合軍を破った戦いを☐という。 （大阪経済法科大）	ワールシュタットの戦い
☑ 1251 ☐	第4代のカアンとなった☐は，弟のクビライ（フビライ）をチベット・雲南などに遠征させるとともに，自ら南宋を攻撃した。 （成城大）	モンケ
☑ 1252 ☐	チンギス=カンの子が建てた☐は14世紀にイスラーム化したが，内紛のため東西に分裂した。 （オリジナル）	チャガタイ=ハン国（チャガタイ=ウルス）
☑ 1253 ☐	13世紀半ば，バトゥがサライを都として☐を建国し，南ロシアを支配した。 （学習院大）	キプチャク=ハン国（ジョチ=ウルス）
☑ 1254 ☐	フレグ（フラグ）が，アッバース朝を滅ぼした後に建てたモンゴル系の国は☐である。 （関東学院大）	イル=ハン国（フレグ=ウルス）
☑ 1255 ☐	兄のモンケに西アジア遠征を命じられた☐は，バグダードを攻略してアッバース朝を滅ぼし，イル=ハン国（フレグ=ウルス）を建国した。 （早稲田大）	フレグ
☑ 1256 ☐	イル=ハン国（フレグ=ウルス）君主の☐は，イスラーム教を国教とした。 （立教大）	ガザン=ハン
☑ 1257 ☐	イル=ハン国（フレグ=ウルス）のガザン=ハンが宰相として採用した☐は，ペルシア語で書かれた史書『集史』を編纂した。 （法政大）	ラシード=アッディーン
☑ 1258 ☐	朝鮮半島では，モンゴルの侵入に対して☐が長期にわたって抵抗したが，結局は元に服属してその冊封を受けることになった。 （関西学院大）	こうらい 高麗

古代文明と東アジア　出現と東アジア

アジアと地中海　世界の形成

イスラーム教とヨーロッパ世界

ヨーロッパ世界の進展

アジアの動向と「世界の一体化」

近世ヨーロッパ世界の動向

近代社会の形成

欧米諸列強の世界分割

世界現代史

☑ 1259 ♡	モンケの時代，クビライ（フビライ）は雲南地方に軍を進めて◻︎を滅ぼした。 （武蔵大）	大理
☑ 1260 ♡	モンゴル帝国第5代目のカアンとなった◻︎は，大都に都を移し，国号を元と改め，さらに中国全土を支配するようになった。 （関西学院大）	クビライ（フビライ）
☑ 1261 ♡	チンギス=カンの孫，第5代カアンのクビライ（フビライ）は1264年に首都をカラコルムから燕京に移して「◻︎」と名づけた。 （中部大）	大都
☑ 1262 ♡	第5代カアンのクビライ（フビライ）は，まず都を大都に定め，国名を◻︎とした後，南宋を滅ぼして中国全土を支配した。 （明治大）	元（大元）
☑ 1263 ♡	モンゴル帝国では，カアンをクビライ（フビライ）が相続したことを不満とする，オゴデイ（オゴタイ）の孫による◻︎が起こり，帝国は分裂した。 （近畿大）	カイドゥ（ハイドゥ）の乱
☑ 1264 ♡	ジャワ島東部では，13世紀に◻︎が栄えたが，元の攻撃をめぐる混乱の中，滅亡した。 （福岡大）	シンガサリ朝
☑ 1265 ♡	ジャワ島東部では，13世紀末に元軍を撃退してジャワ島の内陸部に中心を置く◻︎が成立した。 （慶應義塾大）	マジャパヒト王国
☑ 1266 ♡	元の時代，主に中央アジア以西からやって来た人々は，「いろいろな人」の意味である◻︎に分類された。 （早稲田大）	色目人
☑ 1267 ♡	元朝では，契丹人や女真人，高麗人，渤海人などを含む，もと金の支配下にあった華北の住民の総称を◻︎とした。 （オリジナル）	漢人

□ 1268	元朝では，南宋の支配下にあった人々は，□□□□と呼ばれた。　　　　　　　　　　　　　　　　　（関東学院大）	南人
□ 1269	元では□□□□という紙幣が主要通貨となり広く流通したが，後に濫発され，経済混乱の原因となった。　　　　　　　　　　　　　　　　　　　　　　　　　（法政大）	こうしょう 交鈔
□ 1270	元末には白蓮教徒を中心とする□□□□が起こり，その中から頭角を現した人物が明朝を開いた。　　（センター）	こうきん 紅巾の乱
□ 1271	元朝末期には，弥勒菩薩が救世主としてこの世に現れて人々を救済すると説く□□□□が流行し，紅巾の乱が起こった。　　　　　　　　　　　　　　　　（フェリス女学院大）	びゃくれん 白蓮教
□ 1272	モンゴル語を表記するために，クビライ（フビライ）はチベット仏教の高僧に命じて□□□□を作成させた。　　　　　　　　　　　　　　　　　　　　　　（早稲田大）	パクパ（パスパ） 文字
□ 1273	チベット仏教の高僧□□□□は，クビライに国師として仕えた。　　　　　　　　　　　　　　　　　　（関西学院大）	パクパ（パスパ）
□ 1274	モンゴル帝国においては，□□□□を導入して幹線道路沿いに設置された駅をネットワーク化したことにより，陸路交易が一層さかんになった。　　　　　　　　（立教大）	駅伝制（ジャムチ）
□ 1275	モンゴル帝国が成立すると，ユーラシア大陸の東西を結ぶ交通もさかんになり，ローマ教皇インノケンティウス4世は使節として□□□□を派遣した。　　（関西大）	プラノ=カルピニ
□ 1276	フランチェスコ会修道士の□□□□は，フランス王ルイ9世の命を受けてモンゴル帝国の都カラコルムを訪れモンケに謁見した。　　　　　　　　　　　　　　（甲南大）	ルブルック

☑ 1277 ⌂ イタリアの商人の◯◯◯は元に仕え，帰国後に獄中で『世界の記述（東方見聞録）』を口述した。　（昭和女子大）	マルコ=ポーロ
☑ 1278 ⌂ マルコ=ポーロは，陸路元の大都に赴き，帰国後に獄中で『◯◯◯』を口述したといわれている。　（上智大）	世界の記述（東方見聞録）
☑ 1279 ⌂ 13世紀末，◯◯◯は元に派遣され，大都の大司教に任ぜられた。中国でカトリックが布教されたのは，これが初めてであった。　（関西大）	モンテ=コルヴィノ
☑ 1280 ⌂ 14世紀，『大旅行記（三大陸周遊記）』を著した◯◯◯は，アフリカ・インド・中国などを渡り歩いた。　（日本女子大）	イブン=バットゥータ
☑ 1281 ⌂ モロッコ出身のイブン=バットゥータは，20年以上にも及ぶ旅行を無事に終え，故郷で『◯◯◯』を著した。　（首都大東京）	大旅行記（三大陸周遊記）
☑ 1282 ⌂ ◯◯◯は元代に，イスラーム天文学の知識を取り入れて授時暦を作った。　（同志社大）	郭守敬 かくしゅけい
☑ 1283 ⌂ 元代の科学者・郭守敬は13世紀後半，太陰太陽暦である◯◯◯を作成した。　（明治大）	授時暦 じゅじれき
☑ 1284 ⌂ 元代に作られた授時暦は日本に伝えられ，江戸時代の◯◯◯に影響を与えた。　（明治大）	貞享暦 じょうきょうれき
☑ 1285 ⌂ 元朝統治下の中国では，人々の間で◯◯◯といわれる雑劇が流行した。　（青山学院大）	元曲

☑ 1286 ☐	元代には，庶民文化として元曲が栄えた。元曲は戯曲であり，王実甫の『[　　　]』などがある。 （関東学院大）	西廂記 せいそうき
☑ 1287 ☐	王昭君の故事を題材にした『[　　　]』は，庶民の間に流行した元曲の代表作である。 （南山大）	漢宮秋 かんきゅうしゅう
☑ 1288 ☐	元曲の一種である南曲の代表作『[　　　]』は高則誠の作である。 （愛知淑徳大）	琵琶記 びわき
☑ 1289 ☐	西トルキスタンでトルコ化したモンゴル貴族の子孫[　　　]は，1370年サマルカンドを都として[　　　]朝を興した。 （京都大）	ティムール
☑ 1290 ▣	中央アジアの一部を支配する[　　　]の出身のティムールは，1370年にティムール朝を開き，東・西トルキスタンを統一した。 （同志社大）	西チャガタイ=ハン国
☑ 1291 ☐	[　　　]は，1220年にチンギス=カンによって破壊されてしまったが，1370年に成立したティムール朝によってこの都市を首都と定められた。 （千葉大）	サマルカンド
☑ 1292 ☐	オスマン帝国のバヤジット1世は，1402年の[　　　]でティムールに敗れて捕虜となり，死去した。 （専修大）	アンカラの戦い
☑ 1293 ☐	ティムール朝では第4代君主の[　　　]が天文台を作り，天文学が発達した。 （関西大）	ウルグ=ベク
☑ 1294 ▣	ティムール朝はシャー=ルフの時代にサマルカンドから[　　　]へ遷都した。 （大阪学院大）	ヘラート

古代文明と東アジアの出現

アジアと地中海世界の形成

イスラーム教とヨーロッパ世界

ヨーロッパ世界の進展

アジアの動向と「世界の一体化」

近世ヨーロッパ世界の動向

近代社会の形成

欧米諸列強の世界分割

世界現代史

☑ 1295	明朝は，元末の紅巾の乱の混乱の中から頭角を現した □□□ によって，現在の南京を首都として1368年に建てられた。 (学習院大)	朱元璋（洪武帝）
☑ 1296	元末の反乱の中から台頭した朱元璋は1368に明朝を建て，都を金陵（後に南京と改称）に定めて元号を □□□ とした。 (國學院大)	洪武
☑ 1297	紅巾の乱の指導者の一人であった朱元璋は，□□□ に都を置いて，明を建国した。 (青山学院大)	南京（金陵）
☑ 1298	明の太祖（朱元璋・洪武帝）は，□□□ 省を廃止して中央集権体制を固めた。 (追手門学院大)	中書
☑ 1299	明の洪武帝は，唐の律・令を範とした □□□ を公布した。 (関西学院大)	明律・明令
☑ 1300	中国では，元号は皇帝の治世間に数回改められるのが常であったが，明の初代皇帝から □□□ が採用され，以後も踏襲された。 (関西学院大)	一世一元の制
☑ 1301	明を建てた朱元璋は □□□ を官学とし，儒教精神を民衆にも徹底させようとした。 (実践女子大)	朱子学
☑ 1302	明の洪武帝は，軍戸を単位として軍隊を編制する □□□ を採用した。 (名古屋学芸大)	衛所制

古代文明の出現と東アジア

アジアと地中海世界の形成

イスラーム教とヨーロッパ世界

ヨーロッパ世界の進展

アジアの動向と「世界の一体化」

近世ヨーロッパ世界の動向

近代社会の形成

欧米諸列強の世界分割

世界現代史

| □ 1303 | 明の洪武帝は，農村では徴税義務や治安維持を目的に民戸の間で[　　　]を実施した。　　　　　　　（愛知学院大） | りこう
里甲制 |

| □ 1304 | 明の洪武帝は里甲制を敷き，租税台帳である[　　　]や土地台帳である魚鱗図冊を整備した。　　　　　　（日本女子大） | ふえきこうさつ
賦役黄冊 |

| □ 1305 | 明の洪武帝は農村において，土地台帳である[　　　]や租税台帳である賦役黄冊を作成した。　　　　　（同志社大） | ぎょりんずさつ
魚鱗図冊 |

| □ 1306 | 明の洪武帝は，1397年に，民衆教化のために[　　　]を発布して，農村秩序を根底から規制しようとした。　　　　　　　　　　　　　　　　（学習院大） | りくゆ
六諭 |

| □ 1307 | 明朝は，民間の海外貿易を規制・管理するために[　　　]政策を実施して朝貢貿易を推進した。　　（同志社大） | かいきん
海禁 |

| □ 1308 | 明の洪武帝の子である燕王は，1399年に始まる[　　　]によって甥の建文帝を倒して帝位についた。　（同志社大） | せいなんのえき
靖難の役 |

| □ 1309 | 明の燕王は靖難の役により2代目の[　　　]を廃して即位し，永楽帝と称した。　　　　　　　　　（関西学院大） | けんぶんてい
建文帝 |

| □ 1310 | 明代，靖難の役で建文帝を破った燕王朱棣は，南京で即位して[　　　]となると，北京に遷都した。　（早稲田大） | えいらくてい
永楽帝 |

| □ 1311 | 明代，靖難の役を経て帝位を奪った永楽帝は北平に遷都して，この地を[　　　]と称し，積極的な対外政策を展開した。　　　　　　　　　　　　　　　　（駒澤大） | 北京 |

☑ 1312 📖	北京において永楽帝は，元の大都を基礎に土の城郭を磚（煉瓦）で覆い，城郭内宮城として ___ を建築した。 (愛知大)	紫禁城
☑ 1313 📑	明の永楽帝は，皇帝を補佐する役職として ___ を重用した。 (関西学院大)	内閣大学士
☑ 1314 📑	明の第3代皇帝の永楽帝は，イスラーム教徒の宦官 ___ を東南アジアや西アジアへ派遣し，諸国に朝貢を促した。 (聖心女子大)	鄭和
☑ 1315 📑	主に宋代以降の中国や南シナ海で交易に用いられた木造帆船のことを ___ という。鄭和の遠征に用いられたのも，この ___ であった。 (中京大)	ジャンク船
☑ 1316 📑	16世紀の中国はいわゆる「 ___ 」，すなわち北方のモンゴル人と，沿海部での倭寇の活動に悩まされていた。 (明治大)	北虜南倭
☑ 1317 📑	明は1449年に土木堡でエセン＝ハン率いる ___ に大敗を喫した後は，長城を強化して専守防衛に努めざるをえなかった。 (立命館大)	オイラト
☑ 1318 📑	15世紀半ばには，西北モンゴルのオイラトが ___ の下で強大となり，中国に攻め入って皇帝を捕虜とした。 (武蔵大)	エセン＝ハン
☑ 1319 📑	明の皇帝正統帝（英宗）がオイラトのエセン＝ハンの捕虜となる ___ が，1449年に起こった。 (大阪学院大)	土木の変
☑ 1320 📑	明はオイラトと土木堡で戦い，敗北して ___ が捕虜となった。 (早稲田大)	正統帝

古代文明の出現と東アジア

アジアと地中海世界の形成

イスラーム教とヨーロッパ世界

ヨーロッパ世界の進展

アジアの動向と「世界の一体化」

近世ヨーロッパ世界の動向

近代社会の形成

欧米列強の世界分割

世界現代史

☑ 1321	中国北方の□□□□の族長アルタン＝ハンは，しばしば明に侵入した。 （昭和女子大）	モンゴル（韃靼，タタール）

| ☑ 1322 | 15世紀末にモンゴルはダヤン＝ハンのもとで再統一され，後継者の□□□□の主導のもと，積極的にチベット仏教を受容した。 （オリジナル） | アルタン＝ハン（アルタン＝ハーン） |

| ☑ 1323 | 明代の中国や朝鮮半島の沿岸では，□□□□による海賊行為が絶えなかった。 （成蹊大） | 倭寇 |

| ☑ 1324 | 明では，16世紀後半に□□□□が即位すると，張居正が事実上の宰相である内閣大学士となって国政の立て直しをはかった。 （関西大） | 万暦帝 |

| ☑ 1325 | 明では万暦帝時代の初期に，，□□□□が検地を全国的に実施するなど中央集権的な財政の立て直しをはかった。 （南山大） | 張居正 |

| ☑ 1326 | □□□□は，東林書院の建設において中心的な役割を果たし，東林派の指導者となった。 （法政大） | 顧憲成 |

| ☑ 1327 | 顧憲成らが再興した□□□□は儒学を講じる学堂で，政府や高官・宦官などの不正を糾弾した。 （昭和女子大） | 東林書院 |

| ☑ 1328 | □□□□は，活動の中心が無錫（江蘇省）の東林書院であったことからその名がついた。 （大谷大） | 東林派 |

| ☑ 1329 | 明末，大量の流民を組織して一大勢力となった□□□□の反乱軍は，1644年に国都の北京に攻め入り，明を滅亡させた。 （明治大） | 李自成 |

1330	中国では明代，長江中流域が穀倉地帯となり，「＿＿＿」といわれた。 (関西学院大)	湖広熟すれば天下足る
1331	明後期の農村では，小作料をめぐって佃戸が地主に抵抗する＿＿＿が頻繁に起こった。 (法政大)	抗租運動
1332	＿＿＿とは，科挙合格者や官僚経験者で郷里に隠退した者の総称であり，地方社会における実力者であった。 (徳島文理大)	郷紳
1333	塩の専売権を政府から与えられた安徽省出身の＿＿＿，あるいは山西商人は，専売権を利用して巨財を蓄え，各種の商工業を支配した。 (専修大)	徽州商人（新安商人）
1334	明代には，北の国境地帯への穀物販売や塩の専売で財をなし金融業で活躍した＿＿＿が有名である。 (オリジナル)	山西商人
1335	明代には，商工関係の同業者・同郷者が建てた＿＿＿が商業活動の拠点としての役割を果たした。 (明治大)	会館・公所
1336	16世紀後半からガレオン船でアカプルコ港から運ばれた＿＿＿は，フィリピンを中継地として大量に中国へと流入することになった。 (専修大)	メキシコ銀（銀）
1337	16世紀後半になると，明では各種の税を一括して銀で納めさせる＿＿＿が導入された。 (明治大)	一条鞭法
1338	2世紀後半からのおよそ100年間を題材とする『＿＿＿』は，明代の口語体の長編小説であり，羅貫中が編纂したとされる。 (関西学院大)	三国志演義

1339 ☑ ⤴	唐の僧・玄奘の経験は，明代に編纂された小説である『[　　　]』の題材となった。 （オリジナル）	西遊記 (さいゆうき)
1340 ☑ ⤴	明代にまとめられた『[　　　]』は，北宋末に梁山泊 (りょうざんぱく) を根拠地として活躍した，正義の豪傑108人をめぐる武勇物語である。 （愛知工業大）	水滸伝 (すいこでん)
1341 ☑ ⤴	明代には，四大奇書といわれる『三国志演義』『水滸伝』『西遊記』『[　　　]』などの小説が多くの読者を獲得した。 （同志社大）	金瓶梅 (きんぺいばい)
1342 ☑ ⤴	明代に，『水滸伝』『三国志演義』『西遊記』『金瓶梅』のいわゆる「[　　　]」が完成した。 （近畿大）	四大奇書
1343 ☑ ⤴	明代には，元末の山水画の画風をうけて文人画が全盛期をむかえた。その代表的な人物は[　　　]である。 （早稲田大）	董其昌 (とうきしょう)
1344 ☑ ⤴	[　　　]はコバルトを用いて藍色 (あいいろ) の絵模様を描いた上に，透明な釉 (うわぐすり) をかけて焼き上げた陶磁器である。 （東京農業大）	染付 (そめつけ)
1345 ☑ ⤴	明代の景徳鎮などでは，元末に登場した染付に加えて，白磁や染付の上に多色の絵を焼きつける華麗な[　　　]も生み出された。 （上智大）	赤絵 (あかえ)
1346 ☑ ⤴	明代に王守仁（王陽明）が，「心即理」を基本理念とする[　　　]を開いた。 （明治大）	陽明学
1347 ☑ ⤴	明代の学者[　　　]は「知行合一 (ちこうごういつ)」を説き，陽明学をうちたてた。 （青山学院大）	王守仁 (おうしゅじん)（王陽明）

☑ 1348 ☐	王守仁（王陽明）は，外面的な知識や修養にたよる当時の朱子学を批判し，ありのままの心にもどり，その心のままに実践を行う「　　　　」を説いた。　　（東海大）	ちこうごういつ 知行合一
☑ 1349 ☐	明の陽明学者　　　　は，儒教そのものを偽善として批判し，商人の営利を擁護したり男女平等を説いたりするなど極端な言説を唱え，投獄されて自殺した。　（東海大）	りし　りたくご 李贄（李卓吾）
☑ 1350 ☐	明の永楽帝は，朱子学で重視する四書の注釈書として，『　　　　』を編纂させた。　　　　　　　　（上智大）	ししょたいぜん 四書大全
☑ 1351 ☐	明の時代には，永楽帝の命によって四書の注釈書である『四書大全』，五経の注釈書である『　　　　』が編集された。　　　　　　　　　　　　　　　　　（法政大）	五経大全
☑ 1352 ☐	『　　　　』は，明の永楽帝の命で編纂された百科事典である。　　　　　　　　　　　　　　　　　　　（武蔵大）	えいらくたいてん 永楽大典
☑ 1353 ☐	明代には，現実の社会に役立つ学問を第一とする　　　　が興り，産業技術の図版入り解説書である『天工開物』などが出版された。　　　　　　　（明治大）	実学 （経世致用の学）
☑ 1354 ☐	マテオ=リッチは，明の　　　　と協力して，エウクレイデスの著書を『幾何原本』として翻訳した。　（明治大）	じょこうけい 徐光啓
☑ 1355 ☐	徐光啓は，古来の農書の諸説を総合し，当時キリスト教宣教師によって伝えられた西洋の技術をもとり入れて，『　　　　』を著した。　　　　　　　　（上智大）	農政全書
☑ 1356 ☐	中国伝統医学の著書の中では『本草綱目』がよく知られているが，その著者は　　　　である。　　（龍谷大）	りじちん 李時珍

☑ 1357	明代には，李時珍による薬物・医学解説書の『　　　』，徐光啓による『農政全書』などの科学技術の書物が編纂された。　　　　　　　　　　　　　　　　（日本大）	本草綱目
☑ 1358	明代には，　　　が著した産業技術の解説書である『天工開物』など，様々な書物が刊行された。　　　（同志社大）	宋応星
☑ 1359	明代，宋応星は，産業技術の解説書である『　　　』を編纂した。　　　　　　　　　　　　　　（青山学院大）	天工開物
☑ 1360	明代に来朝した　　　は，中国最初の世界地図である「坤輿万国全図」を作製した。　　　　　　　（日本大）	マテオ=リッチ
☑ 1361	明後期に刊行された「　　　」はマテオ=リッチによる漢訳の世界地図である。　　　　　　　　（明治大）	坤輿万国全図
☑ 1362	明が衰退に向かうと，東北地方では，明に服属していた建州女真の首長　　　が女真を統一して1616年に後金を建て，軍事組織の八旗を編成した。　　　　（立教大）	ヌルハチ
☑ 1363	女真の中の　　　の首長であったヌルハチは，女真の統一に成功した。　　　　　　　　　　　（京都女子大）	建州部
☑ 1364	17世紀初頭に女真が建てた　　　は，後に清と名を改め，明朝が滅ぼされた後の中国本土に入り，全土を支配した。　　　　　　　　　　　　　　（川村学園女子大）	金（後金）
☑ 1365	女真を統一したヌルハチは，軍事・行政組織である　　　を基盤とする支配を固めた。　　　　　（学習院大）	八旗

☑ 1366	ヌルハチは，モンゴル文字をもとに◻◻◻◻を定めた。 （同志社大）	満洲文字
☑ 1367	後金の第2代皇帝◻◻◻◻はモンゴル人，漢人にも八旗を適用し，内モンゴルのチャハルや朝鮮王朝を服属させ，1636年に国号を清と改めた。 （立教大）	ホンタイジ(太宗)
☑ 1368	ヌルハチの後を継いだホンタイジは，内モンゴルの◻◻◻◻を従えた。 （南山大）	チャハル
☑ 1369	後金の2代目ホンタイジの時代から，「女真」に代わって◻◻◻◻という民族名が用いられるようになった。 （オリジナル）	満洲（マンジュ）

THEME

東アジアの交易の活発化と諸地域の動向

見出し番号 1370—1397

出題頻度 ♛

☑ 1370	15世紀初め，大越（当時のベトナムの国号）は一時明に併合されたが，まもなく◻◻◻◻が成立し独立を回復した。 （東京農業大）	黎朝
☑ 1371	ベトナムでは，16世紀末から北部と南部が対立する形勢となった。北部の勢力は◻◻◻◻が率い，南部の勢力は阮氏が率いた。 （専修大）	鄭氏
☑ 1372	大越国は17世紀以降，北部の鄭氏と，それに対立する◻◻◻◻の広南王国に分裂した。 （オリジナル）	阮氏
☑ 1373	ベトナム南部の阮氏とは別勢力の，中部出身の阮氏3兄弟は18世紀後半に◻◻◻◻を起こして，王朝を建てたが，1802年に阮福暎に滅ぼされた。 （オリジナル）	西山（タイソン）の乱

☑ 1374 ☐	黎朝の衰退に乗じて阮氏3兄弟らが1773年に反乱を起こして黎朝を滅ぼし、◯◯◯◯を建てた。 (九州産業大)	西山(タイソン)朝
☑ 1375 ☐	マレー半島西岸には、14世紀末に◯◯◯◯が成立し、15世紀にイスラーム教を受容して地の利もあって大いに繁栄した。 (武蔵大)	マラッカ王国
☑ 1376 ☐	15世紀末に建国されたスマトラ島北端の◯◯◯◯は、香辛料貿易で栄えたイスラーム国家であった。 (國學院大)	アチェ王国
☑ 1377 ☐	1511年にポルトガルによってマラッカが占領されると、ムスリム商人たちはスンダ海峡を抜ける航路を開拓し、ジャワ島西部の◯◯◯◯が繁栄した。 (立正大)	バンテン王国
☑ 1378 ☐	◯◯◯◯は16世紀後半から18世紀半ばまでジャワ島中部・東部で強勢を誇ったが、オランダの介入によって衰退した。 (東京経済大)	マタラム王国
☑ 1379 ☐	14世紀に成立したタイの◯◯◯◯は、15世紀半ばにはスコータイ朝を滅ぼし、西欧諸国とも積極的に通商関係を結んだ。 (オリジナル)	アユタヤ朝
☑ 1380 ☐	ビルマ人の最初の統一王朝は11世紀半ばのパガン朝であり、その後16世紀には◯◯◯◯が成立した。 (首都大東京)	タウングー朝(トゥングー朝)
☑ 1381 ☐	14世紀末になると朝鮮半島では、武人であり倭寇撃退に功績をあげた李成桂によって高麗が倒され、◯◯◯◯が建てられた。 (大東文化大)	朝鮮王朝(李氏朝鮮)
☑ 1382 ☐	◯◯◯◯は高麗を倒し、1392年に王位について、国号を朝鮮と定めた。 (同志社大)	り せいけい 李成桂

☑ 1383 ☐	朝鮮半島では李成桂（太祖）が1392年に高麗を倒し，朝鮮を建国して都を開城から◯◯◯◯（現在のソウル）へ遷した。　（愛知大）	漢城
☑ 1384 ☐	朝鮮王朝では◯◯◯と呼ばれる特権階層が実際の政治を動かしていたが，やがて彼らは互いに党争を繰り返した。　（中京大）	ヤンバン 両班
☑ 1385 ☐	朝鮮王朝では15世紀，世宗の下で表音文字である◯◯◯◯が制定され，今日のハングルの基礎が定められた。　（法政大）	くんみんせいおん 訓民正音
☑ 1386 ☐	朝鮮王朝では，◯◯◯◯を鋳造するための鋳字所が設置された。　（畿央大）	金属活字(銅活字)
☑ 1387 ☐	女真を野蛮な民族として蔑視してきた朝鮮王朝は，清への従属に反発し，自国こそが滅びた明の継承者とする◯◯◯◯が根づいた。　（関西大）	小中華思想
☑ 1388 ☐	明は，室町幕府3代将軍であった◯◯◯◯を「日本国王」に冊封した。　（専修大）	足利義満
☑ 1389 ☐	室町幕府の足利義満は，明から「日本国王」に封ぜられ，◯◯◯◯と呼ばれる朝貢貿易を始めた。（フェリス女学院大）	勘合貿易
☑ 1390 ☐	朝鮮王朝（李氏朝鮮）は，16世紀末に日本の◯◯◯◯の侵入を受けた。　（共立女子大）	豊臣秀吉
☑ 1391 ☐	豊臣秀吉による，日本で◯◯◯◯と呼ばれる朝鮮出兵は，朝鮮では壬辰・丁酉倭乱と呼ばれる。　（成蹊大）	文禄・慶長の役

| ☑ 1392 | 朝鮮では，豊臣秀吉の朝鮮出兵を＿＿＿と呼ぶ。 (東洋大) | 壬辰・丁酉倭乱 |

| ☑ 1393 | 豊臣秀吉の朝鮮出兵に対し，朝鮮の将軍＿＿＿は，亀甲船を用いて日本の侵攻を撃退した。 (南山大) | 李舜臣 |

| ☑ 1394 | 16世紀前半，現在の島根県にある＿＿＿において銀の採掘が本格化し，この銀は大量に明へ流入した。 (オリジナル) | 石見銀山 |

| ☑ 1395 | 江戸時代初期の日本では，徳川幕府が渡航許可証を発行する＿＿＿を促進し，日本人は東南アジアの各地に進出して日本町を作った。 (昭和女子大) | 朱印船貿易 |

| ☑ 1396 | 沖縄では，首里の中山王が北山・南山を統一し，明の冊封を受けて＿＿＿王国を成立させた。 (二松学舎大) | 琉球 |

| ☑ 1397 | ＿＿＿の尚氏は，中山，北山，南山の3国を統一して琉球王国を建国した。 (上智大) | 中山王 |

THEME

ヨーロッパの海洋進出と世界

見出し番号 1398—1433

出題頻度 ♛

| ☑ 1398 | ポルトガルは，13世紀半ばにはイスラーム勢力をイベリア半島南西部から駆逐し，15世紀には「航海王子」＿＿＿の下で西アフリカ沿岸の探検や航海を推進した。 (拓殖大) | エンリケ |

| ☑ 1399 | ジョアン2世の治世下の1488年に，＿＿＿が喜望峰を発見したことによって，ポルトガルは南回り航路でのインド到達をめざすようになる。 (慶應義塾大) | バルトロメウ＝ディアス |

☑ 1400 ☐	1488年には，ポルトガルのバルトロメウ=ディアスがアフリカ南端の[　]に到達した。　　（石巻専修大）	喜望峰 <small>きぼうほう</small>
☑ 1401 ☐	ポルトガル国王[　]の時代の1488年，バルトロメウ=ディアスはアフリカ最南端の岬に到達し，この地を嵐の岬と名づけた。　　（関西大）	ジョアン2世
☑ 1402 ☐	マヌエル1世の命により，ポルトガルのリスボンを出発した[　]は，1498年にインド西岸の港カリカットに到達した。　　（法政大）	ヴァスコ=ダ=ガマ
☑ 1403 ☐	大西洋に乗り出したポルトガルでは，ヴァスコ=ダ=ガマが出て喜望峰を回り，1498年にインドの[　]に到着した。　　（青山学院大）	カリカット
☑ 1404 ☐	ヴァスコ=ダ=ガマの功績によりインド航路を開拓したポルトガルは，1510年には[　]を占領し，この地をアジア交易の本拠地とした。　　（関西大）	ゴア
☑ 1405 ☐	ポルトガルは16世紀前半，東南アジアにおける香辛料の大産地である[　]に到達した。　　（オリジナル）	マルク(モルッカ)諸島
☑ 1406 ☐	ポルトガルは1557年，東アジア貿易の拠点として明朝から[　]の居住権を獲得した。　　（東京経済大）	マカオ
☑ 1407 ☐	ジェノヴァ生まれの[　]は，スペインのイサベル女王の支援を受けてパロスを出港し，大西洋を横断してサンサルバドル島に到着した。　　（立教大）	コロンブス
☑ 1408 ☐	1492，スペイン女王のイサベルの支援を得て，コロンブスは大西洋を横断し，カリブ海の[　]へ上陸した。　　（学習院大）	サンサルバドル島

☑ 1409 ▢	コロンブスは，大西洋を横断してアジアに達する計画を立てる際，地球球体説を唱えた　　　　の説を参考にした。　　　　　　　　　　　　　　　　　　　　（青山学院大）	トスカネリ
☑ 1410 ▢	コロンブスが到達した地は，ヨーロッパ人には未知の世界であった。この新世界は，後に探検家　　　　にちなんで「アメリカ」と名づけられた。　　　　　　　　（國學院大）	アメリゴ＝ヴェスプッチ
☑ 1411 ▣	1493年に　　　　が定められ，ヴェルデ岬西方の子午線の西がスペイン，東がポルトガルの勢力圏とされた。　　　　　　　　　　　　　　　　　　　　　　（大東文化大）	植民地分界線（教皇子午線）
☑ 1412 ▢	スペインとポルトガルの植民地の分界線は，1493年に教皇アレクサンデル6世により定められたが，翌年には　　　　によって改められた。　　　　　　　　　　（名城大）	トルデシリャス条約
☑ 1413 ▢	父子はイングランド国王の後援により，西回りでのアジア航路開拓を試み，北アメリカ東海岸に到達，後のハドソン湾周辺を探検した。　　　　　（上智大）	カボット
☑ 1414 ▢	ポルトガルは，1500年に　　　　が漂着したことで，ブラジルを領有した。　　　　　　　　　　　　　　　（中央大）	カブラル
☑ 1415 ▢	1513年，スペインの探検家　　　　はパナマ地峡を横断し，新大陸の彼方に望見した海洋を「南の海」と名づけた。　　　　　　　　　　　　　　　　　　　　　　（京都大）	バルボア
☑ 1416 ▢	1513年，バルボアは　　　　を横断し，太平洋に到達した。　　　　　　　　　　　　　　　　　　　　　　　（成蹊大）	パナマ地峡
☑ 1417 ▢	スペイン王の命をうけた　　　　は，1519年に西方への航海に出発し，1522年にその部下が西航してスペインへ戻ったが，これにより地球球体説が証明された。（名城大）	マゼラン（マガリャンイス）

☑ 1418 ♡	スペイン人は，中南米で□□□と呼ばれる征服者としてアステカ王国やインカ帝国を征服した。 （早稲田大）	コンキスタドール**（コンキスタドーレス）**
☑ 1419 ♡	1521年，スペインのコンキスタドールの□□□は，メキシコのアステカ王国を滅ぼした。 （青山学院大）	コルテス
☑ 1420 ♡	スペイン人のコルテスは，一部の先住民の協力を得て，1521年にメキシコ中央高原に栄えた□□□を滅ぼした。 （早稲田大）	アステカ王国
☑ 1421 ♡	1533年，アンデスで栄えていたインカ帝国がスペインの□□□によって滅亡した。 （学習院大）	ピサロ
☑ 1422 ♡	1545年に□□□などが発見されることにより，ラテンアメリカの銀山からヨーロッパへの銀の流入が起こった。 （東洋大）	ポトシ銀山
☑ 1423 ♡	スペイン王は□□□を定め，植民者に対し先住民をキリスト教徒化させることを条件に，労働力として使役することを認めた。 （大東文化大）	エンコミエンダ制
☑ 1424 ♡	アメリカ大陸の先住民（インディオ）は，□□□といわれる大農園制の下で，黒人とともに小作人や債務奴隷として使役された。 （法政大）	アシエンダ制**（大農園制）**
☑ 1425 ♡	16〜18世紀，スペイン政府が外国の政府・商人と交わした黒人奴隷供給契約を□□□と呼んだ。 （上智大）	アシエント
☑ 1426 ♡	先住民の文明は征服者によって滅ぼされたが，宣教師の中には，聖職者□□□のように，先住民への虐待を止めるよう説く者もいた。 （國學院大）	ラス=カサス

☑ 1427	メキシコとの間に太平洋航路を発見したスペイン人レガスピは，1571年，フィリピンのルソン島に新拠点□を建設した。　　　　　　　　　　　　　　　（獨協大）	マニラ
☑ 1428	新大陸で採掘された銀は，太平洋岸の□からガレオン船によってマニラまで運ばれ，中国産品との交易にも用いられるようになった。　　　　　　　（慶應義塾大）	アカプルコ
☑ 1429	16世紀，新大陸のアカプルコとの交易でスペインが使用した新型の帆船は□である。　　　　　（上智大）	ガレオン船
☑ 1430	インド航路の発見に始まる□により，世界商業の中心が地中海岸から大西洋岸に移動した。　（九州産業大）	商業革命
☑ 1431	ヨーロッパ人の海外進出は，世界の諸地域を交易によって結びつけ，「□」が始まった。　　（オリジナル）	世界の一体化
☑ 1432	銀や砂糖などの特産品の交易などによって，ヨーロッパと南北アメリカ大陸の間に結びつきの強い「□」が出現した。　　　　　　　　　　　　　（オリジナル）	大西洋世界
☑ 1433	商業革命によって，ネーデルラントの都市□が，国際商業の中心都市になった。　　　　　　（桜美林大）	アントウェルペン（アントワープ）

THEME

オスマン帝国とイスラーム文化

見出し番号 1434—1469

出題頻度　♛

☑ 1434	□は，ルーム=セルジューク朝崩壊後の混乱に乗じてアナトリア西部で自立し，オスマン帝国初代君主となった。　　　　　　　　　　　　　　（愛知工業大）	オスマン

☑ 1435 ☟	イスタンブルが首都となる以前のオスマン帝国の首都は，14世紀半ばに遷都した□□□である。　（関西学院大）	アドリアノープル
☑ 1436 ☟	1396年にはオスマン帝国第4代スルタン□□□がニコポリスの戦いに勝利して，ヨーロッパ諸国に衝撃を与えた。　（中京大）	バヤジット1世
☑ 1437 ☟	オスマン帝国は，ハンガリーを中心に結成された西欧諸国の連合軍を1396年に□□□で破り，バルカン半島の大部分を支配下に置いた。　（立教大）	ニコポリスの戦い
☑ 1438 ☟	オスマン帝国は1402年の□□□で惨敗し，スルタンのバヤジット1世がティムールの捕虜になるなど，大打撃を受けた。　（中央大）	アンカラの戦い
☑ 1439 ☟	1453年，オスマン帝国の□□□がコンスタンティノープルの占領に成功して，ビザンツ帝国を滅ぼし，この地を首都とした。　（関西大）	メフメト2世
☑ 1440 ☟	コンスタンティノープルは，オスマン帝国の首都となった後，□□□と呼ばれるようになった。　（中京大）	イスタンブル
☑ 1441 ☟	オスマン帝国第9代スルタン□□□は，マムルーク朝を滅ぼし，メッカとメディナの両聖都の保護権を手に入れた。　（慶應義塾大）	セリム1世
☑ 1442 ☟	オスマン帝国のスルタンは，強大な権力を保持する専制君主としてイスラーム法に基づく政治を行い，後にカリフを兼ねる□□□をとった。　（早稲田大）	スルタン=カリフ制
☑ 1443 ☟	オスマン帝国の□□□は，バルカン半島を北上してハンガリーの大部分を併合し，1529年には第1次ウィーン包囲を行って，ヨーロッパに脅威を与えた。　（立教大）	スレイマン1世

□ 1444 📖	スレイマン1世治世下のオスマン帝国の軍隊は，16世紀前半に◯◯でハンガリー軍を破り，ウィーンを包囲した。 （慶應義塾大）	モハーチの戦い
□ 1445 📖	スレイマン1世はハプスブルク家と対立し，1529年には◯◯を包囲し，ヨーロッパに脅威を与えた。 （立教大）	ウィーン
□ 1446 📖	スレイマン1世はウィーンを包囲しただけでなく，海上では1538年に◯◯でスペイン・ヴェネツィアの連合艦隊を破り，地中海の制海権も手中にした。 （駿河台大）	プレヴェザの海戦
□ 1447 📖	スレイマン1世の時代，建築家シナン（スィナン）の設計の下，イスタンブルには雄大華麗な◯◯が建立された。 （慶應義塾大）	スレイマン=モスク
□ 1448 📖	建築家◯◯の監督により，スレイマン（スレイマニエ）=モスクが建てられた。 （早稲田大）	シナン(スィナン)
□ 1449 📖	オスマン帝国は安全保障・免税・治外法権などの特権である◯◯を，ヨーロッパ人に恩恵として与えた。 （福岡大）	カピチュレーション
□ 1450 📖	オスマン帝国は，1571年の◯◯でフェリペ2世率いる連合軍に破れた。 （早稲田大）	レパントの海戦
□ 1451 📖	1683年のオスマン帝国による◯◯を撃退したオーストリアとその同盟諸国は，1699年，カルロヴィッツでオスマン帝国と条約を結んだ。 （専修大）	(第2次)ウィーン包囲
□ 1452 📖	オスマン帝国は1699年の◯◯で，ハンガリー・トランシルヴァニアなどをオーストリアに割譲した。 （早稲田大）	カルロヴィッツ条約

☑ 1453 📖	18世紀，オスマン帝国のアフメト3世の治世にヨーロッパ文化が流入することでむかえた，文化爛熟の時代を◯◯◯と呼ぶ。 (慶應義塾大)	チューリップ時代
☑ 1454 📖	イスラーム世界の裁判官を意味し，オスマン帝国では地方行政も担当した官職を◯◯◯という。 (早稲田大)	カーディー
☑ 1455 📖	オスマン帝国では，イスラーム法を補うものとして皇帝の勅令や慣習法を成文化した◯◯◯が定められた。 (法政大)	カーヌーン
☑ 1456 📖	スレイマン1世の下で全盛期をむかえたオスマン帝国は，イクター制を継承した◯◯◯を採用した。 (南山大)	ティマール制
☑ 1457 📖	オスマン帝国は◯◯◯でバルカン半島のキリスト教徒子弟を徴用し，官僚や軍人に育成した。 (関西学院大)	デヴシルメ
☑ 1458 📖	オスマン帝国では，帝国内のキリスト教徒の子弟を徴募するデヴシルメ制度から，スルタン直属の歩兵軍団である◯◯◯が組織された。 (慶應義塾大)	イェニチェリ
☑ 1459 📖	オスマン帝国の支配地域のキリスト教徒から登用された人材は「◯◯◯」と呼ばれ，要職を占めることも多かった。 (オリジナル)	スルタンの奴隷
☑ 1460 📖	オスマン帝国では，ユダヤ教・キリスト教などの宗教別の共同体◯◯◯を作らせ，自治権を認めていた。 (東海大)	ミッレト
☑ 1461 📖	中央ユーラシアではサファヴィー朝を建てた◯◯◯が，シーア派を国教とした。 (立教大)	イスマーイール (1世)

古代文明の出現と東アジア

アジア世界の形成と地中海

イスラーム教とヨーロッパ世界

ヨーロッパ世界の進展

アジアの動向と「世界の一体化」

近世ヨーロッパ世界の動向

近代社会の形成

欧米諸列強の世界分割

世界現代史

☑ 1462 ☐	イスマーイール1世は，トルコ系遊牧民の軍事力によってイランを平定し，1501年にタブリーズを首都として◯◯◯を開いた。　　　　　　　　　　　（立教大）	サファヴィー朝
☑ 1463 ☐	トルコ系騎馬軍団である◯◯◯が，成立当初のサファヴィー朝軍の主力であった。　　　　　　　　　　　（立教大）	キジルバシュ
☑ 1464 ☐	サファヴィー朝では，イラン系君主の称号である◯◯◯が用いられた。　　　　　　　　　　　（明治大）	シャー
☑ 1465 ☐	1501年，イスマーイール1世はトルコ系の遊牧民キジルバシュを率いて，アゼルバイジャン地方の◯◯◯を首都としてサファヴィー朝を創設した。　　　　　　　（同志社大）	タブリーズ
☑ 1466 ☐	サファヴィー朝は第5代王の◯◯◯の時に最盛期をむかえ，オスマン帝国と戦って領土の一部を取り返した。　　　　　　　　　　　（二松学舎大）	アッバース1世
☑ 1467 ☐	1501年に開かれたサファヴィー朝は，アッバース1世のときに最盛期をむかえ，1597年に新たな首都を◯◯◯に置いた。　　　　　　　　　　　（東洋大）	イスファハーン
☑ 1468 ☐	1515年，ポルトガルはペルシア湾口の◯◯◯を占領したが，後にサファヴィー朝のアッバース1世によって奪取された。　　　　　　　　　　　（日本大）	ホルムズ島
☑ 1469 ☐	サファヴィー朝のアッバース1世によってイスファハーンに建設された◯◯◯は，青色を基調としたタイル装飾が特徴である。　　　　　　　（青山学院大）	イマーム（王）のモスク

☑ 1470	［　　　　］は，1526年のパーニーパットの戦いでロディー朝を破り，ムガル帝国を創始した。　　　　　　（京都産業大）	バーブル
☑ 1471	インドでは，バーブルが［　　　　］を建国し，やがてこの王朝がインドの大部分を支配するようになる。　（関西大）	ムガル帝国
☑ 1472	1526年，バーブルは［　　　　］で，ロディー朝軍を破り，デリーにムガル帝国を建国した。　　　　　　（オリジナル）	パーニーパットの戦い
☑ 1473	ムガル帝国の第3代皇帝の［　　　　］は，アグラに都を置いて中央集権体制を整え，宗教的には寛容策をとり，ジズヤを廃止した。　　　　　　　　　　　（大阪経済法科大）	アクバル
☑ 1474	ムガル帝国のアクバル帝は，ヒンドゥー教徒との融和を図るため，［　　　　］を廃止した。　（大阪経済法科大）	人頭税（ジズヤ）
☑ 1475	ムガル帝国第3代皇帝のアクバルは，支配階層の組織化をねらい，［　　　　］制といわれる官僚に序列をつける位階制度を整備した。　　　　　　　　　　（名城大）	マンサブダール制
☑ 1476	ムガル帝国第5代皇帝の［　　　　］は，王妃のためにタージ＝マハルを建てたことでも知られる。　（京都産業大）	シャー＝ジャハーン
☑ 1477	ムガル帝国で建てられた［　　　　］は，第5代皇帝シャー＝ジャハーンが妃の霊廟（れいびょう）として造営したものである。　　　　　　　　　　　（立教大）	タージ＝マハル

☑ 1478 ♡	ムガル帝国第6代皇帝の◯◯◯◯は，人頭税を復活させ，ヒンドゥー教徒を弾圧するなどしたために反発をまねいた。 (名城大)	アウラングゼーブ
☑ 1479 ♡	17世紀半ばの西インドでは，ムガル帝国の支配から独立してヒンドゥー国家の建設をめざす◯◯◯◯が，シヴァージーによって建てられた。 (杏林大)	マラーター王国
☑ 1480 ♡	17世紀半ばの西インドでは，◯◯◯◯が建てたヒンドゥー国家のマラーター王国が登場した。 (同志社大)	シヴァージー
☑ 1481 ♡	インドでは，イスラーム教神秘主義が受容される一方，ヒンドゥー教の神に絶対的に帰依する◯◯◯◯と呼ばれる宗教活動も広まった。 (大阪経済法科大)	バクティ運動（バクティ信仰）
☑ 1482 ♡	◯◯◯◯は，宗教の相違を超えて神に一途に帰依し，カーストや聖典の権威を否定する新たな信仰を打ちたて，シク教の開祖に影響を与えた。 (法政大)	カビール
☑ 1483 ♡	シク教は，16世紀初頭に◯◯◯◯によって始められたヒンドゥー教改革派であり，カースト制を否定した。 (明治大)	ナーナク
☑ 1484 ♡	ヒンドゥーとイスラーム両教を学んだナーナクは，偶像崇拝やカースト制を否定した◯◯◯◯を創始した。 (杏林大)	シク教
☑ 1485 ♡	南インドでは，14世紀にヒンドゥー教国の◯◯◯◯が建てられ，鄭和やヴァスコ=ダ=ガマなどが来航した。 (東京理科大)	ヴィジャヤナガル王国
☑ 1486 ♡	ムガル帝国の初代皇帝は，回想録としてトルコ文学史上の傑作とされる『◯◯◯◯』を著した。 (京都産業大)	バーブル=ナーマ

☑ 1487 🏛	ムガル帝国の第3代皇帝の側近アブル=ファズルは、皇帝の治世の記録である『[ ]』を編年体で著した。 (大谷大)	アクバル=ナーマ
☑ 1488 🏛	ムガル帝国では、ペルシア語・アラビア語とインドの地方語が融合し、今日のパキスタンの国語である[ ]が誕生した。 (杏林大)	ウルドゥー語
☑ 1489 🏛	ムガル帝国では、[ ]が公用語であった。 (センター)	ペルシア語
☑ 1490 🏛	インド=イスラーム文化では、イランの[ ]の影響の下にムガル絵画が発展した。 (日本大)	ミニアチュール (細密画)
☑ 1491 🏛	ムガル帝国時代、イランから伝来した細密画はインド絵画と融合し、花鳥や肖像を写実的に描く[ ]と呼ばれる宮廷画に発展した。 (杏林大)	ムガル絵画
☑ 1492 🏛	ムガル帝国時代、宗教的・庶民的な題材を扱った細密画である[ ]が西北インドで栄えた。 (関西学院大)	ラージプート絵画

THEME

清

見出し番号 1493—1542

出題頻度 👑

☑ 1493 🏛	1644年、明が反乱によって滅亡すると、長城の東端に位置する[ ]を守備していた明軍の呉三桂は清に帰順し清軍を引き入れた。 (駒澤大)	山海関 さんかいかん
☑ 1494 🏛	清の康熙帝は中央集権化を進め、藩王の勢力を削減しようとした。このため[ ]らは三藩の乱を起こした。 (関西大)	呉三桂 ご さんけい

□1495 ☑	清は第3代皇帝　　　　の時代，明朝の滅亡に際して李自成を破って北京に入城した。　　　　　　　（東洋大）	順治帝 <small>じゅん ち てい</small>
□1496 ☑	清は，八旗のほかに　　　　を設けて国内の治安維持にあたらせた。　　　　　　　　　　　　　（武庫川女子大）	緑営 <small>りょくえい</small>
□1497 ☑	清朝の第4代皇帝　　　　は，清の勢力をチベット，モンゴルにのばし，ロシアとネルチンスク条約を結ぶなどしてロシア・清国間の国境も画定した。　　　　（大阪学院大）	康熙帝 <small>こう き てい</small>
□1498 ☑	呉三桂らは，雲南などに封土を与えられ藩王と呼ばれたが，藩の撤廃を図る康熙帝に対して　　　　を起こし，逆に鎮圧された。　　　　　　　　　　　　　（法政大）	三藩の乱 <small>さんぱん</small>
□1499 ☑	1661年，　　　　はオランダ人を追い出し，台湾を占領した後，そこを基盤に清朝に抵抗した。　　（愛知学院大）	鄭成功 <small>ていせいこう</small>
□1500 ☑	という異名を持つ鄭成功は，日本人を母として平戸に生まれ，中国で育った。　　　　　（学習院大）	国姓爺 <small>こくせん や</small>
□1501 ☑	鄭成功の父　　　　は明に仕えたが，後に清に服属した。　　　　　　　　　　　　　　　　（オリジナル）	鄭芝竜 <small>てい し りゅう</small>
□1502 ☑	鄭成功一族の勢力を孤立させるため，清は沿海地域の住民を内陸に移住させる　　　　を発布した。（法政大）	遷界令 <small>せんかい</small>
□1503 ☑	1689年に清とロシアは　　　　を結び，アルグン川とスタノヴォイ山脈（外興安嶺）を両国の国境とした。 <small>そとこうあんれい</small>　　　　　　　　　　　　　　　　　（明治大）	ネルチンスク条約

☑ 1504 ☆	清は，乾隆帝統治下の18世紀半ばに，タリム盆地を支配していた◯◯◯を滅ぼして東トルキスタン全域を支配下に入れ，新疆と名づけた。 (武蔵大)	ジュンガル
☑ 1505 ☆	清朝の第5代皇帝の◯◯◯は，1727年にロシアとキャフタ条約を結んで，シベリアとモンゴルの国境を画定した。 (拓殖大)	ようせいてい 雍正帝
☑ 1506 ☆	清の雍正帝が◯◯◯を設けると，◯◯◯は明以来の内閣に替わって事実上の最高行政機関となった。 (早稲田大)	ぐんきしょ 軍機処
☑ 1507 ☆	清とロシアは1689年8月にネルチンスク条約を，1727年には◯◯◯を締結し，外モンゴルを中国領土とした。 (早稲田大)	キャフタ条約
☑ 1508 ☆	チベット高原北東部にあり，チベット仏教の創始者ツォンカパの生地である◯◯◯は，18世紀前半に雍正帝に併合され，藩部となった。 (オリジナル)	青海
☑ 1509 ☆	17〜18世紀，イエズス会宣教師は中国での布教にあたって，信者に孔子崇拝や祖先祭礼を認めたが，他派の宣教師がこれを批判して◯◯◯に発展した。 (成蹊大)	てんれい 典礼問題
☑ 1510 ☆	清朝の第6代皇帝◯◯◯はジュンガルを滅ぼし，東トルキスタンや天山山脈以北を占領して領土に加え，18世紀の半ばに帝国の領域は最大に達した。 (駒澤大)	けんりゅうてい 乾隆帝
☑ 1511 ☆	乾隆帝は，清朝最盛期にジュンガルと回部を◯◯◯として支配下に置いた。 (青山学院大)	しんきょう 新疆
☑ 1512 ☆	チベット仏教の中心地は，かつての吐蕃の都であった◯◯◯である。 (京都産業大)	ラサ

古代文明の出現と東アジア

アジアと地中海世界の形成

イスラーム教とヨーロッパ世界

ヨーロッパ世界の進展

アジアの動向と「世界の一体化」

近世ヨーロッパ世界の動向

近代社会の形成

欧米諸列強の世界分割

世界現代史

☑ 1513	15世紀初め頃, ［　　　］は, 飲酒や妻帯を厳禁するなどの戒律の厳格化を通じたチベット仏教の刷新を訴え, 黄帽派（ゲルク派）を創始した。　　　　　　　　（学習院大）	ツォンカパ
☑ 1514	ツォンカパは厳しい戒律や徳行を主張して, チベット仏教の一派である［　　　］を開いた。　　　　　（大阪学院大）	黄帽派（ゲルク派）
☑ 1515	アルタン＝ハンは黄帽派の指導者に［　　　］の称号を与えたが, その後, ［　　　］の地位は転生によって代々継承されるものとされた。　　　　　　　　　　　（学習院大）	ダライ＝ラマ
☑ 1516	17世紀, ラサにチベット仏教の中心である［　　　］が建てられた。　　　　　　　　　　　　　　　　（大東文化大）	ポタラ宮殿
☑ 1517	清朝では, 漢人官僚を積極的に登用し, 高官の定員を偶数として, 満洲人と漢人を同数任命する［　　　］を採用した。　　　　　　　　　　　　　　　　　（日本社会事業大）	満漢併用制
☑ 1518	清朝では大規模な編纂事業を行って学者を優遇したが, 一方では反清的言論に対して［　　　］で厳しく弾圧し, 思想を統制した。　　　　　　　　　　　　　（昭和女子大）	文字の獄
☑ 1519	清朝は, 満洲人の髪型であった［　　　］を漢人にも強制した。　　　　　　　　　　　　　　　　　　　（同志社大）	辮髪
☑ 1520	清朝の広大な領土は直轄領とモンゴル・青海・チベット・新疆の［　　　］に分けられ, 後者には大幅な自治が認められた。　　　　　　　　　　　　　　　　　（中央大）	藩部
☑ 1521	清の国土の中で, 直轄領として統治されたのは中国内地・東北地方・台湾で, モンゴル・青海・チベット・新疆は藩部として［　　　］に統括された。　　　　　（学習院女子大）	理藩院

1522 ☑ ☐	税制について，清朝は [ ] を導入して，土地税のなかに人頭税を組み込むことで，人頭税は事実上廃止された。 (東洋大)	地丁銀 (地丁銀制)
1523 ☑ ☐	アメリカ原産のトウモロコシや [ ] は，前者は華北，後者は江南で17世紀頃から広く栽培されるようになった。 (慶應義塾大)	サツマイモ
1524 ☑ ☐	康熙帝は，4万2000を超える漢字を配列した字書『[ ]』を編纂させた。 (オリジナル)	康熙字典
1525 ☑ ☐	中国における類書として，清の康熙帝の命で編纂が始まり，続く雍正帝の時代に完成した『[ ]』などを挙げることができる。 (武蔵大)	古今図書集成
1526 ☑ ☐	乾隆帝の命で，古今の書物を大規模に収集し分類した [ ] など書物の編纂事業がさかんに行われた。 (東洋大)	四庫全書
1527 ☑ ☐	清朝の時代には，実証的に儒教の古典を研究する [ ] が発展し，銭大昕・戴震らの学者が出た。 (甲南大)	考証学
1528 ☑ ☐	明末清初の学者 [ ] は，顧炎武と並んで実学を重んじ，考証学の先駆者とされた。 (立命館大)	黄宗羲
1529 ☑ ☐	[ ] は明末から清初にかけての考証学者で，『日知録』を書いた。 (関西学院大)	顧炎武
1530 ☑ ☐	考証学は実証的な古典研究をめざす学問で，明末清初の黄宗羲や顧炎武がその先駆者であり，清代の [ ] らによって大成された。 (実践女子大)	銭大昕

☑ 1531	清代中期の小説の一つで, 呉敬梓が著した『　　　　』では, 科挙制度の形式化や, 科挙官僚の腐敗ぶりが風刺されている。 (明治大)	儒林外史
☑ 1532	清代の曹雪芹らによる長編小説『　　　　』では, 上流階級の生活が著された。 (名古屋学芸大)	紅楼夢
☑ 1533	清代の庶民文学としては, 蒲松齢による短編怪奇小説集『　　　　』などがある。 (金城学院大)	聊斎志異
☑ 1534	イエズス会士　　　　は, 明朝に来航して徐光啓とともに『崇禎暦書』の編纂に関わり, 清朝でも暦の改訂や大砲鋳造に活躍し, 天文台長に任じられた。 (帝京大)	アダム=シャール (湯若望)
☑ 1535	徐光啓は, 西洋の暦法をもとに作成した『　　　　』の編纂を開始し, 暦はアダム=シャールのもとで完成した。 (明治大)	崇禎暦書
☑ 1536	清代においても, イエズス会の宣教師は重用されて, ベルギー出身の　　　　などは暦の改訂を行った。 (慶應義塾大)	フェルビースト (南懐仁)
☑ 1537	「皇輿全覧図」を作成した　　　　は, 『康熙帝伝』を著したことでも知られる。 (オリジナル)	ブーヴェ (白進)
☑ 1538	イエズス会士のブーヴェは, 　　　　と協力して実測に基づく最初の中国全図である「皇輿全覧図」を作成した。 (関西大)	レジス (雷孝思)
☑ 1539	イエズス会士のブーヴェらは, 中国初の実測図の「　　　　」を作成した。 (松山大)	皇輿全覧図

☑ 1540 ☆	イエズス会宣教師の◻︎は宮廷画家としてヨーロッパの画法を紹介し，バロック風の壮大な円明園の設計にも加わった。　　　　　　　　　　　　　（帝京大）	カスティリオーネ（郎世寧）
☑ 1541 ☆	イタリア人のイエズス会士カスティリオーネらが設計した北京郊外の◻︎は，バロック式と中国様式の融合による豪奢をきわめた庭園であった。　　　　（上智大）	円明園
☑ 1542 ☆	17世紀後半から，◻︎（中国趣味）がヨーロッパで流行した。　　　　　　　　　　　　　　　　　　（南山大）	シノワズリ

6

近世ヨーロッパ
世界の動向

掲載問題数 ２９６問

ルネサンスや宗教改革がヨーロッパ社会を変容させ，かつてヨーロッパ全土を統合した教皇や皇帝が権力を失う一方で，16 ～ 17 世紀，領域を国境によって区分し，他から独立した君主・政府による主権国家が確立していきました。

☑ 1543	ルネサンスは，中世の社会で抑圧されてきた自然な人間らしさをよみがえらせようとする◯◯◯◯の思想に基づいている。 （オリジナル）	人文主義（ヒューマニズム）
☑ 1544	メディチ家を擁する都市◯◯◯は，イタリア゠ルネサンス芸術の中心地となった。 （金城学院大）	フィレンツェ
☑ 1545	フィレンツェでは，13世紀に共和政が成立し，15世紀には◯◯◯が支配した。同家はルネサンスの保護者となっていった。 （オリジナル）	メディチ家
☑ 1546	◯◯◯は，メディチ家追放後のフィレンツェにおいて神権政治を行ったが，異端として処刑された。（立命館大）	サヴォナローラ
☑ 1547	12世紀後半には天国と地獄の間に，罪の贖いの場として煉獄が存在するという考えが登場し，◯◯◯は『神曲』でそうした死後世界を詳細に記述した。 （センター）	ダンテ
☑ 1548	ルネサンス期のイタリアでは，ダンテがトスカナ語で『◯◯◯』を書いた。 （同志社大）	神曲
☑ 1549	ダンテは，当時の知識人の共通語であったラテン語ではなく，日常で使われていたイタリアの◯◯◯で『神曲』を著した。 （愛知大）	トスカナ語
☑ 1550	『叙情詩集』の作者として有名な◯◯◯は，古代ローマに傾倒し，詩集『アフリカ』のほか，ラテン語散文である『わが秘密』も執筆した。 （早稲田大）	ペトラルカ

☑ 1551	[　　　] は，黒死病（ペスト）に襲われた北イタリア，トスカナ地方を舞台にした作品『デカメロン』を著した。 (関西学院大)	ボッカチオ
☑ 1552	ヨーロッパ人口の3分の1を失わせたともいわれる黒死病（ペスト）の悲惨な状況は，ルネサンスの一翼を担ったボッカチオの『[　　　]』に描かれている。 (早稲田大)	デカメロン
☑ 1553	「聖フランチェスコの生涯」を描いた [　　　] は，ルネサンス様式絵画の祖といわれる。 (東洋大)	ジョット
☑ 1554	[　　　] は盛期ルネサンスの代表的傑作といわれるフィレンツェのサンタ=マリア大聖堂のドームを設計した。 (中央大)	ブルネレスキ
☑ 1555	ブルネレスキは，フィレンツェの[　　　]の大円蓋（ドーム）を設計した。 (関西学院大)	サンタ=マリア大聖堂
☑ 1556	15世紀半ばに活躍し，彫刻のルネサンス様式を確立した [　　　] の「ダヴィデ像」は，ルネサンス期初の裸体像である。 (関西学院大)	ドナテルロ
☑ 1557	[　　　] は教皇ユリウス2世の依頼で，ヴァチカンのサン=ピエトロ大聖堂改築の最初の設計を行った。 (早稲田大)	ブラマンテ
☑ 1558	ルネサンス期のフィレンツェは，「ヴィーナスの誕生」などを描いた [　　　] を始めとする多くの優れた画家を輩出した。 (日本大)	ボッティチェリ
☑ 1559	ルネサンス期に「万能の天才」の典型とされた [　　　] は，絵画などの芸術分野に限らず，自然科学の分野でも多くの功績を残した。 (山梨学院大)	レオナルド=ダ=ヴィンチ

☑ 1560 ☐	「＿＿＿」は，ミラノのサンタ＝マリア＝デッレ＝グラーツィエ教会に付属する修道院に，レオナルド＝ダ＝ヴィンチによって描かれた壁画である。 （東京国際大）	最後の晩餐ばんさん
☑ 1561 ☐	＿＿＿はルネサンス時代のフィレンツェで活躍し，「最後の審判」を描いた。 （立教大）	ミケランジェロ
☑ 1562 ☐	ローマにあるヴァチカン宮殿内の＿＿＿はルネサンス様式の礼拝堂として有名であり，ミケランジェロは天井画「天地創造」を描いた。 （関西大）	システィナ礼拝堂
☑ 1563 ☐	ダヴィデ像の彫刻やシスティナ礼拝堂の天井画「＿＿＿」などで有名なミケランジェロは，建築にも才能を発揮した。 （東洋大）	最後の審判
☑ 1564 ☐	数多くの聖母子像や「アテネの学堂」などを描いた＿＿＿は，ルネサンス期を代表する画家である。 （東洋大）	ラファエロ
☑ 1565 ☐	ラファエロは，ヴァチカン宮殿の壁画として，プラトンやアリストテレス，ソクラテスなどの古代ギリシアの賢人たちを描いた「＿＿＿」を制作した。 （法政大）	アテネの学堂
☑ 1556 ☐	ルネサンス期の人文学者＿＿＿は，『愚神礼賛』を著して，聖職者の腐敗を風刺した。 （駿河台大）	エラスムス
☑ 1567 ☐	＿＿＿はフランドル派に属し，フランドルの民衆生活を描いた「農民の踊り」「子供の遊び」などの作品で知られる。 （広島修道大）	ブリューゲル
☑ 1568 ☐	オランダでは，油絵の技法を改良した＿＿＿がフランドル派を開いた。 （同志社大）	ファン＝アイク兄弟

☑ 1569 ☐	エラスムスの肖像画を描いたドイツ出身の◯◯◯◯は，イギリスにわたり，国王ヘンリ8世の宮廷画家となった。(関西大)	ホルバイン
☑ 1570 ☐	ドイツではルネサンスの展開は遅れたが，絵画では「四人の使徒」で知られる◯◯◯◯が深みのある表現を完成し，銅版画でも傑作を多く残した。(愛知大)	デューラー
☑ 1571 ☐	ボッカチオなどの影響下に，イギリスでは◯◯◯◯が庶民的な物語『カンタベリ物語』を書いた。(同志社大)	チョーサー
☑ 1572 ☐	イギリスの◯◯◯◯は，架空の理想社会を描いた『ユートピア』を著したが，後にヘンリ8世により処刑された。(名古屋外国語大)	モア (トマス=モア)
☑ 1573 ☐	イギリスのトマス=モアは，著書『◯◯◯◯』の中で，当時イギリスで行われていた囲い込みを痛烈に批判した。(日本大)	ユートピア
☑ 1574 ☐	エリザベス期最大の詩人であり，劇作家であった◯◯◯◯は，『ヴェニスの商人』，『ハムレット』，『マクベス』などの作品をのこした。(フェリス女子学院大)	シェークスピア
☑ 1575 ☐	ヨーロッパでは，シェークスピアが『◯◯◯◯』で描いた高利貸シャイロックのような，「貪欲なユダヤ人」というイメージが形成されていった。(駒澤大)	ヴェニスの商人
☑ 1576 ☐	フランスの◯◯◯◯は，巨人の父子を題材にして社会の因習を風刺した『ガルガンチュアとパンタグリュエルの物語』を著した。(中央大)	ラブレー
☑ 1577 ☐	フランスの◯◯◯◯は『エセー』を執筆し，ユグノー戦争中にはボルドー市長となった。(関西大)	モンテーニュ

古代文明の出現と東アジア

アジアと地中海世界の形成

イスラーム教とヨーロッパ世界

ヨーロッパ世界の進展

アジアの動向と「世界の一体化」

近世ヨーロッパ世界の動向

近代社会の形成

欧米諸列強の世界分割

世界現代史

☑ 1578 ☽	フランスの人文主義者のモンテーニュは随筆集『［　　　　］』を著した。 （オリジナル）	エセー（随想録）
☑ 1579 ☽	「黄金世紀」と称される16〜17世紀のスペインでは，［　　　　］が小説『ドン＝キホーテ』を発表した。 （専修大）	セルバンテス
☑ 1580 ☽	16世紀のスペインに生まれたセルバンテスは，『［　　　　］』で時代錯誤の騎士道を風刺的に描き，近代小説の祖となった。 （佛教大）	ドン＝キホーテ
☑ 1581 ☽	ルネサンス期には，中国より伝来した［　　　　］が改良され，大砲や鉄砲などの新兵器が発明された。 （オリジナル）	火器
☑ 1582 ◼	ルネサンス期の火器の改良は，それまでの戦術を大きく変える［　　　　］をもたらし，騎士の没落をまねいた。 （オリジナル）	軍事革命
☑ 1583 ☽	中国から伝わった［　　　　］によってヨーロッパ人の航海術は大きく進歩し，海外進出が可能となった。 （オリジナル）	羅針盤
☑ 1584 ☽	ドイツの活版印刷術の創始者の［　　　　］は，『四十二行聖書』などの印刷物で有名である。 （中央大）	グーテンベルク
☑ 1585 ☽	ポーランドの天文学者コペルニクスは，16世紀に『天球回転論』を著して，従来の宇宙観をくつがえす［　　　　］を説いた。 （中村学園大）	地動説
☑ 1586 ☽	ポーランド人の天文学者［　　　　］が『天球回転論』において数学的証明を与えた地動説は，キリスト教会公認の学説である天動説に反するものであった。 （近畿大）	コペルニクス

古代文明の出現と東アジア

アジアと地中海世界の形成

イスラーム教とヨーロッパ世界

ヨーロッパ世界の進展

アジアの動向と世界の「一体化」

近世ヨーロッパ世界の動向

近代社会の形成

欧米諸列強の世界分割

世界現代史

| ☑ 1587 ☐ | イタリアの哲学者◯◯◯は地動説と汎神論を主張し、天動説を支持する教会に異端とされ、処刑された。 (法政大) | ジョルダーノ=ブルーノ |

THEME
宗教改革
見出し番号 1588—1621

出題頻度 ♛

☑ 1588 ☐	ルターは、教皇レオ10世が◯◯◯の新築費調達のために認めた贖宥状（免罪符）の販売を批判した。 (青山学院大)	サン=ピエトロ大聖堂
☑ 1589 ☐	ルネサンスの最大の庇護者となったメディチ家出身の教皇◯◯◯は、サン=ピエトロ大聖堂新築資金調達のため、ドイツで贖宥状を販売した。 (関東学院大)	レオ 10 世
☑ 1590 ☐	教皇レオ10世はサン=ピエトロ大聖堂の建設費用捻出のために大量に◯◯◯を販売したが、これが宗教改革の引き金を引くことになった。 (青山学院大)	贖宥状（免罪符）
☑ 1591 ☐	ドイツの◯◯◯は、1517年に「九十五カ条の論題」を発表し、贖宥状を買えば罪が赦されるという教会の考え方を批判した。 (関西大)	ルター（マルティン=ルター）
☑ 1592 ☐	宗教改革の始まりは、ドイツにある◯◯◯の神学教授であったルターの行動まで遡る。 (青山学院大)	ヴィッテンベルク大学
☑ 1593 ☐	神聖ローマ皇帝カール5世は◯◯◯を招集して、ルターに所説の取り消しを求めた。 (早稲田大)	ヴォルムス帝国議会
☑ 1594 ☐	神聖ローマ帝国の皇帝◯◯◯が、1521年にヴォルムスで帝国議会を開催し、その場にマルティン=ルターを召喚し、自説の撤回を求めた。 (早稲田大)	カール 5 世

☑ 1595 ☐	ルターは□□□□□の保護のもとで『新約聖書』をドイツ語に翻訳した。 (日本大)	ザクセン選帝侯フリードリヒ
☑ 1596 ☐	ルターの改革に共鳴した急進的な□□□□□は，ドイツ農民戦争を指導して処刑された。 (関西学院大)	ミュンツァー(トマス=ミュンツァー)
☑ 1597 ☐	ルター派の諸侯や都市は□□□□□と呼ばれ，後にこの言葉は新教徒全体をさすようになった。 (松山大)	プロテスタント
☑ 1598 ☐	ルター派の諸侯や都市は，□□□□□を結んで皇帝派と争い，内戦となったが，アウクスブルクの宗教和議によって妥協が成立した。 (帝京大)	シュマルカルデン同盟
☑ 1599 ☐	1555年に開かれた□□□□□で，諸侯はカトリックかルター派を選ぶことができたが，カルヴァン派を選ぶことは認められなかった。 (オリジナル)	アウクスブルクの宗教和議
☑ 1600 ☐	宗教改革の頃のドイツでは，領邦君主が自国内の教会を支配・統制下に置く□□□□□が確立した。 (オリジナル)	領邦教会制
☑ 1601 ☐	スイスのチューリヒでは，人文主義者の聖書解釈の影響を受けた□□□□□が宗教改革を展開し，1523年に聖書に基づく教会改革の導入に成功した。 (法政大)	ツヴィングリ
☑ 1602 ☐	□□□□□で宗教改革を進めたツヴィングリは，カトリック派との戦いで戦死した。 (関西学院大)	チューリヒ
☑ 1603 ☐	スイスでは，フランス人の□□□□□が，予定説を唱えて，独自の宗教改革を行った。 (同志社大)	カルヴァン

□ 1604 ☐	予定説を唱えたカルヴァンは，スイスのバーゼルで『_____』を出版し，神権政治を行った。　（オリジナル）	キリスト教綱要
□ 1605 ☐	カルヴァンは「_____」を唱え，地上に神の王国を実現する道として勤労・倹約を奨励した。　（立教大）	予定説
□ 1606 ☐	_____はイングランドでのカルヴァン派の呼称である。　（法政大）	ピューリタン
□ 1607 ☐	スコットランドのカルヴァン派は_____と呼ばれた。　（関西学院大）	プレスビテリアン
□ 1608 ☐	_____とはフランスの新教徒カルヴァン派をさす言葉で，一般に「同盟者」を意味するとされる。　（日本社会事業大）	ユグノー
□ 1609 ☐	ネーデルラントのカルヴァン派の呼称である_____は，「乞食」という意味である。　（明治大）	ゴイセン
□ 1610 ☐	カルヴァン派は司教制を廃止し，教会員のあいだから信仰のあつい者を選び，牧師を補佐させる_____をとりいれた。　（中央大）	長老主義
□ 1611 ☐	イギリスではテューダー朝の_____が，自らの離婚問題に端を発して教皇と対立し，首長法（国王至上法）を発した。　（関東学院大）	ヘンリ8世
□ 1612 ☐	離婚問題をめぐって教皇との対立を深めたヘンリ8世は，1534年の_____によって，国王がイギリス国内の教会の首長であると宣言した。　（関西大）	首長法（国王至上法）

☑ 1613 ☆	国王ヘンリ8世は離婚問題からローマ教皇と対立して破門されたため，国王至上法（首長法）を発布し，ローマ教皇から分離した◻を成立させた。　　　（立命館大）	イギリス国教会
☑ 1614 ☆	イギリスでは，ヘンリ8世のあとを継いだ◻の治世下に，一般祈禱書が制定された。　　　（関西学院大）	エドワード6世
☑ 1615 ☆	◻はスペイン皇太子フェリペ（後のフェリペ2世）と結婚し，イギリスにカトリックを復活させ，新教徒を弾圧した。　　　（成蹊大）	メアリ1世
☑ 1616 ☆	16世紀のイギリスでは，メアリ1世が新教徒を弾圧し，混乱をまねいたが，新たに即位したエリザベス1世は，◻を発布してイギリス国教会を確立させた。　　　（神奈川大）	統一法
☑ 1617 ☆	宗教改革が進展していく中，カトリック教会は内部改革に努め，勢力の立て直しをはかった。このようなカトリック側の動きを◻と呼ぶ。　　　（近畿大）	カトリック改革（対抗宗教改革）
☑ 1618 ☆	プロテスタント側の動きに対してカトリック教会は1545年から◻を開催し，教皇の至上権を確認し，教会の立て直しをはかった。　　　（関西学院大）	トリエント公会議
☑ 1619 ☆	イグナティウス=ロヨラを中心に設立された◻は，対抗宗教改革の先頭にたって海外布教を積極的に行った。　　　（成蹊大）	イエズス会
☑ 1620 ☆	スペイン貴族の◻は，フランシスコ=ザビエルらとともにイエズス会を結成した。　　　（関西大）	イグナティウス=ロヨラ
☑ 1621 ☆	イエズス会の日本における布教は，◻が1549年に鹿児島に渡来したことで始まった。　　　（東海大）	ザビエル（フランシスコ=シャヴィエル）

THEME

主権国家体制の成立

出題頻度 ♛

見出し番号 1622—1651

☑ 1622	絶対王政は，支配者が明確な国境で区切られた領域内で対外勢力から独立した権力を持つ，近代の◻︎◻︎◻︎の初期形態となった。 （オリジナル）	主権国家
☑ 1623	1494年，フランス王シャルル8世がナポリに侵攻し，神聖ローマ帝国皇帝の地位にあったハプスブルク家がこれに対抗して，◻︎◻︎◻︎が始まった。 （武蔵大）	**イタリア戦争**
☑ 1624	フィレンツェ政府の役人として活躍した◻︎◻︎◻︎の『君主論』は，近代的な政治観を含む作品として知られている。 （学習院大）	マキァヴェリ
☑ 1625	『◻︎◻︎◻︎』の著者として知られるマキァヴェリは，政治が宗教・道徳とは無関係であるとする近代的な政治観を提示した。 （山梨学院大）	君主論
☑ 1626	1494年に始まったイタリア戦争では，フランス王◻︎◻︎◻︎がハプスブルク家のカール5世の軍によって捕虜とされる事件も起きた。 （共立女子大）	**フランソワ1世**
☑ 1627	イタリア戦争は，1559年の◻︎◻︎◻︎によって終結した。 （昭和女子大）	**カトー゠カンブレジ条約**
☑ 1628	スペイン゠ハプスブルク家の◻︎◻︎◻︎は，1519年にはカール5世として神聖ローマ帝国の皇帝にも選出され，広大な領域を支配した。 （中央大）	**カルロス1世**
☑ 1629	スペインは16世紀後半の◻︎◻︎◻︎の時代に最盛期をむかえ，1571年，レパントの海戦で，オスマン帝国軍を打ち破った。 （早稲田大）	**フェリペ2世**

☑ 1630 ☐	スペインのフェリペ2世は，オランダの独立を支援していたイギリスを攻撃するため，いわゆる◯◯◯を送り込んだが，大敗した。 (上智大)	無敵艦隊 (アルマダ)
☑ 1631 ☐	オランダ独立戦争の最中の1581年に◯◯◯の独立が宣言され，1648年のウェストファリア条約で独立が正式に承認された。 (神戸学院大)	ネーデルラント連邦共和国 (オランダ)
☑ 1632 ☐	1568年に◯◯◯を指導者としてスペインに反旗を翻したネーデルラントは，1581年に北部7州が独立を宣言した。 (立命館大)	オラニエ公ウィレム
☑ 1633 ☐	ネーデルラントでは，北部7州が◯◯◯を結んで，1581年にネーデルラント連邦共和国（オランダ）として独立を宣言した。 (京都府立大)	ユトレヒト同盟
☑ 1634 ☐	カルヴァン派が多かったネーデルラントの北部7州の中で最も有力だったのは◯◯◯であり，この州の名称が「オランダ」の語源となった。 (早稲田大)	ホラント州
☑ 1635 ☐	アントウェルペンに代わりヨーロッパ最大の商業・金融都市となったオランダの◯◯◯は，17世紀前半から中頃にかけて全盛期を誇った。 (桃山学院大)	アムステルダム
☑ 1636 ☐	15世紀末から17世紀半ばにかけてイギリスで行われた◯◯◯では，領主や地主が牧羊のために農民から開放耕地を取り上げた。 (関西大)	第1次囲い込み (エンクロージャー)
☑ 1637 ☐	イギリスは◯◯◯の下で中央集権化を進め，1588年にスペインの無敵艦隊を撃破した。 (早稲田大)	エリザベス1世
☑ 1638 ☐	身分上は平民に属する◯◯◯は，中世末期以降，貴族と並んでイギリスの支配階層を形成した地主層である。 (関西学院大)	ジェントリ (郷紳)

☑ 1639	テューダー朝の時代, ◻は私拿捕船の活動に従事しながら, イギリス人として初めて世界周航を成し遂げた。 (名古屋外国語大)	ドレーク
☑ 1640	イギリス女王エリザベス1世は, アメリカ大陸から銀を運ぶスペイン船団を襲撃する◻に出資していた。 (立教大)	私拿捕船 (私掠船)
☑ 1641	フランスでは, 16世紀の半ばにカルヴァン派が勢力を強め, カトリックと激しく対立し, 30年以上にもおよぶ◻が起こった。 (西南学院大)	ユグノー戦争
☑ 1642	ユグノー戦争勃発時のフランス国王は◻である。 (南山大)	シャルル9世
☑ 1643	シャルル9世とその母親で摂政である◻の時代に, ユグノー戦争と呼ばれる宗教内乱が勃発した。 (名城大)	カトリーヌ=ド=メディシス
☑ 1644	カトリーヌ=ド=メディシスの画策のもと, パリに集まった新教徒たちを旧教徒たちが殺害した事件を◻という。 (清泉女子大)	サンバルテルミの虐殺
☑ 1645	フランスではアンリ4世の下で, 1589年に◻が成立し, ルイ14世の時代に最盛期をむかえた。 (早稲田大)	ブルボン朝
☑ 1646	ユグノー戦争は, ユグノーからカトリックに改宗したブルボン朝の最初の王である◻が発布した王令によって急速に終息した。 (大阪学院大)	アンリ4世
☑ 1647	フランスでは, アンリ4世が◻を発して個人の信仰の自由を認め, 内乱を収めた。 (同志社大)	ナントの王令 (ナントの勅令)

古代文明の出現と東アジア

アジアと地中海世界の形成

イスラーム教とヨーロッパ世界

ヨーロッパ世界の進展

アジアの動向と「世界の一体化」

近世ヨーロッパ世界の動向

近代社会の形成

欧米諸列強の世界分割

世界現代史

☑ 1648 ☐	フランスでは，ユグノー戦争の渦中に，◻️が『国家論』を著して主権の概念確立に寄与した。 （学習院大）	ボーダン
☑ 1649 ☐	1618年，ベーメンの新教徒が王によるカトリック信仰の強制に反抗した。これをきっかけに，新教徒と旧教徒の対立が激化し，◻️が起こった。 （愛知大）	三十年戦争
☑ 1650 ☐	三十年戦争は，かつてフス派が勢力を持っていた◻️に対するカトリック信仰の強制に，新教徒が反抗したのをきっかけに，1618年に始まった。 （青山学院大）	ベーメン (ボヘミア)
☑ 1651 ☐	三十年戦争の講和条約である◻️は，アウクスブルクの宗教和議を再確認して，カルヴァン派にもカトリック教会と同等の権利を認めた。 （成蹊大）	ウェストファリア条約

オランダ・イギリス・フランスの発展

出題頻度 👑

見出し番号 1652―1718

☑ 1652 ☐	オランダの◻️は，民間商社を統合して1602年に株式会社の形で設立され，アジア貿易の拡大をめざした。 （オリジナル）	東インド会社 (オランダ)
☑ 1653 ☐	オランダは1619年にはジャワ島の◻️に新しい都市を建設し，オランダ総督府を置いて東洋貿易の最大の根拠地とした。 （福岡大）	バタヴィア
☑ 1654 ☐	17世紀にオランダは，ジャワ島のバタヴィアを貿易拠点として，1623年の◻️でイギリス勢力をモルッカ諸島から駆逐し，東西の海上交易で勢威をふるった。 （中央大）	アンボイナ事件
☑ 1655 ☐	中国大陸の東南に位置する◻️では，17世紀前半にオランダがゼーランディア城を築いた。 （学習院大）	台湾

☑ 1656 ☐	1652年，オランダ東インド会社はアフリカ最南部に◯◯を築き，アフリカ進出の拠点とした。 (明治大)	ケープ植民地
☑ 1657 ☐	17世紀前半，オランダは北米において，ハドソン川河口に◯◯植民地を開いた。 (藤女子大)	ニューネーデルラント
☑ 1658 ☐	イギリスは1651年に◯◯を発布し，オランダの中継貿易に打撃を与えようとした。 (上智大)	航海法
☑ 1659 ☐	オランダは一時世界経済の中心地となったが，17世紀後半に起こった◯◯などを経て，世界経済の覇権はイギリスの手に移っていった。 (大手前大)	イギリス＝オランダ戦争（英蘭戦争）
☑ 1660 ☐	イギリス国王ジェームズ1世は自身の支配権の根拠として，国王の支配権は王の先祖が神から直接授けられたとする◯◯を唱えた。 (成蹊大)	王権神授説
☑ 1661 ☐	16～18世紀にヨーロッパ諸国でとられた◯◯政策の目的は，絶対王政で官僚と常備軍を維持するための財政資金の獲得であった。 (オリジナル)	重商主義
☑ 1662 ☐	16世紀にスペインなどでとられた◯◯とは，貴金属の獲得を重視する政策である。 (武蔵大)	重金主義
☑ 1663 ☐	重商主義は，初期の，金銀の獲得をめざす重金主義から，輸入の抑制と輸出の促進によって富の蓄積をめざす◯◯に重点が移っていった。 (広島修道大)	貿易差額主義
☑ 1664 ☐	エリザベス1世の亡き後，スコットランドのジェームズ6世がイギリス王ジェームス1世となり，◯◯を開いた。 (オリジナル)	ステュアート朝

☑ 1665 ☐	1603年, イギリスではスコットランド王が ［　　　］とし てステュアート朝を開いた。王は, 王権神授説を唱えて 専制政治を行い, 議会と対立した。　　　　　　　（同志社大）	ジェームズ1世
☑ 1666 ☐	イギリスのジェームズ1世の子［　　　］が専制を強めたの で, 議会は1628年に権利の請願を出したが, 国王は議会を 解散し, 以後11年間も議会を開催しなかった。　（同志社大）	チャールズ1世
☑ 1667 ☐	イギリス議会は1628年, 王による恣意的な課税, 不法な 投獄などに反対する ［　　　］を提出した。　（流通経済大）	権利の請願 （せいがん） （権利請願）
☑ 1668 ☐	チャールズ1世は, ［　　　］でイギリス国教会の制度を強 制しようとしたために, 1639年に反乱が起きた。 　　　　　　　　　　　　　　　　　　　　　　（青山学院大）	スコットランド
☑ 1669 📖	1640年4月にイギリスのチャールズ1世は, スコットラン ドの反乱を鎮圧する費用を得るための増税をはかって, 後に［　　　］と呼ばれる議会を招集した。　　（早稲田大）	短期議会
☑ 1670 📖	1640年11月にチャールズ1世が, 結果的に10年以上続く ことになる［　　　］を招集した際も国王と議会は対立 し, 王党派と議会派の間で内戦が勃発した。（大阪経済大）	長期議会
☑ 1671 ☐	イギリスでは, 1640年に長期議会が開かれたが, 王党派 と議会派の対立が深刻となり, ついに, ［　　　］と呼ば れる内戦が勃発した。　　　　　　　　　　　　（中央大）	ピューリタン革命
☑ 1672 ☐	ピューリタン革命において, 独立派の ［　　　］はピューリ タンによる鉄騎隊を編成して議会派を勝利に導いたが, 後に護国卿に就任し, 軍事独裁を行った。　　　（東洋大）	クロムウェル
☑ 1673 📖	議会の独立派指導者クロムウェルは, 軍事にも優れ, ［　　　］を組織して王党軍を破り, ピューリタン革命を 成功させた。　　　　　　　　　　　　　　　　（早稲田大）	鉄騎隊

☑1674	イギリスで，議会派の主力となった独立派のクロムウェルは，穏健派の◻を追放し，国王を処刑して共和政を樹立した。 （同志社大）	長老派
☑1675	イギリス議会内の◻の指導者で，ジェントリ出身のクロムウェルは王の軍を圧倒し，チャールズ1世を処刑した。 （大東文化大）	独立派
☑1676	イギリスのクロムウェルは中産階級の利益を擁護する立場から，財産と参政権の平等を主張する◻を弾圧した。 （九州産業大）	水平派
☑1677	ピューリタン革命は，1649年に国王チャールズ1世が処刑されて幕を閉じ，イングランド史上初の◻が樹立された。 （愛知工業大）	共和政
☑1678	17世紀半ばにイギリスのクロムウェルは◻を征服し，カトリック勢力の土地の大半を没収し，イギリス人不在地主の所有とした。 （オリジナル）	アイルランド
☑1679	イギリスのクロムウェルは◻を名乗って独裁政治をしき，カトリック教徒の多いアイルランドを征服した。 （同志社大）	護国卿
☑1680	1660年の王政復古で即位したイギリス国王◻は，カトリック容認の姿勢を強め，議会はこれに激しく反発した。 （早稲田大）	チャールズ2世
☑1681	イギリス国王チャールズ2世がカトリックを優遇すると，議会は◻を制定して公職を国教徒に限定した。 （フェリス女学院大）	審査法
☑1682	◻は法によらない逮捕・裁判を禁じるもので，国王の専制を封じるため，1679年にイギリス議会が制定した。 （早稲田大）	人身保護法

☑ 1683	イギリスでは，1670年代に，議会内に王の権威を重んずる [____] と，議会の権利を主張するホイッグ党が形成された。 (九州産業大)	トーリ党
☑ 1684	イギリスのチャールズ2世の即位をめぐって，議会の権利を主張する [____] が生まれ，彼らは非国教徒の立場にも配慮した。 (オリジナル)	ホイッグ党
☑ 1685	チャールズ2世とその弟 [____] は，国王専制とカトリックの復活をめざしたため，議会はオラニエ公ウィレムを国王として迎え，立憲王政を開始した。 (関西学院大)	ジェームズ2世
☑ 1686	イギリスのチャールズ2世はカトリック容認の姿勢を強め，議会はこれに激しく反発していたが，ジェームズ2世が即位した後の1688年，[____] が起こった。 (早稲田大)	名誉革命
☑ 1687	オランダ総督のオラニエ公ウィレムは，後に妻の [____] とともにイギリスの共同統治者となった。 (中央大)	メアリ2世
☑ 1688	国王と厳しく対立したイギリス議会は，国王の娘メアリと結婚していたオランダ総督ウィレムを招き，[____] として即位させた。 (早稲田大)	ウィリアム3世
☑ 1689	イギリスでは，権利の宣言を受け入れたウィリアム3世とメアリ2世が即位し，議会はこの宣言を，国民の生命・財産の保護などを定める [____] として制定した。 (同志社大)	権利の章典（しょうてん）（権利章典）
☑ 1690	イギリスでは1689年に [____] が成立して，カトリック以外の非国教徒に対し，信仰の自由を認めた。 (オリジナル)	寛容法
☑ 1691	イギリスは1694年の [____] の設立や証券市場の成立，効率的な徴税システムの確立などによって，資金を豊富に確保した。 (上智大)	イングランド銀行

☑ 1692 ☐	名誉革命を経た◻◻◻の治世下で，イギリスはスコットランドを統合して，1707年にグレートブリテン王国となった。 （青山学院大）	アン女王
☑ 1693 ☐	1707年，イギリスはスコットランドを併合し，◻◻◻となった。 （九州産業大）	グレートブリテン王国
☑ 1694 ☐	イギリスでは，1714年にジョージ1世が即位して◻◻◻の開祖となった。 （同志社大）	ハノーヴァー朝
☑ 1695 ☐	イギリスでは，1714年にステュアート朝が断絶すると，ドイツから選帝侯が招かれ，◻◻◻として即位した。 （東洋英和女学院大）	ジョージ1世
☑ 1696 ☐	18世紀前半のホイッグ党の◻◻◻のもと，内閣は王ではなく議会に責任を負うという責任内閣制が形成されていった。 （九州産業大）	ウォルポール
☑ 1697 ☐	1742年にウォルポールが事実上の首相を辞任したときから，内閣は国王に対してではなく，議会に対して責任を持つという◻◻◻が採用されることとなった。 （明治大）	議院内閣制（責任内閣制）
☑ 1698 ☐	フランスの◻◻◻は，宰相リシュリューらの名臣に助けられ，絶対王権のさらなる強化を推し進めた。 （神戸学院大）	ルイ13世
☑ 1699 ☐	ルイ13世を補佐した宰相◻◻◻は，三部会を開かず，ユグノーや貴族の勢力を抑えて王権の強化に努め，対外的には三十年戦争に積極的に介入した。 （明治大）	リシュリュー
☑ 1700 ☐	フランス王◻◻◻は，宰相マザランの助けでフロンドの乱を乗り越え，親政期に王権の一層の強化に成功した。 （青山学院大）	ルイ14世

☑ 1701 ☐	フランスのルイ14世は，国内では（　　　　）らの主唱する王権神授説を体現する絶対君主として君臨した。 （立教大）	ボシュエ
☑ 1702 ☐	フランスではルイ14世の即位後も，宰相（　　　　）によって王権強化の政策は継続された。これに対して高等法院や貴族たちが反乱を起こしたが，鎮圧された。　（明治大）	マザラン
☑ 1703 ☐	フランスの（　　　　）は，王令審査権を持つ機関で，王権の強化に抵抗する貴族の拠点となった。　（金城学院大）	高等法院
☑ 1704 ☐	幼くして国王となったルイ14世の治世初期には，王権の伸張に抵抗する（　　　　）が起こったが，宰相のマザランが乱を鎮圧して王権の確立を進めた。　（関西大）	フロンドの乱
☑ 1705 ☐	フランスのルイ14世は，財務総監（　　　　）の主導で重商主義政策を展開しつつ，強力な常備軍を整備し，荘厳なヴェルサイユ宮殿を造営した。　（オリジナル）	コルベール
☑ 1706 ☐	フランスのルイ14世は，カトリックによる宗教統一をめざして（　　　　）を決めたため，ユグノーの商工業者の多くが国外に亡命した。　（武蔵大）	ナントの王令の廃止
☑ 1707 ☐	フランスのルイ14世は，ヨーロッパと海外での覇権をめざしてさかんに周辺諸国に侵入し，1672〜78年には（　　　　）を起こした。　（日本社会事業大）	オランダ侵略戦争（オランダ戦争）
☑ 1708 ☐	フランスのルイ14世は，さかんに周辺諸国に侵入し，1667年にはスペイン領ネーデルラントをめぐって（　　　　）を戦った。　（南山大）	南ネーデルラント継承戦争
☑ 1709 ☐	イギリスは17世紀の末に（　　　　）を戦ったが，この戦争はドイツの選帝侯領の継承問題に介入したフランスのルイ14世との戦争であった。　（福岡大）	ファルツ戦争（ファルツ継承戦争）

☑ 1710 ☐	1700年に　　　　が即位し，スペイン=ブルボン朝の最初の国王となった。　　　　　　　　　　　　　（上智大）	フェリペ5世
☑ 1711 ☐	フランスのルイ14世は孫であるフェリペのスペイン王位継承権を主張し，イギリス・オランダ・オーストリアとの　　　　に突入した。　　　　　　　　　（中央大）	スペイン継承戦争
☑ 1712 ☐	1713～14年にスペイン継承戦争の講和条約の　　　　が結ばれ，列国はフェリペ5世を承認し，スペイン王位はブルボン家に移った。　　　　　　　　　　　（防衛大）	ユトレヒト条約
☑ 1713 ☐	スペイン継承戦争後の1714年，　　　　により，イタリア内の旧スペイン領は多くがオーストリア=ハプスブルク家の支配地とされた。　　　　　　　　（早稲田大）	ラシュタット条約
☑ 1714 ☐	フランスでは，1715年にルイ14世の曾孫である　　　　が王となり，七年戦争などを戦った。　　　　（大阪産業大）	ルイ15世
☑ 1715 ☐	1655年のイギリスのクロムウェル政権による占領以降，西インド諸島の　　　　ではサトウキビ=プランテーションが発展した。　　　　　　　　　　　（学習院大）	ジャマイカ
☑ 1716 ☐	ヨーロッパでコーヒー・茶が普及すると，　　　　の需要が急激に高まり，大西洋三角貿易によって西インド諸島からヨーロッパに運ばれた。　　　　　　（オリジナル）	砂糖
☑ 1717 ☐	17～18世紀に行われた大西洋三角貿易では，　　　　がアフリカからアメリカ大陸へ送られた。　　（オリジナル）	黒人奴隷
☑ 1718 ☐	18～19世紀に，さかんに奴隷貿易を行ったアフリカ西岸の国としては，ベニン王国や現在のベナンに位置する　　　　が知られている。　　　　　　　　（オリジナル）	ダホメ王国

ヨーロッパ諸国の動向

見出し番号 1719—1756

☑ 1719 �	16世紀後半にヤゲウォ朝が断絶した後, ポーランドは ◻ へと移行したが, 貴族間の政争のために政治は混乱した。 (佛教大)	選挙王政 (選挙王制)
☑ 1720	ロシア・プロイセン・オーストリアが3回に分けて分割を行った結果, 1795年に ◻ は消滅した。 (オリジナル)	ポーランド王国
☑ 1721	アメリカ独立戦争に参加した経験をもつ ◻ は, ポーランド分割に反対して蜂起したが鎮圧され, その翌年には第3回分割が実現した。 (慶應義塾大)	コシューシコ
☑ 1722	スウェーデン国王の ◻ は, バルト海制覇にほぼ成功し, 新教徒援助を口実に三十年戦争へ介入した。 (西南学院大)	グスタフ= アドルフ
☑ 1723	三十年戦争において, 傭兵隊長の ◻ は皇帝派として戦った。 (日本大)	ヴァレンシュタイン
☑ 1724	◻ とは, 15世紀頃から南ロシアの辺境地帯に住み, 自治的な集団を形成していった農民などをいう。 (広島文教女子大)	コサック
☑ 1725	モスクワ大公国のイヴァン4世は, コサックの族長 ◻ の協力を得て, シベリア進出をはかった。 (関西学院大)	イェルマーク
☑ 1726	ロシアでは, 1613年に ◻ がロマノフ朝を始め, その孫であるピョートル1世(大帝)は, 西欧諸国を模範に改革を進めた。 (東京理科大)	ミハイル= ロマノフ

☑ 1727 ☐	1613年，ロシアではミハイル=ロマノフが　　　　を開いた。　　　　　　　　　　　　　　　　　　（法政大）	ロマノフ朝
☑ 1728 ☐	17世紀後半，ロシアではコサック首領の　　　　が農民を指揮して反乱を起こしたが，鎮圧された。　（早稲田大）	ステンカ=ラージン
☑ 1729 ☐	ロシアは17世紀に即位した　　　　の治世下で，北方戦争に勝利してバルト海の覇権を確立した。　（早稲田大）	ピョートル1世（大帝）
☑ 1730 ☐	ロマノフ朝ロシアは不凍港を求めて，一連の　　　　と呼ばれる政策を遂行した。　　　　　　　　（東京理科大）	南下政策
☑ 1731 ☐	ロシアのピョートル1世は，　　　　でスウェーデンを破ってバルト海沿岸へ進出し，新都ペテルブルクを建設した。　　　　　　　　　　　　　　　　　　（学習院大）	北方戦争
☑ 1732 ☐	ポーランド，デンマークと結んだピョートル1世治世下のロシアと，　　　　の治世下のスウェーデンとの間で，北方戦争が起こった。　　　　　　　　　　　（オリジナル）	カール12世
☑ 1733 ☐	ロシアのピョートル1世は，18世紀初頭の北方戦争において スウェーデンを破り，バルト海東岸の地を奪って　　　　を建設し，新たな首都に定めた。　　（中央大）	ペテルブルク
☑ 1734 ☐	ピョートル1世は，デンマーク人の　　　　に命じてカムチャツカ半島やアラスカ方面を探検させた。　（早稲田大）	ベーリング
☑ 1735 ☐	ロシアのピョートル1世は，黒海北部にある内海で，オスマン帝国が支配していた　　　　を1696年に占領した。　　　　　　　　　　　　　　　　　　　（中央大）	アゾフ海

☑ 1736	ロシアでは，1762年に[ ]が即位し，啓蒙思想に傾倒した内政改革を進め，典型的な啓蒙専制君主となった。 (神奈川大)	エカチェリーナ2世
☑ 1737	ロシアではエカチェリーナ2世が，治世の初期には種々の改革を試みたが，[ ]の後には貴族と妥協して農奴制を強化した。 (同志社大)	プガチョフの農民反乱
☑ 1738	ロシアのエカチェリーナ2世は，[ ]を北海道の根室に派遣し，日本に通商を求めたが，拒否された。 (上智大)	ラクスマン
☑ 1739	ロシアのエカチェリーナ2世は，オスマン帝国の勢力圏にあった[ ]を併合し，クリミア半島を領有した。 (早稲田大)	クリム=ハン国
☑ 1740	16世紀前半，ドイツ騎士団の団長がルター派に改宗し，領地を世俗化して[ ]を建てた。 (早稲田大)	プロイセン公国
☑ 1741	ドイツの領邦の一つである[ ]は，17世紀前半にプロイセン公国を相続した。 (藤女子大)	ブランデンブルク選帝侯国
☑ 1742	15世紀に[ ]がブランデンブルク選帝侯の地位を獲得し，プロイセン王やその後のドイツ皇帝を輩出した。 (早稲田大)	ホーエンツォレルン家
☑ 1743	プロイセン王国を発展させた王である[ ]は，「軍隊王」と呼ばれ，徴兵制を採用し，軍隊を整備した。 (青山学院大)	フリードリヒ=ヴィルヘルム1世
☑ 1744	プロイセン王国の[ ]は，官僚制・軍隊の整備を進めるとともに，啓蒙思想に基づいて自国の近代化をめざしたことから，啓蒙専制君主の典型とされる。 (青山学院大)	フリードリヒ2世(大王)

□ 1745 ⌂	プロイセン国王のフリードリヒ2世は, 啓蒙思想をよりどころに上からの近代化をめざす ☐ の典型であった。　(武庫川女子大)	啓蒙専制君主
□ 1746 ⌂	プロイセンの地主貴族である ☐ などの領主層は, 農民に賦役を課して輸出用穀物を作らせた。　(中央大)	ユンカー
□ 1747 ⌂	近世のドイツでは, エルベ川以東の地主貴族ユンカーによる農場領主制が広まった。この農場領主制はドイツ語で ☐ と呼ばれている。　(摂南大)	グーツヘルシャフト
□ 1748 ⌂	オーストリア継承戦争の結果, ☐ は他家に一時奪われた皇帝位を奪還し, 夫フランツを皇帝に即位させることに成功した。　(明治大)	マリア=テレジア
□ 1749 ⌂	オーストリアではマリア=テレジアがハプスブルク家の家督を継ぐと, これに反対する国々との間に ☐ が始まった。　(愛知大)	オーストリア継承戦争
□ 1750 ♚	フリードリヒ2世は, オーストリアの継承権を主張する ☐ やフランス国王らとともに, オーストリア継承戦争を戦い, シュレジエン地方を獲得した。　(徳島文理大)	バイエルン公
□ 1751 ⌂	オーストリアは, オーストリア継承戦争で ☐ をプロイセンに奪われ, その奪還のために七年戦争を戦った。　(立命館大)	シュレジエン地方
□ 1752 ■	マリア=テレジアの夫である ☐ は, 1740年からマリア=テレジアとハプスブルク家の共同統治を行った。　(オリジナル)	フランツ1世
□ 1753 ⌂	1756年, オーストリアは長年にわたって敵対してきたフランスと同盟する ☐ を実現し, シュレジエン地方の奪回をはかった。　(愛知大)	外交革命

☑ 1754 ☐	オーストリア継承戦争とそれに続く[____]の結果，プロイセンはシュレジエン地方を獲得した。 （法政大）	七年戦争
☑ 1755 ☐	オーストリアでは，マリア=テレジアの長男[____]が啓蒙専制君主として宗教的寛容政策や農奴解放などの近代化に努めた。 （同志社大）	ヨーゼフ2世
☑ 1756 ⛏	オーストリアのヨーゼフ2世は[____]を出し，カトリック以外の信仰の自由を認めた。 （関西学院大）	宗教寛容令

THEME

科学革命と啓蒙思想・近世の文化

見出し番号 1757—1838

出題頻度

☑ 1757 ☐	近代化学の父とされる[____]は，気体の体積と圧力の関係を明らかにした。 （摂南大）	ボイル
☑ 1758 ☐	[____]は，自作の望遠鏡で木星の衛星の運動を観察することで地動説の正しさを確認したが，そのために宗教裁判にかけられた。 （近畿大）	ガリレイ (ガリレオ=ガリレイ)
☑ 1759 ☐	ドイツの[____]は惑星運行の法則を確認し，近代天文学の基礎を築いた。 （関西学院大）	ケプラー
☑ 1760 ☐	イギリスの[____]は，天体運動の観察から出発して万有引力の法則を唱え，近代物理学の基礎をうちたてた。 （同志社大）	ニュートン
☑ 1761 ☐	ニュートンは『[____]』を著し，万有引力の法則など，力学の諸法則を体系化した。 （早稲田大）	プリンキピア

☑1762 ⤴	17世紀, イギリスの生理学者・医学者の◻︎は, これまでの考えとはまったく異なる血液循環論を唱えた。 (中京大)	ハーヴェー
☑1763 ⤴	スウェーデンの博物学者◻︎は, 既知の動植物についての情報を整理して分類表を作ることで, 近代的な分類学を確立した。 (近畿大)	リンネ
☑1764 ⤴	イギリスの◻︎は種痘法を開発し, 免疫学の基礎を築いた。 (摂南大)	ジェンナー
☑1765 ⤴	フランスの◻︎は, 燃焼理論の確立と質量保存の法則を提唱した。 (駒澤大)	ラヴォワジェ
☑1766 ⤴	17〜18世紀には自然科学の分野で様々な発見や進歩があり, その後の社会に大きな影響を与える「◻︎」と呼ばれる変化が起きた。 (オリジナル)	科学革命
☑1767 ⤴	フランスのデカルトは, 一般的な命題から論理的に結論を導き出す演繹法を確立し, ◻︎の祖となった。 (専修大)	合理論
☑1768 ⤴	デカルトは, 前提を立て, そこから論理的に結論を導き出す◻︎という手法による合理論を打ち立てた。 (法政大)	演繹法
☑1769 ⤴	『方法序 (叙) 説』を著したフランスの◻︎は, 演繹法を用いて思考することを主張した。 (関西大)	デカルト
☑1770 ⤴	デカルトは著書『◻︎』の中で「我思う, ゆえに我あり」と述べた。 (関西学院大)	方法序 (叙) 説

☑ 1771 ☐	オランダのユダヤ人商人の家庭に生まれた[　　　]は, 数学的合理主義に基づく独自の汎神論を展開し,『エチカ（倫理学）』を著した。　　　　　　　　　　　（関西大）	スピノザ
☑ 1772 ☐	ドイツの哲学者[　　　]は, 世界を合理的に認識して「単子論」を説いた。　　　　　　　　　　　　　　　（学習院大）	ライプニッツ
☑ 1773 ☐	ドイツの哲学者ライプニッツは, 世界を合理的に認識して[　　　]を説いた。　　　　　　　　　　　　　（学習院大）	単子論
☑ 1774 ☐	フランスの哲学者であり, 物理学者・数学者でもある[　　　]は,『パンセ（瞑想録）』を著し, 信仰による神の救いを説いた。　　　　　　　　　　　　　　（福山大）	パスカル
☑ 1775 ☐	フランスの数学者・物理学者・哲学者のパスカルは, キリスト教弁証論のためのノート『[　　　]』を残した。　　　　　　　　　　　　　　　　　　　（成蹊大）	パンセ（瞑想録）
☑ 1776 ☐	フランシス＝ベーコンによって, 多数の事実から一般法則と原理を導く帰納法が確立され, [　　　]哲学の流れが作られた。　　　　　　　　　　　　　　　　（成城大）	経験論（イギリス経験論）
☑ 1777 ☐	フランシス＝ベーコンは, 事実の観察を重んじ, そこから一般法則を導く[　　　]による経験論を説いた。　　　　　　　　　　　　　　　　　　　（同志社大）	帰納法
☑ 1778 ☐	イギリスの哲学者[　　　]は, 経験論を推し進めて, 懐疑主義を説いた。　　　　　　　　　　　　　（関西学院大）	ヒューム
☑ 1779 ☐	イギリスの[　　　]は事実を重んじ, 実験や観察などで得られた個々の事例から, 一般的理論を導き出す帰納法を説いた。　　　　　　　　　　　　　　　（学習院大）	フランシス＝ベーコン

| 1780 | オランダの法学者[　　]は，自然法思想を国家間の関係に適用して「国際法の祖」といわれるようになった。(明治大) | グロティウス |

| 1781 | オランダのグロティウスは『[　　]』を著して，主権国家間の関係を律する法を体系化した。(関西学院大) | 戦争と平和の法 |

| 1782 | グロティウスは著書『[　　]』の中で，海は本来誰のものでもなく，海を航行することは万人にとって自然な権利であることを強調した。(福岡大) | 海洋自由論 |

| 1783 | フランス革命に影響した思想的根源には，社会も国家も人民相互の契約により成立したとする[　　]や啓蒙思想が存在した。(早稲田大) | 社会契約説 |

| 1784 | [　　]は，著書『リヴァイアサン』で，自然状態にある個々人の行為は不断の闘いを生むとして国家主権への絶対的服従を主張した。(学習院大) | ホッブズ |

| 1785 | ホッブズは『[　　]』を著し，人々は契約して政府を作り，為政者に自然権を委ねるべきであると述べた。(法政大) | リヴァイアサン |

| 1786 | [　　]は，自然権の中に所有権を含め，人民の権利を侵す国家への抵抗権を説いて名誉革命を支援した。(福山大) | ロック |

| 1787 | ロックは，政府とは個々人が自然権を守るために社会契約によって作るものであると考え，政府がこれを侵せば，人民に[　　]があると説いた。(成蹊大) | 抵抗権（革命権） |

| 1788 | ロックは『[　　]』を著し，政府に対する人民の抵抗権を擁護し，名誉革命を支持した。(法政大) | 統治二論（市民政府二論） |

古代文明の出現と東アジア

アジアと地中海世界の形成

イスラーム教とヨーロッパ世界

ヨーロッパ世界の進展

アジアの動向と世界の一体化

近世ヨーロッパ世界の動向

近代社会の形成

欧米諸列強の世界分割

世界現代史

☑ 1789 ⟳	18世紀のフランスでは，人間の理性を重んじ，偏見や迷信を打ち破ろうとする思考態度である＿＿＿がさかんであった。 (流通科学大)	啓蒙思想
☑ 1790 ⟳	＿＿＿は『法の精神』を書き，国王の権力拡大を抑制するために三権分立を主張した。 (同志社大)	モンテスキュー
☑ 1791 ⟳	国家権力を，立法・行政・司法の三つに分け，それぞれを異なる機関に執行させる制度を＿＿＿という。 (オリジナル)	三権分立
☑ 1792 ⟳	モンテスキューは，『＿＿＿』を著し，三権分立を説いた。 (センター)	法の精神
☑ 1793 ⟳	＿＿＿は『哲学書簡』でイギリスを賛美し，フランスの後進性を批判した。 (同志社大)	ヴォルテール
☑ 1794 ⟳	フランス啓蒙思想家ヴォルテールが著した『＿＿＿』は，イギリスの社会を進んだものとし，フランスの制度・社会を批判したため，発禁となった。 (立教大)	哲学書簡
☑ 1795 ⟳	＿＿＿は，『社会契約論』において人民主権論を主張して，フランス革命に影響を与えた。 (同志社大)	ルソー
☑ 1796 ⟳	ルソーの著書『＿＿＿』は，絶対王政下の不平等な社会を批判し，フランス革命の思想的背景となった。 (関西学院大)	人間不平等起源説
☑ 1797 ⟳	ルソーは1762年に『＿＿＿』を著し，人民主権と社会の現状打破を主張した。 (桜美林大)	社会契約論

1798 ☑ ☐	□□□□□やダランベールらの編集した『百科全書』は、フランス啓蒙思想家たちの思想を集大成したものである。 (同志社大)	ディドロ
1799 ☑ ☐	フランスでは哲学者の□□□□□がディドロとともに『百科全書』の編集にあたり、啓蒙思想の普及に努めた。 (慶應義塾大)	ダランベール
1800 ☑ ☐	ディドロやダランベールらの編集した『□□□□□』は、啓蒙思想家たちの思想を集大成したもので、啓蒙思想の普及を助けた。 (同志社大)	百科全書
1801 ☑ ☐	フランスの□□□□□は、もともと17〜18世紀を中心に流行した社交場を意味し、知識人の間で啓蒙思想をはぐくむ空間にもなった。 (専修大)	サロン
1802 ☑ ☐	□□□□□は16世紀半ばのイスタンブルに起源を持つとされ、17世紀後半にはイギリスにも□□□□□が誕生し、市民層により様々な議論が交わされた。 (オリジナル)	コーヒーハウス
1803 ☑ ☐	サロンやコーヒーハウスなどの集いの場では、啓蒙思想家の出版物が読まれ、討論の対象となって□□□□□の形成が進んだ。 (オリジナル)	世論
1804 ☑ ☐	啓蒙思想は国王や貴族などの上流階級だけでなく、□□□□□と呼ばれた市民階級にも広がった。 (オリジナル)	ブルジョワ
1805 ☑ ☐	経済の分野では、『経済表』の著者ケネーや、テュルゴーらが経済活動の自由放任を主張して、□□□□□の立場をとった。 (同志社大)	重農主義
1806 ☑ ☐	フランスの重農主義者の□□□□□は、『経済表』を著し、重商主義を批判して、農業こそ富の源泉であると主張した。 (立教大)	ケネー

☑ 1807	18世紀のフランスでは,『　　　』の著者ケネーらが経済活動の自由放任を主張して,重農主義の理論を唱えた。(同志社大)	経済表
☑ 1808	資本主義を体系的に考察した『諸国民の富（国富論）』を著した　　　は,自由主義的な古典派経済学を確立した。(慶應義塾大)	アダム=スミス
☑ 1809	アダム=スミスは著書『　　　』で,人々の自由な経済活動に任せておけば,「見えざる手」によっておのずと均衡が保たれていくとした。(成蹊大)	諸国民の富（国富論）
☑ 1810	ルイ13世の宰相リシュリューが創設した　　　は,フランス語の純化などを目的とする学術団体である。(青山学院大)	アカデミー=フランセーズ（フランス学士院）
☑ 1811	古代ギリシア・ローマ文化を理想とする文芸上の　　　は,ルイ14世時代のフランスで始まった。(文教大)	古典主義（フランス）
☑ 1812	フランスの　　　は,ルイ14世の庇護を受け,『人間嫌い』『守銭奴』など,多くの喜劇を執筆した。(成蹊大)	モリエール
☑ 1813	は,『ル=シッド』などを発表して,フランス古典悲劇の創始者となった。(大東文化大)	コルネイユ
☑ 1814	ギリシア悲劇を素材とする『アンドロマック』を発表したフランスの　　　は,規則と調和を重んずる古典主義を完成させた悲劇作家であるとされる。(青山学院大)	ラシーヌ
☑ 1815	外交官でもあったフランドル派の画家の　　　は,「マリー=ド=メディシスの生涯」に代表される多くのバロック様式の大作を残した。(成城大)	ルーベンス

☑1816 ☑	フランドル派の肖像画家 ___ は，イギリスに宮廷画家として招かれ，国王チャールズ1世の肖像を描いた。 (國學院大)	ファン=ダイク
☑1817 ☑	「オルガス伯の埋葬」の大壁画を描き，神秘主義的な宗教絵画で知られるスペインの画家 ___ は，ギリシアのクレタ島の出身である。 (関西大)	エル=グレコ
☑1818 ☑	スペインの ___ は，国王フェリペ4世の宮廷画家に任用され，代表作「女官たち（ラス=メニーナス）」など，寓意性に富んだ作品を手掛けた。 (青山学院大)	ベラスケス
☑1819 ☑	ベラスケスと並ぶスペイン・バロック絵画の画家 ___ は，明るい色彩に特徴があり，数多くの宗教画を残した。 (オリジナル)	ムリリョ
☑1820 ☑	17世紀のオランダを代表する画家 ___ は，独特の画風でオランダ市民の姿を生き生きと描いた。その代表作に「真珠の耳飾りの少女」などがある。 (近畿大)	フェルメール
☑1821 ☑	オランダ画派の ___ は，光と影の描写に優れ，「夜警」などでオランダの市民生活を描いた。 (城西大)	レンブラント
☑1822 ☑	16世紀〜17世紀，西ヨーロッパでは華やかな宮廷生活が繰り広げられ，それと結びつく形で，豪壮華麗な ___ の美術が誕生した。 (名古屋外国語大)	バロック様式
☑1823 ☑	ルイ14世は，パリの郊外にバロック様式の ___ を建設した。 (関西学院大)	ヴェルサイユ宮殿
☑1824 ☑	ヨーロッパでは，18世紀になると，バロック美術に代わって王侯貴族や富裕市民に愛好された繊細優美な ___ の美術が広まった。 (中央大)	ロココ様式

☑ 1825	プロイセンのフリードリヒ2世（大王）は，ロココ様式を代表する□□□をポツダムに建設した。　（関西学院大）	サンスーシ宮殿
☑ 1826	ロココ様式の優雅な田園・宮廷画を残した画家として，「シテール島への巡礼」を描いたフランスの□□□が有名である。　（京都産業大）	ワトー
☑ 1827	バッハやヘンデルに代表される音楽様式である□□□は，豪壮華麗をその特徴とする。　（関西大）	バロック音楽
☑ 1828	□□□は，「音楽の父」と称されるドイツの作曲家・演奏家で，特に教会音楽に名曲が多く，息子のクリスチャンも同様に有名である。　（学習院女子大）	バッハ
☑ 1829	18世紀後半，ハイドンやベートーヴェンとならんで，□□□を完成させたといわれるモーツァルトが，オペラの名作を残した。　（関西大）	古典派音楽
☑ 1830	18世紀後半に，「フィガロの結婚」などのオペラ作品でも知られる□□□らが古典派音楽を発展させた。（近畿大）	モーツァルト
☑ 1831	イギリスの作家□□□は，ピューリタン革命を熱烈に支持し，後に『失楽園』を著した。　（神戸学院大）	ミルトン
☑ 1832	17世紀のイギリスでは，ミルトンの『□□□』に代表されるピューリタン文学が生まれた。　（関西大）	失楽園
☑ 1833	17世紀のイギリス文学では，□□□の『天路歴程』などのピューリタン文学が現れた。　（関西大）	バンヤン

☑ 1834 ☐	17世紀のイギリスでは，ミルトンが『失楽園』を，バンヤンが『　　　』を著した。 (名城大)	天路歴程 (てん ろ れきてい)
☑ 1835 ☐	イギリスの　　　は，孤島で生き抜く人間のたくましい姿を『ロビンソン=クルーソー』に表現した。 (関西学院大)	デフォー
☑ 1836 ☐	イギリスでは，18世紀にデフォーが無人島生活をテーマとした『　　　』を著した。 (関西大)	ロビンソン=クルーソー
☑ 1837 ☐	は，『ガリヴァー旅行記』を著し，18世紀のイギリスの現状を鋭く風刺した。 (中京大)	スウィフト
☑ 1838 ☐	1726年にスウィフトが発表した『　　　』は，イギリスの現状を鋭く批判・風刺した作品である。 (山梨学院大)	ガリヴァー旅行記

古代文明の出現と東アジア

アジアと地中海世界の形成

イスラーム教とヨーロッパ世界

ヨーロッパ世界の進展

アジアの動向と「世界の一体化」

近世ヨーロッパ世界の動向

近代社会の形成

欧米諸列強の世界分割

世界現代史

CHAPTER

7

近代社会
の形成

掲載問題数 ５０８問

18世紀半ばのイギリスから産業革命が波及し，
工業化が進みました。また，アメリカ合衆国の
独立やフランス革命を皮切りに，ヨーロッパ各
国で市民の動きが政治体制を変え，各国は国民
国家建設を模索することになります。

☑ 1839	16世紀半ば以降，ラテンアメリカから大量に流入した銀によってヨーロッパの銀価が下落し，物価が高騰する[ ]が起きた。 (明治大)	価格革命
☑ 1840	17世紀のヨーロッパは，凶作やペストの流行が続き，海外からの銀の流入が減るなどして経済が停滞したため，「[ ]」といわれる。 (オリジナル)	17世紀の危機
☑ 1841	18世紀のイギリスでは，[ ]と呼ばれる農業生産の拡大が起き，多くの人口を養えるようになったことで都市化が進んだ。 (オリジナル)	農業革命
☑ 1842	18世紀のイギリスでは，四輪作体制をとることで，休耕地をなくし，穀物栽培と家畜飼料の増産をはかる[ ]が開発された。 (早稲田大)	ノーフォーク農法
☑ 1843	産業革命期の「[ ]」では，農業資本家が地主から土地を借り，農業労働者を雇って資本主義的農業経営を行った。 (上智大)	第2次囲い込み(エンクロージャー)
☑ 1844	[ ]とは，資本家が工場に労働者を集め，分業による手工業で商品を生産する方法をいう。 (オリジナル)	マニュファクチュア(工場制手工業)
☑ 1845	1733年，[ ]によって飛び杼（梭）が発明されると，綿織物の生産量が急速に増えて綿糸が不足した。 (同志社大)	ジョン＝ケイ
☑ 1846	1733年，ジョン＝ケイが[ ]を考案し，織布工程を効率化した。 (西南学院大)	飛び杼（梭）

□ 1847 □	綿工業のための主な発明として，ジョン=ケイの飛び杼（梭），_____の多軸紡績機（ジェニー紡績機）などがあげられる。 (慶應義塾大)	ハーグリーヴズ
□ 1848 □	ハーグリーヴズは，紡糸過程を劇的に効率化する_____を発明した。 (上智大)	多軸紡績機（ジェニー紡績機）
□ 1849 □	1769年頃に_____が発明した水力紡績機は，手工業を機械制工業へ移行させる上において，重要な役割を果たした。 (拓殖大)	アークライト
□ 1850 □	1760年代にイギリスのアークライトは，_____を実用化した。 (立教大)	水力紡績機
□ 1851 □	1779年に_____がミュール紡績機を発明し，良質の綿糸が大量に生産できるようになった。 (西南学院大)	クロンプトン
□ 1852 □	1779年，クロンプトンは_____を発明した。この発明は，薄手の綿織物の生産を可能にした。 (拓殖大)	ミュール紡績機
□ 1853 □	織布部門でも1785年に_____が蒸気機関を利用した力織機を発明し，機械化が進展した。 (創価大)	カートライト
□ 1854 □	1785年に，カートライトによって蒸気機関を動力として利用する_____が発明された。 (神奈川大)	力織機
□ 1855 □	1793年にアメリカ人の_____が発明した綿繰り機は，アメリカ南部の綿花栽培を増大させた。 (同志社大)	ホイットニー

☑1856 ☐	18世紀末にホイットニーによる◯◯◯◯の発明を背景にして栄えたアメリカ南部の綿花プランテーションなどで，奴隷の利用が広がった。　　　　　　　（学習院大）	綿繰り機
☑1857 ☐	◯◯◯◯は，石炭の乾留により生成されるコークスを燃料とする製鉄法を開発し，高品質の鉄を大量に生産できるようになった。　　　　　　　　　　　　（駒澤大）	ダービー（ダービー父子）
☑1858 ☐	機械の動力として，蒸気機関が登場するが，これは当初炭坑の排水ポンプの動力として，1712年に◯◯◯◯によって実用化された。　　　　　　　　　　　　（上智大）	ニューコメン
☑1859 📖	原料や製品，石炭などを大量輸送するニーズが生じると◯◯◯網の形成もなされたが，蒸気機関車が実用化されると，鉄道網の整備が進んだ。　　　　　（高崎経済大）	運河
☑1860 ☐	1769年に◯◯◯◯が蒸気機関に画期的な改良を加え，往復運動を回転運動に転換し，これが水力に代わって紡績機や織機などの動力として利用された。　　（西南学院大）	ワット
☑1861 ☐	1807年にアメリカ人の◯◯◯◯が初めて建造した蒸気船は，イギリスを始め世界の交通・運輸に大きな変化をもたらした。　　　　　　　　　　　　　　（立教大）	フルトン
☑1862 ☐	◯◯◯◯は1814年に蒸気機関車を開発し，1825年には「ロコモーション号」を走らせ，実用化に成功した。　　　　　　　　　　　　　　　　　（東京都市大）	スティーヴンソン
☑1863 ☐	1825年，スティーヴンソンは蒸気機関車を実用化させ，◯◯◯◯間が鉄道で結ばれた。　　　　　　　（関西学院大）	ストックトン・ダーリントン
☑1864 ☐	スティーヴンソンは1830年に，◯◯◯◯を通して，蒸気機関車ロケット号を走らせた。　　　　　　　　（拓殖大）	リヴァプール・マンチェスター鉄道

☑ 1865	1810年代のイギリスでは，機械制工場の拡大によって仕事を失うことを恐れた労働者による抵抗が[ ]となって各地で生じた。 （オリジナル）	機械打ち壊し（ラダイト）運動
☑ 1866	1799年に成立したイギリスの[ ]は，労働組合を違法とし，ストライキを禁止した。 （神戸学院大）	団結禁止法
☑ 1867	イギリスでは，1833年に児童の労働時間短縮や夜間労働の禁止などを定めた[ ]が制定された。 （オリジナル）	工場法
☑ 1868	職人の間では，日曜日以外にも仕事をしない「[ ]」と呼ばれる習慣があったが，次第に認められなくなった。 （南山大）	聖月曜日
☑ 1869	産業革命により「[ ]」の地位を獲得したイギリスは，自由貿易によって世界の市場形成に主導的な役割をはたした。 （東洋大）	世界の工場
☑ 1870	絶対王政下では，貿易や卸売りなど商品の流通に携わり商品の価格差で利益を得る[ ]が，社会的な地位を得た。 （オリジナル）	商業資本家
☑ 1871	[ ]とは，土地・工場・機械などの生産手段を持ち，労働者を使って商品を生産して利潤を求める人々をいい，資本主義社会で支配的な地位を得た。 （オリジナル）	資本家（産業資本家）

THEME

アメリカ合衆国の独立

見出し番号 1872—1910

出題頻度 ♛

☑ 1872	1608年にシャンプランが現在のカナダ内に[ ]を建設し，北米におけるヌーヴェル=フランスと呼ばれるフランス植民地の中心となった。 （オリジナル）	ケベック

☑1873 ☐	ラ=サールは1682年に北米を探検し，その地をルイ14世にちなんで◻と命名した。 　　　　　　　　　　　　　　　（昭和女子大）	ルイジアナ
☑1874 ☐	ヨーロッパでファルツ戦争が勃発すると，同時期の北米では英仏間で◻が起こった。 　　　　　　　　　　　　　（オリジナル）	ウィリアム王戦争
☑1875 ☐	◻とは，スペイン継承戦争時に繰り広げられた北アメリカでの植民地争奪戦の名である。 　　　　　　　（松山大）	アン女王戦争
☑1876 ☐	スペイン継承戦争の結果，イギリスはフランスからニューファンドランド，アカディア，◻地方などを得た。 　　　　　　　　　　　　　　　　　（神奈川大）	ハドソン湾
☑1877 ☐	アン女王戦争によるユトレヒト条約で，フランスがイギリスに割譲した北アメリカの領土はハドソン湾地方，アカディアと◻である。 　　　　　　　　（立命館大）	ニューファンドランド
☑1878 ☐	北アメリカでは，オーストリア継承戦争と並行して，◻が戦われた。 　　　　　　　　　　　（関西学院大）	ジョージ王戦争
☑1879 ☐	イギリスとフランスの植民地戦争は，北アメリカにおいて，七年戦争と並行して，◻が行われた。 　　　　　　　　　　　　　　　　　（オリジナル）	フレンチ=インディアン戦争
☑1880 ☐	七年戦争とフレンチ=インディアン戦争に勝利したイギリスは，1763年の◻によってインドや北アメリカにおける優位を確立した。 　　　　　　（神奈川大）	パリ条約（七年戦争）
☑1881 ☐	イギリスは1763年のパリ条約で，フランスからカナダと◻を，スペインからフロリダを獲得した。（法政大）	ルイジアナ東部（ミシシッピ川以東のルイジアナ）

☑1882 ☐	イギリスは，1763年のパリ条約で，[　　　]とルイジアナ東部，フロリダなどを獲得した。　（神戸女学院大）	カナダ
☑1883 ☐	17世紀初頭，イギリスは北アメリカ東岸に最初の植民地[　　　]を設けた。　（愛知大）	ヴァージニア
☑1884 ■	イギリスは，北米においては1585年頃[　　　]が命名したヴァージニアへの植民を皮切りに，18世紀前半までに東海岸一帯に13植民地を形成した。　（明治大）	ローリ
☑1885 ☐	1620年，[　　　]と呼ばれるピューリタン（清教徒）の一派がメイフラワー号で北米に到達し，ニューイングランド植民地を開いた。　（早稲田大）	ピルグリム＝ファーザーズ（巡礼始祖）
☑1886 ☐	1620年，ピルグリム＝ファーザーズと呼ばれるピューリタン（清教徒）の一派が[　　　]で北アメリカに到達した。　（早稲田大）	メイフラワー号
☑1887 ☐	1620年，ピルグリム＝ファーザーズと呼ばれるピューリタンの一団が北米の[　　　]に上陸し，植民地を建設した。　（高知工科大）	プリマス
☑1888 ☐	イギリスのジェームズ1世による宗教弾圧を逃れたピューリタンの一団が，後に[　　　]へと発展するプリマス植民地を建設した。　（早稲田大）	ニューイングランド植民地
☑1889 ■	イギリスが北米に建設した[　　　]植民地は，チャールズ1世の妻ヘンリエッタ＝マリアにちなんだ名称である。　（二松学舎大）	メリーランド
☑1890 ☐	北米の13植民地の南端にある[　　　]は，13植民地のうち最後に設立された。　（南山大）	ジョージア

☑ 1891 ☐	1765年にイギリス本国政府が[　　]を制定すると，植民地側は，イギリス商品の不買運動を起こして，これを撤廃させた。 （東京農業大）	印紙法 （いんし）
☑ 1892 ☐	イギリスは，印紙法を制定したが，これに対して，アメリカの植民地側は，「[　　]」と批判して，これを撤廃させた。 （中央大）	代表なくして課税なし
☑ 1893 ☐	1773年，イギリス政府は[　　]を制定し，東インド会社に茶の独占販売権を与えたため，植民地の人々の反発をまねいた。 （摂南大）	茶法
☑ 1894 ☐	イギリス政府が茶法を定め，イギリス東インド会社に特権を認めると，植民地側はこれに反発し，[　　]と呼ばれる事件を引き起こした。 （愛知大）	ボストン茶会事件
☑ 1895 ☐	1774年，アメリカの13植民地側は（第1回）[　　]を開いて，合法的な統治は被治者の合意に基づかなければならないとして抗議した。 （中央大）	大陸会議
☑ 1896 ☐	北米では18世紀中頃までに，クウェーカー教徒のウィリアム=ペンが建設した[　　]などを含む13のイギリス植民地が成立した。 （松山大）	フィラデルフィア
☑ 1897 ☐	1775年には，[　　]が起こり，それらがアメリカ独立戦争の発端となった。 （早稲田大）	レキシントン・コンコードの戦い
☑ 1898 ☐	1775年にアメリカ独立戦争が始まると，植民地側は[　　]を総司令官とする軍隊を創設した。 （南山大）	ワシントン
☑ 1899 ☐	1776年初頭に[　　]は『コモン=センス』を出版し，アメリカの独立の必要性を説いた。 （昭和女子大）	ペイン （トマス=ペイン）

☑ 1900	アメリカの独立宣言の起草に関して，中心的な役割を果たしたのは□□□で，彼は1800年に第3代大統領に選出された。　　　　（名城大）	ジェファソン
☑ 1901	□□□での植民地側の勝利を機に，フランスは1778年，アメリカと同盟を結んだ上で参戦した。　　（二松学舎大）	サラトガの戦い
☑ 1902	アメリカ独立宣言の起草に加わった□□□は，外交官としてヨーロッパで活躍し，フランスとの同盟成立に尽力した。　　　　　（昭和女子大）	フランクリン
☑ 1903	ロシアのエカチェリーナ2世を中心に結成された□□□は，イギリスを外交的に孤立させた。　　　（二松学舎大）	武装中立同盟
☑ 1904	イギリスは1781年の□□□で敗れると，1783年のパリ条約でアメリカの独立を承認した。　　（日本女子大）	ヨークタウンの戦い
☑ 1905	フランスのラ=ファイエットやポーランドの□□□など，アメリカ独立戦争において，義勇兵として参加したヨーロッパ人も少なくなかった。　　（西南学院大）	コシューシコ（コシチューシコ）
☑ 1906	1783年の□□□により，アメリカはイギリスから独立を承認され，ミシシッピ川以東のイギリス領を譲り受けた。　　　　　（昭和女子大）	パリ条約（1783 年）
☑ 1907	1777年，13植民地はアメリカ初の成文憲法となる□□□を起草した。　　（オリジナル）	アメリカ連合規約
☑ 1908	1787年の憲法制定会議では，強力な連邦政府を志向する□□□と，各州の自治権や独立性を尊重しようとする州権派（反連邦派）が対立した。　（慶應義塾大）	連邦派（フェデラリスト）

237

☑ 1909	アメリカで，連邦派の代表として保護関税政策による商工業の育成に努めたワシントン大統領下の財務長官は，□である。 (専修大)	ハミルトン
☑ 1910	ヴァージニアのプランター出身の政治家ジェファソンは，アメリカ合衆国憲法制定のとき，各州の自治権の尊重を主張する□を率いた。 (愛知工業大)	州権派（反連邦派）

フランス革命

見出し番号 1911—1963

出題頻度
♛

☑ 1911	革命前のフランスは，□と呼ばれる絶対王政の社会であった。 (同志社大)	旧体制（アンシャン＝レジーム）
☑ 1912	フランスの聖職者の□は，全国三部会召集に対して，『第三身分とは何か』を著し，特権身分を攻撃した。 (東洋大)	シェイエス
☑ 1913	後にフランス革命初期の指導者の一人となるシェイエスは，パンフレット『□』で特権身分を批判した。 (オリジナル)	第三身分とは何か
☑ 1914	革命勃発時のフランス国王□は，革命で廃位され，国民公会で行われた公開裁判の結果，死刑を宣告され，断頭台で処刑された。 (東京女子大)	ルイ16世
☑ 1915	マリア＝テレジアの末娘□は，後のルイ16世に政略結婚で嫁ぎ，フランス革命に巻き込まれることとなった。 (防衛大)	マリ＝アントワネット
☑ 1916	フランスのルイ16世は，財務長官に重農主義経済学者の□を起用し，穀物取引の自由化やギルド廃止等の改革にあたらせた。 (明治大)	テュルゴー（テュルゴ）

☑ 1917 ☐	フランスのルイ16世は，重農主義者のテュルゴーや銀行家の◯◯を登用して財政改革に努めたが，免税特権を持つ特権身分の抵抗にあい失敗した。　（福岡大）	ネッケル
☑ 1918 ▨	フランス国王ルイ16世は，主として大貴族からなる「◯◯」を1787年に招集して，特権身分に対する課税への承認を求めた。　（オリジナル）	名士会
☑ 1919 ▨	1789年の全国三部会では，第三身分は従来の◯◯ではなく個人別票決を望んだ。　（上智大）	身分別議決法
☑ 1920 ☐	1789年5月に開かれた全国三部会では，特権身分と第三身分とが激しく対立し，第三身分の議員らは◯◯を結成し，一部の貴族らとともに三部会から離脱した。　（立命館大）	国民議会
☑ 1921 ☐	フランスでは，第三身分は1789年6月に国民議会を結成し，憲法制定までは解散しないことを誓った。これを◯◯という。　（立正大）	球戯場の誓い（テニスコートの誓い）
☑ 1922 ☐	フランスの国民議会は，1789年7月には◯◯と改称された。　（日本大）	憲法制定議会（憲法制定国民議会）
☑ 1923 ☐	国王側の軍事力による弾圧に対する自衛のため，パリの民衆は，中世以来政治犯収容所となっていたパリの◯◯を1789年7月14日に攻撃した。　（オリジナル）	バスティーユ牢獄
☑ 1924 ☐	フランス革命期，職人や小商店主などの都市民衆は◯◯と呼ばれた。　（東京農業大）	サンキュロット
☑ 1925 ☐	フランスの国民議会は，1789年に◯◯を決定し，領主裁判権や教会への十分の一税を廃止した。　（倉敷芸術科学大）	封建的特権の廃止

☑ 1926 ♺	1789年8月，フランスの国民議会で自由・平等・主権在民・言論の自由などを明記した[　　　]が採択された。 (オリジナル)	人権宣言
☑ 1927 ♺	義勇兵としてアメリカ独立軍に参加したフランスの自由主義貴族[　　　]は，フランス革命では人権宣言の起草者の一人となった。 (成蹊大)	ラ=ファイエット
☑ 1928 ♺	1789年10月，パリの女性たちの[　　　]によって，改革に否定的な国王一家はヴェルサイユからパリに強制的に移転させられた。 (女子美術大)	ヴェルサイユ行進
☑ 1929 ▥	フランス革命中の1789年，国民議会は[　　　]の国有化を行った。 (松山大)	教会財産
☑ 1930 ▥	フランス革命は，身分や特権，格差をなくし，平等な国民を主体とする[　　　]を生んだ。 (オリジナル)	国民国家
☑ 1931 ♺	1791年，フランス王ルイ16世一家が王妃の実家オーストリアへの逃亡を企てた[　　　]が起こり，国王の信用は失墜した。 (オリジナル)	ヴァレンヌ逃亡事件
☑ 1932 ♺	1791年，オーストリアのレオポルト2世とプロイセンのフリードリヒ=ヴィルヘルム2世は，ルイ16世の救援を諸外国に呼びかける[　　　]を共同で発した。 (早稲田大)	ピルニッツ宣言
☑ 1933 ♺	フランス革命期に国民議会が制定した[　　　]では，一院制の立憲君主政が定められ，選挙権は有産市民に限定された。 (慶應義塾大)	1791 年憲法
☑ 1934 ♺	1791年10月に開催された[　　　]では，立憲君主（王）政を主張するフイヤン派と共和政を主張するジロンド派が対立した。 (倉敷芸術科学大)	立法議会

☑ 1935 ☐	ジャコバン=クラブから分裂してできた ［　　　　］ は，立憲君主（王）政の立場に立つ党派で，ラ=ファイエットやバルナーヴが指導した。　　　　　　　　　　　　（武蔵大）	フイヤン派
☑ 1936 ☐	フランスの立法議会で政権を握った ［　　　　］ は，オーストリアに宣戦し，革命戦争が始まった。　（名古屋学芸大）	ジロンド派
☑ 1937 📖	1792年9月に成立した国民公会では，主導権をめぐって，ロベスピエールとジロンド派の ［　　　　］ との間で激しい闘争がくりひろげられた。　　　　　　　　　（関西学院大）	ブリッソ
☑ 1938 ☐	ロベスピエールをリーダーとする急進的な ［　　　　］ の政権は，1793年頃からいわゆる恐怖政治を展開し，フランス国内の反対派の排除が試みられた。　　　（日本大）	ジャコバン派（山岳派）
☑ 1939 ☐	フランス革命軍の義勇兵が行軍途中に歌った ［　　　　］ が，今日のフランス国歌となった。　　　（名古屋学院大）	ラ=マルセイエーズ
☑ 1940 ☐	フランスでは，1792年に国民衛兵とサンキュロットがテュイルリー宮殿を襲撃する ［　　　　］ が発生し，王権が停止されて国民公会が成立した。　　　　　　（東海大）	8月10日事件
☑ 1941 📖	フランスでは，1792年8月10日，国民衛兵とサンキュロットが ［　　　　］ を襲撃する事件が発生した。　（東海大）	テュイルリー宮殿
☑ 1942 ☐	フランス革命が進展する中，1792年には立法議会に代わって男性普通選挙による ［　　　　］ が成立し，王政の廃止が宣言された。　　　　　　　　　　　　（関西大）	国民公会
☑ 1943 ☐	1792年，フランス軍は ［　　　　］ で，パリに迫るプロイセン・オーストリアの両軍に勝利した。　（早稲田大）	ヴァルミーの戦い

☑ 1944 ☖	フランスでは1792年9月，男性普通選挙による国民公会が成立し，王政の廃止，共和政の樹立が宣言された。これが◯◯◯である。　　　　　　　　　　　　（女子美術大）	第一共和政
☑ 1945 ☖	フランスで革命政府がルイ16世を処刑すると，イギリス首相の◯◯◯は第1回対仏大同盟を結成して，フランスを包囲した。　　　　　　　　　　　　　　　　（青山学院大）	ピット(小ピット)
☑ 1946 ☖	1793年，イギリスの首相ピットは，フランス軍がベルギー地方に侵入したことに対抗して，フランス包囲の◯◯◯を作った。　　　　　　　　　　　　　　（広島修道大）	第1回対仏大同盟
☑ 1947 ☖	1793年3月，国民公会が独身男性を対象にした徴兵制を実施したことに対して，フランス西部の◯◯◯で農民反乱が起きた。　　　　　　　　　　　　　　　（上智大）	ヴァンデー
☑ 1948 ☖	1793年，ジャコバン派（山岳派）は国民公会内に最高指導機関として◯◯◯や，反革命分子処刑のための革命裁判所を設置した。　　　　　　　　　　　（オリジナル）	公安委員会
☑ 1949 ☖	国民公会からジロンド派を追放したジャコバン派（山岳派）の◯◯◯は，1793年にジロンド派に暗殺された。　　　　　　　　　　　　　　　　　　（東海大）	マラー
☑ 1950 ☖	フランスでは，ロベスピエール指導の公安委員会による◯◯◯が行われた。　　　　　　　　　　　　（成蹊大）	恐怖政治
☑ 1951 ☖	1793年6月にジャコバン派が政権を掌握すると，◯◯◯を中心とする公安委員会に権力が集中し，恐怖政治が行われた。　　　　　　　　　　　　　　　（駒澤大）	ロベスピエール
☑ 1952 ☖	ジャコバン派（山岳派）内にも，恐怖政治を批判する右派の◯◯◯などの勢力もあったが，ロベスピエールと対立して処刑された。　　　　　　　　　　（法政大）	ダントン

☑ 1953	ジャコバン派（山岳派）左派の指導者◯◯◯は，ロベスピエールと対立し，処刑された。（青山学院大）	エベール
☑ 1954	1793年6月にフランスの国民公会で採択された◯◯◯は，きわめて民主主義的な内容を持っていたが，結局実施されることはなかった。（上智大）	1793年憲法（ジャコバン憲法）
☑ 1955	フランスのジャコバン派政権は，1793年7月に◯◯◯を行ったが，自分の土地を所有した農民は革命の進展に否定的となり保守化した。（関西大）	封建地代の無償廃止
☑ 1956	フランスのジャコバン派は，国民公会時に1793年憲法の制定や生活必需品などの最高額を規定する◯◯◯など急進的な政策を展開した。（日本大）	最高価格令
☑ 1957	フランスでは，非キリスト教化運動の一つとして，1793年に◯◯◯という反キリスト教的性格の祭典が行われた。（明治大）	理性の崇拝（理性の祭典）
☑ 1958	フランス革命に際しては，共和政宣言の日を第1年第1日とした◯◯◯が採用されたが，長くは続かなかった。（関西学院大）	革命暦
☑ 1959	フランス革命中，新たな度量衡として，地球の子午線を基準とする◯◯◯が制定された。（オリジナル）	メートル法
☑ 1960	1794年7月に◯◯◯でロベスピエールが処刑されると，ジャコバン派は没落し，1795年には総裁政府が成立した。（杏林大）	テルミドールの反動（テルミドール9日のクーデタ）
☑ 1961	フランスで，穏健派によって制定された◯◯◯は，権力の集中を避けるため，二院制の議会や5人の総裁による総裁政府を建てた。（日本女子大）	1795年憲法（共和国第3憲法）

☑ 1962 ☐	フランスで成立した1795年憲法は，二院制の議会や5人の総裁による[　　　]を建てることで，権力の集中を避けた。 （日本女子大）	そうさい 総裁政府
☑ 1963 ☐	フランスの[　　　]は私有財産制の廃止を唱え，総裁政府に対する武装蜂起直前の1796年に逮捕され，翌年処刑された。 （創価大）	バブーフ

THEME
ナポレオンの支配

見出し番号 1964—1999

出題頻度 ♛

☑ 1964 ▣	ナポレオン＝ボナパルトは1769年，地中海北部の小さな島である[　　　]に生まれた。 （青山学院大）	コルシカ島
☑ 1965 ☐	ナポレオンは，1796年に[　　　]の司令官としてオーストリア軍を破り，国民の間に名声を高めた。 （名城大）	イタリア遠征
☑ 1966 ☐	1798年に行われたナポレオンによる[　　　]の目的は，敵国イギリスとインドとの連絡を絶つことであった。 （愛知大）	エジプト遠征
☑ 1967 ☐	フランスの[　　　]は，1799年に総裁政府を倒して統領政府を樹立し，1804年には国民投票によって皇帝に即位した。 （佛教大）	ナポレオン＝ ボナパルト
☑ 1968 ☐	1799年，イギリス首相ピット主導の[　　　]の結成を知ったナポレオンはフランスに戻り，総裁政府を倒した。 （青山学院大）	第2回対仏大同盟
☑ 1969 ☐	ナポレオンは，1799年11月の[　　　]で総裁政府を打倒して統領政府を樹立した。 （関西学院大）	ブリュメール18日のクーデタ

☑1970	ナポレオンは，1799年に総裁政府を倒し，3人の統領からなる□□□□を樹立し，第一統領として事実上の独裁権を握った。 (杏林大)	統領体制 (統領政府)
☑1971	第一統領としてほぼ独裁的な権力を掌握したナポレオンは，□□□□を設立して国家財政の安定を図った。 (青山学院大)	フランス銀行
☑1972	ナポレオンは，教皇ピウス7世との間に□□□□を結んで，フランス革命中に没収した教会財産を返却しないとした上でカトリック教会と和解した。 (オリジナル)	宗教協約 (コンコルダート)
☑1973	ナポレオンは，教皇□□□□との間に宗教協約（コンコルダート）を結んで，カトリック教会と和解した。 (名城大)	ピウス7世
☑1974	ナポレオンは，1802年にイギリスと□□□□を結んで，10年近く続いてきた対外戦争を一旦終わらせた。 (南山大)	アミアンの和約
☑1975	ナポレオンは，法の前の平等など，近代市民社会の原理を確認し，革命の成果を定着させる□□□□を1804年に公布した。 (中央大)	ナポレオン法典 (フランス民法典)
☑1976	ナポレオンは，最初の妻である□□□□と離婚した後，オーストリア皇女マリ=ルイーズと再婚した。 (オリジナル)	ジョゼフィーヌ
☑1977	ナポレオンの皇帝即位から，1814年（ないし15年）の一時的復活まで続く彼の軍事独裁体制を，□□□□と呼ぶ。 (札幌大)	第一帝政
☑1978	ナポレオンによる第一帝政の開始に反発して，イギリスはオーストリア・ロシアなどと□□□□を結成した。 (青山学院大)	第3回対仏大同盟

☑1979 ☖	1805年，ネルソン率いるイギリス海軍は，〔　　　〕でフランス海軍を破った。　　　　　　　　　　　（成蹊大）	トラファルガーの海戦
☑1980 ☖	フランス海軍は，1805年に提督の〔　　　〕率いるイギリス海軍にトラファルガーの海戦で敗北した。　（法政大）	ネルソン
☑1981 ☖	1805年，ナポレオンは〔　　　〕においてロシア・オーストリア両軍を撃破し，第3回対仏大同盟は崩壊した。　　　　　　　　　　　　　　　　　　　　　　（國學院大）	アウステルリッツの戦い（三帝会戦）
☑1982 ☖	ナポレオンの保護の下，西南ドイツに〔　　　〕が結成され，この結果，神聖ローマ帝国が崩壊した。　（学習院大）	ライン同盟
☑1983 ☖	1806年，ナポレオンは諸国にイギリスとの通商を禁じ，フランス産業による大陸の市場独占をめざして，〔　　　〕を出した。　　　　　　　　（フェリス女学院大）	大陸封鎖令（ベルリン勅令）
☑1984 ☖	ナポレオンは，1807年にはプロイセン・ロシアと〔　　　〕を結び，ポーランドにワルシャワ大公国を建てた。　　　　　　　　　　　　　　　　　　　　　　　（佛教大）	ティルジット条約
☑1985 ☖	ヨーロッパ大陸の覇権を握ったナポレオンは，1807年のティルジット条約で旧ポーランド領に〔　　　〕を建てた。　　　　　　　　　　　　　　　　　　　　（関西大）	ワルシャワ大公国
☑1986 ☖	ナポレオンの支配に反発した〔　　　〕をうけて，王位にあったナポレオンの兄ジョゼフは首都マドリードから逃亡した。　　　　　　　　　　　　　（オリジナル）	スペイン反乱
☑1987 ◼	ナポレオンは，オランダ国王には弟ルイ，スペイン国王には兄〔　　　〕を即位させた。　　（青山学院大）	ジョゼフ

☑1988	スペインの画家の◻は「1808年5月3日」で，ナポレオンの侵略に抵抗して銃殺される民衆を描いた。 （上智大）	ゴヤ
☑1989	◻は1807年にプロイセンの首相に就任し，彼を中心にして，プロイセンの近代化改革が始まった。 （法政大）	シュタイン
☑1990	プロイセン首相の◻はプロイセンの改革を行い，ウィーン会議ではプロイセンの全権として活躍した。 （オリジナル）	ハルデンベルク
☑1991	ナポレオン戦争中のプロイセンでは，◻やグナイゼナウによって軍制が改革された。　（オリジナル）	シャルンホルスト
☑1992	ナポレオン戦争中，プロイセンにおける教育制度の改革は◻が中心になって進められ，その一環としてベルリン大学が創設された。 （早稲田大）	フンボルト
☑1993	ドイツの◻は，連続講演で「ドイツ国民に告ぐ」と語りかけ，ナポレオン支配下のドイツ人に対して民族意識の覚醒を促した。 （関西大）	フィヒテ
☑1994	ナポレオンは，1812年◻に踏み切ったが，当地における厳寒と焦土作戦によってフランス軍は大敗した。 （神戸学院大）	ロシア遠征 （モスクワ遠征）
☑1995	1813年，ロシア・プロイセン・オーストリアの連合軍は◻でナポレオンを破り，翌1814年にパリを占領した。 （杏林大）	ライプツィヒの戦い （諸国民戦争）
☑1996	1814年にパリが占領されると，ナポレオンは退位を強いられ，地中海の◻に流された。　（青山学院大）	エルバ島

☑ 1997 ☐	1815年3月，ナポレオンはウィーン会議の混乱に乗じてパリに戻り，皇帝に復位したが，6月にイギリス・オランダ・プロイセン連合軍に◻で大敗した。　（杏林大）	ワーテルローの戦い
☑ 1998 ☐	ナポレオンは，1815年にイギリスの将軍◻率いる対仏連合軍に，ワーテルローの戦いで敗れた。　（福岡大）	ウェリントン
☑ 1999 ☐	1815年にナポレオンはパリで復位するが，ワーテルローの戦いで大敗し，南大西洋の◻に流され，そこで没した。　（南山大）	セントヘレナ島

☑ 2000 ☐	アメリカ独立革命やフランス革命の影響を受け，19世紀前半の中南米で，ほとんどの植民地が独立し，新国家が誕生した動きを，◻という。　（オリジナル）	環大西洋革命（大西洋革命）
☑ 2001 ☐	ラテンアメリカにおいて独立運動の主役として活躍したのは，◻と呼ばれるラテンアメリカ植民地出身の白人たちであった。　（日本女子大）	クリオーリョ
☑ 2002 ☐	植民地時代から中南米では，白人と先住民の混血は◻と呼ばれた。　（オリジナル）	メスティーソ
☑ 2003 ☐	植民地時代から中南米では，白人と黒人の混血は◻と呼ばれた。　（オリジナル）	ムラート
☑ 2004 ☐	ハイチ独立運動の指導者で，「黒いジャコバン」と呼ばれた◻は，1804年のハイチの独立を目にすることなく獄死した。　（上智大）	トゥサン＝ルヴェルチュール

☑ 2005	カリブ海域のサン=ドマングで，白人とムラートの対立に黒人奴隷の反乱が加わり，1804年に世界で初めて植民地支配を脱した黒人国家◻︎が独立した。 （オリジナル）	ハイチ
☑ 2006	19世紀前半，◻︎が独立運動の指導者として活躍し，ベネズエラを皮切りに，コロンビア，エクアドル，ボリビアが独立を実現した。 （中央大）	ボリバル（シモン=ボリバル）
☑ 2007	◻︎はボリバルの出身地でもあり，1811年にミランダによって独立が宣言された。 （東海大）	ベネズエラ
☑ 2008	アルゼンチン出身の◻︎は，1810年代にアルゼンチン，チリ，ペルーの独立運動を指導した。 （西南学院大）	サン=マルティン
☑ 2009	大西洋に面する◻︎は，サン=マルティンの指導で独立を果たした。 （オリジナル）	アルゼンチン
☑ 2010	メキシコでは，1810年に神父の◻︎の蜂起から独立への戦いが始まり，最終的に1821年に独立が達成された。 （中部大）	イダルゴ
☑ 2011	1810年に，イダルゴ神父がスペインからの独立を求めて最初の蜂起を起こしたものの処刑された。しかし，1821年に◻︎は独立を達成した。 （専修大）	メキシコ
☑ 2012	ボリバルは大◻︎共和国の樹立に成功して，1822年にはエクアドルもこれに加えたが，1830年には大◻︎共和国は解体した。 （愛知工業大）	コロンビア
☑ 2013	南米におけるポルトガルの植民地であった◻︎は，1822年に帝政国家として独立を果たした。 （上智大）	ブラジル

古代文明の出現と東アジア

アジアと地中海世界の形成

イスラーム教とヨーロッパ世界

ヨーロッパ世界の進展

アジアの動向と「世界の一体化」

近世ヨーロッパ世界の動向

近代社会の形成

欧米諸列強の世界分割

世界現代史

☑ 2014	19世紀の中南米における政治的混乱と空白に乗じて台頭した軍事的指導者を，中南米では一般に◯◯◯◯と呼ぶ。 (甲南大)	カウディーリョ
☑ 2015	アメリカ合衆国大統領のモンローは，ラテンアメリカ諸国の独立への不干渉を促し，イギリス外相◯◯◯◯もこれを支持した。 (法政大)	カニング
☑ 2016	アメリカ合衆国大統領の◯◯◯◯は孤立主義を具体化し，中南米への欧州諸国の干渉拒否を宣言した。 (関西大)	モンロー

THEME
ウィーン体制の成立と動揺

見出し番号 2017—2046

出題頻度 ♛

☑ 2017	1814年，フランス革命・ナポレオン戦争後の国際秩序を再建するため，◯◯◯◯が開催された。 (中央大)	ウィーン会議
☑ 2018	1814 〜 1815年，ヨーロッパの秩序を再編するために，オーストリア外相の◯◯◯◯の主催によってウィーン会議が開かれた。 (桜美林大)	メッテルニヒ
☑ 2019	フランスの外相である◯◯◯◯は，ウィーン会議において正統主義を主張し，フランスの旧領土の保全に成功した。 (法政大)	タレーラン
☑ 2020	ウィーン体制を強化するため，1815年にロシア皇帝◯◯◯◯の提唱で神聖同盟が成立した。 (オリジナル)	アレクサンドル1世
☑ 2021	フランスの外相タレーランは，ウィーン会議の基本原則としてフランス革命前の状態に立ち返る◯◯◯◯を提唱した。 (明治大)	正統主義

□ 2022	ナポレオン戦争後に開催されたウィーン会議は，主権国家体制を再建し，大国間の□□□を打ち立てようとした。 （青山学院大）	勢力均衡
□ 2023	正統主義と，勢力均衡を原則とした□□□が1815年6月に調印された。 （東京理科大）	ウィーン議定書
□ 2024	ウィーン体制下で成立した□□□は，ナポレオン支配下のワルシャワ大公国の大部分で形成された王国で，ロシア皇帝が君主を兼ねた。 （上智大）	ポーランド王国
□ 2025	1813年にライン同盟が解体したため，ウィーン会議によって形成された35君主国と4自由市からなる□□□が成立した。 （関西大）	ドイツ連邦
□ 2026	ウィーン議定書によって，プロイセンは□□□を獲得した。 （関西学院大）	ラインラント
□ 2027	イギリスはウィーン議定書によって，セイロン島，ケープ植民地，□□□を獲得した。 （法政大）	マルタ島
□ 2028	ウィーン体制を強化するために，1815年にロシア皇帝アレクサンドル1世の提唱による□□□が成立した。 （青山学院大）	神聖同盟
□ 2029	1815年11月に結成された□□□はイギリス，ロシア，オランダ，プロイセンで結成されたが，3年後にフランスが加わった。 （上智大）	四国同盟
□ 2030	1815年，ドイツの大学生は□□□を結成し，ウィーン体制に反対して学生運動を起こした。 （西南学院大）	ブルシェンシャフト（ドイツ学生同盟）

☑ 2031 🗋	19世紀初頭のイタリアでは，イタリアの自由と統一をめざす秘密結社 ⬚ が革命運動を起こした。 （清泉女子大）	カルボナリ
☑ 2032 🗋	ナポレオン支配の崩壊後に復活したブルボン朝の専制に対して，スペインで1820年，⬚ が起きるが，フランス軍の干渉で挫折した。 （上智大）	スペイン立憲革命
☑ 2033 🗋	ロシアでは，ナポレオン戦争に従軍した青年将校たちが，専制廃止・立憲政を求めて秘密結社を結成し，1825年に ⬚ を起こした。 （法政大）	デカブリストの乱 （十二月党員の乱）
☑ 2034 🗋	1825年12月，ロシアでは ⬚ の即位に際して，貴族の青年将校が改革を求めるデカブリストの乱が起こった。 （名城大）	ニコライ1世
☑ 2035 🗋	ウィーン会議の結果，東西に領土を広げたプロイセンは1834年に ⬚ を発足させ，ドイツの経済的統一に乗り出した。 （福岡大）	ドイツ関税同盟
☑ 2036 🗋	ヨーロッパ諸国の支援の下，1821年から1829年にわたる ⬚ がオスマン帝国領内で起こった。（大阪経済大）	ギリシア独立運動
☑ 2037 🗳	1829年の ⬚ をへて，翌年のロンドン会議でギリシアは完全独立を承認され，1832年にギリシア王国が成立した。 （中央大）	アドリアノープル条約
☑ 2038 🗋	ロシアがオスマン帝国と結んだアドリアノープル条約で，ギリシアの独立が両国間でまずは認められ，1830年の ⬚ で国際的な承認を得た。 （早稲田大）	ロンドン会議 （1830年）
☑ 2039 🗋	ナポレオン帝政の崩壊後，ブルボン王家の復位が図られ，ルイ16世の次弟 ⬚ がフランス国王となった。 （防衛大）	ルイ18世

☑ 2040 ☐	ウィーン体制の下で反動政治を行ったフランス国王の □□□ は，1830年7月の革命でパリを追放され，その後に七月王政が成立した。　　　　　　　　（日本女子大）	シャルル10世
☑ 2041 ☐	1830年，フランス国王シャルル10世は国内の不満をそらすために □□□ を強行したものの，パリで七月革命が勃発した。　　　　　　　　　　　　　　　　（国士舘大）	アルジェリア遠征（アルジェリア出兵）
☑ 2042 ☐	フランスでは，シャルル10世が反動政治を進めたが，1830年には □□□ が勃発して復古王政は崩壊した。　　　　　　　　　　　　　　　　　（九州産業大）	七月革命
☑ 2043 ☐	1830年，フランスでは □□□ 出身のルイ＝フィリップが銀行家や大資本家の後押しを受けて即位し，七月王政が誕生した。　　　　　　　　　　　　　（立命館大）	オルレアン家
☑ 2044 ☐	フランスでは1830年7月の七月革命によって，オルレアン家の □□□ が七月王政の国王となった。　（早稲田大）	ルイ＝フィリップ
☑ 2045 ☐	フランスでは，王政復古の下で反動政治を行ったシャルル10世に対する反発から1830年に革命が起こり，□□□ という新体制が成立した。　　　　　（関西学院大）	七月王政
☑ 2046 ☐	ネーデルラント南部は，フランスの七月革命の影響を受けて □□□ として独立し，1831年に憲法が制定された。　　　　　　　　　　　　　　　　　（福岡大）	ベルギー

THEME

社会主義思想と1848年革命

見出し番号 2047—2074

出題頻度
♛

☑ 2047 ☐	主に人道主義的な立場から理想社会の実現をめざしたマルクス以前の社会主義を，エンゲルスは □□□ と総称した。　　　　　　　　　　　　　　　（立命館大）	空想的社会主義

☑ 2048	イギリスの◻◻◻◻は，アメリカに渡り，ニューハーモニー村を設立したが失敗し，帰国して全国労働組合大連合の結成に尽力した。　　　　　　　　　　（法政大）	オーウェン（ロバート=オーウェン）
☑ 2049	イギリスの工場経営者であるオーウェンは，スコットランドの◻◻◻◻で，環境の改善および自己の工場労働者の福祉の向上に努めた。　　　　　　　　　　（中部大）	ニューラナーク
☑ 2050	フランスの空想的社会主義者の◻◻◻◻は，アメリカ独立戦争に参戦した。　　　　　　　　　　（名古屋学院大）	サン=シモン
☑ 2051	18世紀末から19世紀前半，フランスの空想的社会主義者◻◻◻◻は，人道主義的な立場から「ファランジュ」と呼ばれる団体（社会）を設立した。　　　　　　（成蹊大）	フーリエ
☑ 2052	ドイツのエンゲルスは，自分たちの立場を◻◻◻◻，他の社会主義者たちの立場を空想的社会主義と呼んで区別した。　　　　　　　　　　（東京国際大）	科学的社会主義
☑ 2053	ドイツ生まれのユダヤ人である◻◻◻◻は，唯物史観に基づいて資本主義の矛盾を解明し，◻◻◻◻主義経済学を確立した。　　　　　　　　　　（明治大）	マルクス
☑ 2054	◻◻◻◻はマルクスを支援し，マルクスの死後，『資本論』の続刊に努め，各国で拡大する労働運動で指導的役割を担った。　　　　　　　　　　（早稲田大）	エンゲルス
☑ 2055	1848年，マルクスとエンゲルスは『◻◻◻◻』を発表し，「万国の労働者よ，団結せよ」と呼びかけた。　　（明治大）	共産党宣言
☑ 2056	マルクスは，『◻◻◻◻』を著して資本主義の構造について分析し，社会主義運動に大きな影響を与えた。　　（関西大）	資本論

☑ 2057	社会主義に対して，これを批判し，国家権力の否定によって自由な社会の実現をめざしたプルードンらによる □ の思想が起こった。 (明治大)	無政府主義 (アナーキズム)
☑ 2058	無政府主義者の □ は「私有財産とは窃盗である」という言葉で知られ，労働によらない私有財産を批判した。 (関西学院大)	プルードン
☑ 2059	労働者や下層民の暴動に期待して無政府主義を唱えたロシアの □ は，マルクスと対立した。 (北海学園大)	バクーニン
☑ 2060	フランスでは，1848年に □ が勃発して七月王政は崩壊し，ブルジョワ共和派中心の第二共和政が発足した。 (九州産業大)	二月革命
☑ 2061	フランスでは，1848年の二月革命によって国王ルイ=フィリップが亡命し，□ が成立した。 (関西大)	第二共和政
☑ 2062	フランスで選挙法改正の要求を政府が拒否したことをきっかけに二月革命が起こり，共和派の □ を中心とする臨時政府が樹立された。 (南山大)	ラマルティーヌ
☑ 2063	フランスの社会主義者 □ は，二月革命後の臨時政府で活躍した。 (関西学院大)	ルイ=ブラン
☑ 2064	フランス二月革命後に成立した臨時政府では，失業者を救済すべく □ が設立されたが，四月普通選挙での社会主義者の惨敗をきっかけに廃止された。 (オリジナル)	国立作業場
☑ 2065	フランスで行われた1848年の □ では，社会主義勢力が大敗し，穏健共和派の政府が成立した。 (日本女子大)	四月普通選挙

古代文明と東アジア｜出現と東アジア
アジアと地中海｜世界の形成
イスラーム教と｜ヨーロッパ世界
ヨーロッパ｜世界の進展
アジアの動向と｜世界の「一体化」
近世ヨーロッパ｜世界の動向
近代社会｜の形成
欧米諸列強の｜世界分割
世界現代史

☑ 2066 ⌂	フランスでは，政府による国立作業場の廃止に反対して，労働者たちが1848年に ____ を起こしたが，鎮圧された。 (日本女子大)	六月蜂起 (六月暴動)
☑ 2067 ⌂	1848年の12月にフランスの大統領に当選した ____ は，1851年にクーデタを起こして独裁的権力を握ると，翌年，皇帝となった。 (阪南大)	ルイ＝ナポレオン
☑ 2068 ⌂	1848年にフランスで二月革命が起こり，国王は亡命した。この革命の影響はドイツ，オーストリアにもおよび，____ が起こった。 (関西大)	三月革命
☑ 2069 ⌂	1848年5月から ____ が開催され，ドイツ統一と憲法制定が話し合われて小ドイツ主義の憲法がまとめられた。 (早稲田大)	フランクフルト国民議会
☑ 2070 ⌂	ウィーン体制崩壊後のヨーロッパで広がった自由主義的改革運動とナショナリズムの高まりを総称して，「____」と呼ぶ。 (オリジナル)	諸国民の春 (1848年革命)
☑ 2071 ⌂	フランスの二月革命の影響で，____ ではオーストリアに対して独立運動が起こり，1849年4月にはコシュートが独立宣言を発布した。 (日本大)	ハンガリー
☑ 2072 ⌂	1848年にヨーロッパを席巻した「諸国民の春」がハンガリーにも及ぶと，____ が中心となってオーストリアとの独立戦争を繰り広げた。 (駒澤大)	コシュート
☑ 2073 ⌂	1848年革命はヨーロッパ全体に及び，____ ではチェック人による ____ 民族運動が起こった。 (愛知大)	ベーメン
☑ 2074 ⌂	1848年にチェコのプラハでは，パラツキーの指導で ____ が開かれた。 (関西学院大)	スラヴ民族会議

クリミア戦争とロシアの改革

見出し番号 2075—2087

出題頻度

□ 2075	ロシア皇帝は，オスマン帝国内のギリシア正教徒保護政策を打ち出し，それを契機として，1853年に[　　　]が起こった。　　　　　　　　　　　　　　　（青山学院大）	クリミア戦争
□ 2076	ロシアは，オスマン帝国内の[　　　]の保護を口実にオスマン帝国に宣戦布告し，クリミア戦争が始まった。　　　　　　　　　　　　　　　　　　　　　（オリジナル）	ギリシア正教徒
□ 2077	クリミア戦争において，クリミア半島の軍港でもある[　　　]が激戦地となった。　　　　　　　　　　　　　（関西学院大）	セヴァストーポリ要塞
□ 2078	クリミア戦争後に結ばれた[　　　]では，黒海の中立化が約束され，ロシアの南下政策は失敗に終わった。　　　　　　　　　　　　　　　　　　　　　　　（早稲田大）	パリ条約（クリミア戦争）
□ 2079	クリミア戦争後に結ばれたパリ条約では，[　　　]の中立化が約束され，ロシアの南下政策は失敗に終わった。　　　　　　　　　　　　　　　　　　　　　　　（早稲田大）	黒海
□ 2080	後にルーマニアとなる[　　　]は，クリミア戦争後にオスマン帝国内の自治公国となった。　　　　（オリジナル）	モルダヴィア・ワラキア
□ 2081	クリミア戦争後の1861年，ロシアの[　　　]は農奴解放令を出して近代化を図っていくがうまくいかず，再び専制政治を強化した。　　　　　　　　　（川崎医療福祉大）	アレクサンドル2世
□ 2082	アレクサンドル2世の進めた自由主義的改革に乗じて，1863年にロシア領の[　　　]において反乱が起こったが，ロシア軍により弾圧された。　　　　　　　（青山学院大）	ポーランド

☑ 2083	クリミア戦争敗北後，ロシアのアレクサンドル2世は ___ を出して農奴の人格的自由を認めたが，農地は有償で分与された。　　　　　　　　（慶應義塾大）	農奴解放令
☑ 2084	19世紀後半のロシアでは，___ と呼ばれる知識人層が，体制批判の先頭に立った。　　　　（法政大）	インテリゲンツィア
☑ 2085	インテリゲンツィアの一部は，「人民の中へ」という標語を掲げて農村に入り込んだことから，___ と呼ばれた。　　　　　　　　　　　　（名古屋学院大）	ナロードニキ（人民主義者）
☑ 2086	19世紀後半のロシアでは，知識人が「___」を標語に農村での改革を試みるが，失敗に終わった。　　　　　　　　　　　　　（川崎医療福祉大）	ヴ=ナロード（人民の中へ）
☑ 2087	ナロードニキの一部は変革の唯一の手段として ___ と呼ばれる思想を採用し，1881年にアレクサンドル2世を暗殺した。　　　　　　　　　　（中部大）	テロリズム

THEME

イギリス・フランスの新体制

見出し番号 2088—2128

出題頻度 ♛

☑ 2088	アイルランドは1801年に合同法に基づいてイギリスに併合され，___ の一部となった。　　（関西学院大）	グレートブリテン=アイルランド連合王国
☑ 2089	イギリスでは1832年の ___ によって，産業資本家に選挙資格が与えられた。　　　　　　（神奈川大）	第1回選挙法改正
☑ 2090	18世紀初頭のイギリスでは，有権者のきわめて少ない ___ から依然として議員が選出されていた問題があった。　　　　　　　　　　　　　（明治大）	腐敗選挙区

No.	問題	解答
☑ 2091	1832年に第1回選挙法改正が行われたものの，これに不満をもつ労働者などは，□□□を起こした。（日本福祉大）	チャーティスト運動
☑ 2092	第1回選挙法改正の結果，選挙権を与えられなかった労働者たちは1838年に□□□を掲げて，普通選挙の実施を議会に要求した。（松山大）	人民憲章
☑ 2093	1833年，イギリスは□□□の中国貿易（茶貿易）独占権を廃止した。（オリジナル）	東インド会社（イギリス）
☑ 2094	イギリスでも□□□はさかんであったが，1807年にイギリス議会において□□□の廃止が決議された。（大東文化大）	奴隷貿易
☑ 2095	1807年，イギリスで奴隷貿易廃止法が制定されたが，その廃止運動の中心となったのは，□□□らの福音主義者だった。（早稲田大）	ウィルバーフォース
☑ 2096	1815年，ナポレオン戦争後の外国産穀物輸入急増に対して新たな□□□が制定されたが，コブデンらが反対運動を展開し，1846年に廃止された。（オリジナル）	穀物法
☑ 2097	□□□とブライトは1839年に「反穀物法同盟」を組織して，穀物法廃止運動を展開した。（神戸学院大）	コブデン
☑ 2098	□□□はコブデンとともに穀物法廃止に尽力した。（オリジナル）	ブライト
☑ 2099	イギリスは，1849年に，自由貿易体制を実現するために，17世紀に制定されていた□□□を決めた。（オリジナル）	航海法廃止

☑ 2100	イギリスのトーリ党は，後に[___]に発展し，主にジェントリの利益を代表した。 (オリジナル)	保守党
☑ 2101	イギリスのホイッグ党は，後に[___]に発展し，主に産業資本家の利益を代表した。 (オリジナル)	自由党
☑ 2102	[___]（在位1837〜1901）を戴いたイギリスは，覇権国家として国際秩序の中心を占めた。 (名古屋外国語大)	ヴィクトリア女王
☑ 2103	世界最初の万国博覧会である1851年の[___]には，多くの大衆が訪れ，産業革命後に発展したイギリスの工業力や技術力が示された。 (椙山女学園大)	ロンドン万国博覧会
☑ 2104	[___]は安価な夜行列車や乗合馬車を利用し，多くの庶民を1851年のロンドン万国博覧会に運ぶことに成功し，娯楽としての旅行を定着させた。 (中央大)	トマス=クック
☑ 2105	イギリスでは，1867年の[___]で，都市労働者の多数が選挙権を獲得した。 (広島修道大)	第2回選挙法改正
☑ 2106	イギリスの第2回選挙法改正は，保守党[___]内閣の下で実施され，都市の労働者に選挙権が拡大された。 (関西学院大)	ダービー
☑ 2107	19世紀後半のイギリスは，二大政党が総選挙の結果によって交替して政権を担当した。自由党は[___]の内閣の下で，重要な改革を実現させた。 (獨協大)	グラッドストン
☑ 2108	イギリスでは，1870年，グラッドストン内閣の下で初等教育の整備を目的とした[___]が制定された。 (関西学院大)	教育法

☑ 2109 ☐	イギリスでは，自由党のグラッドストン首相の下で，1870年に教育法，1871年には◯◯◯◯が制定された。 (近畿大)	労働組合法
☑ 2110 ☐	イギリスでは1884年の◯◯◯◯で，農業労働者・鉱山労働者に選挙権が認められた。 (関西学院大)	第3回選挙法改正
☑ 2111 ☐	イギリスの保守党の首相である◯◯◯◯は，スエズ運河会社の株式を買収するなど，19世紀後半にイギリスの帝国主義的政策を推進した。 (城西大)	ディズレーリ
☑ 2112 ☐	イギリスでは，1828年の◯◯◯◯により，非国教徒の公職就任が認められた。 (文教大)	審査法廃止
☑ 2113 ☐	アイルランドでは，◯◯◯◯の尽力によって，1829年にカトリック教徒解放法が制定された。 (上智大)	オコネル (オコンネル)
☑ 2114 ☐	アイルランドでは，オコネルらにより，1829年に◯◯◯◯が制定され，アイルランドにおける宗教差別は緩和された。 (青山学院大)	カトリック教徒解放法
☑ 2115 ☐	19世紀半ばにアイルランドで発生した凶作は「◯◯◯◯」とも呼ばれ，多くの死者を出した。 (学習院女子大)	ジャガイモ飢饉
☑ 2116 ☐	1870年にイギリスで◯◯◯◯が制定され，以後，アイルランドの小作農の権利保障や自作農創設要求に対し，3度にわたり改定された。 (法政大)	アイルランド土地法
☑ 2117 ☐	アイルランドでは自治獲得運動も開始され，イギリス側でもグラッドストン内閣が2度にわたり◯◯◯◯を提出したが，否決された。 (青山学院大)	アイルランド自治法案

古代文明の出現と東アジア

アジアと地中海世界の形成

イスラーム教とヨーロッパ世界

ヨーロッパ世界の進展

アジアの動向と「世界の一体化」

近世ヨーロッパ世界の動向

近代社会の形成

欧米諸列強の世界分割

世界現代史

☑ 2118 ☐	フランスでは, 1852年12月2日に帝政が宣言され, ルイ=ナポレオン新皇帝は「_____」を名乗った。 (東京女子大)	ナポレオン3世
☑ 2119 ☐	フランスでは二月革命後, ルイ=ナポレオンがクーデタを起こして独裁権を握って皇位につき, _____と呼ばれる政体が成立した。 (西南学院大)	第二帝政
☑ 2120 ☐	フランスの第二帝政期に, セーヌ県知事_____の手腕で, パリの大通りや公園, 緑地帯, 上下水道などが整備され, 現在の街並みの原型が作られた。 (関西大)	オスマン
☑ 2121 ■	1860年, イギリスとナポレオン3世治世下のフランスは_____を結び, 相互の関税引き下げを実施した。 (東洋大)	英仏通商条約
☑ 2122 ☐	ナポレオン3世は, ベトナムでの宣教師殺害を口実に_____を行い, ベトナムの植民地化を進めた。 (オリジナル)	インドシナ出兵
☑ 2123 ☐	ナポレオン3世は, フアレス政権の対外債務支払い停止を受けて, 1861〜67年にかけて_____を行った。 (オリジナル)	メキシコ遠征
☑ 2124 ☐	メキシコ内乱中, オーストリア皇帝の弟_____は, ナポレオン3世に擁立されて, 一時的にメキシコ皇帝となった。 (中央大)	マクシミリアン
☑ 2125 ☐	1850年代に先住民出身の_____がメキシコ大統領となり, 土地改革を断行したが反対勢力との間で内戦となった。 (武蔵大)	フアレス
☑ 2126 ☐	フランス第二帝政崩壊後の1871年2月に穏健派の臨時政府がドイツと仮講和を結ぶと, パリ民衆は3月, 労働者主導の_____を樹立して臨時政府に反抗した。 (同志社大)	パリ=コミューン

| ☑ 2127 | 1871年3月，フランスではパリ=コミューンが樹立されたが，ドイツの援助を得た保守的な共和主義者 [____] により鎮圧された。 (杏林大) | ティエール |
| ☑ 2128 | パリ=コミューンは，その後 [____] の初代大統領となるティエールを首班とする臨時政府に弾圧された。 (慶應義塾大) | 第三共和政 |

THEME

イタリア・ドイツの統一と新国家独立

見出し番号 2129—2186

出題頻度 👑

☑ 2129	1831年，[____] が亡命先のマルセイユでイタリア統一をめざす政治結社「青年イタリア」を結成した。 (青山学院大)	マッツィーニ
☑ 2130	1831年に亡命先で政治結社 [____] を結成したマッツィーニは，共和主義に基づくイタリア統一をめざして活動した。 (青山学院大)	青年イタリア
☑ 2131	1849年，マッツィーニ率いる「青年イタリア」は [____] の建国を宣言したが，ローマ教皇の要請によるフランス軍の介入によって崩壊した。 (明治大)	ローマ共和国
☑ 2132	サルデーニャ王 [____] は，1848年，三月革命の混乱に乗じ，オーストリアを相手としてイタリア統一のために戦ったが，大敗を喫した。 (清泉女子大)	カルロ=アルベルト
☑ 2133	[____] がサルデーニャ王位につくと，自由主義者のカヴールが首相となって工業化を推進した。 (神奈川大)	ヴィットーリオ=エマヌエーレ2世
☑ 2134	イタリアでは，ヴィットーリオ=エマヌエーレ2世の下で [____] が首相となり，軍事力を背景に外交も駆使して統一を実現させた。 (順天堂大)	カヴール

☑ 2135 🖱	サルデーニャ王国の首相カヴールはナポレオン3世と ◯◯◯◯を結び，1859年，オーストリアに対してイタリ ア統一戦争を起こした。 （東京理科大）	プロンビエールの 密約
☑ 2136 🖱	1859年，イタリア統一戦争でサルデーニャ王国はオース トリアとの戦いに勝ち，北イタリアの◯◯◯◯を獲得し た。 （早稲田大）	ロンバルディア
☑ 2137 🖱	フランスからの援助を取りつけたサルデーニャ王国は， 1859年にオーストリアとの間で◯◯◯◯を起こした。 （法政大）	イタリア統一戦争
☑ 2138 🖱	サルデーニャ王国は，1860年，フランスへのサヴォイア・ ニースの割譲とひきかえにトスカナなどの◯◯◯◯を達 成した。 （早稲田大）	中部イタリア併合
☑ 2139 🖱	サルデーニャ王国は，1860年にニースと◯◯◯◯をフラ ンスに割譲することで，ナポレオン3世との合意の下に中 部イタリアを併合した。 （獨協大）	サヴォイア
☑ 2140 🖱	1860年にはナポレオン3世の合意の下，サルデーニャ王 国は中部イタリアを併合したが，その際に地中海に面す る◯◯◯◯がフランスへ割譲された。 （法政大）	ニース
☑ 2141 🖱	1860年，◯◯◯◯が義勇軍を率いて両シチリア王国を征 服し，サルデーニャ王国のヴィットーリオ=エマヌエーレ 2世に献じた。 （明治大）	ガリバルディ
☑ 2142 🖱	1860年に◯◯◯◯を率いるガリバルディが両シチリア王 国を占領し，翌年イタリア王国に併合した。 （國學院大）	千人隊 （赤シャツ隊）
☑ 2143 🖱	1861年には，トリノに首都を置き，ヴィットーリオ=エ マヌエーレ2世を王とする◯◯◯◯が成立した。 （東京理科大）	イタリア王国

☑ 2144	イタリア王国は, プロイセン=オーストリア（普墺戦争）に際してオーストリア領だった［　　　］を行い, さらにプロイセン=フランス（独仏・普仏）戦争の際, 教皇領を併合した。 （東京理科大）	ヴェネツィア併合
☑ 2145	イタリア王国は, 1866年にオーストリア領だったヴェネツィアを併合し, 1870年には［　　　］を行い, イタリアの統一をほぼ完成させた。 （早稲田大）	ローマ教皇領占領
☑ 2146	イタリア統一後もトリエステや南チロルは, オーストリア領にとどまり, 「［　　　］」と呼ばれた。 （日本大）	未回収のイタリア
☑ 2147	イタリア王国は, オーストリア領であったもののイタリア系住民が多い内陸部の［　　　］などを「未回収のイタリア」と呼んだ。 （オリジナル）	南チロル
☑ 2148	統一後のイタリアは, アドリア海沿岸部に位置する［　　　］などを「未回収のイタリア」とみなし, オーストリアと対立した。 （関西大）	トリエステ
☑ 2149	フランクフルト国民議会では, オーストリアのドイツ人地域を含む統一をめざす［　　　］が, 小ドイツ主義と対立した。 （徳島文理大）	大ドイツ主義
☑ 2150	オーストリアを除外し, プロイセンを中心にドイツ統一を進めようという主義を［　　　］という。 （神戸学院大）	小ドイツ主義
☑ 2151	1861年に国王に即位した［　　　］は, ビスマルクをプロイセン首相に任命した。 （広島修道大）	ヴィルヘルム1世
☑ 2152	プロイセン首相に任命された［　　　］は, 鉄血政策と呼ばれる軍備拡張政策を実施し, 軍事力によるドイツの統一をめざした。 （神戸学院大）	ビスマルク

古代文明の出現と東アジア

アジアと地中海世界の形成

イスラーム教とヨーロッパ世界

ヨーロッパ世界の進展

アジアの動向と「世界の一体化」

近世ヨーロッパ世界の動向

近代社会の形成

欧米諸列強の世界分割

世界現代史

☑ 2153 ☐	ビスマルクの軍備拡張政策は，1862年の彼の演説の言葉から[　　　]と呼ばれた。 (武蔵大)	鉄血政策
☑ 2154 ☐	[　　　]は1864年にプロイセン・オーストリアにシュレスヴィヒ・ホルシュタインを奪われ，国土が縮小した。 (中央大)	デンマーク
☑ 2155 ☐	デンマークは，1864年に勃発したデンマーク戦争後，プロイセン・オーストリアに[　　　]を奪われ，国土が縮小した。 (中央大)	シュレスヴィヒ・ホルシュタイン
☑ 2156 ☐	プロイセンはシュレスヴィヒ・ホルシュタインの領有をめぐってオーストリアと対立し，1866年に[　　　]が勃発した。 (中京大)	プロイセン=オーストリア戦争（普墺戦争）
☑ 2157 ☐	プロイセン=オーストリア（普墺）戦争に勝利したプロイセンは，ドイツ連邦を解体し，プロイセンを盟主とする[　　　]を成立させた。 (明治大)	北ドイツ連邦
☑ 2158 ☐	19世紀後半，オーストリアは，マジャール人のハンガリー王国を認めて，以後，[　　　]と呼ばれるようになる。 (慶應義塾大)	オーストリア=ハンガリー帝国（二重帝国）
☑ 2159 ☐	19世紀後半のオーストリアでは，[　　　]（妥協）により，オーストリアとハンガリーの同君連合が成立した。 (関西学院大)	アウスグライヒ
☑ 2160 ■	1867年，オーストリア皇帝の[　　　]はついに「アウスグライヒ」に踏み切り，ハンガリーに同君連合としての独自の王国を認めた。 (慶應義塾大)	フランツ=ヨーゼフ1世
☑ 2161 ☐	プロイセンの強大化を恐れたナポレオン3世であったが，1870年，[　　　]に敗れ，捕虜となった。 (國學院大)	ドイツ=フランス戦争（独仏戦争・普仏戦争）

☑ 2162	ドイツ=フランス戦争において，フランス皇帝ナポレオン3世は◯◯◯で捕虜となり，第二帝政は崩壊した。 （関西大）	スダン （セダン）
☑ 2163	ドイツ=フランス戦争後，フランスはドイツに国境地帯にある◯◯◯を割譲した。　　（日本大）	アルザス・ ロレーヌ
☑ 2164	ドイツ=フランス戦争で，フランスを圧倒したプロイセンは，1871年，ヴェルサイユ宮殿において◯◯◯の成立を宣言した。　　（オリジナル）	ドイツ帝国
☑ 2165	ドイツ帝国では，25歳以上の男性普通選挙制による◯◯◯が置かれた。　　（センター）	帝国議会
☑ 2166	ドイツ帝国は，連邦諸国の代表で構成される◯◯◯と帝国議会とによる二院制議会をもっていた。　　（専修大）	連邦参議院
☑ 2167	ドイツ統一後，南ドイツのカトリック勢力を抑えるために，ビスマルクは「◯◯◯」を開始した。　（同志社大）	文化闘争
☑ 2168	ドイツの社会主義運動は，1860年代に◯◯◯の指導で始まり，1875年，ベーベルらのマルクス主義運動と合同して，後の社会民主党が成立した。　　（順天堂大）	ラサール
☑ 2169	ドイツでは，全ドイツ労働者協会と◯◯◯らの指導するマルクス主義の社会民主労働者党が1875年に合同した。　　（慶應義塾大）	ベーベル
☑ 2170	ビスマルクは，社会主義勢力の取り締まりを目的として，皇帝狙撃事件を機に1878年に◯◯◯を制定した。 （専修大）	社会主義者鎮圧法

☑ 2171	ドイツの社会民主労働党（アイゼナハ派）はラサール派と合同し，〔　　　〕を結成した。　　　　　　（オリジナル）	ドイツ社会主義労働者党
☑ 2172	ビスマルクは労働者を社会主義運動から切り離すために，疾病保険・災害保険・養老保険などの〔　　　〕制度の実施を試みた。　　　　　　　　　　　　（法政大）	社会保険
☑ 2173	ドイツ帝国は1879年に輸入品に関税を課す〔　　　〕を定め，産業資本家とユンカーの利益を保護した。　（立正大）	保護関税法
☑ 2174	統一によって資本主義発展の道を開いたドイツは，その後資本家とユンカーが協調する，「〔　　　〕」と呼ばれる保護関税政策を実施した。　　　　　　（明治大）	鉄と穀物の同盟
☑ 2175	ドイツ＝フランス戦争後，ビスマルクはフランスを孤立させるためにオーストリア・ロシアとともに〔　　　〕を結んだ。　　　　　　　　　　　　　　　（日本大）	三帝同盟
☑ 2176	ビスマルクはフランスを孤立化させる国際体制を築き，1882年にドイツ・オーストリア・イタリアは〔　　　〕を結んだ。　　　　　　　　　　　　　　　（國學院大）	三国同盟
☑ 2177	三帝同盟の失効にともない，1887年にドイツはロシアがフランスに接近するのを阻止するために，ロシアと〔　　　〕を結んだ。　　　　　　　　　　　　（南山大）	再保障条約
☑ 2178	1875年のボスニア・ヘルツェゴヴィナの反乱をきっかけとする〔　　　〕でのロシアの勝利は，ロシアのバルカン半島における勢力を拡大させた。　　　　（立教大）	ロシア=トルコ戦争（露土戦争）
☑ 2179	ロシア＝トルコ（露土）戦争の講和条約である〔　　　〕によって，ロシアはブルガリアを保護下においてバルカン半島へ進出した。　　　　　　　　　（同志社大）	サン=ステファノ条約

☑ 2180	ロシア=トルコ戦争の講和条約であるサン=ステファノ条約で、ベオグラードを首都とする◻︎◻︎◻︎が独立を果たした。 (オリジナル)	セルビア
☑ 2181	ロシア=トルコ戦争の講和であるサン=ステファノ条約で、アドリア海に面した◻︎◻︎◻︎が独立を果たした。 (オリジナル)	モンテネグロ
☑ 2182	オスマン帝国支配下の◻︎◻︎◻︎は、クリミア戦争後に自治公国となり、1878年のサン=ステファノ条約で独立した。 (愛知大)	ルーマニア
☑ 2183	ロシアはロシア=トルコ戦争に勝利し、サン=ステファノ条約で◻︎◻︎◻︎を保護下に置いた。 (立教大)	ブルガリア
☑ 2184	1878年にサン=ステファノ条約が結ばれると、オーストリアやイギリスは強く反発し、ビスマルクは◻︎◻︎◻︎を開いて調停をはかった。 (関西学院大)	ベルリン会議
☑ 2185	オーストリアは、ベルリン条約で、◻︎◻︎◻︎の占領と行政権を認められた。 (早稲田大)	ボスニア・ヘルツェゴヴィナ
☑ 2186	1878年のベルリン会議では、イギリスが◻︎◻︎◻︎の行政権を獲得するなど、大きな外交的勝利を得た。 (法政大)	キプロス島

THEME

アメリカ合衆国の発展

見出し番号 2187—2231

出題頻度 ♛

☑ 2187	ヴァージニアのプランター出身であった◻︎◻︎◻︎は、1800年に第3代アメリカ大統領に選出された。 (名城大)	ジェファソン (トマス=ジェファソン)

☑ 2188 ⟡	ナポレオン戦争中，イギリスがアメリカ合衆国の通商を海上封鎖で妨害したので，合衆国は宣戦して1812年から◻︎が始まった。 (長崎大)	アメリカ=イギリス戦争(米英戦争)
☑ 2189 ⟡	アメリカでは第7代大統領◻︎の時代に，白人男性の普通選挙権が確立し，民主主義が進展した。 (立教大)	ジャクソン
☑ 2190 ⟡	1820年代から30年代のジャクソン政権下で，白人男性普通選挙制が採用され，政治の大衆化が進んだことを◻︎と呼ぶ。 (早稲田大)	ジャクソニアン=デモクラシー
☑ 2191 ⟡	ジャクソン大統領の下，先住民をミシシッピ川以西の保留地に追いやることになった「◻︎」が制定された。 (東京大)	先住民強制移住法
☑ 2192 ▮	チェロキー族の人々は，先住民強制移住法をうけジョージアからオクラホマに移動させられ，途上で約4,000人が命を落とした。これが「◻︎」である。 (東海大)	涙の旅路
☑ 2193 ▮	1860年代以降に活発化した西部フロンティアの開拓に対して，スー族のシッティング=ブルやアパッチ族の◻︎による武装抵抗が起こった。 (西南学院大)	ジェロニモ
☑ 2194 ⟡	南北戦争が終わると，一時沈静化していた西部開拓が再び進み，開拓地と未開拓地との境界線である◻︎が西進した。 (オリジナル)	フロンティア
☑ 2195 ⟡	西部開拓は，アメリカ人が神から与えられた天命だという考え（◻︎）の下で進められていった。 (東海大)	マニフェスト=デステニー(明白なる運命〈天命〉)
☑ 2196 ⟡	1803年にアメリカ政府はフランスから◻︎の広大な領土を買収することに成功し，大陸国家の礎を築いた。 (同志社大)	ルイジアナ

2197	アメリカ合衆国は，19世紀半ばまで領土を次々と拡大し，1819年にはスペインから◯◯◯を買収した。（東京都市大）	フロリダ
2198	1836年，◯◯◯がメキシコからの分離独立を宣言して共和国を樹立し，1845年，アメリカ合衆国はここを自国州として併合した。（法政大）	テキサス
2199	1848年に◯◯◯に勝利した結果，アメリカはニューメキシコとカリフォルニアを獲得し，領土は太平洋岸に到達した。（成蹊大）	アメリカ=メキシコ戦争
2200	アメリカ合衆国は1848年，アメリカ=メキシコ戦争によってニューメキシコと◯◯◯を獲得した。（早稲田大）	カリフォルニア
2201	アメリカ合衆国がアメリカ=メキシコ戦争で獲得したカリフォルニアで1848年に金鉱が発見され，移住者が殺到する◯◯◯が生じた。（同志社大）	ゴールド=ラッシュ
2202	1820年，アメリカでは北緯36度30分以北には奴隷州を作らないことを定める◯◯◯が結ばれた。（西南学院大）	ミズーリ協定
2203	1854年，アメリカでは，新たに生まれた州を奴隷州とするか自由州とするかは住民の決定によるとした◯◯◯が制定された。（法政大）	カンザス・ネブラスカ法
2204	アメリカでは，1854年には奴隷制反対をスローガンに旧ホイッグ党のメンバーを中心に◯◯◯が設立された。（獨協大）	共和党
2205	◯◯◯は小説『アンクル=トムの小屋』を著し，奴隷制反対の世論を喚起した。（獨協大）	ストウ

☑ 2206 ☐	アメリカのストウは『□□□□』を著し，奴隷解放運動高揚に影響を与えた。 (金城学院大)	アンクル=トムの小屋
☑ 2207 ☐	19世紀半ば，アメリカの北部諸州は，イギリス製品に対抗するために，貿易面では□□□□を求めた。 (オリジナル)	保護貿易
☑ 2208 ☐	19世紀半ば，アメリカの北部諸州は，通商などにまで及ぶ強大な権限を連邦政府に与える□□□□を主張した。 (オリジナル)	連邦主義
☑ 2209 ☐	19世紀半ば，アメリカ南部は，イギリス製品を輸入し，またイギリスに農作物を輸出する立場から□□□□を求めた。 (オリジナル)	自由貿易
☑ 2210 ☐	19世紀半ば，アメリカ南部は，各州の独立性を強調する□□□□を主張した。 (オリジナル)	州権主義
☑ 2211 ☐	1860年，北部の利害を代表する共和党の□□□□が大統領に当選すると，南部諸州は合衆国から離脱した。 (朝日大)	リンカン
☑ 2212 ☐	奴隷制を擁護する南部諸州は合衆国から分離し，1861年ジェファソン=デヴィスを大統領とする□□□□を結成した。 (名城大)	アメリカ連合国 (南部連合)
☑ 2213 ☐	1863年1月1日，アメリカ大統領リンカンは□□□□を発し，反乱地域にいるすべての奴隷の解放を宣言した。 (名古屋外国語大)	奴隷解放宣言
☑ 2214 ☐	リンカンが大統領に当選すると，南部11州は相次いで連邦からの離脱を宣言してアメリカ連合国を樹立し，□□□□を初代大統領に選出した。 (慶應義塾大)	ジェファソン=デヴィス

☑ 2215 ☐	アメリカでは，リンカンが第16代大統領に就任した直後の1861年4月，ついに◯◯◯◯が始まった。　（中央大）	南北戦争
☑ 2216 ☐	南北戦争では，1863年，ゲティスバーグの戦いに勝利してから◯◯◯◯将軍の率いる北軍が優勢になった。　（西南学院大）	グラント
☑ 2217 ☐	南北戦争において，1863年の◯◯◯◯の戦いにおける北軍の勝利は，南軍後退の決定的転機となった。　（愛知工業大）	ゲティスバーグ
☑ 2218 ☐	1865年，アメリカ連合国の首都◯◯◯◯が陥落し，アメリカ合衆国は再統一された。　（明治大）	リッチモンド
☑ 2219 ☐	1865年，南部の首都リッチモンドの陥落後，南軍の◯◯◯◯将軍が降伏し，南北戦争は終わった。　（愛知工業大）	リー
☑ 2220 ☐	南北戦争中，西部農民の支持を得るために，合衆国政府は一定条件の下に公有地を供与する◯◯◯◯を制定した。　（福岡大）	ホームステッド法（自営農地法）
☑ 2221 ☐	19世紀後半に出されたアメリカの奴隷解放宣言は，後に◯◯◯◯として明文化された。　（南山大）	憲法修正第13条
☑ 2222 ☐	南北戦争後，南部では多くの黒人が◯◯◯◯となり，貧しい生活を余儀なくされた。　（早稲田大）	シェアクロッパー（分益小作人）
☑ 2223 ☐	南北戦争後，テネシー州で結成された◯◯◯◯による黒人への迫害活動が，南部各地に広がった。　（早稲田大）	クー=クラックス=クラン（KKK）

☑ 2224 ◻	南北戦争の後，アメリカはロシアから漁業基地や資源の獲得を目的として 〔　　　〕 買収を行った。　（オリジナル）	アラスカ買収
☑ 2225 ◻	アメリカでは，1869年に東部と太平洋側を結ぶ 〔　　　〕 が完成し，西部の開拓と国内市場の統一が促進された。　（早稲田大）	大陸横断鉄道
☑ 2226 ◻	アメリカでは，産業社会の急速な成長にともない，労働者の運動も活発になり，1886年には 〔　　　〕 も結成された。　（成蹊大）	アメリカ労働総同盟（AFL）
☑ 2227 ◼	1880年代にアメリカ南西部の農民は，農産物の価格下落に苦しむようになり，農民を基盤とする 〔　　　〕 という政党が成立する背景となった。　（早稲田大）	ポピュリスト党（人民党）
☑ 2228 ◻	19世紀後半，アメリカでは工業化が進み，人口を急増させて，ほぼ全土に白人入植者が広がったことから，1890年には 〔　　　〕 が発表された。　（オリジナル）	フロンティアの消滅
☑ 2229 ◻	19世紀のアメリカでは独占的企業が台頭したが，1890年に 〔　　　〕 が制定されるなど反独占の動きも生じた。　（早稲田大）	反トラスト法（シャーマン反トラスト法）
☑ 2230 ◻	アメリカの実業家 〔　　　〕 は19世紀後半にスタンダード石油を設立して，石油産業において大成功を収めた。　（西南学院大）	ロックフェラー
☑ 2231 ◻	〔　　　〕 はスコットランド系の移民で，後にアメリカで成功して「鉄鋼王」と呼ばれた。　（近畿大）	カーネギー

THEME

18〜19世紀の欧米文化

見出し番号 2232—2346

☑ 2232 ☐	合理性や形式美を重んじる◯◯◯は，まずフランスにおいて，遅れて18世紀にはドイツでもゲーテやシラーらによって確立・完成された。　　　　　　（青山学院大）	古典主義（古典主義文学）
☑ 2233 ☐	1770年代から自然と個人の感性・直観を重視する◯◯◯という文学運動がゲーテやシラーによって担われた。　　　　　　　　　　　　　　　　　（愛知教育大）	疾風怒濤（シュトゥルム＝ウント＝ドランク）
☑ 2234 ☐	1792年のヴァルミーの戦いで,『ファウスト』などで知られるドイツの◯◯◯は，「この日この地から，世界史の新しい時代が始まる」と述べたとされる。　（オリジナル）	ゲーテ
☑ 2235 ☐	ドイツの文豪ゲーテは，戯曲『◯◯◯◯』を発表するなど，ドイツ古典主義文学を大成した。　　　　　（早稲田大）	ファウスト
☑ 2236 ☐	ドイツの詩人・劇作家・歴史家の◯◯◯は疾風怒濤運動の先頭に立ち，1781年『群盗』を発表し，奔放自在な人間像を描いた。　　　　　　　　　　　　（愛知工業大）	シラー
☑ 2237 ☐	ヨーロッパでは，18世紀末から19世紀半ばに，理性よりも感情を重視し，民族の個性を強調する◯◯◯がさかんになった。　　　　　　　　　　　　　（関西学院大）	ロマン主義（ロマン主義文学）
☑ 2238 ☐	ドイツのロマン派の作家◯◯◯は，小説『青い花』を著した。　　　　　　　　　　　　　　　（名古屋外国語大）	ノヴァーリス
☑ 2239 ☐	◯◯◯は，民間伝承や神話を収集するだけでなく，優れた言語学者でもあり，『ドイツ語辞典』の編纂を始めた。　　　　　　　　　　　　　　　　　　　（早稲田大）	グリム兄弟

☑ 2240 ☐	『歌の本』を発表したドイツの詩人◯◯◯は，七月革命に共感したことで知られる。 （オリジナル）	ハイネ
☑ 2241 ☐	フランス・ロマン派最大の作家・詩人とされる◯◯◯は，『レ=ミゼラブル』などの作品を著した。 （学習院女子大）	ヴィクトル=ユゴー
☑ 2242 ☐	ロマン派の作家ヴィクトル=ユゴーの代表作『◯◯◯』は，パンを盗み投獄されたジャン=バルジャンを主人公としている。 （センター）	レ=ミゼラブル
☑ 2243 ☐	スコットランド出身のロマン派詩人◯◯◯は，湖水地方に住み，『叙情歌謡集』を著した。 （オリジナル）	ワーズワース
☑ 2244 ☐	イギリスの貴族出身のロマン派詩人◯◯◯は，義勇兵として独立戦争に参加するためギリシアに渡った。 （早稲田大）	バイロン
☑ 2245 ☐	◯◯◯は，アメリカの政治理念となる自由と民主主義を詩集『草の葉』で称えた。 （立教大）	ホイットマン
☑ 2246 ☐	ロシアのロマン派の作家である◯◯◯は，プガチョフの農民反乱を題材に『大尉の娘』を書いた。 （上智大）	プーシキン
☑ 2247 ☐	19世紀のヨーロッパでは，ロマン主義の非現実性に対する反動から，人間社会をありのままに描く◯◯◯が広まった。 （日本女子大）	写実主義（リアリズム）
☑ 2248 ☐	19世紀，フランスの写実主義の先駆的作家◯◯◯は，近代小説の先駆的作品『赤と黒』を著した。 （センター）	スタンダール

☑ 2249	スタンダールの『＿＿＿』は，ナポレオンの回想録を愛読し，意志と策謀をもって社会的成功をめざす青年ジュリアン＝ソレルを主人公とする。 （学習院大）	赤と黒
☑ 2250	フランスの作家＿＿＿は，「人間喜劇」と題する膨大な小説群によって，当時の市民社会と人間の実態を描き出した。 （オリジナル）	バルザック
☑ 2251	フランスの写実主義作家の＿＿＿は，完璧な文学表現を求め，頽廃文学ともいわれ，『ボヴァリー夫人』を著した。 （川崎医療福祉大）	フロベール
☑ 2252	『虚栄の市』を書いたイギリスの＿＿＿は，写実主義作家として知られる。 （京都産業大）	サッカレー
☑ 2253	『二都物語』の作者として知られる写実主義作家＿＿＿は，イギリス産業革命が進行中の1812年に生まれた。 （成蹊大）	ディケンズ
☑ 2254	『猟人日記』や『父と子』で知られる＿＿＿は逮捕・投獄された経験もあるが，その後の農奴解放令に影響を与えた。 （慶應義塾大）	トゥルゲーネフ
☑ 2255	＿＿＿は，ニコライ1世治世下にシベリアに流刑され，後に『罪と罰』『カラマーゾフの兄弟』などの長編小説を発表した。 （清泉女子大）	ドストエフスキー
☑ 2256	ドストエフスキーは，ペテルブルク（現在のサンクトペテルブルク）を舞台に起こった殺人事件を描いた『＿＿＿』を著した。 （名古屋外国語大）	罪と罰
☑ 2257	＿＿＿は，ナポレオン戦争を舞台にした代表作『戦争と平和』を執筆し，晩年は絶対平和主義者に変わった。 （成蹊大）	トルストイ

☑ 2258 ☐	トルストイの小説『　　　　』は，ナポレオン戦争時代のロシアを描いたものである。　　　　　　（日本大）	戦争と平和
☑ 2259 ☐	19世紀後半のヨーロッパでは，写実主義をさらに進めた文芸思潮である　　　　が広まった。　　　　　　（関西大）	自然主義
☑ 2260 ☐	フランスの自然主義作家　　　　は「わたしは弾劾する」との公開状を著し，ドレフュス事件への軍部の対応を批判した。　　　　　　　　　　　　　　（関西学院大）	ゾラ
☑ 2261 ☐	フランスの自然主義作家ゾラは，その代表作『　　　　』においてパリの労働者社会の悲惨さを描いた。その続編が『ナナ』である。　　　　　　　　　　　（駒澤大）	居酒屋
☑ 2262 ☐	フランスの自然主義作家　　　　は，『女の一生』を著した。　　　　　　　　　　　　　　　　　　　　（成蹊大）	モーパッサン
☑ 2263 ☐	ノルウェーの自然主義作家　　　　は，社会的問題を戯曲作品『人形の家』などで次々に描いた。　（早稲田大）	イプセン
☑ 2264 ☐	19世紀末の北欧において，イプセンは『　　　　』で家庭からの解放を赤裸々に描くことで，女性解放問題を提起した。　　　　　　　　　　　　　　　　（早稲田大）	人形の家
☑ 2265 ☐	19世紀後半のスウェーデンの作家　　　　は，『令嬢ジュリー』を書いた。　　　　　　　　　　　　（西南学院大）	ストリンドベリ
☑ 2266 ☐	19世紀末には，内面性の表現や美的な質を問題とする耽美主義や　　　　も現れた。フランスの詩人ボードレールは　　　　の先駆であった。　　　　　（西南学院大）	象徴主義

□ 2267	象徴主義の先駆けとなったフランスの◯◯◯は，詩集『悪の華』を発表した。 (オリジナル)	ボードレール
□ 2268	19世紀末の文学では，詩人ボードレールを先駆とする象徴主義，ならびに作家ワイルドなどに代表される◯◯◯が台頭した。 (オリジナル)	耽美主義
□ 2269	ダヴィドは，古代ギリシア・ローマを模範とする格調高くて均整の取れた絵画様式である◯◯◯の傑作を残した。 (同志社大)	古典主義（古典主義絵画）
□ 2270	フランスでは，19世紀の初頭に画家の◯◯◯が，古典主義の傑作である「ナポレオンの戴冠式」を描いた。 (関西大)	ダヴィド
□ 2271	絵画では，19世紀前半に，ドラクロワらの手によって，形式にとらわれない自由な感情表現を求める◯◯◯が流行した。 (同志社大)	ロマン主義（ロマン主義絵画）
□ 2272	ロマン主義絵画を代表する画家である◯◯◯の「キオス島の虐殺」はギリシア独立戦争を題材とした作品である。 (法政大)	ドラクロワ
□ 2273	19世紀にはドラクロワが「◯◯◯」でギリシア独立戦争の様子を描いた。 (慶應義塾大)	キオス島の虐殺
□ 2274	ドラクロワは七月革命に取材した「◯◯◯」などの革命の絵画を描いている。 (関西大)	民衆を導く自由の女神
□ 2275	19世紀後半のフランスでは，ありのままの自然の姿を描こうとした絵画様式である◯◯◯が誕生した。 (関西大)	自然主義絵画

☑ 2276	フランスでは，農民生活を主題とする画家である □□□が「落穂拾い」や「晩鐘^{ばんしょう}」などを残した。 （法政大）	ミレー
☑ 2277	19世紀後半，絵画では，現実の自然や人間を客観的に描 写しようとする□□□が広がった。　　　　　（法政大）	写実主義 （写実主義絵画）
☑ 2278	フランスの写実主義の画家□□□は，国王ルイ＝フィ リップの顔立ちが洋梨のような形だったので，顔を洋梨 に仕立てて，彼の風刺画を描いた。　　　　　（法政大）	ドーミエ
☑ 2279	「石割り」で知られるフランスの□□□は，写実主義の 画家で，パリ＝コミューンに参加したことでも知られる。 （法政大）	クールベ
☑ 2280	19世紀後半には，繊細な筆致で色彩豊かに対象から受け る印象を表現しようとした□□□と呼ばれる画家たち がヨーロッパで活躍した。　　　　　　　　　（立教大）	印象派
☑ 2281	1883年に亡くなった□□□はフランス印象派の創始者 とされ，「草上の昼食」「笛を吹く少年」などの代表作を 描いた。　　　　　　　　　　　　　　　　　（上智大）	マネ
☑ 2282	フランスの印象派の□□□は，「印象・日の出」や「睡 蓮」などの作品を残した。　　　　　　　　　（阪南大）	モネ
☑ 2283	フランス印象派の巨匠□□□は，代表作「ムーラン＝ド ＝ラ＝ギャレット」を残した。　　　　　　　（南山大）	ルノワール
☑ 2284	印象派以降の近代絵画は，より自由で多様な表現を求め， ゴッホなどに代表される，人間の内面をも表現しようと する□□□が起こった。　　　　　　　　　（同志社大）	後期印象派

☑ 22285 ☐	フランスの後期印象派の画家の◯◯◯は，「サント＝ヴィクトワール山」「水浴の女たち」を残した。 （立教大）	セザンヌ
☑ 22286 ☐	タヒチに移住したフランスの後期印象派の画家◯◯◯は，「タヒチの女」などを残した。 （オリジナル）	ゴーガン
☑ 22287 ☐	フランスで活躍したオランダ出身の後期印象派の画家◯◯◯は，強烈なタッチの「ひまわり」などを描いている。 （関西大）	ゴッホ
☑ 22288 ☐	19世紀後半に活躍した彫刻家としては，「考える人」や「地獄の門」を制作した◯◯◯がいる。 （関西大）	ロダン
☑ 22289 ☐	古典派音楽の作曲家でロマン主義の先駆ともされる◯◯◯は，ナポレオン戦争に触発され，交響曲第3番「英雄」などを作曲した。 （成蹊大）	ベートーヴェン
☑ 22290 ☐	19世紀前半から半ばにかけて，シューベルトやショパンやヴァーグナーが◯◯◯を形成した。 （フェリス女学院大）	ロマン派音楽（ロマン主義音楽）
☑ 22291 ☐	◯◯◯は「野ばら」などの美しい旋律の作品を数多く残し，オーストリアにおける代表的なロマン主義音楽家の一人となった。 （名古屋外国語大）	シューベルト
☑ 22292 ☐	祖国ポーランドにおける対ロシア蜂起の失敗を知り，ピアノ練習曲「革命」を作曲したのが，ロマン派の作曲家◯◯◯であった。 （中央大）	ショパン
☑ 22293 ☐	19世紀，ドイツのロマン派作曲家で楽劇の創始者◯◯◯は，楽劇「ニーベルングの指輪」を残した。 （立命館大）	ヴァーグナー

□ 2294 📑	ロマン派に属するオペラ作曲家の◯◯◯は，古代エジプトを舞台とした悲恋物語を描いたオペラ「アイーダ」を作曲したことで知られている。　　　　　（専修大）	ヴェルディ
□ 2295 📑	チェコ国民楽派の創始者◯◯◯によって作曲された「わが祖国」の2曲目，「モルダウ（ヴルタヴァ）」は日本でも親しまれている。　　　　　　　　　（学習院女子大）	スメタナ
□ 2296 📑	スメタナの影響を受けたチェコの◯◯◯は，アメリカに滞在していた時期に交響曲「新世界より」を作曲した。　　　　　　　　　　　　　　　　　（京都産業大）	ドヴォルザーク
□ 2297 📑	19世紀後半に活躍したロシアの作曲家◯◯◯の代表作「白鳥の湖」はロマン主義のバレエ音楽を代表する作品である。　　　　　　　　　　　　　　　　（駒澤大）	チャイコフスキー
□ 2298 📑	「牧神の午後への前奏曲」や「海」などの作品を残した，フランスの印象派の作曲家は◯◯◯である。　（阪南大）	ドビュッシー
□ 2299 📑	18世紀末，経験論と合理論はカントの批判哲学において総合され，◯◯◯哲学の端緒が作られた。　（同志社大）	ドイツ観念論
□ 2300 📑	◯◯◯は，合理論と経験論を批判的に総合し，ドイツ観念論哲学を創始した。著書には『純粋理性批判』などがある。　　　　　　　　　　　（秋田看護福祉大）	カント
□ 2301 📑	17 〜 18世紀の哲学は，ヨーロッパ大陸の合理論とイギリスの経験論の二つの流れがあり，それを『◯◯◯』（1781年刊）を書いたカントが統合したとされる。　（学習院大）	純粋理性批判
□ 2302 📑	◯◯◯は弁証法哲学を提唱し，ドイツ観念論哲学を完成させた。　　　　　　　　　　　　　　　（大阪経済大）	ヘーゲル

☑ 2303	ドイツ観念論は，□□□を唱えたヘーゲルによって完成をみた。 (関西大)	弁証法哲学
☑ 2304	ヘーゲルの思想を唯物論の視点から組み替えた哲学者で，経済学者のマルクスは，□□□と史的唯物論を基礎に社会主義思想を構築した。 (城西大)	弁証法的唯物論
☑ 2305	マルクスは，ヘーゲルの弁証法を□□□の唯物論に結び付けて，弁証法的唯物論を確立し，社会主義社会実現の方向性を示した。 (早稲田大)	フォイエルバッハ
☑ 2306	□□□は，人間や社会のあるべき状態を，快楽と苦痛の合理的な計算から導こうとする思想である。 (オリジナル)	功利主義
☑ 2307	イギリスでは，18世紀末に出た□□□が「最大多数の最大幸福」を主張して功利主義を説き，民主主義を支える論理を提供した。 (同志社大)	ベンサム
☑ 2308	イギリスの哲学者ベンサムは，「□□□」を標語として，功利主義の原則を説いた。 (日本福祉大)	最大多数の最大幸福
☑ 2309	功利主義の思想家の一人であったイギリスの□□□は，女性の権利を鼓吹した人物として知られている。 (成城大)	ジョン=ステュアート=ミル（ミル）
☑ 2310	19世紀前半，フランスのコントが現実世界の経験のみに知識の源泉を求めて，□□□を創始した。 (桜美林大)	実証主義哲学
☑ 2311	フランスの哲学者□□□は実証的知識のみに意義があるとして，社会学の基礎を築いた。 (秋田看護福祉大)	コント

☑ 2312 ☐	哲学・思想の分野では，20世紀前半に，現代人の不安を背景として人間存在の不条理性を見すえた□□□が広まった。　　　　　　　　　　　　　　　（関西学院大）	実存哲学
☑ 2313 ☐	19世紀，デンマークの哲学者で実存哲学の祖である□□□は，神の前に一人で立つ人間の道を追求し，質的弁証法を主張した。　　　　　　　　　　　　（中央大）	キェルケゴール
☑ 2314 ☐	ドイツの哲学者□□□は，ヨーロッパ文化の退廃はキリスト教支配によるものと批判し，「超人」などの新しい思想を説いた。　　　　　　　　　（秋田看護福祉大）	ニーチェ
☑ 2315 ☐	産業革命の始まったイギリスでは，アダム=スミスが『諸国民の富（国富論）』で，自由主義的な□□□を確立した。　　　　　　　　　　　　　　　（同志社大）	古典派経済学
☑ 2316 ☐	イギリスの古典派経済学者□□□は，人口の抑制による貧困問題の解決を主張し，『人口論』を発表した。　　　　　　　　　　　　　　　　　（早稲田大）	マルサス
☑ 2317 ☐	イギリスの経済学者マルサスは『□□□』を著し，人口増加が食料不足を引き起こす可能性を指摘した。　　　　　　　　　　　　　　　　　　（武蔵大）	人口論
☑ 2318 ☐	自由主義経済学の確立者の一人で，『経済学および課税の原理』の著者は□□□である。　　　　　　（関西学院大）	リカード
☑ 2319 ☐	19世紀のドイツでは，イギリスとの対等な経済競争は困難との認識から，古典派経済学に対して保護主義を主張する□□□が確立された。　　　　　　　（学習院大）	歴史学派経済学
☑ 2320 ☐	歴史学派経済学の先駆者である□□□は，遅れた段階にある国民経済は国家の保護を必要とすると考え，ドイツ関税同盟の結成に努力した。　　　　（青山学院大）	リスト

☑ 2321 ⬚	ドイツの歴史家 [ ] は，厳密な史料批判による，実証的・科学的叙述を行った。代表作には『世界史』などがある。　　　　　　　　　　　　　　（秋田看護福祉大）	ランケ
☑ 2322 ⬚	18世紀の自然法が普遍性を重んじたのに対し，法は各民族に固有のものだとする [ ] が，ドイツのサヴィニーによって唱えられた。　　　　　　　　　　　　（同志社大）	歴史法学
☑ 2323 ⬚	『中世ローマ法史』を著した法学者 [ ] は，歴史主義と民族精神に基づくドイツ固有の法典編纂を主張した。　　　　　　　　　　　　　　　　　　（慶應義塾大）	サヴィニー
☑ 2324 ⬚	イギリスの [ ] による電磁気の研究は，ベルの電話機やマルコーニの無線電信の発明へとつながった。　　　　　　　　　　　　　　　　　　　　（駒澤大）	ファラデー
☑ 2325 ⬚	物理学の分野ではドイツの [ ] の二人が熱とエネルギーを結びつけるエネルギー保存の法則を発見した。　　　　　　　　　　　　　　　　　　　（松山大）	マイヤー・ヘルムホルツ
☑ 2326 ⬚	1895年に，ドイツの [ ] はX放射線（X線）を発見して，人体を透視して病気を見つけだすことを可能にした。　　　　　　　　　　　　　　　　　　　　（成蹊大）	レントゲン
☑ 2327 ⬚	ノーベル物理学賞の3回目の受賞者は，ラジウムを発見したフランス人の夫とポーランド人の妻からなる [ ] であった。　　　　　　　　　　　　　　　（南山大）	キュリー夫妻
☑ 2328 ⬛	19世紀の科学分野では，ドイツの [ ] が有機化学の分野で肥料の理論を確立し，植物の生育に必要な三大栄養素を確定した。　　　　　　　　　　　（西南学院大）	リービヒ
☑ 2329 ⬚	ビーグル号に乗って南半球を旅したイギリスの [ ] は，後に『種の起源』を著し，進化論は激しい論争を引き起こした。　　　　　　　　　　　　　（北海学園大）	ダーウィン

☑ 2330 ☐	ダーウィンが『＿＿＿＿』で提唱した自然淘汰理論（自然選択理論）に基づく進化論は，当時の人文・社会科学にも大きな影響を与えた。 (成蹊大)	種^{しゅ}の起源
☑ 2331 ☐	イギリスの哲学者・社会学者の＿＿＿＿は，ダーウィンの思想を人間社会に適用した社会進化論を唱えた。 (オリジナル)	スペンサー
☑ 2332 ☐	＿＿＿＿が発見した遺伝の法則は，「＿＿＿＿の法則」と呼ばれており，科学史において重大な発見である。 (東洋英和女学院大)	メンデル
☑ 2333 ☐	フランスの＿＿＿＿は，『自然発生説の検討』で微生物の自然発生説を否定して殺菌法を考案し，また，狂犬病の予防接種法を確立した。 (阪南大)	パストゥール
☑ 2334 ☐	ドイツの＿＿＿＿は結核菌やコレラ菌を発見し，近代細菌学の基礎を築いた。 (専修大)	コッホ
☑ 2335 ☐	日本人の＿＿＿＿はコッホに師事し，破傷風の血清開発やペスト菌の発見で知られている。 (清泉女子大)	北里柴三郎^{きたざとしばさぶろう}
☑ 2336 ☐	スウェーデン人の＿＿＿＿はダイナマイトを発明し，その特許で得た資金により，死後に＿＿＿＿賞が設けられた。 (法政大)	ノーベル
☑ 2337 ☐	1837年にリレー式電信機を発明したのは，アメリカの＿＿＿＿である。 (京都産業大)	モース(モールス)
☑ 2338 ☐	通信分野では，＿＿＿＿が電話機を発明後，アメリカに電話会社を設立した。 (法政大)	ベル

☑ 2339	イタリアの◯◯◯◯は無線電信を発明し，1901年に大西洋横断無線通信に成功した。　　　　　　　　　　（法政大）	マルコーニ
☑ 2340	「発明王」と呼ばれたアメリカの◯◯◯◯は，蓄音機，白熱電灯など多くの発明を行った。　　　　　（京都産業大）	エディソン
☑ 2341	19世紀後半になると，フランスの◯◯◯◯による初の上映がその始まりとされる映画など，紙以外の音と映像による情報伝達手段が登場してきた。　　　　（慶應義塾大）	リュミエール兄弟
☑ 2342	ドイツ人の技術者の◯◯◯◯は，ガソリンを燃料とする内燃機関を1883年に発明し，1886年にはこれを搭載した四輪自動車を実用化した。　　　　　　（慶應義塾大）	ダイムラー
☑ 2343	スウェーデンの地理学者◯◯◯◯は中央アジアへの数回にわたる探検により，楼蘭^{ろうらん}遺跡を発見した。　（駒澤大）	ヘディン
☑ 2344	アメリカの探検家◯◯◯◯は，1909年に初めて北極点に到達した。　　　　　　　　　　　　　　　　（南山大）	ピアリ
☑ 2345	ノルウェーの探検家◯◯◯◯は，1911年に初めて南極点に到達した。　　　　　　　　　　　　　　（清泉女子大）	アムンゼン
☑ 2346	イギリスの極地探検家◯◯◯◯は，1912年に南極点に到達するも帰途遭難死した。　　　　　　　（西南学院大）	スコット

古代文明の出現と東アジア

アジアと地中海世界の形成

イスラーム教とヨーロッパ世界

ヨーロッパ世界の進展

アジアの動向と「世界の一体化」

近世ヨーロッパ世界の動向

近代社会の形成

欧米諸列強の世界分割

世界現代史

8

欧米諸列強 の世界分割

掲載問題数　４００問

工業化を進めたヨーロッパは，市場・原料供給地・資本の投下先を求め，帝国主義的な世界分割が進み，植民地側では民族運動が高まっていきます。やがて，植民地獲得抗争の動きが，20世紀の二度の世界大戦につながっていきます。

西アジアへの列強の進出

見出し番号 2347—2372

☑ 2347	19世紀のオスマン帝国支配下の諸民族の独立運動は，ヨーロッパ列強による干渉をまねく結果となり，いわゆる「◯◯◯◯」が発生した。　　　　　（早稲田大）	東方問題
☑ 2348	オスマン帝国からエジプト総督に任命された◯◯◯◯は，エジプトの近代化に努め，オスマン帝国からの独立をはかった。　　　　　（上智大）	ムハンマド=アリー
☑ 2349	エジプト総督ムハンマド=アリーは，シリアの領有をオスマン帝国に要求し，それが引き金となって◯◯◯◯が起こった。　　　　　（早稲田大）	エジプト=トルコ戦争
☑ 2350	エジプト=トルコ戦争の結果，1840年のロンドン会議において，黒海と地中海を結ぶ◯◯◯◯の軍艦通過は禁止された。　　　　　（東京女子大）	ダーダネルス海峡・ボスフォラス海峡
☑ 2351	エジプト=トルコ戦争でエジプトは優勢となったが，イギリスの干渉があり，1840年のロンドン会議でエジプトは◯◯◯◯の領有を放棄させられた。　　　　　（畿央大）	シリア
☑ 2352	1840年に開かれた◯◯◯◯の結果，ムハンマド=アリーはエジプトとスーダンの総督職の保持や世襲を認められた。　　　　　（慶應義塾大）	ロンドン会議
☑ 2353	オスマン帝国ではティマール制の廃止とともに徴税請負制が導入されていったが，徴税を通じ富を蓄積した◯◯◯◯の自立は帝国にとって脅威となった。　　　　　（武蔵大）	アーヤーン
☑ 2354	オスマン帝国のスルタン◯◯◯◯は，新軍隊ニザーム=ジェディットを創設し，近代化政策を進めた。　　　　　（中央大）	セリム3世

№	問題	解答
2355	1789年に即位したセリム3世は，体系的な西洋化改革に着手し，西欧式の新軍隊〔　　　〕を創設した。（早稲田大）	ニザーム＝ジェディット
2356	オスマン帝国のスルタン〔　　　〕は，歩兵軍団のイェニチェリを全廃し，オスマン帝国の近代化に努めた。（中央大）	マフムト2世
2357	1839年，オスマン帝国で〔　　　〕が即位し，ギュルハネ勅令を発布してタンジマートと呼ばれる改革が始まった。（日本大）	アブデュルメジト1世
2358	衰退の危機に直面したオスマン帝国は，19世紀半ばに〔　　　〕と呼ばれる改革によって西欧的近代化をめざすようになった。（慶應義塾大）	タンジマート（恩恵改革）
2359	アブデュルメジト1世は1839年に〔　　　〕を発布し，西欧をモデルとする司法・行政・兵制・教育の近代化を進めることを謳った。（早稲田大）	ギュルハネ勅令
2360	オスマン帝国の政治家〔　　　〕がアブデュルメジト1世の命をうけ，タンジマートの幕を切るギュルハネ勅令を起草した。（オリジナル）	ムスタファ＝レシト＝パシャ
2361	オスマン帝国では，国民の間に立憲政樹立の要望が高まり，1876年にアジア初の憲法である〔　　　〕が制定されたが，まもなく停止された。（実践女子大）	オスマン帝国憲法（ミドハト憲法）
2362	19世紀後半，オスマン帝国では，スルタンである〔　　　〕が1878年，オスマン帝国憲法（ミドハト憲法）を停止して専制政治を続けた。（明治大）	アブデュルハミト2世
2363	18世紀に入ると，〔　　　〕が，アラビア半島でイスラーム復興運動であるワッハーブ派の運動を起こした。（追手門学院大）	イブン＝アブドゥル＝ワッハーブ

2364	18世紀のアラビア半島では、[　　　]がイスラーム改革運動を起こし、豪族サウード家と結んで聖者などの墓廟（ぼびょう）を破壊していった。　　　　　　　　　　（センター）	ワッハーブ派
2365	ワッハーブ派の運動はアラビア半島の豪族[　　　]の支配拡大運動と結びつき、現在のサウジアラビア王国につながる王国が誕生した。　　　　　　　　　　（中央大）	サウード家
2366	ムハンマド＝ブン＝アリー＝アッサヌーシーが創始した神秘主義教団である[　　　]は、リビアでイタリアなどの圧力・支配に抵抗した。　　　　　　　　　（東京農業大）	サヌーシー教団
2367	イランでは、18世紀末に[　　　]が成立したが、この頃からロシアやイギリスなど西欧諸勢力の進出に悩まされた。　　　　　　　　　　　　　　　　　（明治大）	カージャール朝（ガージャール朝）
2368	カフカスをめぐってロシアはイランのカージャール朝と戦い、1828年に有利な条件で[　　　]をカージャール朝と結び、アルメニアなどを得た。　　　　　（東京都市大）	トルコマンチャーイ条約
2369	カージャール朝では、1848年に民衆による反外国勢力反乱である[　　　]による蜂起が起きたが、政府により鎮圧された。　　　　　　　　　　　　　　（南山大）	バーブ教徒
2370	イランでは、1848年、[　　　]が創始したバーブ教の信徒達が武装蜂起したが、政府軍に鎮圧された。　　　　　　　　　　　　　　　（オリジナル）	サイイド＝アリー＝ムハンマド
2371	1747年にはパシュトゥーン人（アフガン人）のアフマド＝シャーが[　　　]を建てた。これがアフガン国家の始まりである。　　　　　　　　　　　　　（中央大）	ドゥッラーニー朝
2372	イギリスによる第2次[　　　]後のアフガニスタン保護国化は、ロシアによるコーカンド＝ハン国併合への対抗であった。　　　　　　　　　　　　　（早稲田大）	アフガン戦争

THEME

インドの植民地化

出題頻度

見出し番号 2373—2394

☑ 2373	□□□□は，1600年にエリザベス1世により，喜望峰以東，マゼラン海峡までの貿易・植民権を独占する特許会社として，独占権を与えられた。 （学習院大）	東インド会社（イギリス）
☑ 2374	イギリスはインド東岸，コロマンデル海岸の根拠地を現地の勢力に脅かされた。このため，新たな拠点として選ばれたのが□□□□であった。 （慶應義塾大）	マドラス
☑ 2375	イギリスは17世紀半ばからインドへの進出に努めて，西海岸には□□□□（現ムンバイ）を確保した。 （オリジナル）	ボンベイ
☑ 2376	フランス東インド会社は，1680年代にマドラスの南南西約150キロメートルの地点にあるコロマンデル海岸の都市□□□□を根拠地として整えた。 （慶應義塾大）	ポンディシェリ
☑ 2377	フランスは1674年に，ガンジス川下流のイギリスの大港湾都市に対抗するため，その近くに拠点として□□□□を建設した。 （國學院大）	シャンデルナゴル
☑ 2378	イギリス東インド会社は18世紀半ば，インドで3次にわたるフランスとの□□□□に勝利し，インドにおける優位を確定させた。 （聖心女子大）	カーナティック戦争
☑ 2379	カーナティック戦争で，インド総督の□□□□は当初イギリスに対し圧倒的な勝利を収めたものの，本国に召還され失意の最期をむかえた。 （上智大）	デュプレクス
☑ 2380	イギリスがフランス・ベンガル太守連合軍に勝利し，イギリス領インドの基礎を築く契機となった1757年の戦いは□□□□である。 （神奈川大）	プラッシーの戦い

☑ 2381	イギリス東インド会社の［　　　　］は，フランスとベンガル太守の連合軍を1757年のプラッシーの戦いで打ち破り，イギリス領の基礎を築いた。 (杏林大)	クライヴ
☑ 2382	イギリス東インド会社は，1765年にムガル皇帝からベンガル・ビハール・オリッサ3州の［　　　　］と呼ばれる租税徴収権を獲得した。 (明治大)	ディーワーニー
☑ 2383	イギリスは，1767年に始まった4度にわたる［　　　　］に勝利し，インド南部を支配下に置いた。 (関西学院大)	マイソール戦争
☑ 2384	イギリスは，デカン高原西部での［　　　　］の勝利などによってインドの植民地化を進めた。 (オリジナル)	マラーター戦争
☑ 2385	イギリスは，［　　　　］に勝利してパンジャーブ地方を領有し，19世紀中盤にはインド全域を支配下に置いた。 (日本女子大)	シク戦争
☑ 2386	イギリスは，インド支配のために旧来の地主や領主の土地所有権を認める代わりに，彼らを地租納入の直接責任者とする［　　　　］を導入した。 (上智大)	ザミンダーリー制
☑ 2387	19世紀初め，イギリスはインド南部や西部において，農民に土地保有権を与えて農民から直接地税を徴収する［　　　　］を実施した。 (明治大)	ライヤットワーリー制
☑ 2388	1857年に東インド会社のインド人傭兵（シパーヒー）が起こした［　　　　］はインド全域に波及し，一時インド人傭兵はデリーを占拠した。 (流通経済大)	インド大反乱
☑ 2389	インドの小王国の王妃である［　　　　］は，インド大反乱で指導的な役割を果たし，「インドのジャンヌ=ダルク」と呼ばれた。 (オリジナル)	ラクシュミー=バーイー

古代文明の出現と東アジア

アジアと地中海世界の形成

イスラーム教とヨーロッパ世界

ヨーロッパ世界の進展

アジアの動向と「世界の一体化」

近世ヨーロッパ世界の動向

近代社会の形成

欧米諸列強の世界分割

世界現代史

□ 2390	1857年にインド大反乱が起こると，イギリスは翌年に◻︎◻︎◻︎を行って旧会社領を直轄領とし，さらに1877年にはインド帝国を成立させた。 （関西学院大）	東インド会社解散
□ 2391	1877年，ヴィクトリア女王を皇帝とする◻︎◻︎◻︎が成立した。 （早稲田大）	インド帝国
□ 2392	インド帝国成立後も存続し，大小550を超え，インドの面積の45％を占めたといわれる，旧王侯の国を◻︎◻︎◻︎と呼ぶ。 （明治大）	藩王国
□ 2393	インドでは，古くから夫が死ぬとその夫人が殉死する◻︎◻︎◻︎と呼ばれる習慣があり，19世紀にはベンガル地方でその反対運動が起こった。 （オリジナル）	サティー
□ 2394	19世紀前半のインドでは，◻︎◻︎◻︎がサティーの廃止に尽力するなど，宗教の近代化と因習の改善に努めた。 （南山大）	ラーム=モーハン=ローイ

THEME

東南アジアの植民地化

出題頻度 ♛

見出し番号 2395—2430

□ 2395	オランダは17世紀にジャワ島バタヴィアを拠点に貿易活動を展開していたが，19世紀前半の◻︎◻︎◻︎の鎮圧に苦慮し，財政難に陥った。 （東洋大）	ジャワ戦争
□ 2396	オランダ領東インド総督◻︎◻︎◻︎は，ジャワ戦争以後の財政状況の立て直しのために，輸出用作物の強制栽培制度を導入した。 （慶應義塾大）	ファン=デン=ボス
□ 2397	19世紀にオランダはジャワ島で◻︎◻︎◻︎を導入し，島民に輸出用商品のコーヒー，サトウキビ，藍などを栽培させた。 （早稲田大）	強制栽培制度

☑ 2398 ☁	オランダは［　　　　］に勝利してスマトラ島北端部を平定し，ほぼ現在のインドネシアに相当するオランダ領東インドを完成させた。　　　　　　　　　　　　（同志社大）	アチェ戦争
☑ 2399 ☁	1824年にイギリスとオランダで結ばれた［　　　　］で，マラッカ海峡が両国の勢力圏の境界となった。　（関西学院大）	イギリス=オランダ協定
☑ 2400 ☁	18世紀末からマレー半島に進出したイギリスは，ペナン島，マラッカ，シンガポールを獲得し，1826年に［　　　　］を成立させた。　　　　　　　　　　　　　　（神奈川大）	海峡植民地
☑ 2401 ☁	マレー半島で，オランダに代わって勢力を拡大したイギリスは，1786年にクダー王国から［　　　　］を割譲させた。　　　　　　　　　　　　　　　　　　　　　（関西学院大）	ペナン
☑ 2402 ☁	1511年にポルトガル領となった［　　　　］は，17世紀にオランダに占領されたが，1824年にイギリスの手に渡り，後に海峡植民地の一つに組み入れられた。　　　（早稲田大）	マラッカ
☑ 2403 ☁	1819年に植民地行政官ラッフルズが［　　　　］を拠点として，イギリスは東南アジア進出への足がかりを築いた。　　　　　　　　　　　　　　　　　　　　　　（明治大）	シンガポール
☑ 2404 ☁	シンガポールは，東インド会社員［　　　　］が1819年にマレー人のジョホール王国から買収したもので，後にイギリスはこの港を自由港とした。　　　　　　（和光大）	ラッフルズ
☑ 2405 ☁	イギリスは1895年にはマレー半島南部全体を保護領として［　　　　］を発足させた。　　　　　　　（学習院大）	マレー連合州
☑ 2406 ☁	イギリスは，マレー半島で［　　　　］のプランテーションの開発を進めた。［　　　　］農園はアメリカの自動車産業の発展とともに拡大した。　　　　　　　　（明治大）	ゴム

☑ 2407 ☐	イギリスはマレー半島で，ブリキや缶詰の缶の材料となる◻︎◻︎◻︎の鉱山の労働力として，大量の中国人労働者を導入した。 (慶應義塾大)	すず 錫
☑ 2408 ☐	ビルマ（現在のミャンマー）では，18世紀半ばに成立した◻︎◻︎◻︎がタイのアユタ朝を滅ぼし，隆盛を誇った。 (東洋大)	コンバウン朝 （アラウンパヤー朝）
☑ 2409 ☐	イギリスは，インド東北部の茶の生産で知られる◻︎◻︎◻︎に進出したコンバウン朝を，3度のビルマ戦争で滅ぼした。 (和光大)	アッサム
☑ 2410 ☐	イギリスは，当時ビルマを支配していたコンバウン朝との3度にわたる◻︎◻︎◻︎で，ビルマを植民地化し，インド帝国に併合した。 (オリジナル)	ビルマ戦争
☑ 2411 ☐	スペイン領であったフィリピンでは，船舶用のロープや漁網の素材として◻︎◻︎◻︎の生産が拡大した。(オリジナル)	マニラ麻
☑ 2412 ☐	ベトナムでは，1802年に◻︎◻︎◻︎が西山朝を滅ぼし，阮朝を建てて全土を統一した。 (法政大)	げんふくえい 阮福暎 （嘉隆帝）
☑ 2413 ☐	阮福暎は西山朝を滅ぼし，全土を統一して◻︎◻︎◻︎を樹立し，清から越南国王に封じられた。 (早稲田大)	げん 阮朝
☑ 2414 ☐	ベトナムでは，阮福暎がフランス人ピニョーの援助を得て阮朝を建て，国号を漢字で◻︎◻︎◻︎と改めた。 (首都大東京)	えつなん 越南
☑ 2415 ☐	18世紀後半，フランス人宣教師の◻︎◻︎◻︎は，阮朝の創始者である阮福暎を支援した。 (中央大)	ピニョー

☑ 2416	1862年，フランスは，仏越戦争後の［　　　　］によってベトナムよりコーチシナ東部を獲得した。　（専修大）	サイゴン条約
☑ 2417	フランスに屈したベトナムは，1862年にサイゴン条約を結び，キリスト教布教の自由や［　　　　］の割譲を認めた。　（関西大）	コーチシナ東部
☑ 2418	フランスはインドシナ方面では，サイゴン条約の締結翌年の1863年に［　　　　］を保護国化した。　（大阪学院大）	カンボジア
☑ 2419	コーチシナ西部を支配下に置いたフランスは，さらに北に攻め上り，1883年の［　　　　］によってベトナムを保護国とした。　（中央大）	フエ（ユエ）条約
☑ 2420	フランスによる領土拡大の動きに対し，劉永福の組織する［　　　　］はベトナム北部に根拠をおいて抵抗した。　（早稲田大）	こっき 黒旗軍
☑ 2421	ベトナムに亡命した中国人である［　　　　］は，黒旗軍を組織してフランスと戦った。　（オリジナル）	りゅうえいふく 劉永福
☑ 2422	フランスのベトナム進出に対して，ベトナムでの宗主権を主張する清はベトナムに出兵し，1884年に［　　　　］が勃発した。　（慶應義塾大）	しんふつ 清仏戦争
☑ 2423	フランスは清仏戦争を経て，1885年には清と［　　　　］を締結し，ベトナムの保護国化を清に承認させた。　（慶應義塾大）	てんしん 天津条約 （清仏戦争）
☑ 2424	フランスはすでにカンボジアを保護国にしていたが，1887年には，ベトナムとカンボジアとを合わせて［　　　　］を成立させた。　（法政大）	フランス領 インドシナ連邦

□ 2425	フランスは1887年にフランス領インドシナ連邦を形成し，総督府を ◻ に置いた。 (早稲田大)	ハノイ

□ 2426	フランスは1887年にフランス領インドシナ連邦を成立させ，1899年には，これに ◻ を編入した。 (武庫川女子大)	ラオス

□ 2427	19世紀半ば以降，現在のタイの王朝でもある ◻ が巧みな外交戦略などによって独立を保っていた。 (学習院大)	ラタナコーシン朝 （チャクリ朝）

□ 2428	タイ国王の ◻ は，1855年にイギリスと通商条約を結んで米の輸出を促し，チャオプラヤ川のデルタ地帯が穀倉地帯に変えられた。 (東京経済大)	ラーマ4世

□ 2429	1855年に結ばれた ◻ により，タイはイギリスに治外法権と低関税を認めた。 (明治大)	バウリング条約 （ボーリング条約）

□ 2430	タイ国王の ◻ は，タイの近代化のため，奴隷制廃止・行政改革・司法改革などを推進し，独立を維持した。 (明治大)	チュラロンコン （ラーマ5世）

THEME
列強の中国進出と清朝の激動

見出し番号 2431—2489

出題頻度 ♛

□ 2431	◻ は，清中期に四川などの新開地で1796年に起こり，その鎮圧に郷勇が活躍し，清の弱体化が露呈した。 (早稲田大)	白蓮教徒の乱

□ 2432	18世紀末，イギリスは ◻ を清朝に派遣し，乾隆帝に謁見させたが，自由貿易の要求は不首尾に終わった。 (愛知学院大)	マカートニー

☑ 2433 🖤	イギリスはマカートニーに次いで，1816年に◯◯を清に使節として派遣したが，嘉慶帝に謁見できずに帰国した。 （慶應義塾大）	アマースト
☑ 2434 🖤	18世紀後半以降，清との外国貿易は広州1港に限定され，外国貿易は特許商人組合の◯◯が独占した。 （明治大）	こうこう 公行
☑ 2435 🖤	清の道光帝からアヘン問題の解決を命じられた◯◯は，1839年に広州に到着すると，強硬な態度でイギリス側からアヘンを没収した。 （学習院大）	りんそくじょ 林則徐
☑ 2436 🖤	イギリスのアヘン密輸貿易に端を発した，イギリスによる清への侵略戦争である◯◯が1840年に起こった。 （東海大）	アヘン戦争
☑ 2437 🖤	1839年に，清朝皇帝の◯◯が林則徐を広州に派遣し，アヘンを厳しく取り締まると，翌年イギリスは艦隊を清に派遣し，アヘン戦争が始まった。 （慶應義塾大）	どうこう 道光帝
☑ 2438 🖤	1796年に起こった白蓮教徒の乱に際し，各地の郷紳や大地主は◯◯と呼ばれる自衛団を組織して白蓮教徒の攻撃から郷里を守った。 （愛知大）	だんれん 団練
☑ 2439 🖤	アヘン戦争後，1842年に◯◯が結ばれ，清は上海など5港の開港，香港の割譲，賠償金の支払いなどを認めさせられた。 （大阪産業大）	ナンキン 南京条約
☑ 2440 🖤	アヘン戦争の講和である南京条約で，公行を通じて外国との貿易が認められていた◯◯も開港した。 （オリジナル）	広州
☑ 2441 🖤	アヘン戦争の講和である南京条約で開港された5港のうち，最も北に位置するのは◯◯である。 （オリジナル）	シャンハイ 上海

☑ 2442	アヘン戦争での清の敗戦をうけて結ばれた1842年の南京条約では，[　　　　]の割譲，上海等5港の開港，賠償金の支払いなどが取り決められた。 （青山学院大）	ホンコン 香港（島）
☑ 2443	1842年の南京条約締結の翌年，イギリスは清と[　　　　]を結び，領事裁判権を承認させた。 （日本大）	ごこうつうしょうしょうてい 五港通商章程 （五口通商章程）
☑ 2444	1843年，清はイギリスとの間で，治外法権の一種である[　　　　]を認める五港通商章程を結んだ。 （オリジナル）	領事裁判権
☑ 2445	アヘン戦争後，イギリスは1843年の五港通商章程で領事裁判権を，[　　　　]で片務的最恵国待遇を獲得した。 （中京大）	こもんさい 虎門寨追加条約
☑ 2446	清は1843年の虎門寨追加条約で，イギリスに片務的な[　　　　]を与えた。 （立教大）	さいけいこく 最恵国待遇
☑ 2447	清は1844年にアメリカと[　　　　]を結び，イギリスと同様の権利を認めた。 （同志社大）	ぼうか 望厦条約
☑ 2448	1844年には，中国での市場参入を望むフランスもイギリス同様の権益を要求し，清国との間に[　　　　]を締結した。 （大阪産業大）	こうほ 黄埔条約
☑ 2449	アヘン戦争の直後，清の魏源は『[　　　　]』を著して，西洋諸国に対抗するためには西洋技術の導入が必要だと説いた。 （早稲田大）	かいこくずし 海国図志
☑ 2450	1845年，開港場の上海に初めてイギリスが[　　　　]と呼ばれる外国人居留地を設置した。 （中央大）	そかい 租界

☑ 2451 ⟳	1856年，広州で英船籍を主張する船の乗船員が海賊容疑で逮捕される◯◯◯が起こり，第2次アヘン戦争（アロー戦争）の口実となった。 （オリジナル）	アロー号事件
☑ 2452 �	道光帝を継いで清の第9代皇帝となった◯◯◯は，第2次アヘン戦争，太平天国の乱に苦しんだ。 （明治大）	咸豊帝 （かんぽう）
☑ 2453 ⟳	第2次アヘン戦争で英仏連合軍に押された清朝は◯◯◯を結んだが，批准書交換に訪れた使節の北京入城を清朝が武力で拒んだため，戦争が再開した。 （立正大）	天津条約 （第2次アヘン 戦争）
☑ 2454 ⟳	第2次アヘン戦争の講和である1860年の◯◯◯では，イギリスへの九竜半島南部の割譲，天津の開港，賠償金の増額が決定された。 （オリジナル）	北京条約（英仏・ 清）
☑ 2455 ⟳	第2次アヘン戦争後に結ばれた北京条約で，清はイギリスに◯◯◯南部を割譲した。 （関西学院大）	九竜半島
☑ 2456 ⟳	第2次アヘン戦争の講和である北京条約で，清朝は外国公使の北京駐在を許し，1861年，外交事務を扱う◯◯◯を設置した。 （成城大）	総理各国事務衙門 （がもん）
☑ 2457 ⟳	19世紀半ば，武力によって東方進出をはかるロシアは，東シベリア総督を置き，初代総督に◯◯◯を任命した。 （早稲田大）	ムラヴィヨフ
☑ 2458 ⟳	ロシアは東シベリア総督ムラヴィヨフの下で中国への圧力を強化し，1858年に清と◯◯◯を結んで黒竜江以北を領有した。 （愛知大）	アイグン条約
☑ 2459 ⟳	ロシアは，1860年に清と◯◯◯を結んで沿海州を獲得し，ウラジヴォストークに軍港を設け日本海・太平洋進出の根拠地とした。 （名城大）	北京条約（露・清）

☑ 2460	清は，1860年の北京条約でウスリー江以東の◯◯◯◯をロシアに割譲した。 (跡見学園女子大)	沿海州
☑ 2461	ロシアの東シベリア総督ムラヴィヨフは，沿海州に極東経営の拠点となる◯◯◯◯港を建設した。 (中京大)	ウラジヴォストーク
☑ 2462	1881年の◯◯◯◯で，清はロシアからイリ地方の大半を取り戻す一方，通商上の特権を与えることになった。 (専修大)	イリ条約
☑ 2463	1500年，ウズベク人はブハラを都として◯◯◯◯を建国したが，1868年にはロシアの支配下に入った。 (オリジナル)	ブハラ=ハン国
☑ 2464	ウズベク人は，16世紀前半にホラズム地方を中心に◯◯◯◯を建てたが，1873年にロシアの支配下に入った。 (オリジナル)	ヒヴァ=ハン国
☑ 2465	18世紀前半，ウズベク人はフェルガナ地方を中心に◯◯◯◯を建国し，タシケントなどの交易都市を支配したが，後にロシアに併合された。 (オリジナル)	コーカンド=ハン国
☑ 2466	1864年，新疆で清朝支配に対するムスリム反乱が起こった。この機に乗じてコーカンド=ハン国の◯◯◯◯が政権を樹立したが鎮圧された。 (早稲田大)	ヤークーブ=ベク
☑ 2467	太平天国と同時期には，他にも清朝に対する反乱がいくつも発生しており，塩の密売に関わる◯◯◯◯による反乱は規模も大きかった。 (学習院大)	捻軍
☑ 2468	太平天国の乱の指導者の◯◯◯◯は，みずからキリストの弟と称して上帝会という宗教結社を作った。 (同志社大)	洪秀全

☑ 2469 ☐	華北から南方に移住した人々の子孫である[　　　]と呼ばれる集団は独自の習慣や文化を貫いた。洪秀全も，この[　　　]出身であった。　　　　　　　　（オリジナル）	ハッカ 客家
☑ 2470 ☐	中国では，キリスト教の影響を受けた上帝会という宗教結社を中核として[　　　]が成立し，今の南京を天京と改称して首都とした。　　　　　　　　　　（立教大）	たいへい 太平天国
☑ 2471 ☐	19世紀中期に洪秀全が設立した[　　　]は，キリスト教系の宗教結社であり，儒教を排斥した。　　　（中央大）	じょうていかい 上帝会
☑ 2472 ☐	南京は，洪秀全が指導した太平天国軍に占領されると[　　　]と改名され，同国の首都が置かれた。（早稲田大）	てんけい 天京
☑ 2473 ☐	洪秀全はキリスト教の影響を受け，宗教結社の上帝会を創設し，「[　　　]」をスローガンとして掲げた。　　　　　　　　　　　　　　　　　（愛知学院大）	めつまんこうかん 滅満興漢
☑ 2474 ☐	太平天国では，男女の別なく均等に土地を配分する[　　　]が提唱された。　　　　　　　　（関西学院大）	てんちょうでんぽ 天朝田畝制度
☑ 2475 ☐	太平天国は，満洲人の象徴だった[　　　]廃止を実施して男性は長髪にした。　　　　　（名古屋外国語大）	べんぱつ 辮髪
☑ 2476 ☐	太平天国軍は，清朝に抵抗を示すために辮髪をやめたため，「[　　　]」と呼ばれた。　　　　（愛知学院大）	ちょうはつぞく 長髪賊
☑ 2477 ☐	太平天国は，女性の自由を奪うものとして，足先をしばる[　　　]を廃止した。　　　　　　　（明治大）	てんそく 纏足

☑ 2478	太平天国の鎮圧には，曾国藩や李鴻章など漢人官僚が組織した　　　　　と呼ばれる義勇軍が活躍した。　（畿央大）	郷勇 (きょうゆう)
☑ 2479	清末，各地の郷紳地主が組織した郷勇，とくに曾国藩の　　　　　，李鴻章の淮軍が太平天国軍に対抗した。　（駒澤大）	湘軍（湘勇）(しょう)
☑ 2480	安徽省 (あんき) 出身の　　　　　は，淮軍を組織して太平天国の乱の鎮圧に活躍し，洋務運動を推進した。　（近畿大）	李鴻章 (りこうしょう)
☑ 2481	李鴻章は，太平天国の乱の鎮圧にあたって　　　　　を組織し，洋務運動推進の中心となった。　（名古屋学芸大）	淮軍 (わい)
☑ 2482	は，湖南省出身者で構成される湘軍を率いて，太平天国軍に対抗した。　（武庫川女子大）	曾国藩 (そうこくはん)
☑ 2483	太平天国は，義勇軍と，途中から清の援助にまわったウォードやゴードンら欧米人の率いる　　　　　に敗北し，滅亡した。　（福岡大）	常勝軍
☑ 2484	アメリカ人の　　　　　によって上海で組織された洋槍隊 (ようそうたい) は常勝軍と改称し，太平天国軍の平定に活躍した。　（成城大）	ウォード
☑ 2485	常勝軍を指揮して太平天国と戦ったイギリス軍人の　　　　　は，後にアフリカでマフディー運動を鎮圧する中で戦死した。　（立教大）	ゴードン
☑ 2486	太平天国の乱を鎮圧した後，清朝は同治 (どうち) 帝の下で，「　　　　　」と呼ばれる一時的安定期をむかえた。　（流通経済大）	同治中興 (どうこう)

☑ 2487 ☐	太平天国を鎮圧した頃から，清朝は西洋の技術や学問を導入して富国強兵を行う◯◯◯によって支配体制を維持しようとした。 （青山学院大）	洋務運動
☑ 2488 ☐	洋務運動を指導した◯◯◯は，福州に造船所を建設し，東トルキスタンでイスラーム教徒の反乱が起こると，これを平定した。 （オリジナル）	さそうとう 左宗棠
☑ 2489 ☐	洋務運動の基本精神である「◯◯◯」は中国の伝統思想を根本とし，西洋の近代的学術を活用するという考え方である。 （関西学院大）	ちゅうたいせいよう 中体西用

THEME

帝国主義時代の欧米諸国と国際運動

見出し番号 2490—2566

出題頻度 ♛

☑ 2490 ☐	19世紀末に，資本主義諸国では，石油と電力を新しい動力源とする◯◯◯が進展した。 （慶應義塾大）	第 2 次産業革命
☑ 2491 ☐	19世紀末から20世紀初めにかけて，同一産業部門で複数企業が協定を結んで市場を支配する◯◯◯のような資本の独占が広まった。 （学習院大）	カルテル
☑ 2492 ☐	特にアメリカで発達した，同一業種の企業が有力資本の下に吸収・合併される独占形態を◯◯◯と呼ぶ。 （東海大）	トラスト
☑ 2493 ☐	19世紀末から資本主義は次第に変質し，同一系列の資本が異種の企業にまたがって支配する◯◯◯など，企業間の集中・合同が進んだ。 （早稲田大）	コンツェルン
☑ 2494 ☐	19世紀後半の欧米では，巨大な銀行が成長して，産業資本と融合した◯◯◯を作り出した。 （法政大）	金融資本

№		答え
2495	19世紀末，イギリスは工業生産では独や米に抜かれたが，海外投資や海運・保険の勢いは著しく，金融力の強さから「　　　」と呼ばれるようになった。　　（成蹊大）	世界の銀行
2496	金融機関が集中するロンドンの旧市街　　　は，イギリス金融力の象徴であった。　　　　　　（東京経済大）	シティ
2497	1867年，　　　　が結成され，イギリス帝国内の初の自治領となった。　　　　　　　　　　　　（法政大）	カナダ連邦
2498	1901年，イギリスの自治領として結成された　　　では，白豪主義が標榜された。　　　　　　　（法政大）	オーストラリア連邦
2499	1880年代以降，英仏独などの列強はアジア・アフリカに進出し，植民地や従属地域を拡大する　　　を推し進めた。　　　　　　　　　　　　　（オリジナル）	帝国主義
2500	南アフリカ（ブール／ボーア）戦争勃発時のイギリス植民地相　　　は，南アフリカに植民地を拡大した。　　　　　　　　　　　　　　　（東京経済大）	ジョゼフ=チェンバレン
2501	イギリスのバーナード=ショーは，ウェッブ夫妻らとともに，漸進的な社会改革を唱える社会主義団体，　　　を作った。　　　　　　　　　　　（慶應義塾大）	フェビアン協会
2502	1884年に　　　やバーナード=ショーによって結成されたフェビアン協会などにより，1900年に労働代表委員会が組織された。　　　　　　　　　　（広島修道大）	ウェッブ夫妻
2503	イギリスでは，労働組合とフェビアン協会などを中心に1900年に結成された　　　が，1906年に労働党と改称した。　　　　　　　　　　　　　（東京農業大）	労働代表委員会

☑ 2504 ☐	フェビアン協会などを中心に，1900年に結成された労働代表委員会が，1906年に◻︎◻︎◻︎と改称した。（東京農業大）	労働党
☑ 2505 ▮	イギリスではアスキス内閣時代の1911年に，上院に対する下院の優越を定めた◻︎◻︎◻︎が可決・制定された。（オリジナル）	議会法
☑ 2506 ☐	アイルランド問題に対して，イギリス側ではグラッドストン内閣はしばしば◻︎◻︎◻︎の法案を提出したが，その成立は難航し続けた。（青山学院大）	アイルランド自治法
☑ 2507 ☐	アイルランドでは，1905年にイギリスからの独立をめざす◻︎◻︎◻︎が結成された。（成蹊大）	シン=フェイン党
☑ 2508 ☐	アイルランド自治法案は1914年に議会を通過したが，第一次世界大戦の勃発を理由に実施は延期された。これに反発した独立派は◻︎◻︎◻︎を起こした。（摂南大）	イースター蜂起
☑ 2509 ☐	19世紀末頃から，パレスチナにユダヤ人の国家を作るという，◻︎◻︎◻︎の考えが現れた。（神奈川大）	シオニズム
☑ 2510 ▮	ジャーナリストの◻︎◻︎◻︎は，パレスチナにユダヤ人国家を建てることをめざすシオニズム運動を始めた。（関西学院大）	ヘルツル
☑ 2511 ☐	フランスで，共和政擁護を掲げるドレフュス派を中心に，近代政党である◻︎◻︎◻︎が結成されると，同党は以後のフランス政治に大きな影響を及ぼした。（津田塾大）	急進社会党
☑ 2512 ☐	フランスでは，1880年代後半，対ドイツ強硬派の元陸相によるクーデタ騒ぎが起こった。これを◻︎◻︎◻︎という。（國學院大）	ブーランジェ事件

☑ 2513	フランスでは，1894年にユダヤ系陸軍将校が冤罪でスパイとされた＿＿＿が起こった。 (法政大)	ドレフュス事件
☑ 2514	第三共和政下のフランスでは，労働組合の直接行動による社会革命をめざす＿＿＿運動が台頭した。 (日本大)	サンディカリズム
☑ 2515	フランスでは，1905年に＿＿＿が制定され，カトリック教会の政治介入が厳密に禁じられた。 (慶應義塾大)	政教分離法
☑ 2516	フランスでは，1905年に社会主義諸団体が結集して，＿＿＿が生まれた。 (中央大)	フランス社会党（統一社会党）
☑ 2517	1890年にドイツ皇帝の＿＿＿はビスマルクを引退に追い込み，「世界政策」と呼ばれる対外膨張政策を積極的に実施していった。 (明治大)	ヴィルヘルム2世
☑ 2518	19世紀のドイツでは，鉄鋼軍需によって成長した＿＿＿が，異なる産業の企業群を単一資本の下に統括するコンツェルンを形成した。 (法政大)	クルップ
☑ 2519	ドイツ社会主義労働者党は，1890年，社会主義者鎮圧法の廃止もあって＿＿＿に改称した。 (中央大)	ドイツ社会民主党
☑ 2520	ドイツ社会民主党が党勢を拡大する過程で，＿＿＿は議会による漸進的な社会改良をめざす「修正主義」を唱えた。 (南山大)	ベルンシュタイン
☑ 2521	19世紀末，革命によらずに社会主義を実現しようとするベルンシュタインらの立場は，＿＿＿と批判された。 (武蔵大)	修正主義

☑ 2522 ☆	特に19世紀の後半から20世紀の初頭にかけてロシアで激化したユダヤ人迫害を□□□と呼ぶ。　（大妻女子大）	ポグロム
☑ 2523 ☆	ロシアは極東政策を進めるため，露仏同盟を契機に□□□の建設を推進した。　（オリジナル）	シベリア鉄道
☑ 2524 ☆	ロシアでは，1898年にマルクス主義を掲げる□□□が結成されるが，1903年にはボリシェヴィキとメンシェヴィキに分裂した。　（川崎医療福祉大）	ロシア社会民主労働党
☑ 2525 ☆	レーニンは，ロシア社会民主労働党で「多数派」を意味する□□□の指導者であった。　（オリジナル）	ボリシェヴィキ
☑ 2526 ☆	ロシア社会民主労働党の一派で「少数派」の意である□□□は，プレハーノフが率いていた。　（オリジナル）	メンシェヴィキ
☑ 2527 ▲	1898年に結成されたロシア社会民主労働党は，1903年にレーニンの率いるボリシェヴィキと，□□□の率いるメンシェヴィキに分裂した。　（國學院大）	プレハーノフ
☑ 2528 ▲	ロシアでは，司祭の□□□が平和を求めるデモを行ったが，軍の弾圧により血の日曜日事件に発展した。　（武蔵大）	ガポン
☑ 2529 ☆	ロシアでは，1905年1月，ペテルブルクの冬宮への平和請願のデモ隊に対して軍隊が発砲するという□□□が発生した。　（國學院大）	血の日曜日事件
☑ 2530 ☆	1904年に始まった日露戦争における戦況の悪化を背景として，翌年，血の日曜日事件をきっかけに□□□が起こった。　（川崎医療福祉大）	1905年革命（第1次ロシア革命）

2531 ☑ ⌂	1905年にロシアで革命が起こると，皇帝◻◻◻の十月宣言に基づいて，翌年国会（ドゥーマ）が開設された。 (成蹊大)	ニコライ2世
2532 ☑ ⌂	ロシアでは，1905年に血の日曜日事件が起こると反政府運動は一気に拡大し，各地で労働者・兵士の◻◻◻が結成された。 (同志社大)	ソヴィエト（評議会）
2533 ☑ ⌂	ロシアで1905年革命が起こると，ニコライ2世は国会開設・憲法制定を約束した◻◻◻を発布し，革命の沈静化をはかった。 (青山学院大)	十月宣言
2534 ☑ ⌂	ロシアでは，1905年革命に際し，ニコライ2世が国会（◻◻◻）開設を約束した。 (センター)	ドゥーマ
2535 ☑ ⌂	1905年の血の日曜日事件後，ニコライ2世は首相である◻◻◻の起草した十月宣言を出して，国会開設を約束した。 (青山学院大)	ウィッテ
2536 ☑ ▣	1905年革命後，農村共同体ミールを解体し，反動政治を展開した首相◻◻◻は，暗殺による死を遂げた。 (椙山女学園大)	ストルイピン
2537 ☑ ⌂	ロシア首相ストルイピンは土地改革によって農村共同体◻◻◻を解体し，土地私有化を推進しようとしたが，目標を十分達成できずに暗殺された。 (中央大)	ミール
2538 ☑ ⌂	アメリカ合衆国は，1889年に◻◻◻を開催し，ラテンアメリカ諸国をアメリカの軍事的・経済的支配下に置く政策を追求した。 (明治大)	パン=アメリカ会議
2539 ☑ ⌂	アメリカは第25代大統領◻◻◻の時代に，アメリカ=スペイン戦争に勝利して，カリブ海と太平洋に植民地を獲得した。 (順天堂大)	マッキンリー

☑ 2540 ⌂	1898年の◻◻◻で勝利を収めたアメリカは，フィリピン，グアム，プエルトリコを獲得し，キューバを事実上の保護国とした。 （オリジナル）	アメリカ=スペイン戦争**(米西戦争)**
☑ 2541 ⌂	アメリカ=スペイン戦争後，スペインとの条約によって◻◻◻の領有権を得たアメリカは，同地に侵攻し，アギナルドらが樹立した共和国を消滅させた。 （順天堂大）	フィリピン
☑ 2542 ⌂	アメリカは，中国貿易と捕鯨を目的に太平洋に進出し，1898年のアメリカ=スペイン戦争の結果，フィリピンと◻◻◻を領有した。 （法政大）	グアム
☑ 2543 ⌂	アメリカ=スペイン戦争の結果，アメリカはカリブ海の◻◻◻を併合した。 （桜美林大）	プエルトリコ
☑ 2544 ⌂	アメリカは，1898年にアメリカ=スペイン戦争に勝利すると，スペインからフィリピンなどを奪い，◻◻◻を事実上保護国化した。 （神奈川大）	キューバ
☑ 2545 ⌂	アメリカ=スペイン戦争後，アメリカ合衆国は，独立したキューバに対して，財政や外交を制限する◻◻◻を押しつけて，事実上の保護国とした。 （同志社大）	プラット条項
☑ 2546 ⌂	アメリカ=スペイン戦争の戦勝国のアメリカでは，国務長官の◻◻◻が，1899年，中国市場進出を求めて門戸開放を提唱した。 （昭和女子大）	ジョン=ヘイ
☑ 2547 ⌂	アメリカ大統領◻◻◻は中米諸国に対しては，「棍棒外交」と呼ばれる対外政策をとり，カリブ海地域を影響下に置こうとした。 （関西大）	セオドア=ローズヴェルト
☑ 2548 ⌂	アメリカのセオドア=ローズヴェルト大統領は，独占資本を規制する◻◻◻を掲げた。 （オリジナル）	革新主義**(進歩主義)**

☑ 2549 ☐	アメリカのセオドア=ローズヴェルト大統領は，パナマ共和国を強引に独立させたほか，中米諸国に武力干渉するなど高圧的な「　　　」を展開した。　　　（高崎経済大）	棍棒外交
☑ 2550 ☐	1903年，アメリカは独立後のパナマ政府から　　　の工事権・租借権を得た。　　　（成蹊大）	パナマ運河
☑ 2551 ☐	アメリカのタフト大統領による20世紀前半の外交は　　　と称され，中米地域への経済進出を行った。　　　（オリジナル）	ドル外交
☑ 2552 ☐	アメリカのウィルソン大統領は，ラテンアメリカ諸国に対してアメリカ民主主義の道義的優位を説き，アメリカの指導力を認めさせる「　　　」を推進した。（オリジナル）	宣教師外交
☑ 2553 ☐	ヨーロッパから北アメリカへの移民は1880年以前のものを　　　と呼ぶが，その主流を占めたのは西欧と北欧系の移民であった。　　　（成城大）	旧移民
☑ 2554 ☐	1880年代までは北欧・西欧からアメリカへの移民が多かった。1880年代以降は東欧・南欧出身のいわゆる　　　が増えた。　　　（青山学院大）	新移民
☑ 2555 ☐	南北アメリカや南アフリカなどで，中国人労働者はインド人労働者とともに　　　と呼ばれて，過酷な条件の下で酷使された。　　　（京都女子大）	クーリー（苦力）
☑ 2556 ☐	アメリカで1882年に制定された移民法は，　　　を禁止した。　　　（上智大）	中国人移民
☑ 2557 ☐	マルクスの思想は，19世紀後半以降の労働運動にも大きな影響を与え，1864年にはロンドンで　　　が結成された。　　　（日本大）	第1インターナショナル

☑ 2558 ☐	◻◻◻◻は，最先端の産業や技術ばかりでなく，ヨーロッパに知られていなかった異国の文化を展示する場であった。　　　　　　　　　　　　　　　　　　　　（昭和女子大）	万国博覧会
☑ 2559 ☐	クリミア戦争において，イギリスの◻◻◻◻は傷病兵の看護に尽くした。　　　　　　　　　　　　　　　　　（関西大）	ナイティンゲール
☑ 2560 ☐	スイスの◻◻◻◻は，戦時における傷病者の救護活動にあたる赤十字を提唱し，1901年に第1回ノーベル平和賞を受賞した。　　　　　　　　　　　　　　　　　（関西大）	デュナン
☑ 2561 ☐	スイスのデュナンらは，戦場における中立の救護機関の設置を提唱し，1864年のジュネーヴ条約（国際人道法）によって◻◻◻◻が創立された。　　　　　（早稲田大）	国際赤十字組織
☑ 2562 ▣	19世紀までに郵便制度の整備が進んだが，各国の郵便組織の相互の連絡が必要とされるようになり，1874年に◻◻◻◻が組織された。　　　　　　　　　　（和歌山大）	万国郵便連合
☑ 2563 ☐	1889年には，パリで各国の労働運動組織を集めた◻◻◻◻が結成され，帝国主義戦争に反対し，労働条件の改善を訴えた。　　　　　　　　　　　　　　　（日本大）	第2インターナショナル
☑ 2564 ☐	1896年，アテネにおいて第1回◻◻◻◻が開催された。　　　　　　　　　　　　　　　　　　　　　（川崎医療福祉大）	国際オリンピック大会
☑ 2565 ▣	スポーツによる国際親善をめざし，国際オリンピックを創始することを提唱したのはフランスの◻◻◻◻であった。　　　　　　　　　　　　　　　　　　　　（成蹊大）	クーベルタン
☑ 2566 ☐	1899年と1907年の2度，ロシア皇帝ニコライ2世の提唱により開かれた◻◻◻◻であるが，会議では戦争自体は合法的なものとされた。　　　　　　　　（関西学院大）	万国平和会議

THEME

列強による世界の分割と二極化

見出し番号 2567—2627

☑ 2567	1880年初め，アフリカのコンゴ地域で列強の利害が対立すると，ドイツのビスマルクは1884年に◯◯◯◯を開き，利害を調整した。 (順天堂大)	ベルリン会議（ベルリン=コンゴ会議）
☑ 2568	19世紀中頃から南アフリカ各地を探検し，1855年にヴィクトリア瀑布(ばくふ)を発見した◯◯◯◯は，奴隷貿易の根絶にも尽力した。 (早稲田大)	リヴィングストン
☑ 2569	アメリカの探検家の◯◯◯◯は，アフリカ奥地の探検中に行方不明となったリヴィングストンを捜索した。 (関西学院大)	スタンリー
☑ 2570	ベルギー国王レオポルド2世は，私領として◯◯◯◯を建設し，後にこれをベルギー政府に譲渡した。 (東洋大)	コンゴ自由国
☑ 2571	1880年代のコンゴをめぐる対立では，列強間の国際会議でベルギー国王である◯◯◯◯の所有地としてコンゴ自由国の設立が認められた。 (東京女子大)	レオポルド2世
☑ 2572	イギリスは，エジプトの首都カイロとケープタウンとを結ぶ◯◯◯◯を展開した。 (駒澤大)	アフリカ縦断政策
☑ 2573	◯◯◯◯は，フランス人技師レセップスの尽力もあって建設され，1869年に完成した。 (明治大)	スエズ運河
☑ 2574	フランスの外交官◯◯◯◯は，スエズ運河の開削を主導し，1869年にスエズ運河が完成した。 (和光大)	レセップス

☑ 2575 ☐	スエズ運河株の買収資金を調達したロンドンのユダヤ人銀行家一族である◯◯◯は，シオニズム運動を援助したことで知られる。 (獨協大)	ロスチャイルド
☑ 2576 ☐	◯◯◯と呼ばれた反乱は，「エジプト人のためのエジプト」を掲げて戦ったが，イギリスによって鎮圧された。 (中央大)	ウラービー運動（オラービーの反乱）
☑ 2577 ☐	イギリスは，スーダンに起こったムハンマド=アフマドが率いる◯◯◯を鎮圧して，この地に進出した。 (日本大)	マフディー運動
☑ 2578 ☐	スーダンでは，◯◯◯がマフディーを名乗り，反英武力闘争を起こし，1885年にはハルツームを制圧した。 (上智大)	ムハンマド=アフマド
☑ 2579 ☐	1890年にイギリス領ケープ植民地首相となった◯◯◯は，帝国主義政策の一環としてケープタウンとカイロを鉄道で結ぼうとした。 (センター)	ローズ（セシル=ローズ）
☑ 2580 ☐	ローズは南アフリカの北方への植民を奨励してイギリス帝国の権益確保に努めた。この地は後に彼の名をとって◯◯◯と呼ばれた。 (慶應義塾大)	ローデシア
☑ 2581 ☐	17世紀にはアフリカ南部にはオランダからの移民，通称◯◯◯が増加し，バントゥー系アフリカ人から土地を奪い，ケープ植民地を建設した。 (立命館大)	ブール人（ボーア人）
☑ 2582 ☐	アフリカ南部で，オランダ系移民の子孫のブール人が，北方へ移住して建国した◯◯◯では，後に金鉱が発見された。 (西南学院大)	トランスヴァール共和国
☑ 2583 ☐	イギリスは，1899年〜1902年のブール人に対する南アフリカ戦争を経て，ダイヤモンド鉱山で知られる◯◯◯を併合した。 (青山学院大)	オレンジ自由国

古代文明の出現と東アジア

アジアと地中海世界の形成

イスラーム教とヨーロッパ世界

ヨーロッパ世界の進展

アジアの動向と「世界の一体化」

近世ヨーロッパ世界の動向

近代社会の形成

欧米諸列強の世界分割

世界現代史

☑ 2584	南アフリカで金鉱が発見されると，イギリスは1899年に［　　］を引き起こし，苦戦の末，イギリスが勝利した。 （東京経済大）	南アフリカ戦争（ブール戦争）
☑ 2585	フランスがとっていた［　　］は，フランス領西アフリカとアフリカ東部のジブチを結ぶ計画であった。 （上智大）	アフリカ横断政策
☑ 2586	1830年，フランスのシャルル10世は，国内の不満をそらすために［　　］に遠征した。 （日本大）	アルジェリア
☑ 2587	フランスは，サハラからスーダンを経由してアフリカ東岸の［　　］へと至るアフリカ横断政策を推進した。 （駒澤大）	ジブチ
☑ 2588	フランスは1896年に，アフリカ南東の島［　　］を領有した。 （桜美林大）	マダガスカル
☑ 2589	19世紀末の西アフリカでは，［　　］がイスラーム国家を建設してフランスの侵略に抵抗した。 （上智大）	サモリ=トゥーレ
☑ 2590	アフリカ縦断政策をとるイギリスは，横断政策を進めるフランスと対立し，両国の軍隊がスーダンで衝突する［　　］が起こった。 （大阪学院大）	ファショダ事件
☑ 2591	1904年には［　　］が締結され，エジプトにおけるイギリス，モロッコにおけるフランスの優位を認め合い，ドイツに対抗した。 （青山学院大）	英仏協商
☑ 2592	ドイツは1905年と11年の2度にわたり，北アフリカでフランスに挑戦する［　　］を起こした。 （明治大）	モロッコ事件

☑ 2593 ◻	第1次モロッコ事件の際，ドイツ皇帝ヴィルヘルム2世は，モロッコの領土保全，門戸開放を主張して突如 [ ] を訪問した。 (上智大)	タンジール
☑ 2594 ◼	第1次モロッコ事件の処理のために開かれた [ ] では，ドイツがモロッコにおけるフランスの優越権を認めた。 (東京経済大)	アルヘシラス (国際) 会議
☑ 2595 ◻	1911年，ドイツは，モロッコ南部の港市 [ ] に軍艦を強行派遣した。これが第2次モロッコ事件である。 (オリジナル)	アガディール
☑ 2596 ◻	1911〜12年，イタリアはオスマン帝国に対して [ ] を起こして，オスマン帝国からリビア（トリポリ・キレナイカ）を奪った。 (共立女子大)	イタリア= トルコ戦争
☑ 2597 ◻	イタリアは，1911〜12年のイタリア=トルコ戦争によって北アフリカの [ ] を植民地化した。 (同志社大)	リビア
☑ 2598 ◻	[ ] は，20世紀初頭に欧米列強がアフリカを植民地化した際もリベリアとともに独立を守った。 (オリジナル)	エチオピア帝国
☑ 2599 ◻	エチオピアに侵入したイタリアは，1896年の [ ] でエチオピア軍に敗れ，後退した。 (同志社大)	アドワの戦い
☑ 2600 ◻	奴隷から解放されたアメリカ合衆国の黒人がアフリカに移住し，19世紀前半に [ ] を建国した。 (早稲田大)	リベリア共和国
☑ 2601 ◻	1893年，共和派のクーデタにより [ ] のカメハメハ朝は滅亡し，その後1898年に [ ] はアメリカに併合された。 (実践女子大)	ハワイ

☑ 2602 ⌂	ハワイ王国最後の女王である　　　　は民謡「アロハオエ」の作詞・作曲者である。　　　　　　　　　（明治大）	リリウオカラニ
☑ 2603 ⌂	イギリスはオーストラリアに流刑囚を大量に送り込み，先住民の　　　　を排斥しながら内陸の開拓を進めていった。　　　　　　　　　　　　　　　　　（法政大）	アボリジニー
☑ 2604 ⌂	オーストラリアでは，19世紀後半から　　　　政策がとられ，有色人種の移民を制限した時期があった。　　　　　　　　　　　　　　　　　　　　　　（明治大）	白豪主義 はくごう
☑ 2605 ⌂	ニュージーランドでは，先住民の　　　　がイギリスの植民地支配に抵抗したが，武力で弾圧された。　（法政大）	マオリ人
☑ 2606 ⌂	17世紀，オランダの　　　　は，バタヴィアを拠点に航海を実施し，オーストラリアからニュージーランド，さらにフィジー諸島に到達した。　　　　　　　（関西学院大）	タスマン
☑ 2607 ⌂	イギリスの　　　　は海軍軍人としての実績をもとに，3度にわたる太平洋の探検航海を試み，第1回のときにオーストラリアの領有を宣言した。　　　　　（関西学院大）	クック
☑ 2608 🏛	ジャワ島の東方に位置する　　　　島は，19世紀に西部をオランダに，東部をイギリスとドイツに分割された。　　　　　　　　　　　　　　　　　　　　（関西大）	ニューギニア
☑ 2609 🏛	かつてドイツ領であった，ミクロネシアの　　　　には第一次世界大戦後に南洋庁が置かれ，日本人も居住した。　　　　　　　　　　　　　　　　　　　（中部大）	パラオ諸島
☑ 2610 🏛	イギリスはニュージーランド北方，メラネシアに属する　　　　を領有し，サトウキビプランテーションの労働者としてインド人を移住させた。　　（オリジナル）	フィジー

2611	19世紀，フランスは太平洋においてオーストラリア東方の◯◯◯を領有した。 　　　　　　　　　　　　　　（明治大）	ニューカレドニア
2612	19世紀末になると，西洋の近代社会を批判し，◯◯◯で未開社会を題材に描いたフランスのゴーガンらが現れ，新たな画風を展開した。　　　　　　　（早稲田大）	タヒチ
2613	1910年，自由主義者のマデロが◯◯◯を起こしてディアス政権を倒し，農民軍の指導者サパタらもこれに参加した。　　　　　　　　　　　　　　　（東洋大）	メキシコ革命
2614	メキシコ革命は，ラテンアメリカ最初の本格的な民主主義革命で，1911年，サパタらが追放した独裁者は◯◯◯である。　　　　　　　　　　　　　（早稲田大）	ディアス
2615	メキシコでは，1910年に地主出身で自由主義者の◯◯◯が武装蜂起を主導し，ディアス政権打倒に成功した。　　　　　　　　　　　　　　　（神奈川大）	マデロ
2616	◯◯◯はビリャと並んで，メキシコ革命で農民軍を指導した。　　　　　　　　　　　　　　　（関西学院大）	サパタ
2617	1910年に起こったメキシコ革命の指導者の一人である◯◯◯は，後に大統領に就任し，革命の理念を盛り込んだ1917年憲法を公布した。　　　　　（慶應義塾大）	カランサ
2618	1890年代，フランスは，ドイツが再保障条約更新を行わなかったことに反発したロシアとの間に◯◯◯を結ぶことによって，国際的孤立から脱した。　（慶應義塾大）	露仏同盟
2619	ドイツのヴィルヘルム2世は「◯◯◯」を展開して，帝国主義政策を進めるとともに海軍を拡張してイギリスを脅かした。　　　　　　　　　　　　　（明治大）	世界政策

☑ 2620 ☐	19世紀末から，ドイツは鉄道建設によってベルリン，ビザンティウム（イスタンブル），バグダードを結ぶ [　　　] を推進した。 （愛知淑徳大）	3 B 政策
☑ 2621 ☐	バルカン半島の [　　　] は，ドイツの3B政策で拠点の一つとされた。 （福岡大）	ビザンティウム（イスタンブル）
☑ 2622 ☐	ドイツは1899年に [　　　] の敷設権を獲得し，ベルリン・ビザンティウム（イスタンブル）・バグダードを結ぶ3B政策を推進した。 （広島修道大）	バグダード鉄道
☑ 2623 ☐	イギリスは，ケープタウン・カイロ・カルカッタを結ぶ [　　　] を実施し，帝国主義による海外進出を推進した。 （東洋大）	3 C 政策
☑ 2624 ☐	イギリスの3C政策とは，エジプトとインドと南アフリカの [　　　] を結ぶ植民地政策のことである。 （札幌大）	ケープタウン
☑ 2625 ☐	イギリスは「 [　　　] 」の立場から，長い間どの国とも同盟を結んでいなかったが，1902年にロシアに対抗して日本と同盟を結んだ。 （学習院女子大）	光栄ある孤立
☑ 2626 ☐	ロシアの南下の動きを警戒したイギリスは1902年に [　　　] を結んで，日本とともにロシアを抑えようとした。 （島根県立大）	日英同盟
☑ 2627 ☐	1907年の [　　　] で，イランにおけるイギリスとロシアの勢力範囲が定められた。 （学習院女子大）	英露協商

☑ 2628 �	1853年，アメリカ海軍将官［　　　　］に率いられた「黒船」が，浦賀に来航した。　　　　　　　　　　　　　　（東海大）	ペリー
☑ 2629 �	1854年にペリーは再び来航して，江戸幕府と［　　　　］を結んだ。これにより，200年以上にわたった鎖国体制は崩れた。　　　　　　　　　　　　　　　　　　　（東海大）	日米和親条約
☑ 2630 �	1858年にアメリカと結んだ［　　　　］において，江戸幕府は，関税自主権を放棄し，領事裁判権を承認した。（成蹊大）	日米修好通商条約
☑ 2631 �	清の冊封を受けていなかった日本は，19世紀半ばに開国すると，1871年に［　　　　］を結んで清と対等の国交を実現した。　　　　　　　　　　　　　　　　　（聖心女子大）	日清修好条規
☑ 2632 ▰	日本では1867年に江戸幕府が朝廷に政権を返還し，翌年には新政府が成立し，［　　　　］といわれる大きな政治転換が起きた。　　　　　　　　　　　　　　　　（オリジナル）	明治維新
☑ 2633 ▰	日本では1889年に［　　　　］が公布され，立憲国家へと政治体制が変わった。　　　　　　　　　　　　　（オリジナル）	大日本帝国憲法
☑ 2634 �	日本による1874年の［　　　　］は，琉球島民が台湾先住民に殺害されたことが理由であった。　　　　　　（成蹊大）	台湾出兵
☑ 2635 �	1875年の［　　　　］で，ロシアはウルップ以北の千島列島を日本領とする代わりに，樺太全島を自国領とした。（慶應義塾大）	樺太^{からふと}・千島^{ちしま}交換条約

2636	朝鮮では19世紀に入る頃から貨幣経済が発展する一方で，その影響から_____などの民衆反乱が続発し，李朝の体制は動揺していった。　　　　　　（愛知大）	洪景来の乱 ホンギョンネ
2637	1875年に日本は挑発行動により_____を引き起こし，これを口実にして1876年に日朝修交条規を締結した。　　　　　　　　　　　　　　（中央大）	江華島事件
2638	1876年に日本と朝鮮との間に結ばれた_____は，日本の領事裁判権を認めるなどの不平等条約だった。　　　　　　　　　　　　　　（早稲田大）	日朝修好条規 （江華条約）
2639	欧米諸国は鎖国を続ける朝鮮に対し開国を迫ったが，_____の父で摂政であった大院君はこれを拒否した。　　　　　　　　　　　　（名城大）	高宗
2640	1860年代に入ると，欧米諸国は朝鮮にも開国を要求したが，高宗の父であり実権を握っていた_____は鎖国攘夷策を堅持した。　　　　　　（成蹊大）	大院君 たいいんくん
2641	19世紀後半の朝鮮内部では，高宗の妃の一族である_____が，攘夷を求める大院君派と対立していた。　　　　（名城大）	閔氏 ミン
2642	朝鮮では，1882年に現在のソウルで起こった_____によって，日本と清という二つの外国勢力の介入をまねいて国内は混乱した。　　　　　　（関西大）	壬午軍乱 じんご
2643	19世紀末の朝鮮国内では，清との関係を重視する_____と，日本に接近する開化派が現れ，互いに対立した。　　　　　　　　　　　　（國學院大）	攘夷派 （事大党）
2644	閔氏に対し，金玉均らの_____は，日本の援助を得て国内改革を推進しようと1884年に甲申政変を起こした。　（成蹊大）	急進改革派 （開化派）

☑ 2645 ⮌	［　　　　　］らの急進改革派が，日本の支持を背景に起こした反乱を，甲申政変という。 　　　　　　　　　　　（同志社大）	きんぎょくきん 金玉均 キムオッキュン
☑ 2646 ⮌	1884年に金玉均らの急進改革派が，日本の支持を背景に起こしたクーデタを［　　　　　］という。 　　　　　（同志社大）	こうしん 甲申政変 **(甲申事変)**
☑ 2647 ⮌	日清両国は1885年の［　　　　　］によって，朝鮮からの撤兵と，出兵の相互事前通告を約した。 　　　　　　（南山大）	てんしん 天津条約（日・清）
☑ 2648 ⮌	没落両班出身の崔済愚が，在来の民間信仰をもとに，キリスト教勢力を排除すべく，儒・仏・道三教をまじえた［　　　　　］を創始した。 　　　　　　　　　　　（上智大）	とうがく 東学
☑ 2649 ⮌	19世紀後半の朝鮮では，没落両班出身の［　　　　］が，儒・仏・道教に在来の民間信仰を加えて東学を創始した。 　　　（上智大）	さいせいぐ 崔済愚 チェジェウ
☑ 2650 ⮌	1894年に［　　　　　］が起きた際，朝鮮政府が宗主国の清に援軍を求め，日本も居留民保護を口実に出兵した。 　　　（成蹊大）	こうご 甲午農民戦争 **(東学の乱)**
☑ 2651 ⮌	1894年，［　　　　　］らが甲午農民戦争（東学の乱）を起こすと，日本と清が出兵して日清戦争となった。 　　　（大阪経済大）	ぜんほうじゅん 全琫準 チェンボンジュン
☑ 2652 ⮌	1894年，全琫準を指導者とする甲午農民戦争を契機にし，日本と清との間で朝鮮半島をめぐる［　　　　］が始まった。 　　　　　　　　　　　（島根県立大）	日清戦争
☑ 2653 ⮌	日清戦争敗戦後，清は朝鮮に対する宗主権の放棄，遼東半島・台湾・澎湖諸島の割譲などを定めた［　　　　］を日本と結んだ。 　　　　　　　　　　（慶應義塾大）	下関条約

№		
2654	日清戦争による清の敗北後に下関条約が結ばれた。これにより，台湾は日本領となり，行政機関として◯◯◯が置かれて日本の統治下に入った。　（愛知大）	台湾総督府
2655	1895年の下関条約によって日本が獲得した◯◯◯を，ロシアは三国干渉により清朝へ返還させた。　（中央大）	遼東半島
2656	下関条約で，日本は遼東半島を割譲されたが，ロシア・ドイツ・フランスによる◯◯◯でこの地を清へ返還した。　（センター）	三国干渉
2657	ロシアは19世紀末には，シベリア鉄道建設工事に着手し，三国干渉の代償として清から◯◯◯の敷設権を得た。　（日本大）	東清鉄道
2658	朝鮮と満洲をめぐる日本とロシアの対立から，1904年に◯◯◯が起こり，これに勝利した日本は韓国の指導・監督権を得た。　（畿央大）	日露戦争
2659	日本は日露戦争において，1905年3月の満洲における◯◯◯に続き，5月の日本海海戦に勝利した。　（上智大）	奉天会戦
2660	日露戦争が勃発した翌年，5月の◯◯◯で，ロシアのバルチック艦隊が壊滅的打撃を受けた。　（実践女子大）	日本海海戦
2661	日露戦争後に結ばれた◯◯◯によって，日本は遼東半島南部の租借権や鉄道を通した満洲の利権をもつようになる。　（早稲田大）	ポーツマス条約
2662	日露戦争後に結ばれたポーツマス条約で，日本は樺太南部の租借権と，長春を起点とする◯◯◯の利権をロシアから奪った。　（創価大）	南満洲鉄道

☑ 2663 ☐	日露戦争の勝利によって，日本は遼東半島南部の租借権，□の領有権を獲得した。 (中央大)	樺太（サハリン）南部
☑ 2664 ☐	日露戦争後，日露両国は日英同盟を維持したまま，1907年に□を結んで協調路線に転じ，互いの勢力圏を設定する方向に進んだ。 (駒澤大)	日露協約
☑ 2665 ☐	1897年に朝鮮国王の高宗は皇帝を名乗り，国号を□と改めて，朝鮮が独立国であることを世界に示した。 (立命館大)	大韓帝国
☑ 2666 ☐	1904年から日本は韓国に対して3度にわたる□を突きつけ，第2次協約で韓国を保護国化，第3次協約で内政権を奪った。 (実践女子大)	日韓協約
☑ 2667 ☐	1906年，日本は韓国に□府を置き，初代□として伊藤博文が赴任した。 (関西大)	統監
☑ 2668 ▣	日本の支配下にあった韓国では，文化的な諸活動を通じて保護国から脱出することをめざし，学校を設立するなどの□も展開された。 (大東文化大)	愛国啓蒙運動
☑ 2669 ☐	20世紀初頭の朝鮮では，愛国啓蒙運動と，朝鮮全土に広がった武装抗日闘争である□という，二つの種類の民族運動が起こった。 (法政大)	義兵闘争
☑ 2670 ☐	1907年，韓国皇帝の高宗が日本の圧迫に対し国際社会に訴えようとした□が起こった。 (大東文化大)	ハーグ密使事件
☑ 2671 ☐	初代韓国統監の□は，朝鮮の民族運動家の安重根によって，ハルビンで暗殺された。 (神奈川大)	伊藤博文

☑ 2672	かつて日本の初代内閣総理大臣であった伊藤博文は，韓国では初代統監となったが，ハルビンで◻︎◻︎◻︎に暗殺された。 (学習院大)	<ruby>安重根<rt>あんじゅうこん</rt></ruby> アンジュングン
☑ 2673	1909年，初代韓国統監の伊藤博文が◻︎◻︎◻︎で暗殺された。 (南山大)	ハルビン
☑ 2674	朝鮮は1897年に大韓帝国と国名を改めたが，次第に日本に利権を奪われ，1910年の「◻︎◻︎◻︎に関する条約」によって日本の植民地となった。 (関西大)	韓国併合
☑ 2675	韓国併合後，◻︎◻︎◻︎が設置され，その初代総督として<ruby>寺内正毅<rt>まさたけ</rt></ruby>が就任した。 (愛知淑徳大)	朝鮮総督府

THEME

アジア各国の変容と民族運動

見出し番号 2676—2746

出題頻度 👑

☑ 2676	<ruby>康有為<rt>こうゆうい</rt></ruby>は，孔子の教えは積極的な改革にあるとみなし，実践を重んじる◻︎◻︎◻︎派に属していた。 (成蹊大)	<ruby>公羊<rt>くよう</rt></ruby>学
☑ 2677	日清戦争後，◻︎◻︎◻︎らの変法派は，立憲君主政の導入，民間産業の振興や軍事力の強化を中心とする富国強兵策を光緒帝に提出した。 (青山学院大)	<ruby>康有為<rt>こうゆうい</rt></ruby>
☑ 2678	康有為の弟子としてメディアによる改革運動を実践したのが◻︎◻︎◻︎であり，彼が1896年に創刊した『時務報』は，部数1万7千部に達した。 (愛知大)	<ruby>梁啓超<rt>りょうけいちょう</rt></ruby>
☑ 2679	変法運動を進める康有為の主張は皇帝の◻︎◻︎◻︎を動かし，保守派による妨害を押し切って政治改革を断行させた。 (明治大)	<ruby>光緒<rt>こうしょ</rt></ruby>帝

☑ 2680	清では，改革派である康有為や梁啓超らが，国会開設・憲法制定などに向けて，◯◯◯◯◯で政治の革新を断行した。 (松山大)	戊戌の変法（変法運動）
☑ 2681	清では，立憲制をめざす変法運動が起こったが，西太后ら保守派は，1898年に◯◯◯◯◯で改革派を弾圧した。 (文教大)	戊戌の政変
☑ 2682	同治帝の母として，また光緒帝の摂政として，清朝末期に権勢をふるった◯◯◯◯◯は，康有為らによる改革をクーデタによって阻止した。 (フェリス女子大)	西太后
☑ 2683	ロシアは19世紀末に，清から遼東半島南部の◯◯◯◯◯を租借し，東三省を自国の勢力圏とした。 (南山大)	旅順・大連
☑ 2684	ドイツは清から，1898年に99カ年の期限で山東半島南西岸の◯◯◯◯◯を租借した。 (大阪学院大)	膠州湾
☑ 2685	イギリスは清から，山東半島の◯◯◯◯◯を25カ年の期限で租借してイギリス東洋艦隊の基地とした。 (大阪学院大)	威海衛
☑ 2686	1898年には◯◯◯◯◯と呼ばれる九竜半島の付け根部分と周辺の島嶼部が租借されて，イギリスの統治下に入った。 (東海大)	新界
☑ 2687	フランスは，清から◯◯◯◯◯を租借して仏領インドシナに隣接する広西・広東・雲南の3省を勢力圏とした。 (早稲田大)	広州湾
☑ 2688	1899年にアメリカ国務長官ジョン＝ヘイは，中国の◯◯◯◯◯・機会均等，領土保全を提唱して，中国市場への進出を図った。 (オリジナル)	門戸開放

2689 ☑ ⌒	ヨーロッパ列強の進出がさかんになった19世紀後半の中国では，各地で反キリスト教運動による衝突事件（　　　　）が起こった。　　　　　（オリジナル）	教案
2690 ☑ ⌒	清朝末期に排外運動である　　　　が起こって，清が列強に宣戦すると，ドイツ，ロシア，日本，イギリスなどの8カ国が共同して出兵して鎮圧した。（京都産業大）	義和団戦争（ぎわだん）（義和団事件）
2691 ☑ ⌒	「　　　　」をスローガンとした排外的な義和団が北京に入ると，清朝は義和団を支援して各国に対して宣戦布告した。　　　　　（立正大）	扶清滅洋（ふしんめつよう）
2692 ☑ ⌒	義和団は，1900年に北京にあった列強の公使館に迫り，清も列強に宣戦を布告した。しかし，義和団は列強が組織した　　　　によって鎮圧された。　（日本大）	8カ国連合軍（8カ国共同出兵）
2693 ☑ ⌒	義和団戦争後，清は1901年に列強との間に　　　　を締結し，巨額の賠償金や外国軍隊の北京駐兵権などを認めた。　　　　　（明治大）	北京議定書（しんちゅう）（辛丑和約）
2694 ☑ ⌒	1901年，義和団戦争に敗れた清は，北京議定書に調印し，巨額の賠償金の支払い，　　　　などを認めた。（城西大）	外国軍隊の北京駐兵
2695 ☑ ⌒	義和団戦争の後，清は西太后の下で近代化・立憲国家をめざした　　　　と呼ばれる改革を行った。（神戸学院大）	光緒新政（こうしょ）
2696 ☑ ⌒	1908年，清朝では日本の「大日本帝国憲法」をモデルとした「　　　　」が公布され，あわせて国会開設が公約された。　　　　　（立正大）	憲法大綱（たいこう）
2697 ☑ ⌒	清朝最後の皇帝である　　　　は，退位した後，日本が満洲国を建設すると，その執政に就任し，ついで満洲国皇帝となった。　　　　　（早稲田大）	宣統帝（ふぎ）（溥儀）（せんとうてい）

☑ 2698	義和団戦争の後，改革に着手した清朝は，科挙の廃止，留学生の派遣，□□□と呼ばれる西洋式軍隊の設立などを行った。　　　　　　　　　　　　　　　　　（早稲田大）	新軍
☑ 2699	□□□はハワイで興中会を結成し，東京で中国同盟会を組織するなど，清朝打倒のために革命勢力を結集した。　　　　　　　　　　　　　　　　　（関西大）	<ruby>孫文<rt>そんぶん</rt></ruby>
☑ 2700	孫文は，1894年にハワイで<ruby>華僑<rt>かきょう</rt></ruby>の支持を受けて政治的秘密結社の□□□を組織した。　　　　　（神奈川大）	<ruby>興中会<rt>こうちゅう</rt></ruby>
☑ 2701	1905年には，孫文の結成した興中会，<ruby>黄興<rt>こうこう</rt></ruby>や<ruby>宋教仁<rt>そうきょうじん</rt></ruby>たちの□□□，<ruby>章炳麟<rt>しょうへいりん</rt></ruby>を中心とする光復会が合同して中国同盟会を結成した。　　　　　　　　　（防衛大）	<ruby>華興会<rt>かこう</rt></ruby>
☑ 2702	中国では，華僑や知識人を中心として清朝打倒をめざす運動が起こり，1905年には，東京で□□□が結成された。　　　　　　　　　　　　　　（神戸学院大）	中国同盟会
☑ 2703	孫文は中国同盟会を組織し，民族の独立・民権の伸長・民生の安定を柱とする□□□を唱え，革命運動を主導していった。　　　　　　　　　　　　　　（明治大）	三民主義
☑ 2704	1905年，孫文は中国同盟会を組織し，その機関誌『□□□』に中国革命の理念である三民主義を発表した。　　　　　　　　　　　　　　　　　（早稲田大）	<ruby>民報<rt>みんぽう</rt></ruby>
☑ 2705	鉄道利権の回復を通じて，主権の回復を主張する□□□を受けて，清国は1905年，アメリカから<ruby>粤漢<rt>えっかん</rt></ruby>鉄道の建設権・経営権を買い戻した。　　　（立教大）	利権回収運動
☑ 2706	1911年，満洲人貴族を中心とする内閣は，□□□を発令して民営鉄道を国有化した。　　（早稲田大）	幹線鉄道国有化

□ 2707	1911年の清による幹線鉄道国有化政策の発令は，それに反対する資本家による□を引き起こした。（日本大）	四川暴動（しせん）
□ 2708	1911年10月の湖北新軍による□をきっかけに辛亥革命が始まり，清朝の支配は終わりを告げた。（神奈川大）	武昌蜂起（ぶしょう）
□ 2709	1911年，武昌蜂起を発端として□が始まり，1912年1月，孫文を臨時大総統とする中華民国の建国が宣言された。（畿央大）	辛亥革命（しんがい）
□ 2710	1911年に辛亥革命が勃発し，翌1912年に清朝は滅亡し，共和国である□が成立した。（明治大）	中華民国
□ 2711	辛亥革命によって皇帝を退位させて清朝の支配を終わらせた□は，首都を北京に移し，独裁化を強めた。（関西大）	袁世凱（えんせいがい）
□ 2712	袁世凱臨時大総統の下で，中華民国の暫定（ざんてい）憲法である□が公布されたが，袁は独裁を強行した。（慶應義塾大）	臨時約法
□ 2713	辛亥革命後，革命派は中国同盟会をもとに，□を結成し，宋教仁らが指導者となった。（立正大）	国民党
□ 2714	□は国民党の有力な指導者で，議院内閣制と法治を構想していたが，1913年に袁世凱の刺客によって暗殺された。（専修大）	宋教仁（そうきょうじん）
□ 2715	孫文は五・四運動に啓発され，第二革命後に日本で結成した□を，1919年末に大衆政党としての国民党に改組した。（日本大）	中華革命党

☑ 2716 ◻	1916年の袁世凱の死後，北京政府の主導権をめぐって軍人の私兵集団である◻が抗争する世になった。 (愛知大)	軍閥（ぐんばつ）
☑ 2717 ◻	1913年，◻がチベット独立の布告を発布したが，中国はこれを認めなかった。 (オリジナル)	ダライ=ラマ13世
☑ 2718 ◻	外モンゴルでは，1921年に◻らが人民政府を樹立し，1924年には共和政をとるモンゴル人民共和国が成立した。 (青山学院大)	チョイバルサン
☑ 2719 ◻	モンゴルでは，ソ連の影響をうけた政党である◻が独立を達成し，モンゴル人民共和国の成立を宣言した。 (福岡大)	モンゴル人民革命党
☑ 2720 ◻	中国周辺では，1911年には外モンゴルが独立を宣言，1924年には，ソヴィエト連邦の影響の下◻が成立した。 (学習院女子大)	モンゴル人民共和国
☑ 2721 ◻	19世紀末にインドの民族運動がさかんになると，イギリスはこれを懐柔するために，1885年にボンベイで◻を開いた。 (南山大)	インド国民会議
☑ 2722 ◻	1905年，ベンガル州をイスラーム教徒の多い東ベンガルと，ヒンドゥー教徒の多い西ベンガルに分割する◻が制定された。 (早稲田大)	ベンガル分割令（カーゾン法）
☑ 2723 ◻	20世紀初めのインド国民会議内部では，◻らの急進派が主導権を握り，ベンガル分割に反対した。 (慶應義塾大)	ティラク
☑ 2724 ◻	1906年，インドの国民会議派は，◻での大会において英貨排斥・スワデーシ・スワラージ・民族教育をめざす大会4綱領を採択した。 (椙山女学園大)	カルカッタ

☑ 2725	1906年のカルカッタ大会4綱領では，自治獲得を意味する□が掲げられた。 （オリジナル）	スワラージ
☑ 2726	1906年のインド国民会議カルカッタ大会で掲げられたスローガンで，国産品愛用を意味する言葉は□である。 （専修大）	スワデーシ
☑ 2727	20世紀初頭，イギリスはインド帝国の首都を反英運動の中心地であるカルカッタから□に移した。（関西大）	デリー
☑ 2728	1906年，イギリスは国民会議派との分断を図るため，イスラーム教徒を中心とする□の結成を指導した。 （早稲田大）	全インド=ムスリム連盟
☑ 2729	インドネシアでは，1908年にインドネシアの伝統文化の再評価を通じて民族意識の形成をめざす□（「最高の英知」の意）が結成された。 （オリジナル）	ブディ=ウトモ
☑ 2730	オランダ領東インドでは，1911年にジャワ島で民族組織の□が結成されたが，当初の目的は華僑に対抗した相互扶助であった。 （東洋大）	イスラーム同盟（サレカット=イスラーム）
☑ 2731	20世紀初頭のインドネシアでは，□が女性解放運動の先頭にたち，女性の地位向上に努めた。 （オリジナル）	カルティニ
☑ 2732	1880年代に入ると，フィリピンの□らが民族意識をめざめさせる文筆・言論活動を開始した。 （同志社大）	ホセ=リサール
☑ 2733	フィリピンでは，19世紀末に知識人による植民地支配批判や秘密結社□による反スペイン蜂起という形で独立運動が展開した。 （上智大）	カティプーナン

☑ 2734 ☐	フィリピンの独立運動指導者の◯◯◯は，アメリカ=スペイン戦争のさなか亡命先から帰国し，1899年にフィリピン共和国の成立を宣言した。 （センター）	アギナルド
☑ 2735 ☐	フィリピンでは，アギナルドがアメリカ=スペイン戦争に乗じて，1899年に◯◯◯を樹立した。 （大阪学院大）	フィリピン共和国
☑ 2736 ☐	ベトナムでは20世紀に入ると，◯◯◯らが抗仏運動を行って維新会を結成し，日本への留学運動（ドンズー運動）を進めた。 （東洋大）	ファン=ボイ=チャウ
☑ 2737 ☐	フランス領インドシナでは，1904年にファン=ボイ=チャウらがベトナムの独立回復と立憲君主政をめざす◯◯◯を組織した。 （明治大）	維新会
☑ 2738 ☐	ファン=ボイ=チャウらはフランスからの独立をめざして維新会を組織し，日本に多くの留学生を送る◯◯◯を提唱した。 （オリジナル）	ドンズー運動（東遊運動）
☑ 2739 ☐	ベトナムの◯◯◯は，1907年にドンキン義塾を設立して民族運動を指導した。 （オリジナル）	ファン=チュー=チン
☑ 2740 ☐	ファン=ボイ=チャウは，辛亥革命の直後に，広東で◯◯◯を組織して，フランスに対する武力闘争を試みた。 （明治大）	ベトナム光復会
☑ 2741 ☐	イランでは，カージャール朝によるイギリス人商人へのタバコ利権譲渡がきっかけで，1891年に◯◯◯が起こった。 （関西学院大）	タバコ=ボイコット運動
☑ 2742 ☐	イラン出身の◯◯◯はパン=イスラーム主義を提唱し，イスラーム地域の改革運動や民族主義運動に影響を与えた。 （桜美林大）	アフガーニー

□ 2743	アフガーニーのエジプトでの弟子である◯◯◯◯はウラービー運動（オラービーの反乱）に参加し、パリでアフガーニーとともに『固き絆』を刊行した。　　　（関西大）	ムハンマド＝アブドゥフ
□ 2744	1905年にカージャール朝で起こった◯◯◯◯では、議会の開催、憲法の制定が実現したが、イギリスとロシアの介入で挫折を余儀なくされた。　　　（椙山女学園大）	立憲革命（イラン立憲革命）
□ 2745	オスマン帝国で青年トルコ革命を主導した「青年トルコ人（青年トルコ）」は、1889年に政治組織「◯◯◯◯」を結成した。　　　　　　　　　　　　　　　（日本大）	統一と進歩団
□ 2746	1908年に◯◯◯◯が起こり、停止されていたオスマン帝国初の憲法であったオスマン帝国憲法（ミドハト憲法）が復活した。　　　　　　　　　　　（大阪学院大）	青年トルコ革命

古代文明の出現と東アジア

アジアと地中海世界の形成・

イスラーム教とヨーロッパ世界

ヨーロッパ世界の進展

アジアの動向と世界の一体化

近世ヨーロッパ世界の動向

近代社会の形成

欧米諸列強の世界分割

世界現代史

9

世界現代史

掲載問題数 ８６２問

第二次世界大戦の終結後，戦後の冷戦を経て，世界は従来の主権国家体制を超越した，グローバル化の時代をむかえます。新興国の台頭で多極化が進む一方で，世界一体となって地球的課題を解決することの重要性も高まっています。

☑ 2747 ☐	20世紀初頭のバルカン半島には民族の異なる小国が複雑に入り組んでいて，不安定な政治情勢から「　　　　」と呼ばれた。 （昭和女子大）	ヨーロッパの火薬庫
☑ 2748 ☐	19世紀半ば以降，バルカン半島のスラヴ民族の間で，スラヴ民族の連携と統一をめざす　　　　の運動がさかんとなった。 （名城大）	パン=スラヴ主義
☑ 2749 ☐	20世紀初めのバルカン半島では，ドイツ，オーストリアが推進する　　　　と，ロシアが後ろ盾となるパン=スラヴ主義が対立していた。 （文教大）	パン=ゲルマン主義
☑ 2750 ☐	青年トルコ革命でオスマン帝国が動揺すると，オーストリアが　　　　の併合を断行した。 （早稲田大）	ボスニア・ヘルツェゴヴィナ
☑ 2751 ☐	1912年，ロシアの指導の下で，セルビア・ギリシア・ブルガリア・モンテネグロが反オーストリア同盟として　　　　を結成した。 （中央大）	バルカン同盟
☑ 2752 ☐	1912〜13年の　　　　で，オスマン帝国はバルカン半島の大半をバルカン同盟によって奪われた。 （広島修道大）	第1次バルカン戦争
☑ 2753 ☐	第1次バルカン戦争でオスマン帝国に勝利したバルカン同盟軍だが，領土の配分をめぐってセルビアとブルガリアが対立し，1913年には　　　　が起こった。（早稲田大）	第2次バルカン戦争
☑ 2754 ☐	1914年，オーストリア帝位継承者夫妻がボスニアの州都でセルビア人青年により暗殺された　　　　は，第一次世界大戦の引き金となった。 （立命館大）	サライェヴォ事件

☑ 2755	第一次世界大戦中にイギリスのハノーヴァー朝が □ と改称した。 (南山大)	ウィンザー朝
☑ 2756	第一次世界大戦では，提携関係を結んだイギリス・フランス・ロシア側は「 □ （連合国）」，対するドイツ・オーストリア側は同盟国と呼ばれた。 (オリジナル)	協商国
☑ 2757	第一次世界大戦において，イタリアはイギリス・フランス・ロシアとの間で秘密のうちに □ を結び，協商国側に立って参戦した。 (オリジナル)	ロンドン条約 （ロンドン密約）
☑ 2758	第一次世界大戦の東部戦線において，1914年にドイツは □ でロシア軍を破った。 (関西大)	タンネンベルクの戦い
☑ 2759	第一次世界大戦が始まると，ドイツ軍は中立国であったベルギーを席巻し，北フランスに侵攻したが， □ で阻止された。 (明治大)	マルヌの戦い
☑ 2760	1916年2月，ドイツがフランスの □ を攻撃したが，ペタン将軍がこれを防ぎ，12月までの間に仏独両軍で約70万人が死傷する激戦となった。 (上智大)	ヴェルダン要塞
☑ 2761	1916年6月からの □ では，イギリス軍の戦車が初めて投入され，連合国がドイツに大攻勢をかけたが，決着はつかなかった。 (明治大)	ソンムの戦い
☑ 2762	第一次世界大戦では，機関銃，戦車，航空機，さらに化学兵器として □ が実戦に投入された。 (オリジナル)	毒ガス
☑ 2763	第一次世界大戦中， □ でドイツ軍が毒ガスを初めて使用した。 (愛知淑徳大)	イープルの戦い

☑ 2764	第一次世界大戦は，前線の戦闘のみでなく，一般市民も動員される史上初めての＿＿＿＿となり，挙国一致体制が作られた。 （オリジナル）	総力戦
☑ 2765	1916年5月，英・仏・露は大戦後にイラク・シリアを勢力圏におき，パレスチナを国際管理とする＿＿＿＿を取り決めた。 （明治大）	サイクス・ピコ協定
☑ 2766	第一次世界大戦中，イギリス客船＿＿＿＿がドイツの潜水艦に撃沈され，アメリカ人乗客が死亡すると，アメリカの対ドイツ世論は硬化した。 （上智大）	ルシタニア号
☑ 2767	第一次世界大戦が起こると，アメリカは初め，中立を保ったが，ドイツの＿＿＿＿の開始を機に参戦に踏み切った。 （東海大）	無制限潜水艦作戦
☑ 2768	1918年11月，＿＿＿＿の水兵反乱を機にドイツ革命が起こり，皇帝ヴィルヘルム2世が退位して共和政が成立した。 （中央大）	キール軍港
☑ 2769	ドイツ革命期のドイツでは，ロシア革命のソヴィエトにならって，労働者・兵士の＿＿＿＿が結成された。 （同志社大）	レーテ（評議会）

THEME

ロシア革命

見出し番号 2770–2791

出題頻度

☑ 2770	1917年3月，ロシア帝国の首都＿＿＿＿で食糧危機を原因とした労働者の蜂起が起きると，兵士も合流して大規模な暴動となった。 （立命館大）	ペトログラード
☑ 2771	1917年，ロシアでは帝政が瓦解して立憲民主党を中心とする臨時政府が成立した。これを＿＿＿＿という。 （上智大）	二月革命（三月革命）

☑ 2772	1917年3月（ロシア暦2月）の革命によって帝政が崩壊すると，臨時政府とソヴィエトとの◯◯◯◯の状況が生じた。 (立教大)	二重権力
☑ 2773	1917年3月，ロシアでは帝政が瓦解して，◯◯◯を中心とする臨時政府が成立した。 (上智大)	立憲民主党
☑ 2774	ボリシェヴィキの指導者のレーニンは，◯◯◯を発して臨時政府を批判し，ソヴィエトに権力を集中させるよう説いた。 (上智大)	四月テーゼ
☑ 2775	1917年，二月革命によって樹立された臨時政府では，社会革命党の◯◯◯が首相となるが，レーニンと対立した。 (川崎医療福祉大)	ケレンスキー
☑ 2776	二月革命後，亡命中のボリシェヴィキ指導者の◯◯◯が帰国し，四月テーゼを発して「すべての権力をソヴィエトへ」と訴えた。 (千葉経済大)	レーニン
☑ 2777	二月革命後，ボリシェヴィキは武装蜂起して臨時政府を倒し，ソヴィエト政権を樹立した。これを◯◯◯という。 (近畿大)	十月革命（十一月革命）
☑ 2778	ロシア共産党の初代外務人民委員の◯◯◯は十月革命でも活躍し，世界革命論を後に主張した。 (センター)	トロツキー
☑ 2779	1917年11月，レーニンらは武装蜂起を指揮して◯◯◯で新政権の成立を宣言した。 (順天堂大)	全ロシア＝ソヴィエト会議
☑ 2780	ボリシェヴィキは1917年11月に臨時政府を倒し，無併合・無償金・民族自決の原則による即時講和を呼びかける「◯◯◯」を出した。 (慶應義塾大)	平和に関する布告

☑ 2781	全ロシア=ソヴィエト会議は1917年11月に，地主の土地の無償没収と土地私有権の廃止を内容とする「〔　　　〕」を発表した。 　　　　　　　　　　　　　　　　　　（同志社大）	土地に関する布告
☑ 2782	ロシアでは，1901年にナロードニキの系譜をひく〔　　　〕が結成され，1917年11月の普通選挙では第一党となった。 　　　　　　　　　　　　　　　　　　（南山大）	エスエル（社会主義者・革命家党，社会革命党）
☑ 2783	ロシア十月革命後，ソヴィエト政権は反革命活動を取り締まるために，〔　　　〕を設置した。 （関西学院大）	チェカ（非常委員会）
☑ 2784	ソヴィエト政権は1918年3月にドイツと〔　　　〕を結び，ロシアは第一次世界大戦から離脱したものの，ポーランドを含む広大な領土を失った。 （立教大）	ブレスト＝リトフスク条約
☑ 2785	1918年，ボリシェヴィキは〔　　　〕と改称し，一党独裁体制を確立した。 （オリジナル）	共産党
☑ 2786	ソヴィエト政権はトロツキーの下で〔　　　〕を組織し，さらに反革命運動の取り締まりを行い，厳しい統制経済政策を進めた。 （西南学院大）	赤軍（せき）
☑ 2787	ロシア革命直後，革命の波及を恐れる英・日・仏・米などの諸国は〔　　　〕を実行した。 （慶應義塾大）	対ソ干渉戦争
☑ 2788	1918年，日本・アメリカなどがソヴィエト政権に干渉する〔　　　〕を行い，日本軍は1922年まで（北樺太は1925年まで）駐兵を続けた。 （関西学院大）	シベリア出兵
☑ 2789	レーニンは1919年に，各国共産党間の連絡・調整機関として，〔　　　〕をモスクワに設立した。 （成蹊大）	コミンテルン（共産主義インターナショナル，第3インターナショナル）

☑ 2790 ☐	ソヴィエト政権は対外戦に伴う物資不足に対処するために、穀物徴発を含む◯◯◯を導入したが、農民は生産意欲を失い、社会は混迷した。 （早稲田大）	戦時共産主義
☑ 2791 ☐	ソヴィエト政権は強制徴発制を止め、小規模な私企業の経営を容認する方針に転換したが、これが◯◯◯と呼ばれるようになった。 （明治大）	新経済政策 (ネップ)

THEME
ヴェルサイユ体制とワシントン体制

出題頻度 ♛

見出し番号 2792―2818

☑ 2792 ☐	第一次世界大戦後に開催された1919年からの◯◯◯は、アメリカのウィルソン大統領が発表した「十四カ条」が基礎となった。 （北海道大）	パリ講和会議
☑ 2793 ☐	アメリカ大統領の◯◯◯は、アメリカ民主主義の道義的優位を説いて、アメリカの指導力を認めさせる「宣教師外交」を推進した。 （皇學館大）	ウィルソン
☑ 2794 ☐	アメリカのウィルソン大統領は、民族自決・秘密外交の廃止などを主張する「◯◯◯」を発表した。 （中央大）	十四カ条
☑ 2795 ☐	「十四カ条」のうち、特に◯◯◯の理念は、同盟国やロシアの支配下にあった諸民族の独立につながった。 （関西大）	民族自決
☑ 2796 ☐	アメリカ大統領ウィルソンは、イギリスがオスマン帝国領に対して展開した◯◯◯を批判し、「十四カ条」の中で◯◯◯の廃止を主張した。 （成蹊大）	秘密外交
☑ 2797 ☐	ウィルソンが提唱した「十四カ条」の平和原則は、国際貿易に関しては◯◯◯の廃止を主張した。 （関西学院大）	関税障壁

☑ 2798 ⌂	イギリス代表として第一次世界大戦後のパリ講和会議に出席した◯◯◯は，フランスの対ドイツ強硬策の融和にも努めた。 (オリジナル)	ロイド=ジョージ
☑ 2799 ⌂	第一次世界大戦後のパリ講和会議において，当時のフランス首相◯◯◯はドイツに対する強硬姿勢をとった。 (甲南大)	クレマンソー
☑ 2800 ⌂	第一次世界大戦後，ドイツは1919年6月に結んだ◯◯◯によって，広大な領土を失った。 (センター)	ヴェルサイユ条約
☑ 2801 ⌂	第一次世界大戦後に結ばれた◯◯◯によってオーストリアは，戦前と比べ，面積・人口ともに4分の1に縮小された。 (明治大)	サン=ジェルマン条約
☑ 2802 ⌂	第一次世界大戦後の1919年に結ばれた◯◯◯によって，ブルガリアは占領地をルーマニアに返還し，ギリシアなどに領土を割譲した。 (専修大)	ヌイイ条約
☑ 2803 ⌂	第一次世界大戦後の1920年に，連合国とハンガリーとの間で◯◯◯が結ばれ，ハンガリーは領土の3分の2を失った。 (オリジナル)	トリアノン条約
☑ 2804 ⌂	第一次世界大戦で敗戦国となったオスマン帝国は，連合国と◯◯◯を締結し，領土を分割されたため，存亡の危機にさらされた。 (愛知淑徳大)	セーヴル条約
☑ 2805 ⌂	第一次世界大戦後，かつてナポレオン戦争下にロシア領の大公国となっていた◯◯◯は，民族自決に基づいて独立を達成した。 (学習院大)	フィンランド
☑ 2806 ⌂	第一次世界大戦後，エストニア・ラトヴィア・リトアニアからなる，いわゆる◯◯◯がロシアから独立した。 (慶應義塾大)	バルト3国

☑ 2807 ☐	18世紀後半，領土分割で消滅した東欧の＿＿＿は，第一次世界大戦後にようやく独立が実現した。 (オリジナル)	ポーランド
☑ 2808 ☐	かつてベーメン王国があった地には，第一次世界大戦が終わると＿＿＿の独立が実現した。 (オリジナル)	チェコスロヴァキア
☑ 2809 ☐	＿＿＿は，名目的にはイギリスやフランスなどが国際連盟から対象地域の統治を委ねられる形を取っていたが，その実態は植民地支配であった。 (オリジナル)	委任統治
☑ 2810 ☐	＿＿＿は，国際秩序の維持と国際平和の実現のために設立され，1920年1月に正式に発足した。 (青山学院大)	国際連盟
☑ 2811 ☐	国際連盟の付属機関として，各国の労働問題を調整する＿＿＿が設置された。 (成蹊大)	国際労働機関 (ILO)
☑ 2812 ☐	国際連盟下では，国際紛争の解決を目的とする＿＿＿が，オランダのハーグに設置された。 (オリジナル)	常設国際司法裁判所
☑ 2813 ☐	アメリカ大統領ハーディングの提唱で開かれた＿＿＿において，四カ国条約，九カ国条約，海軍軍備制限条約が結ばれた。 (関西大)	ワシントン会議
☑ 2814 ☐	1921年には，アメリカ大統領の＿＿＿の呼びかけによりワシントン会議が開催され，東アジア・太平洋地域の秩序を安定させる仕組みができあがった。 (法政大)	ハーディング
☑ 2815 ☐	1921年，ワシントン会議で太平洋地域における勢力範囲の現状維持のため，アメリカ・イギリス・フランス・日本の間で＿＿＿が締結された。 (立教大)	四カ国条約

☑ 2816 ☐	1922年の◯◯◯で，アメリカ・イギリス・日本・フランス・イタリアの主力艦の総トン数の比率を5：5：3：1.67：1.67とすることが定められた。 （成蹊大）	海軍軍備制限条約（ワシントン海軍軍縮条約）
☑ 2817 ☐	1921〜22年にかけて開かれたワシントン会議で，中国の主権尊重と領土保全を内容とする◯◯◯が定められた。 （関西大）	九カ国条約
☑ 2818 ☐	1930年，◯◯◯が開催され，アメリカ・イギリス・日本の補助艦の保有比を定めた。 （二松学舎大）	ロンドン軍縮会議

THEME

1920年代の欧米諸国

見出し番号 2819—2877

出題頻度 ♛

☑ 2819 ☐	1918年にイギリスで行われた◯◯◯では，21歳以上の男性と30歳以上の女性に選挙権が認められた。 （広島修道大）	第4回選挙法改正
☑ 2820 ☐	1923年の総選挙でイギリスの第二党となった労働党は，翌1924年に自由党と連立して初めて政権につき，◯◯◯内閣が誕生した。 （同志社大）	マクドナルド内閣（第1次）
☑ 2821 ☐	イギリスでは1928年の◯◯◯で，21歳以上の男女すべてに選挙権が与えられた。 （明治大）	第5回選挙法改正
☑ 2822 ☐	1931年，イギリス議会はウェストミンスター憲章を制定し，イギリス本国と自治領が平等の地位を持つ◯◯◯が法的に成立した。 （名古屋学芸大）	イギリス連邦（コモンウェルス）
☑ 2823 ☐	イギリス本国の衰えに対して，カナダやオーストラリアなど自治領は自立の動きを示し，1931年の◯◯◯の成立により自治領は本国と対等とされた。（フェリス女学院大）	ウェストミンスター憲章

□ 2824	19世紀後半以降, 独立運動が継続したアイルランドは, 1922年に北部のアルスター地方を除いて◯◯◯として イギリスの自治領となった。 (中央大)	アイルランド自由国
□ 2825	アイルランドは, 1922年, 北部の◯◯◯を除いてアイルランド自由国としてイギリスの自治領となった。 (西南学院大)	アルスター地方
□ 2826	第一次世界大戦後, アイルランドは◯◯◯を首班として独立を果たした。 (関西大)	デ=ヴァレラ
□ 2827	アイルランド自由国は, 1937年に◯◯◯と改称し, イギリス連邦からも1949年に離脱した。 (青山学院大)	エール
□ 2828	1923年にフランスは, ドイツの第一次世界大戦の賠償金支払いの不履行を口実に, ベルギーとともに◯◯◯を引き起こした。 (専修大)	ルール占領
□ 2829	第一次世界大戦後, ドイツの賠償金返済が滞ると, フランスの◯◯◯内閣はルール地方を占領して賠償を強制しようとした。 (國學院大)	ポワンカレ
□ 2830	1925年には, ヨーロッパの安全保障をめざす◯◯◯が締結されて, 翌年にドイツの国際連盟加盟が実現した。 (國學院大)	ロカルノ条約
□ 2831	フランス外相の◯◯◯は戦争を違法化する条約を提唱し, 1928年に不戦条約を成立させる中心となった。 (オリジナル)	ブリアン
□ 2832	第一次世界大戦後の1928年, アメリカの◯◯◯国務長官がフランス外相のブリアンと共同で提案した不戦条約が15カ国によって調印された。 (関西大)	ケロッグ

☑ 2833 ☐	1928年，フランス外相のブリアンがアメリカのケロッグ国務長官と共同で提案した◯◯◯が15カ国によって調印された。 (関西大)	不戦条約
☑ 2834 ☐	ドイツでは1916年，社会民主党左派のカール=リープクネヒト，ローザ=ルクセンブルクらが◯◯◯を組織した。 (武蔵大)	スパルタクス団
☑ 2835 ☐	ポーランド出身の◯◯◯はリープクネヒトとともにスパルタクス団を組織し，1918年末にはドイツ共産党を結成した。 (東海大)	ローザ=ルクセンブルク
☑ 2836 ☐	スパルタクス団を中心に結成されたドイツ共産党の指導者であるローザ=ルクセンブルクと◯◯◯は，1919年初めに殺害された。 (明治大)	カール=リープクネヒト
☑ 2837 ☐	1918年にスパルタクス団を核に成立した◯◯◯は，翌年の蜂起に失敗し，有力な指導者を失った。 (武蔵大)	ドイツ共産党
☑ 2838 ☐	1919年にドイツで制定された◯◯◯は，当時の世界でもっとも民主的な憲法とされ，大統領制と議会制民主主義の諸制度を定めた。 (近畿大)	ヴァイマル憲法（ワイマール憲法）
☑ 2839 ☐	ドイツのヴァイマルに招集された国民議会で，社会民主党指導者の◯◯◯がヴァイマル共和国の初代大統領に選出された。 (同志社大)	エーベルト
☑ 2840 ☐	1923年，ドイツのヒトラーは政権獲得を狙って◯◯◯を起こしたが，失敗して逮捕された。 (オリジナル)	ミュンヘン一揆
☑ 2841 ☐	1923年8月に首相に就任した人民党の◯◯◯は，レンテンマルクを発行して通貨を安定させた。 (早稲田大)	シュトレーゼマン

☑ 2842 ☐	ヴァイマル共和国では，空前のインフレーションを収束させるため，政府は　　　　を発行した。　（東京理科大）	レンテンマルク
☑ 2843 ☐	ドイツの破局的なインフレーションに対して，1924年にアメリカの仲介で賠償支払いの緩和を図る　　　　が成立した。　（杏林大）	ドーズ案
☑ 2844 ☐	ドイツの賠償問題に関して，1929年にアメリカ主導で支払い総額を圧縮し，支払期間も延長する　　　　が決定された。　（金城学院大）	ヤング案
☑ 2845 ☐	1929年のヤング案によってドイツの賠償総額は358億金マルクに削減され，1932年の　　　　で賠償額はさらに減額された。　（國學院大）	ローザンヌ会議
☑ 2846 ☐	イタリアでは1922年にファシスト党を率いる　　　　が首相となり，独裁体制を築いた。　（杏林大）	ムッソリーニ
☑ 2847 ☐	1919年，イタリアのムッソリーニは　　　　を結成し，1922年には，「ローマ進軍」を決行して政権を奪取した。　（獨協大）	ファシスト党（ファシスタ党）
☑ 2848 ☐	イタリアのムッソリーニはファシスト党による「　　　　」を行って政府に圧力をかけ，国王の支持を得て首相に任命された。　（同志社大）	ローマ進軍
☑ 2849 ☐	1924年，イタリアはユーゴスラヴィアから　　　　を奪って併合した。　（龍谷大）	フィウメ
☑ 2850 ☐	イタリアのムッソリーニはファシスト党による一党独裁体制を確立し，対外的には1926年，ティラナ条約を結んで　　　　を保護国化した。　（明治大）	アルバニア

☑ 2851 ☐	1929年, ムッソリーニは国交断絶状態にあったローマ教皇庁と［　　　］を結んで和解し, ヴァチカン市国が成立した。 （同志社大）	ラテラノ条約（ラテラン条約）
☑ 2852 ☐	1929年, ムッソリーニはラテラノ（ラテラン）条約を結んで［　　　］の独立を認めた。 （関西学院大）	ヴァチカン市国
☑ 2853 ☐	18世紀末に消滅した国家を回復したポーランドは, 1920年に革命ロシアに侵入して領土を拡大し, 1926年には［　　　］がクーデタで実権を握った。 （関西学院大）	ピウスツキ
☑ 2854 ☐	ハンガリーでは, 第一次世界大戦後に王位を空位にして摂政に就いた［　　　］が独裁体制を固めつつあった。 （福岡大）	ホルティ
☑ 2855 ☐	ソヴィエト政権は, 同じく国際的に孤立していたドイツとの間で1922年に［　　　］を結び, 互いに賠償請求権を放棄した。 （成城大）	ラパロ条約
☑ 2856 ☐	ロシア革命後, ドイツと講和するラパロ条約を締結したソヴィエト=ロシアでは, 1922年に［　　　］が成立した。 （関西学院大）	ソヴィエト社会主義共和国連邦（ソ連邦, ソ連, U.S.S.R.）
☑ 2857 ☐	1917年のロシア革命勃発後の複雑な過程を経て, キエフを中心とする［　　　］はソヴィエト連邦を構成する共和国の一つとなった。 （慶應義塾大）	ウクライナ
☑ 2858 ☐	1922年には, ロシア, ウクライナ, ［　　　］, ザカフカースのソヴィエト共和国が連合して, ソヴィエト社会主義共和国連邦（ソ連）が成立した。 （青山学院大）	ベラルーシ
☑ 2859 ☐	ソ連成立時に連邦を構成する共和国となった［　　　］は, 黒海とカスピ海の間に位置していた。 （中京大）	ザカフカース

☑ 2860	ソ連では，　　　　を唱えるトロツキーと，一国社会主義論を唱えるスターリンの間で争いが高まり，結局スターリンが勝利した。　　　　　　　　　　（京都産業大）	世界革命論
☑ 2861	ソ連では，スターリンが共産党書記長になり，ソ連単独で社会主義建設ができるとする　　　　を掲げた。　　　　　　　　　　　　　　　　　　　（同志社大）	一国社会主義論
☑ 2862	ソ連では，レーニンの死後実権を握った　　　　により，第1次五カ年計画が実行に移された。　（山梨学院大）	スターリン
☑ 2863	1928年，ソ連は重工業化の推進による社会主義建設をめざし，　　　　を開始した。　　　　　（同志社大）	第1次五カ年計画（ソ連）
☑ 2864	スターリンは第1次五カ年計画で農業集団化を実施し，　　　　と呼ばれる集団農場を創設した。　（早稲田大）	コルホーズ
☑ 2865	ソ連では，第1次五カ年計画にもとづき集団農場（コルホーズ）や国営農場である　　　　が建設され，農業の集団化が行われた。　　　　　　　　　（神奈川大）	ソフホーズ
☑ 2866	ソ連の　　　　では，重工業に重点が置かれた第1次五カ年計画とは異なり，軽工業の振興もはかった。　（明治大）	第2次五カ年計画（ソ連）
☑ 2867	1936年，スターリンは　　　　を制定したが，そこに盛り込まれた多くの民主的な権利の規定は守られなかった。　　　　　　　　　　　　　　　　　　（センター）	スターリン憲法
☑ 2868	ソ連のスターリンは，盟友で1924年に政治局員となった　　　　を後に追放し，1938年に処刑した。　（オリジナル）	ブハーリン

☑ 2869 ☐	アメリカの[　　　]が発案したベルトコンベアによる自動車の大量生産方式は，その販売価格を劇的に引き下げ，自動車を身近なものとした。　　　　　　　　　（山梨学院大）	フォード
☑ 2870 ☐	1920年代のアメリカでは，ハーディング，[　　　]，フーヴァーと，共和党の大統領が3代続いた。　　　（オリジナル）	クーリッジ
☑ 2871 ☐	1920年代のアメリカ社会は，大量生産・大量消費・大衆文化を特徴とする[　　　]が幕を開け，繁栄を謳歌した。　　　　　　　　　　　　　　　　　　（オリジナル）	大衆社会
☑ 2872 ☐	黒人音楽を起源とする[　　　]が，1920年代にシカゴやニューヨークなどの大都市で盛んに演奏されるようになった。　　　　　　　　　　　　　　　　　　（早稲田大）	ジャズ
☑ 2873 ☐	1920年代のアメリカでは[　　　]の商業放送が始まり，映画やスポーツが娯楽として発達した。　　　（東洋大）	ラジオ
☑ 2874 ☐	[　　　]と呼ばれる，ホワイト（白人）・アングロ＝サクソン・プロテスタント系の人々は，アメリカ社会において支配的な地位を占めてきた。　　　　　　（オリジナル）	ワスプ（WASP）
☑ 2875 ☐	アメリカ合衆国で，1919年に公布された[　　　]には，保守的な，また禁欲的なピューリタニズムを反映したアメリカ社会の一面が表れていた。　　　　　　　（中部大）	禁酒法
☑ 2876 ☐	アメリカで1924年に制定された[　　　]では，東・南欧系の移民制限が強められ，日本人などのアジア系移民は事実上禁止された。　　　　　　　　　　　（中部大）	移民法
☑ 2877 ☐	1920年の[　　　]では，強盗殺人事件の容疑者として逮捕された，イタリア系の無政府主義者二人に対し，証拠不十分のまま死刑が宣告された。　　　　　（法政大）	サッコ・ヴァンゼッティ事件

2878	日本では民主化を求める動きが活発となり，1918年に最初の本格的な　　　　が成立した。　　　　　　　　（オリジナル）	政党内閣
2879	日本では，1925年に男性普通選挙法が成立したが，同年に共産主義の広がりに対応するために　　　　も成立した。　　　　　　　　（オリジナル）	治安維持法
2880	辛亥革命後，政治が混迷した中国では，失望した知識人の間で新文化運動の一つとして　　　　といわれる啓蒙運動が始まった。　　　　　　　　（名城大）	文学革命
2881	1921年，コミンテルンの指導の下に　　　　を委員長とする中国共産党が上海で結成された。彼は『新青年』を刊行したことでも知られる。　　　　　　　　（明治大）	陳独秀
2882	文学革命の中心的人物である陳独秀は，啓蒙雑誌『　　　　』を刊行し，青年知識層の支持を集めた。　　　　　　　　（神奈川大）	新青年
2883	陳独秀が上海で刊行した『新青年』は，「　　　　」を旗印として，儒教道徳を批判し，欧米の近代合理主義を紹介した。　　　　　　　　（愛知大）	民主と科学
2884	20世紀初頭の中国では，アメリカに留学した　　　　の白話文学運動に呼応して，魯迅が口語文による作品を発表した。　　　　　　　　（関西学院大）	胡適（こせき）（こてき）
2885	1910年代後半の中国において，胡適はやさしい口語で文学を表現し，大衆の文化的解放をめざす　　　　を提唱した。　　　　　　　　（中部大）	白話文学（はくわ）（口語文学）

古代文明の出現と東アジア

アジアと地中海世界の形成

イスラーム教とヨーロッパ世界

ヨーロッパ世界の進展

アジアの動向と「世界の一体化」

近世ヨーロッパ世界の動向

近代社会の形成

欧米諸列強の世界分割

世界現代史

☑ 2886	中国の作家□□□は、『狂人日記』の中で「礼教が人を食う」と述べて、儒教社会の抑圧構造を批判した。 (学習院大)	魯迅
☑ 2887	魯迅は、中国の最下層の一庶民が処刑されるまでの過程に当時の中国社会を投影した小説『□□□』を著した。 (オリジナル)	阿Q正伝
☑ 2888	辛亥革命後の新文化運動においては、北京大学教授を務めた□□□が中心となり陳独秀も参加したグループが、マルクス主義研究を始めた。 (法政大)	李大釗
☑ 2889	日米が、第一次世界大戦中の1917年11月に中国利権の調整をはかるために結んだ□□□は、九カ国条約によって失効した。 (早稲田大)	石井・ランシング協定
☑ 2890	第一次世界大戦が始まると、1915年、日本は□□□を袁世凱政府につきつけ、その大部分を認めさせた。 (青山学院大)	二十一カ条の要求
☑ 2891	韓国併合後、朝鮮総督府は憲兵警察制度を基盤にして力による朝鮮支配を行った。これを□□□という。 (法政大)	武断政治
☑ 2892	韓国併合後、朝鮮総督府は日本語の強制、□□□を通じた土地没収などを行ったため、朝鮮半島の人々の反日的な民族意識は高まった。 (法政大)	土地調査事業
☑ 2893	1919年に、朝鮮で□□□が起こると、独立運動の高まりに大きな衝撃を受けた日本は統治政策を転換した。 (専修大)	三・一独立運動
☑ 2894	1919年、三・一独立運動が発生した翌月には大韓民国臨時政府の樹立が□□□で宣言された。 (慶應義塾大)	上海

☑ 2895 ♡	韓国併合後, 日本は当初, 武断政治を進めたが, 朝鮮の人々の抵抗を受け, 「＿＿＿＿」という名の同化政策へと転換した。 (関西大)	文化政治
☑ 2896 ♡	1919年に北京で始まった＿＿＿＿は, パリ講和会議で二十一カ条廃棄の要求が拒否されたことへの中国の人々の反発を背景にしている。 (法政大)	五・四運動
☑ 2897 ♡	1919年と1920年にはソヴィエト政権から, 対中国不平等条約の無償放棄などを内容とする＿＿＿＿が出された。 (名古屋外国語大)	カラハン宣言
☑ 2898 ♡	五・四運動の高まりをうけて, 孫文は1919年に, 中華革命党を＿＿＿＿と改称した。 (近畿大)	国民党
☑ 2899 ♡	中国では, 1921年にコミンテルンの支援によって陳独秀を指導者とする＿＿＿＿が結成された。 (明治大)	中国共産党
☑ 2900 ♡	1923年, 孫文は「＿＿＿＿」を掲げて, 打倒軍事勢力・打倒帝国主義の方針を出した。 (東京理科大)	連ソ・容共・扶助工農
☑ 2901 ♡	中国では, 1924年に国民党と共産党が協力する＿＿＿＿が成立し, 打倒軍事勢力・打倒帝国主義の路線を打ち出した。 (明治大)	第1次国共合作
☑ 2902 ♡	1925年, 上海で起こった中国人労働者のストライキに端を発する＿＿＿＿は, 全国的な反帝国主義運動に発展した。 (センター)	五・三〇運動
☑ 2903 ♡	1925年, 共産党員を含めて再編されて広州に成立した＿＿＿＿は, 同年に起きた五・三〇運動を背景に国民革命軍を組織し, 軍事勢力を打倒するため出兵した。 (駒澤大)	国民政府

☑ 2904 ☐	1927年に，国民党の指導者□□□は上海クーデタで共産勢力を排除して，南京に国民政府を樹立し，やがて軍事勢力の打倒（北伐）をほぼ完了した。　（東京都市大）	しょうかいせき 蔣介石
☑ 2905 ☐	国民党の蔣介石が率いる国民革命軍は，1926年に中国統一をめざす□□□を開始し，1928年には統一を達成した。　（日本大）	ほくばつ 北伐
☑ 2906 ☐	蔣介石は，中国経済を支配していた□□□出身の資本家の支援の下，1927年4月に上海クーデタを起こして共産党を弾圧した。　（倉敷芸術科学大）	せっこう こう そ 浙江・江蘇
☑ 2907 ☐	広州の国民政府内には，共産党員ら左派とこれを警戒する右派との対立が深まり，蔣介石は1927年4月に□□□を起こして共産党を弾圧した。　（法政大）	上海クーデタ
☑ 2908 ☐	1927年，汪兆銘と共産党が武漢国民政府を樹立したのに おうちょうめい 対抗して，蔣介石は上海クーデタを起こして□□□を樹立した。　（オリジナル）	ナンキン 南京国民政府
☑ 2909 ☐	北伐の過程で，国民党左派と共産党員が□□□に国民政府を樹立すると，蔣介石は共産党勢力の排除・弾圧に転じた。　（慶應義塾大）	ぶ かん 武漢
☑ 2910 ☐	日本は蔣介石による北伐を妨害するため，3度にわたる□□□を行った。　（神奈川大）	さんとう 山東出兵
☑ 2911 ◪	第一次世界大戦に参戦した時点で北京政府の実権を握り，戦後のパリ講和会議に中国代表として参加したのは□□□である。　（オリジナル）	だん き ずい 段祺瑞
☑ 2912 ◪	中国の軍事勢力の一つである直隷派の首領としては，馮 こくしょう そうこん 国璋，曹錕，□□□が知られる。　（オリジナル）	ご はい ふ 呉佩孚

☑ 2913 ☐	1928年，蔣介石は北伐を再開して，北京から（　　　　）の首領張作霖を追い出した。　　　　　　　　　　　（愛知大）	^{ほうてん}奉天派
☑ 2914 ☐	奉天派の（　　　　）は本拠地の奉天に戻る途中，日本の関東軍によって爆殺された。　　　　　　　　　　　（駒澤大）	^{ちょうさくりん}張作霖
☑ 2915 ☐	1919年に中国東北部に設置された日本の（　　　　）は，関東州と南満洲鉄道の警備を担当したが，彼らは1928年に張作霖を爆殺した。　　　　　　　　　　　　　　（早稲田大）	関東軍
☑ 2916 ☐	北伐軍に敗れて奉天に帰還する張作霖の列車を関東軍が爆破し，殺害した事件を（　　　　）という。　（センター）	奉天事件（張作霖爆殺事件）
☑ 2917 ☐	中国では，日本が張作霖を爆殺した後，その子の（　　　　）が国民政府に合流したことにより，政治的統一が実現した。　　　　　　　　　　　　　（フェリス女学院大）	^{ちょうがくりょう}張学良
☑ 2918 ☐	中国共産党は国共分裂後，（　　　　）と呼ばれる軍隊を組織して長江以南の各地に農村根拠地を建設した。　　　（駒澤大）	^{こうぐん}紅軍
☑ 2919 ☐	上海クーデタの後，毛沢東は江西省と湖南省の境界に位置する（　　　　）に根拠地を建設した。　（オリジナル）	^{せいこうざん}井崗山
☑ 2920 ☐	中国共産党は1931年に，^{ずいきん}瑞金に毛沢東を主席とする（　　　　）を樹立するが，国民党軍の包囲攻撃に悩まされた。　　　　　　　　　　　　　　（関西学院大）	中華ソヴィエト共和国臨時政府

アジアとアフリカの民族運動

見出し番号 2921—2973

☑ 2921 ☐	イギリスは，1919年に令状なしで逮捕・投獄する権限を総督に与える[　　]を定めてインドの反イギリス運動を弾圧した。 (聖心女子大)	ローラット法
☑ 2922 ☐	1919年にインドの[　　]では，ローラット法に反発する抗議集会でイギリス軍が発砲して多数の死傷者が出るという事件が発生した。 (東京理科大)	アムリットサール
☑ 2923 ☐	1919年に制定された[　　]は，実質的にはイギリスがインドを統治し続けるという内容で，戦後自治の公約は守られなかった。 (東京理科大)	1919年インド統治法
☑ 2924 ☐	インド国民会議派の[　　]は，ヒンドゥー教の思想に基づいた非暴力・不服従の運動を指導し，反イギリスの民族運動を展開した。 (東京理科大)	ガンディー
☑ 2925 ☐	インドでは，1919年のローラット法に対して，ガンディーが[　　]を掲げて，インド民衆の新しい指導者として登場した。 (明治大)	非暴力
☑ 2926 ☐	ガンディーは，1920年の国民会議派大会において[　　]を唱え，民衆を民族運動へと導いた。 (オリジナル)	非協力運動
☑ 2927 ☐	ガンディーが「非暴力・不服従」の意味を与えた，サンスクリット語の造語を[　　]という。 (東京理科大)	サティヤーグラハ
☑ 2928 ☐	第一次世界大戦後，インドのムスリムたちがオスマン帝国のカリフ制の擁護を掲げて[　　]を起こし，一時ヒンドゥー教徒と共闘した。 (学習院大)	ヒラーファト運動

古代文明の出現と東アジア

アジアと地中海世界の形成

イスラーム教とヨーロッパ世界

ヨーロッパ世界の進展

アジアの動向と「世界の一体化」

近世ヨーロッパ世界の動向

近代社会の形成

欧米諸列強の世界分割

世界現代史

☑ 2929 🏛	戦間期のインドでは，国民会議派が民族運動の主体であったが，労働運動の高まりを背景に，1925年に［　　　］も成立した。　　　　　　　　　　　　　　（オリジナル）	インド共産党
☑ 2930 🏳	1929年にパキスタン（当時はインド）のラホールで国民会議派大会が開かれ，「完全独立」を意味する宣言である［　　　］が決議された。　　　　　　　（青山学院大）	プールナ＝スワラージ
☑ 2931 🏳	インドでは，1929年のラホール大会でプールナ＝スワラージを唱えた［　　　］の影響力が国民会議派内で強くなった。　　　　　　　　　　　　　　（立教大）	ネルー（ネール）
☑ 2932 🏳	インドでは，イギリスが生活必需品である塩の生産を統制したため，1930年にガンディーらが「［　　　］」と呼ばれる抗議運動を展開した。　　　（同志社大）	塩の行進
☑ 2933 🏳	イギリスは，インド支配の安定をめざして，1930～32年にかけて［　　　］を開いて妥協の道を探ったものの，失敗に終わった。　　　　　　（東京理科大）	英印円卓会議
☑ 2934 🏳	1935年，インドではイギリスが［　　　］を制定して各州での自治を認めたため，多くの州で国民会議派が政権を獲得した。　　　　　　　（聖心女子大）	1935年インド統治法
☑ 2935 🏛	不可触民出身の［　　　］は，不可触民差別撤廃を求める運動を指導し，インド独立後は不可触民差別撤廃を憲法条文に盛り込んだ。　　　　　（専修大）	アンベードカル
☑ 2936 🏛	［　　　］は，武力によるインドの独立をめざして，日本の支援でインド国民軍を組織した。　　（オリジナル）	チャンドラ＝ボース
☑ 2937 🏳	ホー＝チ＝ミンは1925年に［　　　］を結成し，それを母体に1930年にインドシナ共産党を設立して独立運動を展開した。　　　　　　　　　　（早稲田大）	ベトナム青年革命同志会

☑ 2938 ☐	インドシナでは，1925年にホー=チ=ミンがベトナム青年革命同志会を結成し，それを母体に1930年に◯◯◯が成立した。 (明治大)	インドシナ共産党
☑ 2939 ☐	インドネシアでは，インドネシア共産党や，スカルノが指導する◯◯◯などが，植民地政府に弾圧されつつも活動を続けた。 (関西学院大)	インドネシア国民党
☑ 2940 ☐	インドネシアでは，1920年に，アジアで最初の社会主義政党である◯◯◯が結成されて，オランダからの独立を唱えた。 (明治大)	インドネシア共産党
☑ 2941 ☐	イギリスが支配するビルマでは，1930年にビルマの完全独立を標榜する◯◯◯が結成された。 (武庫川女子大)	タキン党
☑ 2942 ☐	ビルマでは，1930年に民族運動指導者の◯◯◯が農民反乱を起こした。 (法政大)	サヤ=サン
☑ 2943 ☐	ビルマ建国の父として知られる◯◯◯は，イギリスの植民地支配の下で，タキン党の指導者として独立運動を進めた。 (専修大)	アウン=サン
☑ 2944 ☐	タイでは1932年に，無血革命である◯◯◯が成功し，議会開設と暫定憲法が定められ，立憲君主政に移行した。 (獨協大)	立憲革命
☑ 2945 ☐	ムスタファ=ケマル率いるトルコの軍は，イズミルに侵入していた隣国の◯◯◯の軍を撃退した。 (明治大)	ギリシア
☑ 2946 ☐	軍人のムスタファ=ケマルはトルコ大国民議会を組織し，ギリシア軍を撃退して占領されていた◯◯◯を回復した。 (武庫川女子大)	イズミル

№ 2947	列強に対する抵抗運動の指導者 ◯◯◯◯ はスルタン制を廃止し，1923年にトルコ共和国を建設し（トルコ革命），初代大統領となった。　　　　　　（オリジナル）	ムスタファ＝ケマル
№ 2948	◯◯◯◯ は，トルコ革命時，ムスタファ＝ケマル率いる大国民議会の拠点となり，1923年にトルコ共和国が成立すると，その首都となった。　　　　　　（駒澤大）	アンカラ
№ 2949	ムスタファ＝ケマルは，1922年に ◯◯◯◯ を廃止し，これによってオスマン帝国は滅亡した。　　　　（オリジナル）	スルタン制
№ 2950	トルコ大国民議会は，ムスタファ＝ケマルに対して，「トルコの父」を意味する尊称 ◯◯◯◯ を呈上した。　　　　　（広島文教女子大）	アタテュルク
№ 2951	1923年，トルコは連合国との間で ◯◯◯◯ を結んで新国境を定め，治外法権の廃止と関税自主権の回復にも成功した。　　　　　　（同志社大）	ローザンヌ条約
№ 2952	トルコ大統領となったムスタファ＝ケマルは，1924年に政教分離の観点から，7世紀以来続いていた ◯◯◯◯ を廃止した。　　　　　　（オリジナル）	カリフ制
№ 2953	ムスタファ＝ケマルは，アラビア文字を廃止して ◯◯◯◯ を採用する文字改革を実行した。　　　　（中部大）	ローマ字（アルファベット）
№ 2954	1925年，イランでは ◯◯◯◯ がカージャール朝を廃してパフレヴィー朝を開き，近代国家建設をめざして一連の改革を進めた。　　　　　　（東京理科大）	レザー＝ハーン
№ 2955	イランでは，1925年，レザー＝ハーンは自らシャー（国王）となって ◯◯◯◯ を成立させ，国内の近代化に努めた。　　　　　　（センター）	パフレヴィー朝

☑ 2956 📖	レザー=ハーンはトルコにならって近代化を進め，国名をペルシアから◯◯◯に改めるなどの民族主義的改革を行った。　　　　　　　　　　　　（オリジナル）	イラン
☑ 2957 📖	1919年の第3次アフガン戦争の結果，イギリスは◯◯◯の独立を正式に承認した。　　　　　　　　　　（日本大）	アフガニスタン
☑ 2958 📖	イギリスの委任統治下に置かれた◯◯◯は，ハーシム家のファイサルを王として1932年に独立を達成した。　　　　　　　　　　　　　　　　　　　　（オリジナル）	イラク
☑ 2959 📖	セーブル条約によってイギリスの委任統治下に置かれた◯◯◯は，第二次世界大戦後の1946年にイギリスが委任統治を放棄したことから独立を達成した。（オリジナル）	ヨルダン（トランスヨルダン）
☑ 2960 📖	イギリスの委任統治下に置かれた◯◯◯には，多くのユダヤ人が入植し，現地のアラブ人と激しく対立した。　　　　　　　　　　　　　　　　　　　（オリジナル）	パレスチナ
☑ 2961 📖	第一次世界大戦後，フランスの委任統治下に置かれた中東の◯◯◯からは，1943年にレバノンが共和国として独立した。　　　　　　　　　　　　　　（オリジナル）	シリア
☑ 2962 📖	第一次世界大戦中，イギリスのマクマホンは，アラブ人の有力者ハーシム家の◯◯◯に対し，アラブ人の独立を約束した。　　　　　　　　　　　　　（龍谷大）	フセイン
☑ 2963 📖	第一次世界大戦中，イギリスは◯◯◯において，アラブ人に大戦後の独立を約束した。　　　　　（関西大）	フセイン・マクマホン協定
☑ 2964 📖	イギリスは1917年に，パレスチナにユダヤ人国家を建設することを認める◯◯◯を出した。　　（東京理科大）	バルフォア宣言

☑ 2965 📖	アラブ独立運動の指導者であるフセインが1916年に建国した □□□ は, イブン=サウードに敗れて1925年に消滅した。 (中京大)	ヒジャーズ王国
☑ 2966 📖	第一次世界大戦後, イスラーム教ワッハーブ派の指導者 □□□ がアラビア半島にヒジャーズ=ネジド王国を建てた。 (慶應義塾大)	イブン=サウード
☑ 2967 📖	アラビア半島では, イブン=サウードがヒジャーズ=ネジド王国を建て, 半島の大部分を統一し, 1932年に □□□ を建国した。 (西南学院大)	サウジアラビア王国
☑ 2968 📖	エジプトでは, 1919年のパリ講和会議に代表を送ろうとする運動の中からワフド党が結成され, これが反英独立運動 □□□ の中核となった。 (日本大)	1919 年革命
☑ 2969 📖	エジプトでは, 1920年代に成立したイスラーム原理主義組織 □□□ が勢力を伸ばした。 (オリジナル)	ムスリム同胞団
☑ 2970 📖	エジプトは, 1936年にイギリスと □□□ を結んで完全独立を認められたが, スーダンとスエズ運河地帯にはイギリス軍が駐兵を続けた。 (センター)	エジプト=イギリス同盟条約
☑ 2971 📖	1922年にエジプト王国が独立したが, イギリスは □□□ を保留するなど実質的な支配権を握ったままであった。 (名古屋学芸大)	スエズ運河の支配権 (管理権)
☑ 2972 📖	1912年, 南アフリカ先住民民族会議 (SANNC) が結成され, それをもとに, アフリカ人の権利獲得をめざす □□□ が結成された。 (東海大)	アフリカ民族会議 (ANC)
☑ 2973 📖	1919年にパリで, アメリカの黒人解放運動家デュボイスがアフリカの自立と連帯をめざす □□□ を開いた。 (関西学院大)	パン=アフリカ会議

☑ 2974 ♡	1929年10月，ニューヨークの金融街である◯◯◯での株価大暴落は，アメリカ合衆国のみならず，全世界に影響を及ぼし，世界恐慌を引き起こした。 　　　　　　(専修大)	ウォール街
☑ 2975 ♡	アメリカ大統領の◯◯◯は，世界恐慌による不況を事実上放置したため，恐慌がさらに悪化して国民の信頼を失った。 　　　　　　(青山学院大)	フーヴァー
☑ 2976 ♡	アメリカのフーヴァー大統領は，世界恐慌の波及したドイツ救済のために戦債・賠償支払いを猶予する◯◯◯を出したが，失敗に終わった。 　　　　　　(上智大)	フーヴァー=モラトリアム
☑ 2977 ♡	アメリカでは，1933年，民主党の◯◯◯が政権についてニューディール（新規まき直し）と呼ばれる政策に着手した。 　　　　　　(明治大)	フランクリン=ローズヴェルト
☑ 2978 ♡	大恐慌時代に民主党から立候補し，アメリカ大統領に当選したフランクリン=ローズヴェルトは，◯◯◯政策で景気対策と社会改革を推進した。 　　　　　　(関西大)	ニューディール
☑ 2979 ♡	イギリスの経済学者◯◯◯は，自由放任を基本としてきた資本主義に対して，国家の積極的な経済への介入を肯定的にとらえる理論を打ち出した。 　　　　　　(明治学院大)	ケインズ
☑ 2980 ♡	1933年，フランクリン=ローズヴェルトがアメリカ大統領に就任すると，◯◯◯を成立させて農民の救済とその購買力の回復をめざした。 　　　　　　(青山学院大)	農業調整法(AAA)
☑ 2981 ♡	1933年，アメリカ大統領のフランクリン=ローズヴェルトは，生産調整を行う農業調整法や◯◯◯を相次いで成立させた。 　　　　　　(オリジナル)	全国産業復興法(NIRA)

☑ 2982	アメリカ大統領のフランクリン=ローズヴェルトは，[ ]によって多目的ダムを建設し，大規模な公共事業に着手した。 (昭和女子大)	テネシー川流域開発公社 (TVA)
☑ 2983	アメリカでは，1935年に制定された[ ]によって労働者の団結権と団体交渉権が確立した。 (慶應義塾大)	ワグナー法
☑ 2984	1930年代，アメリカ労働総同盟の中に未熟練労働者を中心とした[ ]が成立し，分離・独立した。 (中央大)	産業別組合会議 (産業別組織会議, CIO)
☑ 2985	アメリカのフランクリン=ローズヴェルトは，南北アメリカの融和をめざす[ ]を外交政策に採用した。 (青山学院大)	善隣外交
☑ 2986	アメリカのフランクリン=ローズヴェルトは，1933年に共産主義国家の[ ]の承認を行った。 (オリジナル)	ソ連 (ソビエト社会主義共和国連邦)
☑ 2987	1935年には，アメリカ連邦議会が最初の[ ]を可決して，外国の紛争に巻き込まれないための手立てを講じた。 (法政大)	中立法
☑ 2988	[ ]は1934年にメキシコ大統領となり，外国石油資本の国有化を推進するなど，メキシコに安定をもたらした。 (南山大)	カルデナス
☑ 2989	イギリスでは，1929年に[ ]内閣が失業保険の給付削減をふくむ緊縮財政を提案したが，与党労働党の反対にあい，内閣は総辞職した。 (國學院大)	マクドナルド内閣 (第2次)
☑ 2990	1931年，当時イギリスの首相であったマクドナルドは[ ]を行ったため，自らが所属する労働党を除名された。 (近畿大)	失業保険の削減

☑ 2991 ☐	世界恐慌が起こると，イギリスではマクドナルドが挙国一致内閣を組織し，[　　　]の停止によって金融緩和を進めた。 (昭和女子大)	金本位制
☑ 2992 ☐	イギリスは1932年，[　　　]を開き，イギリス連邦内における特恵関税協定を結んだ。 (上智大)	オタワ連邦会議 (イギリス連邦経済会議)
☑ 2993 ☐	世界恐慌が起こると，欧米各国では，他国との経済的な関係よりも植民地との関係を深める[　　　]がしだいに見られるようになった。 (東洋大)	ブロック経済
☑ 2994 ☐	イギリスは，植民地諸国との経済的つながりを強めてブロック経済を志向し，[　　　]と呼ばれる排他的な経済圏を形成した。 (東京国際大)	スターリング=ブロック (ポンド=ブロック)

THEME

ナチス=ドイツとファシズムへの動き

見出し番号 2995—3046

出題頻度 ♛

☑ 2995 ☐	1930年代のドイツでは，ヒトラー率いる[　　　]が選挙で第一党となり，全権委任法によって一党独裁が実現されていった。 (山梨学院大)	ナチ党 (ナチス，国民社会主義ドイツ労働者党)
☑ 2996 ☐	ナチ党（ナチス）はドイツ国民の支持を獲得し，1932年の選挙で第一党となった。翌1933年に大統領の[　　　]によってヒトラーが首相に任命された。 (関西学院大)	ヒンデンブルク
☑ 2997 ☐	ドイツでナチ党を率い，反ユダヤ主義・反共産主義を掲げた[　　　]は，1933に首相に就任し，翌1934年に大統領制を廃止して総統となった。 (関西学院大)	ヒトラー
☑ 2998 ☐	ドイツのヒトラー政権は，1933年2月の[　　　]を口実として共産党などの左翼勢力を弾圧した。 (順天堂大)	国会議事堂放火事件

☑ 2999	ナチ党のヒトラーは1933年の首相就任後，議会ではなく政府に立法権を与える◻を制定して議会制民主主義を骨抜きにし，権力を掌握した。　（名古屋外国語大）	全権委任法
☑ 3000	ドイツでは1934年，ヒトラーがヒンデンブルク大統領の死をうけて◻となり，第三帝国のファシズム体制が強化された。　（山梨学院大）	総統(フューラー)
☑ 3001	◻はヒトラーを護衛するために設立された部隊で，後にヒムラーの下で独立し，治安維持や収容所の管理，ユダヤ人弾圧を行った。　（オリジナル）	親衛隊 (SS)
☑ 3002	◻はナチ党の軍事組織として誕生し，テロ活動を行ったが，幹部がヒトラーに粛清され，無力化した。　（オリジナル）	突撃隊 (SA)
☑ 3003	国家秘密警察の役割を担い，第二次世界大戦中は捕虜の監視・虐待も行ったナチスの暴力支配の中核組織を◻という。　（明治学院大）	秘密警察 (ゲシュタポ)
☑ 3004	ナチ党幹部の◻はゲシュタポを創設し，また航空相も務めたが，戦後，ニュルンベルク裁判で死刑を宣告された。　（オリジナル）	ゲーリング
☑ 3005	ナチス＝ドイツは1936年からの◻によって軍需工業を拡張し，アウトバーン建設などの大規模な土木工事を実行して失業者を急速に減らした。　（順天堂大）	四カ年計画
☑ 3006	ナチス＝ドイツは，◻と呼ばれる自動車専用道路網の整備を進めた。　（センター）	アウトバーン
☑ 3007	日本は中国東北部の勢力圏を確保するため，1931年9月の◻での鉄道爆破を口実に中国東北部を占領するという満洲事変を起こした。　（九州国際大）	柳条湖

☑ 3008	中国では，1931年に日本の関東軍が柳条湖事件を引き起こし，□□□が始まった。　　　　　　　　（東京理科大）	満洲事変
☑ 3009	1931年の柳条湖事件を機に，日本の関東軍は中国東北部を占領し，1932年に□□□が建てられた。　　（中央大）	満洲国
☑ 3010	1932年，日本は清朝最後の皇帝であった□□□を執政（のち皇帝）にすえて満洲国の建国を宣言した。（朝日大）	溥儀（ふぎ）
☑ 3011	国際連盟は満洲事変の調査を行うため□□□を派遣したが，この報告書に不満をもった日本は国際連盟を脱退した。　　　　　　　　　　　　　　　　　（早稲田大）	リットン調査団
☑ 3012	日本は，列強の非難を満洲事変からそらすために，1932年に□□□を起こした。　　　　　　　　　　（日本大）	上海事変
☑ 3013	日本は1935年，中国の河北省東部に傀儡（かいらい）政権である□□□を設置した。　　　　　　　　（オリジナル）	冀東防共自治政府（きとう）
☑ 3014	日本では，1927年から□□□が起こり，世界恐慌にもまき込まれた結果，経済は困難の度を増した。（九州国際大）	金融恐慌
☑ 3015	日本は軍部の独走を止められず，1932年には海軍青年将校らによって犬養毅（いぬかいつよし）首相が暗殺される□□□が起きた。　　　　　　　　　　　　　　　　（西南学院大）	五・一五事件（ご・いちご）
☑ 3016	日本では，1936年に陸軍青年将校らが起こした□□□は失敗に終わったが，以降，軍部の政治的な発言力が強まり，議会は無力化した。　　　　　　　　（オリジナル）	二・二六事件（に・にろく）

☑ 3017 ⛏	1939年に満洲・モンゴル国境で，日ソ両軍が衝突する [____] が起こった。 （中央大）	ノモンハン事件
☑ 3018 🏳	中国共産党は国民党の圧迫をうけて，2年間にわたる長征の後，1937年以降は [____] を根拠地とした。 （東京経済大）	延安 えんあん
☑ 3019 🏳	1934〜1936年にかけて中国共産党が国民党の圧迫を受けて，後に [____] と呼ばれる大移動を行い，延安へと本拠地を移した。 （福岡大）	長征 ちょうせい
☑ 3020 ⛏	1935年の幣制改革で統一通貨として流通させられ，1948年の幣制改革で金円券が発行されるまで使用されていた中国の紙幣を [____] という。 （慶應義塾大）	法幣 ほうへい
☑ 3021 🏳	1935年，中国共産党は全国民に向けて内戦停止と抗日民族統一戦線の結成を呼びかける [____] を発した。 （早稲田大）	八・一宣言 はち いち
☑ 3022 🏳	中国の張学良は，1936年に楊虎城とはかって，督戦のため陝西省を訪れた蔣介石を監禁して内戦停止を説得する [____] を起こした。 （早稲田大）	西安事件
☑ 3023 🏳	1937年7月に日中戦争が起こると，それにともない国民党と共産党の [____] が正式に成立して，日本の侵攻に対抗することになった。 （大東文化大）	第2次国共合作
☑ 3024 🏳	1937年，北京郊外で起きた [____] を受けて，日中の全面戦争が始まった。 （日本女子大）	盧溝橋事件 ろこうきょう
☑ 3025 🏳	日中戦争中，南京占領の際に日本の占領部隊が捕虜，一般市民の多数を虐殺した [____] は国際的な非難を浴びた。 （早稲田大）	南京事件

☑ 3026 ☆	日中戦争で中国は，アメリカ，イギリス，ソ連の援助をうけ，政府を南京から武漢，さらに◻︎に移して抗戦を続けた。　　　　（東京経済大）	重慶
☑ 3027 ☆	日中戦争中，日本は1940年に，国民政府と対立する◻︎に南京で対日協力政権を作らせたが，それは実体をもたなかった。　　　　（同志社大）	汪兆銘 （おうちょうめい）
☑ 3028 ☆	イタリアは，1935～1936年にかけて行った◻︎を理由に，国際連盟から経済制裁を受けた。　（関西学院大）	エチオピア侵攻 （侵略）
☑ 3029 ☆	人民戦線の成立に対抗し，日本とドイツは1936年に◻︎を結び，翌1937年にイタリアが加わって三国◻︎が成立した。　　　　（センター）	防共協定
☑ 3030 ☆	各国共産党は，あらゆる反ファシズム勢力と広く協力し，統一戦線・人民戦線を作るべきという方針が，1935年の◻︎で決定された。　　　（センター）	コミンテルン （第7回大会）
☑ 3031 ☆	フランスでは，ドイツのナチス政権成立と国内極右勢力の台頭に直面して，1936年に人民戦線内閣が成立し，社会党の◻︎が首相に就任した。　（京都産業大）	ブルム
☑ 3032 ☆	スペインでは1923年以降，◻︎の独裁政権が続いていたが，1931年に王政が廃止され，スペインは共和国となった。　　　　（福岡大）	プリモ=デ=リベラ
☑ 3033 ☆	スペインで行われた1936年2月の選挙では，左派の人民戦線派が勝利し，◻︎を首班とする人民戦線内閣が成立した。　　　　（福岡大）	アサーニャ
☑ 3034 ☆	スペインでは，1936年に人民戦線内閣が成立したが，◻︎がクーデタを起こし，スペイン内戦が始まった。　　　（西南学院大）	フランコ

☑ 3035	アメリカの「失われた世代」を代表する作家[　　]は，戦争体験をもとに『武器よさらば』や『誰がために鐘は鳴る』などを書いた。　　　　　　　　　　（関西学院大）	ヘミングウェー
☑ 3036	スペイン内戦は国際戦争化し，『希望』の著者でフランス人の[　　]など各国の知識人が国際義勇軍に参加して政府側を支持し，ファシズムに対して戦った。　（明治大）	マルロー
☑ 3037	スペイン内戦に参加した国際義勇軍の中には世界的に著名な作家もみられ，イギリスの[　　]は『カタロニア賛歌』を著した。　　　　　　　　　　　　　　（法政大）	オーウェル
☑ 3038	スペイン内戦に対して，英仏両国は戦火の拡大・ドイツとの対立を恐れて[　　]を採り，人民戦線政府を支援しなかった。　　　　　　　　　　　　　　　（京都女子大）	非介入路線（不干渉政策）
☑ 3039	スペイン内戦において，ドイツの空爆によって焦土となった小都市[　　]を題材にしたピカソの絵画は，戦争への怒りを表した作品として知られる。　（京都産業大）	ゲルニカ
☑ 3040	ポルトガルでは，1930年代から[　　]が独裁体制をしき，スペイン内戦ではフランコを支援した。　（南山大）	サラザール
☑ 3041	ナチス=ドイツは1935年に，国際連盟の管理下にあった[　　]地方を住民投票によって編入するとともに，再軍備を宣言した。　　　　　　　　　　　（西南学院大）	ザール
☑ 3042	1935年，ナチス=ドイツは[　　]を発して，非武装地帯や周辺国に軍隊を進め，ヴェルサイユ体制を崩壊させた。　　　　　　　　　　　　　　　　　　（愛知大）	再軍備宣言
☑ 3043	1935年の[　　]の締結を口実に，ナチス=ドイツはロカルノ条約を破棄し，非武装地帯のラインラントに進駐した。　　　　　　　　　　　　　　　（神戸学院大）	仏ソ相互援助条約

☑ 3044 ⌂	ドイツは1935年にイギリスと◯◯◯を結び，イギリス海軍の35％の艦船保有を認められた。 （名城大）	英独海軍協定
☑ 3045 ⌂	1936年，ドイツは◯◯◯を行ったが，この非武装地域への軍隊の進駐はヴェルサイユ体制とロカルノ体制を破たんさせた。 （関西学院大）	ラインラント進駐
☑ 3046 ⌂	日本・ドイツ・イタリアの◯◯◯が結成され，ドイツはヴェルサイユ・ワシントン体制の破壊を進めた。 （オリジナル）	三国枢軸

THEME
第二次世界大戦

見出し番号 3047—3106

出題頻度 ♛

☑ 3047 ⌂	1938年3月にドイツは，ドイツ民族統合を名目に◯◯◯併合を実行した。 （皇學館大）	オーストリア
☑ 3048 ⌂	ドイツは1938年にオーストリアを併合し，さらにドイツ人の多く居住するチェコスロヴァキアの◯◯◯地方の併合に乗り出した。 （西南学院大）	ズデーテン
☑ 3049 ⌂	ドイツ・イギリス・フランス・イタリアの4国首脳による◯◯◯で，ナチス=ドイツのズデーテン地方併合が承認された。 （オリジナル）	ミュンヘン会談
☑ 3050 ⌂	1938年にミュンヘン会談が開催されたとき，イギリス首相の◯◯◯はフランスとともに対独宥和政策をとった。 （東京大）	ネヴィル=チェンバレン
☑ 3051 ⌂	ミュンヘン会談には，イギリス首相のほか，フランスからは◯◯◯，ドイツからはヒトラー，イタリアからはムッソリーニが出席した。 （皇學館大）	ダラディエ

3052	ナチス＝ドイツの対外進出に対して，当初，イギリス・フランスは，譲歩によって戦争を避けようとする［　　］をとった。 (オリジナル)	宥和政策
3053	ドイツはズデーテン地方の割譲だけで満足せず，1939年3月には［　　］を強行した。 (皇學館大)	チェコスロヴァキア解体
3054	第一次世界大戦前に東プロイセンとドイツ本国を結んでいたドイツ領は，戦後，海への出口としてポーランドに与えられ，［　　］と呼ばれた。 (オリジナル)	ポーランド回廊
3055	ドイツは1939年に，ポーランドに［　　］の返還を要求した。［　　］はヴェルサイユ条約で国際連盟管理下の自由都市になっていた。 (駿河台大)	ダンツィヒ
3056	1939年8月，ソ連と［　　］を締結したドイツは，9月に入るとポーランドに侵攻した。 (成城大)	独ソ不可侵条約
3057	ナチス＝ドイツが1939年に独ソ不可侵条約を締結して［　　］を開始し，これを受けてイギリス・フランスがドイツに宣戦した。 (慶應義塾大)	ポーランド侵攻
3058	ソ連は，1939年11月にフィンランドに宣戦して，翌40年に国境地帯の軍事基地を獲得，さらにバルト海に進出して［　　］を実行した。 (同志社大)	バルト3国併合
3059	1940年，ソ連はフィンランドに宣戦し，さらに翌年にルーマニアに［　　］を割譲させた。 (駿河台大)	ベッサラビア
3060	1939年，ソ連は，［　　］を開戦し，フィンランドからの訴えによって国際連盟から除名された。 (センター)	ソ連＝フィンランド戦争

☑ 3061 ☐	＿＿＿＿は，ドイツ軍の猛攻に耐えてヴェルダン要塞を死守した将軍として名声を得たが，後にドイツの傀儡ともいえるヴィシー政府の国家主席になった。 （専修大）	ペタン
☑ 3062 ☐	第二次世界大戦が始まると，フランス北部はドイツの占領下におかれ，南部では＿＿＿＿が成立した。 （関西大）	ヴィシー政府
☑ 3063 ☐	フランスからロンドンに亡命したド＝ゴールは，＿＿＿＿を組織して対ファシズム運動を展開した。 （西南学院大）	自由フランス政府
☑ 3064 ☐	1940年，占領されたパリから逃れた＿＿＿＿は，ロンドンに自由フランス政府を樹立した。 （中央大）	ド＝ゴール
☑ 3065 ☐	ド＝ゴールは，亡命先からフランス人による＿＿＿＿を呼びかけ，ドイツ軍とヴィシー政府に対抗した。（センター）	レジスタンス
☑ 3066 ☐	ドイツ軍の猛攻の危機に際して，イギリスではチェンバレンと交代して＿＿＿＿が首相になり，対ドイツ戦を指導した。 （明治大）	チャーチル
☑ 3067 ☐	第二次世界大戦においてアメリカは中立を守っていたが，1941年3月の＿＿＿＿によってイギリス，ソ連などに武器や軍需品を送った。 （明治大）	武器貸与法
☑ 3068 ☐	第二次世界大戦中，ユーゴスラヴィアでは＿＿＿＿がパルチザンを率いてドイツ軍と戦った。 （明治大）	ティトー
☑ 3069 ☐	ユーゴスラヴィアでは第二次世界大戦中，＿＿＿＿と呼ばれる武装勢力が活躍し，ソ連を頼らずに祖国解放を成し遂げた。 （慶應義塾大）	パルチザン

☑ 3070	ソ連は，ファシズム国家と対決する姿勢をとっていたが，日本とは1941年に ◻ を結んだ。 (神奈川大)	日ソ中立条約
☑ 3071	1941年6月，ドイツは一方的に独ソ不可侵条約を破棄してソ連に侵攻し，◻ が始まった。 (成城大)	独ソ戦
☑ 3072	ナチス=ドイツは，ユダヤ人だけでなく，インド起源とされている ◻ と呼ばれる少数民族も迫害した。 (日本福祉大)	ロマ（ジプシー）
☑ 3073	ナチスは，1938年11月にユダヤ人商店への組織的な襲撃を実行したが，これは ◻ と呼ばれている。 (明治学院大)	水晶の夜
☑ 3074	第二次世界大戦中，ナチス=ドイツは，現在のポーランドにある ◻ 強制収容所で，ユダヤ人などの大量虐殺を行った。 (武蔵大)	アウシュヴィッツ
☑ 3075	ドイツが第二次世界大戦中にユダヤ人に対して行った大量殺戮を ◻ という。 (学習院大)	ホロコースト
☑ 3076	ユダヤ教徒は「キリスト殺しの民」として，中世の頃から ◻ と呼ばれる強制居住区に隔離され，一貫して激しい迫害を受け続けた。 (法政大)	ゲットー
☑ 3077	◻ は，リトアニアの日本領事館に勤務していたときに，多数のユダヤ人に日本通過ビザを発給し，彼らの命を救った。 (学習院女子大)	杉原千畝
☑ 3078	日本は1940年9月にフランス領インドシナ北部に進駐すると，直後に ◻ を結び，翌年7月にはフランス領インドシナ南部にも進駐した。 (上智大)	日独伊三国同盟（日独伊軍事同盟）

☑ 3079 ☐	1940年にドイツ軍がパリを占領した後, 日本軍は [____]北部に進駐し, 41年には[____]南部にも軍を進めた。 (順天堂大)	フランス領インドシナ
☑ 3080 ☐	[____]首相は国家総動員法の制定, 大政翼賛会の結成を行い, 戦時体制を整えたが, 東条英機陸相と対立し, 1941年に内閣総辞職した。 (オリジナル)	近衛文麿
☑ 3081 ☐	1941年12月8日, ハワイのパールハーバー (真珠湾) のアメリカ太平洋艦隊主力を日本機動部隊が攻撃し, [____]が開始された。 (明治大)	太平洋戦争 (アジア・太平洋戦争)
☑ 3082 ☐	1941年12月8日, 日本はハワイの[____]にあるアメリカ海軍基地を奇襲するとともにマレー半島に軍を上陸させて, アメリカ・イギリスに宣戦した。 (明治大)	パールハーバー (真珠湾)
☑ 3083 ☐	太平洋戦争が始まると, 日本はアジア諸民族を植民地支配から解放する「[____]」の建設を唱えた。 (関西学院大)	大東亜共栄圏
☑ 3084 ☐	日本の軍部は, アジアにおけるアメリカ合衆国・イギリス・オランダの動きを中国と合わせて, 「[____]」と呼んだ。 (オリジナル)	ABCD包囲陣
☑ 3085 ☐	日中戦争中, 日本は[____]をとり, 朝鮮の人々に皇居遙拝や神社参拝, 皇国臣民の誓詞などを強制した。 (法政大)	皇民化政策
☑ 3086 ☐	日中戦争が始まると, 朝鮮においては皇民化政策が強行され, 姓名を日本風に改める[____]などが実施された。 (南山大)	創氏改名
☑ 3087 ☐	日本軍は占領地域を拡大したが, 1942年6月に[____]で大敗すると戦局が変わり, その後は戦線の防衛と縮小を余儀なくされた。 (上智大)	ミッドウェー海戦

☑ 3088	アジア・太平洋では，1942年6月のミッドウェー海戦と8月～翌年2月にかけての　　　　攻防戦を境に，日本軍の劣勢が明らかとなった。 (専修大)	ガダルカナル島
☑ 3089	1944年7月，アメリカ軍は太平洋にある　　　　の日本軍3万人をほぼ全滅させた後，日本本土への空襲を激化させた。 (椙山女学園大)	サイパン島
☑ 3090	アメリカ軍による本土空襲が本格化し，1945年6月には　　　　本島が占領された。 (オリジナル)	沖縄
☑ 3091	アメリカ合衆国は1945年，8月6日に広島，同月9日に長崎に　　　　を投下した。 (オリジナル)	原子爆弾
☑ 3092	1941年8月，アメリカのフランクリン=ローズヴェルトとイギリスのチャーチルは　　　　を行い，大西洋憲章を発表した。 (名古屋大)	大西洋上会談
☑ 3093	1941年に米英首脳が発表した　　　　は，領土不拡大，民族自決，平和機構の再建などの8カ条からなっていた。 (早稲田大)	大西洋憲章
☑ 3094	連合国は1942年1月，大西洋憲章を基礎に　　　　を発表し，枢軸国を打倒するために相互協力を約束した。 (立教大)	連合国共同宣言
☑ 3095	1942年にドイツ軍はいったんモスクワに迫るが，ソ連軍は1943年に　　　　で勝利を収めたのを機に攻勢へと転じた。 (立教大)	スターリングラードの戦い
☑ 3096	ソ連は，対立しがちであったアメリカやイギリスとの関係を改善し結束を強化するため，1943年に　　　　を解散した。 (駿河台大)	コミンテルン

☑ 3097	連合軍がイタリア本土に迫ると，ムッソリーニ政権は崩壊し，イタリアの◯◯◯◯首相は1943年9月に無条件降伏した。 （西南学院大）	バドリオ
☑ 3098	1943年に開かれた◯◯◯◯では，アメリカ・イギリス・中国（中華民国）の首脳が対日戦の基本方針を定めた。 （専修大）	カイロ会談
☑ 3099	1943年にフランクリン=ローズヴェルト，チャーチル，スターリンで行われた◯◯◯◯では，連合軍の北フランス上陸作戦が協議された。 （産業能率大）	テヘラン会談
☑ 3100	1944年には，アメリカ・イギリス連合軍が◯◯◯◯への上陸を果たし，ドイツとその占領地は東西から挟撃される事態になった。 （青山学院大）	ノルマンディー
☑ 3101	1945年2月，アメリカ・イギリス・ソ連は◯◯◯◯を開き，アメリカはソ連に対日参戦を求めた。 （神奈川大）	ヤルタ会談
☑ 3102	1945年2月に英米軍が行ったドイツの古都◯◯◯◯への無差別爆撃では，2万を超える死者が出た。 （オリジナル）	ドレスデン
☑ 3103	1945年7月にアメリカ・イギリス・ソ連は◯◯◯◯をベルリン郊外で開き，ドイツの戦後処理などについて話し合った。 （神奈川大）	ポツダム会談
☑ 3104	第二次世界大戦は，ファシズムに対抗して◯◯◯◯を掲げる連合国が勝利したことで，戦後の世界の趨勢（すうせい）を決める出来事となった。 （オリジナル）	民主主義
☑ 3105	原子爆弾が開発され，広島，長崎において実戦に使用されたことは，戦後の世界に◯◯◯◯をもたらした。 （オリジナル）	核戦争の脅威

| ☑ 3106 📖 | 総力戦となった第二次世界大戦は，様々な人々の権利の拡大につながり，とくに女性の社会への進出と，□□□□が進んだ。 (オリジナル) | 両性の同権化 |

THEME
戦後処理と戦後の構想

見出し番号 3107—3121

出題頻度 👑

☑ 3107 📖	国際平和機構設立に関しては，第二次世界大戦中の1943年10月の□□□□で初めてその必要性が語られた。 (明治大)	モスクワ宣言
☑ 3108 ❤	国際連合憲章の草案は，1944年の□□□□で審議された後，連合国50カ国が参加したサンフランシスコ会議で採択された。 (早稲田大)	ダンバートン=オークス会議
☑ 3109 ❤	1945年4月〜6月の□□□□で国際連合憲章が採択され，国際連合が同年10月に発足した。 (青山学院大)	サンフランシスコ会議
☑ 3110 ❤	国際連合の□□□□では，全加盟国がそれぞれ1票をもち，多数決を原則としている。 (神奈川大)	総会
☑ 3111 ❤	国際連合では，アメリカ・ソ連・イギリス・フランス・中華民国からなる常任理事国と複数の非常任理事国からなる□□□□が設置された。 (成蹊大)	安全保障理事会
☑ 3112 ❤	アメリカ・ソ連（現ロシア）・イギリス・フランス・中国の五カ国は，国連の安全保障理事会において常任理事国として□□□□を行使できる。 (日本女子大)	拒否権
☑ 3113 ❤	あらゆる国家，国民の基本的人権と自由について示した初の世界的な文書として，1948年に□□□□が採択された。 (関西学院大)	世界人権宣言

☑ 3114 ☐	1944年7月に世界経済の建て直しを目的として[　　　]において行われた集まりで, 国際復興開発銀行や国際通貨基金の設置が決定された。　　　　　　　　（山梨学院大）	ブレトン=ウッズ
☑ 3115 ☐	ブレトン=ウッズ会議の結果, 途上国の開発援助を主な目的とする[　　　]の設立が決定された。　　　（中央大）	国際復興開発銀行（世界銀行, IBRD）
☑ 3116 ☐	第二次世界大戦後の国際経済については, 1944年のブレトン=ウッズ会議で, 国際為替の安定を図る目的で[　　　]の設立が合意された。　　　　　　　（成蹊大）	国際通貨基金（IMF）
☑ 3117 ☐	第二次世界大戦後の1947年10月に, 国際貿易の自由化を促進していくために「[　　　]」が締結され, 1948年に発効した。　　　　　　　　　　　　（中央大）	関税と貿易に関する一般協定（ガット GATT）
☑ 3118 ☐	第二次世界大戦後の世界は, アメリカの圧倒的な経済力の下にドルを基軸通貨とする[　　　]が導入され, この経済体制をブレトン=ウッズ体制と呼んだ。　（オリジナル）	金・ドル本位制
☑ 3119 ☐	第二次世界大戦後, ドイツは分割占領され, [　　　]でナチス=ドイツの中心的指導者の戦争犯罪責任が追及された。　　　　　　　　　　　　　　　　（東洋大）	ニュルンベルク裁判
☑ 3120 ☐	第二次世界大戦後, 戦争犯罪の行為者に対する裁判も行われ, ドイツではニュルンベルク裁判が, 日本では東京において[　　　]が行われた。　　　（関西学院大）	極東国際軍事裁判
☑ 3121 ☐	太平洋戦争が勃発した時の日本の首相は[　　　]である。　　　　　　　　　　　　　　　　　　（オリジナル）	とうじょうひでき東条英機

冷戦の開始と世界の分断

出題頻度

見出し番号 3122—3185

☑ 3122	イギリスでは，1945年に成立した労働党の◯◯◯◯内閣が，「ゆりかごから墓場まで」の福祉国家体制の基盤を作り上げた。 （慶應義塾大）	アトリー
☑ 3123	フランスのド＝ゴールは，パリ解放後には臨時政府首班を務めたが，その後に成立した◯◯◯◯では政権を離れた。 （関西大）	第四共和政
☑ 3124	第二次世界大戦後，チャーチルは，ヨーロッパにおける東西両陣営の境界を「◯◯◯◯」と表現した。 （関西学院大）	鉄のカーテン
☑ 3125	アメリカ大統領のトルーマンは，1947年に◯◯◯◯を示し，ギリシアとトルコを援助するために借款供与と軍事顧問団派遣を議会に要請した。 （駒澤大）	トルーマン＝ドクトリン
☑ 3126	アメリカ合衆国が1947年に発表したマーシャル＝プランは，ソ連の勢力拡大に対応した「◯◯◯◯政策」の一つの具体化であった。 （専修大）	封じ込め
☑ 3127	1947年にアメリカはヨーロッパの経済復興をめざす◯◯◯◯を発表し，これを受けて翌年にヨーロッパ経済協力機構（OEEC）が作られた。 （南山大）	マーシャル＝プラン（ヨーロッパ経済復興援助計画）
☑ 3128	1947年，ヨーロッパの戦後復興のためにアメリカが提唱したマーシャル＝プランの受け皿として，翌1948年，◯◯◯◯が設立された。 （成城大）	ヨーロッパ経済協力機構（OEEC）
☑ 3129	1947年，ソ連はマーシャル＝プランに対抗して各国共産党とともに◯◯◯◯を結成した。 （国士舘大）	コミンフォルム（共産党情報局）

古代文明の出現と東アジア

アジアと地中海世界の形成

イスラーム教とヨーロッパ世界

ヨーロッパ世界の進展

アジアの動向と「世界の一体化」

近世ヨーロッパ世界の動向

近代社会の形成

欧米諸列強の世界分割

世界現代史

☑ 3130	ティトーの下，連邦人民共和国として独立した[____]は，ソ連に従わないことも多く，1948年にはコミンフォルムから除名された。　　　　　　　（オリジナル）	ユーゴスラヴィア
☑ 3131	マーシャル=プランの受け入れをめぐって1948年に東欧の[____]でクーデタが起こり，共産党独裁政権が樹立された。　　　　　　　　　　　　　（フェリス女学院大）	チェコスロヴァキア
☑ 3132	1948年2月にチェコスロヴァキアでクーデタが起こると，イギリス・フランス・ベネルクス3国は，同年3月に[____]を結んだ。　　　　　　　　　　（専修大）	西ヨーロッパ連合条約（ブリュッセル条約）
☑ 3133	1948年，米・英・仏が西ドイツ地域での通貨改革を実施すると，ソ連は[____]を行い，西ベルリンと外部の交通は遮断された。　　　　　　　　　　（高崎経済大）	ベルリン封鎖
☑ 3134	東ドイツでは，西側への市民の脱出を阻止するために，1961年に西ベルリンを囲む「[____]」が築かれた。　　　　　　　　　　　　　　　　（オリジナル）	ベルリンの壁
☑ 3135	東ドイツは，マーシャル=プランに対抗してソ連や東欧諸国によって結成された経済協力機構である[____]に加盟した。　　　　　　　　　　　　　（國學院大）	コメコン（経済相互援助会議，COMECON）
☑ 3136	第二次世界大戦後，東西に分割されたドイツでは，西側管理地区で[____]がボンを首都に成立した。　（中央大）	ドイツ連邦共和国（西ドイツ）
☑ 3137	1949年に成立した，いわゆる東ドイツの正式名称を[____]という。　　　　　　　　　　　　　　（同志社大）	ドイツ民主共和国
☑ 3138	1949年4月，アメリカを中心とする西側諸国は軍事同盟である[____]を結成した。　　　　　　　　（専修大）	北大西洋条約機構（NATO）

☑ 3139	1955年，ソ連と東欧諸国はNATOに対抗する軍事同盟として，□□□□を設立した。　　　　　　　（中央大）	ワルシャワ条約機構（東ヨーロッパ相互援助条約）
☑ 3140	第二次世界大戦後の1945年10月，中国の国民党と共産党は，内戦回避のための□□□□を発表した。　　（日本大）	双十協定
☑ 3141	中国では，1946年1月に，□□□□が開かれて中国の民主化プロセスを具体化した提案を採択したものの，国民党がこれを破棄し，国共内戦が全面化した。　（立命館大）	政治協商会議
☑ 3142	中国共産党は，1949年9月に北京で□□□□を招集，10月に中華人民共和国の成立を宣言し，北京を首都と定めた。（関東学院大）	人民政治協商会議
☑ 3143	中国では内戦をへて，1949年10月に毛沢東の率いる中国共産党によって□□□□が成立した。　（青山学院大）	中華人民共和国
☑ 3144	中国共産党は，1949年9月に人民政治協商会議を招集し，10月に□□□□が中華人民共和国の成立を宣言した。（関東学院大）	毛沢東
☑ 3145	1949年10月1日，中華人民共和国が成立し，毛沢東がその主席に選ばれた。また初代首相には□□□□が就任した。　　　　　　　　　　　　　　　　　　（神奈川大）	周恩来
☑ 3146	1949年10月に成立した中華人民共和国は，ソ連圏に属する立場を鮮明にし，1950年2月に□□□□を締結した。（立教大）	中ソ友好同盟相互援助条約
☑ 3147	第二次世界大戦後，朝鮮は日本の植民地統治から解放されたが，□□□□を境として，北はソ連，南はアメリカに占領された。　　　　　　　　　　（東京学芸大）	北緯38度線

☑ 3148 □	朝鮮半島では，1948年，南部に大韓民国，北部にソ連が支援する□□□□が成立すると，南北の対立が激化した。 （早稲田大）	朝鮮民主主義人民共和国
☑ 3149 □	1948年9月，ソ連の支援を受けた□□□□が率いる朝鮮労働党が朝鮮民主主義人民共和国（北朝鮮）を成立させた。 （青山学院大）	キムイルソン 金日成
☑ 3150 □	1948年8月，朝鮮半島南部ではアメリカ合衆国の後援の下で□□□□が建国された。　　　　　　　（専修大）	大韓民国
☑ 3151 □	朝鮮半島では，1948年に□□□□を大統領とする大韓民国と，金日成を首相とする朝鮮民主主義人民共和国が成立した。 （青山学院大）	イ スンマン 李承晩
☑ 3152 □	北朝鮮はソ連，中国の了解を取り付けて戦争準備を進め，1950年6月，北緯38度線を越えて韓国に攻撃を開始し，□□□□が勃発した。 （東京学芸大）	朝鮮戦争
☑ 3153 □	□□□□は，朝鮮戦争時，朝鮮派遣国連軍の司令官であったが，中国への戦線拡大と原爆使用を主張して，1951年4月にアメリカ大統領によって解任された。　（専修大）	マッカーサー
☑ 3154 □	朝鮮戦争開戦当初，北朝鮮軍が朝鮮半島南端近くまで迫ったが，9月に□□□□に上陸した国連軍は，中朝国境近くまで戦線を押し戻した。　　　（オリジナル）	じんせん 仁川 インチョン
☑ 3155 □	朝鮮戦争が始まると，中国政府は北朝鮮を援助するために□□□□を朝鮮半島に派遣し，大韓民国軍・国連軍と交戦した。　　　　　　　　　　（中部大）	人民義勇軍 （義勇軍）
☑ 3156 □	日本では，1946年に主権在民や平和主義などをうたう□□□□が公布された。　　　　　　　　　（東京大）	日本国憲法

☑ 3157 ☐	アメリカは東アジアでの冷戦をうけて，日本を西側陣営に組み込むため日本との講和を促進することとなり，1951年，[　　　]が結ばれた。　　　　　　　　（東海大）	サンフランシスコ平和条約
☑ 3158 ☐	アメリカは，1951年9月，サンフランシスコ平和条約とともに[　　　]を結んで，日本をみずからの西側陣営に組み込んだ。　　　　　　　　　　　　　（早稲田大）	日米安全保障条約
☑ 3159 ☐	朝鮮戦争が始まると，在日米軍を主力とした国連軍が朝鮮半島に出動した後，日本では[　　　]が創設された。　　　　　　　　　　　　　　　　　　（早稲田大）	警察予備隊
☑ 3160 ☐	日本では1950年に創設された警察予備隊を母体として，1954年に[　　　]が設置された。　　（オリジナル）	自衛隊
☑ 3161 ◼	1952年，日本と台湾の国民政府は[　　　]を締結し，国交を正常化した。　　　　　　　　（オリジナル）	日華平和条約
☑ 3162 ☐	1949年，オランダとのハーグ協定によって[　　　]を初代大統領とするインドネシア共和国が正式に成立した。　　　　　　　　　　　　　　　　　（国士舘大）	スカルノ
☑ 3163 ☐	1941年にインドシナ共産党の指導者が中心となり，日本占領下に[　　　]を組織し，1945年，ベトナム民主共和国の独立を宣言した。　　　　　　　（東洋大）	ベトナム独立同盟会（ベトミン）
☑ 3164 ☐	1945年に，ベトナム独立同盟会の指導者である[　　　]がベトナム民主共和国の独立を宣言した。　（学習院大）	ホー=チ=ミン
☑ 3165 ☐	ホー=チ=ミンはベトナム独立同盟会（ベトミン）を指導し，1945年9月に[　　　]の独立を宣言し，初代大統領となった。　　　　　　　　　　　　　　　（早稲田大）	ベトナム民主共和国

☑ 3166 ☆	1945年，ホー=チ=ミンがベトナム民主共和国の建国を宣言したが，植民地支配の復活を図るフランスが出兵し，1946年に□□□□が勃発した。　　　　　　（愛知淑徳大）	インドシナ戦争
☑ 3167 ☆	フランスは1949年，阮朝最後の王となった□□□□を元首にしてベトナム国を発足させる一方，ベトナム民主共和国と交戦を続けた。　　　　　　　　（同志社大）	バオダイ
☑ 3168 ☆	インドシナ戦争が勃発すると，フランスは旧王朝の国王バオダイを擁立して，南部に□□□□を樹立し，南北分断を図った。　　　　　　　　　　（愛知淑徳大）	ベトナム国
☑ 3169 ☆	1954年，□□□□で大敗したフランスはジュネーヴでインドシナ戦争の休戦協定を結び，北緯17度線を境にしてベトナムは南北に分断されることになった。　　（駿河台大）	ディエンビエンフー
☑ 3170 ☆	インドシナ戦争は，1954年5月のディエンビエンフーの戦いでのフランスの敗北により決着し，フランスは□□□□を結び，インドシナから撤退した。　　（立命館大）	ジュネーヴ休戦協定
☑ 3171 ☆	ベトナムでは，1954年のジュネーヴ休戦協定の結果，国土の暫定的な南北分断が決定，□□□□が軍事境界線とされた。　　　　　　　　　　（青山学院大）	北緯17度線
☑ 3172 ☆	ジュネーヴ休戦協定でベトナムは南北に分断され，南では1955年10月，親米派のゴ=ディン=ジエムが□□□□を樹立し，大統領に就任した。　　　　　　（上智大）	ベトナム共和国
☑ 3173 ☆	ジュネーヴ休戦協定に調印をしなかったアメリカは，南ベトナムに□□□□を大統領とするベトナム共和国を建国した。　　　　　　　　　　　　（立命館大）	ゴ=ディン=ジエム
☑ 3174 🏛	カンボジアは，1953年にフランスから完全独立を果たし，国王の□□□□の下で中立政策を進めた。　　　　　　　　　　　　　　（関東学院大）	シハヌーク

3175	第二次世界大戦後，インド，パキスタンは分離独立し，独立後のパキスタンでは　　　　が初代総督となった。 　　　　　　　　　　　　　　　　　　　　（青山学院大）	ジンナー
3176	1947年8月にインド帝国は，インド連邦と　　　　の二つの国として分離独立した。 　　　　　　　　　　　　　　　　　　　　　　　（東海大）	パキスタン
3177	は，1948年にイギリス連邦内自治領として独立し，1972年にスリランカへ国名を変更した。 　　　（中京大）	セイロン
3178	セイロン島はインド南東方にある島で，住民の多くは仏教徒の　　　　である。 　　　　　　　　　　　　（中村学園大）	シンハラ人
3179	1945年3月，エジプトなどアラブ7カ国は　　　　を結成し，アラブの統一行動をめざした。 　　　　　　　　（中央大）	アラブ連盟
3180	1947年，イギリスの委任統治が終了すると，国連が　　　　を採択し，これを受けて，翌年イスラエルが独立した。 　　　　　　　　　　　　　　　　　　（オリジナル）	パレスチナ分割案
3181	1948年5月14日にイギリスのパレスチナ委任統治が終了し，ユダヤ人は国連決議を根拠として　　　　の建国を宣言した。 　　　　　　　　　　　　　　　　　　（慶應義塾大）	イスラエル
3182	1948年，ユダヤ人側はパレスチナ分割案を受け入れてイスラエルを建国したが，これに反発したアラブ諸国との間に　　　　が起きた。 　　　　　　　　　　　　　（花園大）	パレスチナ戦争（第1次中東戦争）
3183	郷土を追われた約75万人ものアラブ人が難民となり，アラブ諸国とイスラエルとの間の　　　　は深刻化した。 　　　　　　　　　　　　　　　　　　（オリジナル）	パレスチナ問題

☑ 3184	1951年，イランでは◯◯◯政権が石油国有化法を制定し，イギリス系のアングロ=イラニアン石油会社の資産を接収した。　　　　　　（大阪経済大）	モサッデグ（モサデグ）
☑ 3185	モサッデグ政権崩壊の後，イラン国王の◯◯◯はアメリカ資本と結んで石油資源の開発などを進め，利益を独占する独裁体制を進めた。　　　　　　（神戸学院大）	パフレヴィー2世

☑ 3186	◯◯◯は，アメリカ，オーストラリア，そしてニュージーランドが1951年に結んだ集団安全保障条約である。　　　　　　（椙山女学園大）	太平洋安全保障条約（ANZUS）
☑ 3187	アメリカは共産勢力に対抗して，1954年に東南アジア諸国などと◯◯◯を結成するなど集団安全保障体制の強化を進めた。　　　　　　（近畿大）	東南アジア条約機構（SEATO）
☑ 3188	イギリスは1955年，反共軍事同盟として，イギリス・トルコ・イラン・イラク・パキスタンの5カ国による◯◯◯を結成した。　　　　　　（センター）	バグダード条約機構（中東条約機構，METO）
☑ 3189	米州圏では，1947年の◯◯◯および翌年のボゴタ憲章に基づいて，地域の平和と安全を強化するために米州機構が発足した。　　　　　　（青山学院大）	リオ協定
☑ 3190	第二次世界大戦後，パン=アメリカ会議は反共的な◯◯◯に改変され，当初21カ国が協力する組織となった。　　　　　　（成蹊大）	米州機構（OAS）
☑ 3191	アメリカは，ソ連，イギリスが相次いで原子爆弾を開発，保有すると，さらに強力な破壊力を持つ◯◯◯を開発し，核戦争の脅威が高まった。　　　　　　（オリジナル）	水素爆弾（水爆）

☑ 3192 ☐	1954年，日本の漁船第五福竜丸が，マーシャル諸島にある◻環礁周辺で，アメリカの水爆実験の「死の灰」を浴び，乗組員が死亡した。 (法政大)	ビキニ
☑ 3193 ☐	1954年，ビキニ環礁で行われた水爆実験では日本のマグロ漁船である◻が罹災して，乗組員全員が被爆した。 (新潟大)	第五福竜丸 (ふくりゅうまる)
☑ 3194 ☐	第五福竜丸事件をきっかけに，原水爆禁止を求める運動が世界各地に広がり，事件の翌年，広島で第1回◻が開かれた。 (慶應義塾大)	原水爆禁止世界大会
☑ 3195 ☐	第五福竜丸事件の翌年の1955年には，人間と科学と知性の名において，核兵器・核戦争の危険性を訴えた◻が発せられた。 (東海大)	ラッセル・アインシュタイン宣言
☑ 3196 ☐	1957年に，核兵器廃絶を求める科学者たちによって，カナダで◻が開かれた。 (南山大)	パグウォッシュ会議
☑ 3197 ◼	冷戦が進展すると，アメリカでは共産主義への恐れから中央情報局（CIA）が設置され，労働組合運動を規制する◻が制定された。 (オリジナル)	タフト・ハートレー法
☑ 3198 ◼	第二次世界大戦終戦時のアメリカ大統領◻は，フェアディール政策を打ち出して，福祉政策の充実をめざした。 (明治大)	トルーマン
☑ 3199 ☐	1950年代前半にアメリカで行われた，「◻」とも呼ばれる，反共産主義運動をマッカーシズムという。 (オリジナル)	赤狩り
☑ 3200 ☐	1953年にアメリカ大統領に就任した◻は，反共の立場をとったが，朝鮮戦争の休戦協定を実現し，ソ連との緊張緩和をめざした。 (青山学院大)	アイゼンハワー

☑ 3201 📖	アメリカは，1953年にアイゼンハワー政権になると，封じ込め政策から踏み込んで，共産圏への対決的姿勢を鮮明にする「□□□□」が提唱された。 (法政大)	巻き返し政策
☑ 3202 📖	1950年代から60年代にかけてのアメリカでは，軍事費がふくれあがり，軍部と軍需産業が癒着した「□□□□」が形成されていった。 (オリジナル)	軍産複合体
☑ 3203 📑	1950年代の西欧諸国では，アメリカによる援助からの自立を取り戻すために，□□□□をめざす動きが始まった。 (オリジナル)	地域統合
☑ 3204 📑	オーストリア人外交官の父と日本人の母の間に，東京で生まれた□□□□は，「パン=ヨーロッパ」構想により，ヨーロッパ統合の必要性を主張した。 (慶應義塾大)	クーデンホフ=カレルギー
☑ 3205 📑	戦後の西ヨーロッパでは，現在のヨーロッパ連合の基盤となった□□□□が1952年に発足した。 (昭和女子大)	ヨーロッパ石炭鉄鋼共同体（ECSC）
☑ 3206 📑	1952年，フランスの外相であった□□□□の提唱を受けて，ヨーロッパ石炭鉄鋼共同体（ECSC）が創設された。 (成城大)	シューマン
☑ 3207 📑	1957年，ECSCの参加6カ国は，□□□□を締結し，EECおよびEURATOMの結成に調印した。 (慶應義塾大)	ローマ条約
☑ 3208 📑	1952年，ヨーロッパ石炭鉄鋼共同体が結成され，さらに1957年，ローマ条約により，ヨーロッパの統合の基礎となる□□□□が成立した。 (オリジナル)	ヨーロッパ経済共同体（EEC）
☑ 3209 📑	1958年，ヨーロッパ石炭鉄鋼共同体（ECSC）の参加国が，原子力資源の統合・管理のための協力機関として，□□□□を発足させた。 (センター)	ヨーロッパ原子力共同体（EURATOM）

□ 3210	イギリスは，アメリカおよびイギリス連邦諸国との関係を重視し，EECに対抗して1960年に□□□を結成したが，その発展はEECに立ち遅れた。（専修大）	ヨーロッパ自由貿易連合（EFTA）
□ 3211	1967年，ヨーロッパ石炭鉄鋼共同体，ヨーロッパ経済共同体とヨーロッパ原子力共同体の3つの共同体が合併して□□□が発足した。（関西学院大）	ヨーロッパ共同体（EC）
□ 3212	フランスのド゠ゴール退陣後，1973年に□□□・アイルランド・デンマークがECに加盟した。（オリジナル）	イギリス
□ 3213	1964年に成立したイギリスの□□□労働党政権は，スエズ以東の軍隊の撤退を決定した。また第6回選挙法改正も行われた。（大東文化大）	ウィルソン
□ 3214	イギリス領北アイルランドでは宗教対立が激しくなり，カトリック系の一部の住民は□□□を組織してテロ活動を行い，プロテスタント側もこれに対抗した。（青山学院大）	IRA（アイルランド共和国軍）
□ 3215	1958年から現在まで続くフランスの共和政を□□□という。（東京女子大）	第五共和政
□ 3216	フランスの□□□大統領は，米ソの対立を基軸とする国際関係の中で独自の外交を展開し，1964年に中華人民共和国を承認した。（関西大）	ド゠ゴール
□ 3217	1968年パリの学生運動から始まった「□□□」は政局を揺さぶり，ド゠ゴールは翌年大統領を辞任した。（愛知教育大）	五月革命（五月危機）
□ 3218	先進国首脳会議（サミット）の第1回会合が開催されたのは，1975年であったが，同会議の開催を提案したのはフランスの□□□大統領であった。（早稲田大）	ジスカールデスタン

☑ 3219 ☐	1949年に成立したドイツ連邦共和国（西ドイツ）は，キリスト教民主同盟の◯◯◯◯◯首相の下で，西側の一員として経済復興に努めた。 （朝日大）	アデナウアー
☑ 3220 ☐	西ドイツ時代，アデナウアーは◯◯◯◯◯を率いて1949年に西ドイツの首相となり，長期政権を築いた。 （関西大）	キリスト教民主同盟
☑ 3221 ☐	西ドイツは，1954年の◯◯◯◯◯で主権の回復，再軍備，北大西洋条約機構（NATO）への加盟を認められた。 （日本大）	パリ協定
☑ 3222 ☐	日本は1956年にソ連との国交を回復し，国際連合への加盟が実現し，年成長率が10％を超える◯◯◯◯◯と呼ばれる時代となった。 （オリジナル）	高度経済成長
☑ 3223 ☐	激化していた米ソの対立は，スターリンの死によって一時的にではあるが緊張緩和の時をむかえた。これを「◯◯◯◯◯」という。 （桜美林大）	雪どけ
☑ 3224 ☐	スターリンの死後，「雪どけ」と呼ばれる状況が現れ，1955年には米・英・仏・ソ連の4カ国首脳による◯◯◯◯◯が行われた。 （成蹊大）	ジュネーヴ4巨頭会談
☑ 3225 ☐	ソ連では，フルシチョフの下で1950年代後半に西側諸国との対決姿勢をやわらげる◯◯◯◯◯政策に転換して，東西関係はやや改善された。 （同志社大）	平和共存
☑ 3226 ☐	ソ連の◯◯◯◯◯は，1956年のスターリン批判などを通じて，西側諸国との平和共存政策を打ち出した。 （オリジナル）	フルシチョフ
☑ 3227 ☐	1956年のソ連共産党第20回大会で，フルシチョフ第一書記らは西側との平和共存路線を明確にし，◯◯◯◯◯を解散した。 （青山学院大）	コミンフォルム（共産党情報局）

□ 3228	ポーランドでは，ポズナニ暴動後，共産党は失脚していた ⬚ を第一書記として復権させることで国民の不満を抑え，ソ連の介入を防いだ。　　　　　（慶應義塾大）	ゴムウカ
□ 3229	1956年，ハンガリーの首都ブダペストで ⬚ が起こるが，ソ連軍に鎮圧され，首相のナジは処刑された。　　　（南山大）	ハンガリー反ソ暴動（ハンガリー事件）
□ 3230	ハンガリーでは，1956年の反ソ・改革要求運動によって ⬚ 政権が成立したが，ソ連軍の介入を受け，⬚ は処刑された。　　　　　　　　　　　　（専修大）	ナジ（ナジ゠イムレ）
□ 3231	日本は1956年に ⬚ に調印してソ連と国交を結び，同年12月に国際連合に加盟した。　　　　　　　（早稲田大）	日ソ共同宣言
□ 3232	1950年代後半以来，米ソでは大型核弾頭を搭載し，長距離を射程とする ⬚ が開発されていた。　　　（明治大）	大陸間弾道ミサイル（ICBM）

THEME

第三世界の成立とキューバ危機

出題頻度 ♛

見出し番号 3233―3289

□ 3233	1954年，第三世界の自立と連帯を掲げる ⬚ が南・東南アジア5カ国首脳によって開催された。　（慶應義塾大）	コロンボ会議
□ 3234	1954年，⬚ が開かれ，インド・中国間で相互の外交原則が協定され，平和五原則が発せられた。　（川崎医療福祉大）	ネルー・周恩来会談
□ 3235	インドのネルー首相は，中国の周恩来首相との会談で，領土と主権の相互尊重，内政不干渉，平和共存などからなる ⬚ を発表した。　　　　　　　　　　（関西学院大）	平和五原則

☑ 3236 ☐	1955年，インドネシアのバンドンにおいて［　　　　］が開催され，平和十原則が採択された。　　　　　　（日本女子大）	アジア=アフリカ会議（バンドン会議）
☑ 3237 ☐	1955年，アジア=アフリカ会議がインドネシアのバンドンで開催され，平和五原則を発展させた［　　　　］が発表された。　　　　　　　　　　　　　　　　（青山学院大）	平和十原則
☑ 3238 ☐	1961年にユーゴスラヴィアのティトーらの呼びかけによりベオグラードで第1回［　　　　］が開催され，平和共存，新旧植民地主義反対などが宣言された。（フェリス女学院大）	非同盟諸国首脳会議
☑ 3239 ☐	非同盟諸国の台頭とともに，アジア・アフリカ・ラテンアメリカなどの発展途上国は「［　　　　］」と呼ばれるようになった。　　　　　　　　　　　　　　（オリジナル）	第三世界
☑ 3240 ☐	［　　　　］はナセルとともにエジプト革命を成し遂げ，エジプト共和国初代大統領に就任したが，ナセルに追放された。　　　　　　　　　　　　　　　　　（オリジナル）	ナギブ
☑ 3241 ☐	エジプト革命で国王を追放した一員である［　　　　］がスエズ運河の国有化を宣言すると，スエズ戦争（第2次中東戦争）が勃発した。　　　　　　　　　　（大阪経済大）	ナセル
☑ 3242 ☐	1956年，イギリス，アメリカが［　　　　］の建設資金援助を撤回したため，エジプトはスエズ運河の国有化を宣言した。　　　　　　　　　　　　　　　　　　（南山大）	アスワン=ハイダム
☑ 3243 ☐	1956年，エジプトがスエズ運河の国有化を宣言すると，イスラエル・イギリス・フランスが出兵し，［　　　　］が勃発した。　　　　　　　　　　　　　　　　（摂南大）	スエズ戦争（第2次中東戦争）
☑ 3244 ☐	イギリスは，チャーチルの後継者となった［　　　　］首相の下で行われたスエズ戦争によって世界的な威信を失った。　　　　　　　　　　　　　　　（慶應義塾大）	イーデン

☑ 3245 ⌂	カセムを中心とする1958年の[　　　　]で国王が殺害され，イラクは共和国となった。 (オリジナル)	イラク革命
☑ 3246 🏛	[　　　　]は，アラブ民族主義に影響を受け，1969年以後，リビアの最高指導者となった。 (神戸学院大)	カダフィ
☑ 3247 ⌂	1956年に独立した[　　　　]は，19世紀末以来，名目的にエジプトとイギリスの共同統治の下に置かれていた。 (法政大)	スーダン
☑ 3248 ⌂	1956年には，アフリカで[　　　　]とチュニジアがフランスから独立し，1957年にはエンクルマに率いられたガーナがイギリスから独立した。 (立教大)	モロッコ
☑ 3249 ⌂	北アフリカの[　　　　]は，1881年にフランスの植民地支配下に置かれたが，第二次世界大戦後の1956年に王国として独立を達成し，翌年，共和国となった。 (大手前大)	チュニジア
☑ 3250 ⌂	アフリカの[　　　　]は，1957年にイギリス連邦内の自治領として独立を果たした。 (上智大)	ガーナ
☑ 3251 ⌂	ガーナの[　　　　]は，1957年のイギリスからの独立達成後，初代大統領に就任し，アフリカにおける非同盟運動の中心人物となった。 (上智大)	エンクルマ（ンクルマ）
☑ 3252 ⌂	1960年は，アフリカで17の独立国家が生まれ，「[　　　　]」と呼ばれる。 (青山学院大)	アフリカの年
☑ 3253 🏛	1960年に独立したコンゴでは，旧宗主国のベルギーが介入して[　　　　]が発生した。 (産業能率大)	コンゴ動乱

☑ 3254	コンゴでは独立直後に，暴動をきっかけに資源の豊富なカタンガ州をねらってベルギーが介入して内戦となり，初代首相の◯◯◯が殺害された。 (法政大)	ルムンバ
☑ 3255	南アフリカ共和国では，白人による少数支配体制の下，多数派である非白人に対する◯◯◯政策がとられていた。 (東京大)	アパルトヘイト
☑ 3256	1967年，ナイジェリアでは，イボ人が独立を宣言したため，連邦政府との間で◯◯◯が起こった。 (青山学院大)	ナイジェリア内戦（ビアフラ戦争）
☑ 3257	20世紀半ばのアルジェリアでは，◯◯◯が独立をめざして武装闘争を展開した。 (成蹊大)	民族解放戦線（FLN）
☑ 3258	1962年の◯◯◯によってアルジェリアの独立を承認したフランスでは，ド=ゴール大統領の下で安定した政治状況が生まれた。 (慶應義塾大)	エヴィアン協定
☑ 3259	1963年5月，◯◯◯が開催され，アフリカ諸国の統一と連帯の促進などを唱えた「アフリカ統一機構憲章」が調印された。 (上智大)	アフリカ諸国首脳会議
☑ 3260	1963年，エチオピアのアディスアベバでアフリカ諸国首脳会議が開かれ，◯◯◯が結成された。 (早稲田大)	アフリカ統一機構（OAU）
☑ 3261	1963年，エチオピアの◯◯◯で開かれたアフリカ諸国首脳会議で，アフリカ統一機構が結成された。 (日本女子大)	アディスアベバ
☑ 3262	エチオピア帝国皇帝の◯◯◯は，アフリカ統一機構（OAU）の設立の中心となったが，1974年のエチオピア革命で退位させられた。 (オリジナル)	ハイレ=セラシエ

☑ 3263 ☐	1975年に大西洋に面する [ ] が独立し，アフリカにおけるポルトガル植民地が解体した。 (法政大)	アンゴラ
☑ 3264 ☐	アフリカでは，ポルトガルの植民地で，インド洋に面する [ ] が1975年に独立を達成した。 (関西学院大)	モザンビーク
☑ 3265 ☐	南ローデシアは，独立当初は白人少数支配体制をとっていたが，黒人解放運動の高まりを受けて1980年に黒人多数支配を受け入れ，現在の [ ] に改称した。 (上智大)	ジンバブエ
☑ 3266 ☐	20世紀末に東アフリカで起こった [ ] では，武力行使を認められた国連PKO部隊が，成果をあげられずに撤退した。 (関西学院大)	ソマリア内戦
☑ 3267 ☐	[ ] では独立前からフツ人とツチ人の抗争が繰り返されていたが，1990年代になって対立は激しい内戦に発展した。 (上智大)	ルワンダ
☑ 3268 ◼	ルワンダでは，少数派のツチ人と多数派の [ ] 人が激しく対立する内戦の中で，1994年には大量虐殺が引き起こされた。 (東京大)	フツ
☑ 3269 ◼	アフリカ初の女性大統領となったリベリアの [ ] は，2011年にノーベル平和賞を受賞した。 (オリジナル)	サーリーフ
☑ 3270 ◼	2011年，スーダンから [ ] が分離独立した。 (立命館大)	南スーダン
☑ 3271 ☐	かつて植民地だった新興独立国の多くでは，宗主国の利益のために，[ ] と呼ばれる，特定の生産物や資源に特化した産業構造に依存してきた。 (オリジナル)	モノカルチャー経済

☑ 3272 ☐	第二次世界大戦後，先進国と発展途上国との間の経済格差は拡大し，いわゆる「⬜」が発生した。 （早稲田大）	南北問題
☑ 3273 ☐	国連は1964年，⬜を開き，先進国から発展途上国への経済援助を拡大させることを通じて南北問題の解決を図ろうとした。 （早稲田大）	国連貿易開発会議 アンクタッド (UNCTAD)
☑ 3274 📖	1946年にアルゼンチンの大統領となった⬜は，労働者保護，産業国有化などの社会主義的な政策を実施した。 （東洋英和女学院大）	ペロン
☑ 3275 ☐	1959年，カストロに率いられたキューバの革命勢力は，親米的な⬜政権を倒し，社会主義的政策を推し進めた。 （立教大）	バティスタ
☑ 3276 ☐	1959年に⬜が起こり，親米的なバティスタ政権が倒され，カストロ政権が誕生した。 （東海大）	キューバ革命
☑ 3277 ☐	キューバでは，⬜が1959年に親米のバティスタ政権を倒して政権を握ると，アメリカとの関係が悪化した。 （成城大）	カストロ
☑ 3278 ☐	⬜は，1959年のキューバ革命でカストロを助け，ボリビアのゲリラ闘争で殺害された。 （上智大）	ゲバラ
☑ 3279 📖	アメリカのケネディ大統領は1961年，キューバ封じ込めのため，反共同盟案である「⬜」をラテンアメリカ諸国に提案した。 （明治大）	進歩のための同盟
☑ 3280 ☐	1962年の⬜は，ソ連によるキューバでのミサイル配備をきっかけに発生し，アメリカのケネディ政権は海上封鎖によってミサイル配備に対抗した。 （関西学院大）	キューバ危機

☑ 3281	キューバ危機の後，米ソ間で緊急事態に対応するために直通電話を設置する◯◯◯が結ばれた。 (成蹊大)	ホットライン
☑ 3282	キューバ危機の経験が，1963年に成立した，核実験を地下に限定する◯◯◯につながることになった。 (獨協大)	部分的核実験禁止条約（PTBT）
☑ 3283	1968年には，核保有国を5カ国に限定する◯◯◯が国連総会で採択された。 (南山大)	核拡散防止条約（核不拡散条約，NPT）
☑ 3284	◯◯◯は，1960年に当時の植民地（サハラ砂漠の一角）で原爆実験に成功し，後に太平洋の環礁でも実験に成功した。 (清泉女子大)	フランス
☑ 3285	◯◯◯は，1964年に原爆実験に成功して軍事力を内外に示した。 (九州産業大)	中華人民共和国
☑ 3286	◯◯◯は1974年に国内の砂漠で原爆実験に成功したが，国際的な非難を浴びて中断した。1998年に核実験を再開させ，成功した。 (清泉女子大)	インド
☑ 3287	1974年に核実験を成功させたインドに対抗し，◯◯◯は同国との対立を深める中，1998年に地下核実験を行った。 (明治学院大)	パキスタン
☑ 3288	米ソ間では，軍備拡大が続く中，主として戦略ミサイルの数量を対象とした◯◯◯が開始され，1972年に調印された。 (成蹊大)	（第1次）戦略兵器制限交渉（SALT1）ソルト
☑ 3289	1969年から米ソ間で，第1次戦略兵器制限交渉が始まり，1973年には両国間で◯◯◯が結ばれた。 (明治大)	核戦争防止協定

☑ 3290	冷戦中，米ソによる直接の武力衝突は起きなかったが，ベトナム戦争のようにアジアやアフリカでは米ソの後押しによる◻◻◻が起きた。　　　　　（オリジナル）	代理戦争
☑ 3291	ベトナムでは，1954年のジュネーヴ休戦協定でフランスとの戦いは終わったが，1960年代にはアメリカも介入した南北間の◻◻◻が激化する。　　（名古屋外国語大）	ベトナム戦争
☑ 3292	ベトナムでは，親米政権に反対する勢力が1960年に◻◻◻を結成し，ベトナム民主共和国と協力しゲリラ戦を展開した。　　　　　　　（名古屋外国語大）	南ベトナム解放民族戦線
☑ 3293	アメリカは1964年に，自国の駆逐艦が魚雷攻撃をうけたとする◻◻◻を捏造して，ベトナム戦争への本格介入の口実とした。　　　　　　　　　　（京都女子大）	トンキン湾事件
☑ 3294	アメリカの◻◻◻大統領は，1965年からは北ベトナムへの爆撃（北爆）を開始し，地上兵力も増派した。　　　　　　　　　　　　　　　　（関東学院大）	ジョンソン
☑ 3295	アメリカは1964年にトンキン湾事件を捏造してベトナム戦争への本格介入の口実とし，翌1965年には大規模な◻◻◻を開始した。　　　　　　　（京都女子大）	北ベトナム爆撃（北爆）
☑ 3296	1968年1月，ベトナム語で旧正月を意味する語を冠した「◻◻◻」により，アメリカがアジアの小国を相手に軍事的な膠着状態にあることが白日の下に晒された。（北海道大）	テト攻勢
☑ 3297	中国との関係改善をめざしたアメリカ大統領◻◻◻は，1971年にキッシンジャー大統領補佐官を中国に派遣し，翌年自ら訪中した。　　　　　（オリジナル）	ニクソン

☑ 3298	中国との関係改善をめざしたアメリカ大統領ニクソンは，1971年に◯◯◯大統領補佐官を中国に派遣した。 (早稲田大)	キッシンジャー
☑ 3299	日本では，沖縄の米軍基地からベトナムへの攻撃が行われていたことへの批判が起こり，1972年に多くの問題を残しながらも◯◯◯が実現した。 (オリジナル)	沖縄返還
☑ 3300	1973年に◯◯◯が調印されてアメリカ軍はベトナムから撤兵したが，内戦状態は1975年のサイゴン陥落まで続いた。 (フェリス女学院大)	ベトナム（パリ）和平協定
☑ 3301	1975年3月，北ベトナム正規軍が南下を開始し，4月には◯◯◯を陥落させてベトナム戦争は終結した。(甲南大)	サイゴン
☑ 3302	1975年には南ベトナムの首都サイゴン（現ホーチミン）が陥落し，翌1976年，統一選挙が実施され，南北を統一した◯◯◯が成立した。 (愛知淑徳大)	ベトナム社会主義共和国
☑ 3303	カンボジアでは，1975年に中国の支援を受けた◯◯◯派が政権を握り，極端な共産主義政策による強制移住や大虐殺を行った。 (上智大)	ポル=ポト
☑ 3304	ポル=ポトは◯◯◯を指導して，農村を基盤とした共産主義社会の建設を唱えた。 (同志社大)	赤色クメール（クメール=ルージュ）
☑ 3305	1976年，カンボジアでは親中国のポル=ポトを首相とする◯◯◯が成立し，農業中心の極端な社会主義建設を断行した。 (東京都市大)	民主カンプチア（民主カンボジア）
☑ 3306	1979年にベトナム軍の支援を受けて◯◯◯がカンボジア人民共和国を設立すると，中国がベトナムを攻撃し，中越戦争が勃発した。 (日本女子大)	ヘン=サムリン

☑ 3307 🏚	カンボジアのポル=ポト派政権は，1979年にベトナム軍の侵攻により首都を放棄した。中国は制裁を名目としてベトナムへ侵入し，◯◯◯が起こった。　　　　　（上智大）	中越戦争
☑ 3308 🏚	ラオスでは，フランスからの独立をめざして組織された◯◯◯が，1975年に社会主義国家のラオス人民民主共和国を樹立した。　　　　　（オリジナル）	ラオス愛国戦線
☑ 3309 🏚	1961年に就任したアメリカ大統領の◯◯◯は，ニューフロンティア政策を掲げて積極的な国内政策に着手した。　　　　　（大東文化大）	ケネディ
☑ 3310 🏚	アメリカのケネディ大統領は◯◯◯を掲げ，国内においては黒人の公民権運動への対応を模索した。　　　　　（産業能率大）	ニューフロンティア政策
☑ 3311 🏚	アメリカのケネディ大統領は，貧困・差別の解消や教育改革を進め，後任の◯◯◯は「偉大な社会」計画を掲げてその路線を継続した。　　　　　（立教大）	ジョンソン
☑ 3312 🏚	アメリカのジョンソン大統領は人種差別撤廃をめざす公民権法を成立させると，「◯◯◯」計画を掲げて福祉政策や貧困対策の拡充をはかった。　　　　　（西南学院大）	偉大な社会
☑ 3313 🏚	アメリカでは，1954年に連邦最高裁判所で公立学校での人種隔離を違憲とする◯◯◯が下され，その後，公民権運動が高まった。　　　　　（青山学院大）	ブラウン判決
☑ 3314 🏚	アメリカでは，非暴力主義を掲げる◯◯◯を指導者として1963年にワシントン大行進が行われ，差別の撤廃を求めて公民権運動が展開された。　　　　　（南山大）	キング牧師
☑ 3315 🏚	アメリカ合衆国での黒人解放運動は，公民権運動とも呼ばれ，1963年のキング牧師が指導した◯◯◯で頂点に達する。　　　　　（東海大）	ワシントン大行進

☑ 3316	南北戦争後も，アメリカでの黒人差別は続き，公共施設や交通機関における黒人の利用を禁止・制限した[　　　]が設けられていた。　（金城学院大）	ジム=クロウ法
☑ 3317	アメリカでは公民権運動の結果，1964年に選挙権や公共施設での人種差別を禁止する[　　　]が成立した。　（青山学院大）	公民権法
☑ 3318	1960年代のアメリカでは，ヒッピーと呼ばれる若者たちが登場し，既成文化を批判する[　　　]を生んだ。　（早稲田大）	カウンター=カルチャー
☑ 3319	アメリカのニクソン大統領は，1972年に民主党の事務所に盗聴器が仕掛けられた[　　　]への関与によって，1974年に辞任した。　（早稲田大）	ウォーターゲート事件
☑ 3320	ウォーターゲート事件で辞任したニクソン大統領のあとを継いだ[　　　]大統領は，ソ連との緊張緩和を推進した。　（オリジナル）	フォード
☑ 3321	ソ連では，1964年のフルシチョフ解任の後，[　　　]が長期政権を築き，自由化の流れに歯止めをかけつつ情勢の安定を試みた。　（明治大）	ブレジネフ
☑ 3322	1968年，ソ連はチェコスロヴァキアへの軍事介入を正当化するため，「制限主権論」を柱とする[　　　]と呼ばれる外交方針を発表した。　（明治大）	ブレジネフ=ドクトリン
☑ 3323	ソ連では，1964年にフルシチョフが失脚し，その後，ブレジネフが第一書記となり，[　　　]が首相に就任した。　（中央大）	コスイギン
☑ 3324	1968年，ソ連のブレジネフは[　　　]の民主化運動を武力で圧殺し，「社会主義共同体の利益は各国の個別利益に優先する」とした。　（早稲田大）	チェコスロヴァキア

☑ 3325 ☐	1968年，チェコスロヴァキアでは「[ ]」と呼ばれる国民運動が起こったが，国外からの介入を受けて挫折した。 (北海道大)	プラハの春
☑ 3326 ☐	1968年，チェコスロヴァキアの共産党第一書記[ ]は，自由化を推進しようとしたが，ワルシャワ条約機構軍により阻止された。 (明治大)	ドプチェク
☑ 3327 ☐	西ドイツの[ ]首相は，積極的に「東方外交」を推進し，1970年にソ連=西ドイツ武力不行使条約を締結した。 (早稲田大)	ブラント
☑ 3328 ☐	西ドイツのブラント首相は，従来の方針を転換し，東ドイツやソ連との関係を改善する「[ ]」を展開した。 (二松学舎大)	東方外交
☑ 3329 ☐	1970年に，西ドイツのブラント政権は，モスクワで[ ]に調印した。 (中央大)	ソ連=西ドイツ武力不行使条約
☑ 3330 ☐	1945年のポツダム協定で，[ ]がドイツとポーランドの国境線と暫定的に定められたが，ブラント政権は，これを正式に認めた。 (オリジナル)	オーデル=ナイセ線
☑ 3331 ☐	1970年代，ヨーロッパで東西の間の緊張緩和（[ ]）が進むと，米ソもこの動きに合わせて，歩み寄った。 (オリジナル)	デタント
☑ 3332 ☐	1972年には，東西両ドイツの関係正常化を定めた[ ]が調印され，翌1973年に両国は国連に加盟した。 (上智大)	東西ドイツ基本条約
☑ 3333 ☐	デタント期の1975年に，アメリカとソ連を含めた西東欧諸国が集まった[ ]では，各国の主権の平等，基本的人権の尊重が主張された。 (法政大)	全欧安全保障協力会議（CSCE）

☑ 3334 🏛	1975年の全欧安全保障協力会議で採択された〔 〕は，主権尊重，武力不行使，科学・人間交流の協力をうたった。 （早稲田大）	ヘルシンキ宣言
☑ 3335 🏛	中国共産党・政府は1950年，〔 〕を公布し，大地主から土地を没収して農民に分け与え，農民の土地所有を進めた。 （東洋大）	土地改革（土地改革法）
☑ 3336 🏛	中国は，1953年から〔 〕を実施して農業の集団化と工業化を推進した結果，農業・工業で戦前の生産量を超えた。 （関東学院大）	第1次五カ年計画（中国）
☑ 3337 🏛	中国では，1958年から「〔 〕」のスローガンの下で，工業と農業の急速な発展がめざされたが，失敗した。 （明治大）	大躍進
☑ 3338 🏛	中華人民共和国成立後，農村では農業の集団化が進み，1950年代末には全国各地で〔 〕と呼ばれる組織が設立された。 （関西大）	人民公社
☑ 3339 🏛	中国では，1960年代半ば，毛沢東は国家主席の〔 〕らを「実権派」・「走資派」と呼んで批判し，彼らを標的にした激しい権力闘争を開始した。 （上智大）	劉少奇
☑ 3340 🏛	〔 〕では，1959年，貴族や仏教僧侶らが中国政府に対して反乱を起こし，まもなく中国人民解放軍によって鎮圧された。 （慶應義塾大）	チベット
☑ 3341 🏛	チベット仏教の指導者ダライ=ラマ14世がインドに亡命すると，インドと中国の国境では緊張が高まり〔 〕に発展した。 （中京大）	中印国境紛争
☑ 3342 🏛	1959年，チベットのラサで反中国運動が起こり，中国政府がこれを鎮圧すると，指導者〔 〕はインドに亡命した。 （オリジナル）	ダライ=ラマ14世

☑ 3343	◯◯◯の激化から，1969年には珍宝島（ダマンスキー島）で両国の武力衝突が起こり，死傷者が出た。 （オリジナル）	中ソ対立
☑ 3344	1966年に毛沢東と軍を率いる林彪ら左派は，◯◯◯を展開し，鄧小平らは「資本主義復活をはかる実権派」として追放された。 （日本大）	プロレタリア文化大革命 （文化大革命）
☑ 3345	文化大革命のとき，毛沢東は自らに忠誠を誓う青少年の集団である◯◯◯を利用して「実権派」を打倒した。 （上智大）	紅衛兵
☑ 3346	毛沢東は文化大革命において，権力の中枢にいた劉少奇・鄧小平らを，資本主義復活をはかる者として◯◯◯と呼んで批判した。 （明治大）	実権派（走資派）
☑ 3347	◯◯◯は，文化大革命を支持して毛沢東の後継者に指名されたが，クーデタに失敗し，亡命途上で死去した。 （早稲田大）	林彪
☑ 3348	1976年に毛沢東が死去すると，実質的に文化大革命を指導していた江青ら「◯◯◯」が逮捕されることで，文革は終結した。 （慶應義塾大）	四人組
☑ 3349	文化大革命の推進派である「四人組」のうち，毛沢東夫人であったのは◯◯◯である。 （立教大）	江青
☑ 3350	中国では1976年に毛沢東が亡くなると，首相の◯◯◯は，江青らの「四人組」を逮捕し，「四つの現代化」を推進した。 （関西大）	華国鋒
☑ 3351	1972年，日本の◯◯◯首相が中国を訪れ，日中国交正常化が実現した。 （明治大）	田中角栄

☑ 3352	1972年に田中角栄首相が訪中して国交を正常化させ，1978年には□□□□が締結された。 (慶應義塾大)	日中平和友好条約
☑ 3353	中国では，毛沢東が死去すると，□□□□が徐々に実権を握り，「四つの現代化」を掲げ，経済を急速に発展させた。 (東洋大)	鄧小平 とうしょうへい
☑ 3354	中国は1978年，農業・工業・国防・科学技術の「□□□□」に本格的に着手し，改革・開放路線を堅持しながら市場経済化を推進した。 (早稲田大)	四つの現代化
☑ 3355	中国では，文化大革命終了後，復権した鄧小平を中心とする指導部は，農業・工業・□□□□・科学技術からなる「四つの現代化」に取り組んだ。 (名城大)	国防
☑ 3356	中国では，文化大革命終結後，鄧小平を中心とする新指導部が，□□□□路線に転換し，市場経済や外国資本の導入を積極的に推進した。 (日本大)	改革・開放
☑ 3357	第二次世界大戦後の発展途上国で見られた，経済開発を効率よく進めることを理由に，政治運動や社会運動を抑圧した体制を□□□□と呼ぶ。 (法政大)	開発独裁
☑ 3358	韓国では1961年，□□□□がクーデタで政権を握り，国際関係を改善して高度経済成長を成し遂げた。 (近畿大)	朴正煕 パクチョン ヒ
☑ 3359	韓国は朴正煕の下，1965年に日本と□□□□を結び，日本からの資本と技術援助をうけながら経済開発を進めた。 (慶應義塾大)	日韓基本条約
☑ 3360	1980年，韓国の労働者や学生の民主化運動を政府が弾圧した□□□□が起こった。 (東京女子大)	光州事件 こうしゅう クヮンジュ

古代文明の出現と東アジア
アジアと地中海世界の形成
イスラーム教とヨーロッパ世界
ヨーロッパ世界の進展
アジアの動向と「世界の一体化」
近世ヨーロッパ世界の動向
近代社会の形成
欧米諸列強の世界分割
世界現代史

☑ 3361 ☐	大韓民国軍出身の◯◯◯は，光州における反政府・民主化運動を弾圧し，実権を握って1980年に大統領に就任した。　　　　　　　　　　　　　　　　　　（立教大）	チョンドゥホァン 全斗煥
☑ 3362 ☐	インドネシアでは，1965年の◯◯◯を機に軍部が実権を握り，インドネシア共産党は壊滅した。　　　　（中央大）	きゅう　さんまる 九・三〇事件
☑ 3363 ☐	インドネシアでは1965年の九・三〇事件を契機にスカルノは失脚し，1968年◯◯◯が大統領となると，いわゆる開発独裁を進めた。　　　　　　　　　　　（東京都市大）	スハルト
☑ 3364 ☐	マレー半島では，1957年の◯◯◯独立を経て，1963年に周辺の旧英領地域もあわせてマレーシア連邦が成立した。　　　　　　　　　　　　　　　　　　（中央大）	マラヤ連邦
☑ 3365 ☐	第二次世界大戦後のマレー半島は，1957年にイギリスの自治領としてマラヤ連邦が成立して独立し，1963年には◯◯◯となった。　　　　　　　　　（國學院大）	マレーシア
☑ 3366 ☐	マレーシアは◯◯◯首相の下でブミプトラ政策，「ルックイースト」政策などを展開した。　　　　　　（中央大）	マハティール
☑ 3367 ☐	マレーシアでは，1980年代にマレー人の生活水準や社会的地位の向上のために，◯◯◯と呼ばれるマレー人優遇政策がとられた。　　　　　　　　　　（慶應義塾大）	ブミプトラ政策
☑ 3368 ☐	1965年，シンガポールはマレーシアから分離・独立し，共和国の初代首相には◯◯◯が選出された。（早稲田大）	リー=クアンユー
☑ 3369 ☐	フィリピンでは，1965年に親米政策をとる◯◯◯が大統領に就任し，開発独裁を進めた。　　　　（関西学院大）	マルコス

□ 3370	□□□□□は，暗殺された夫の遺志を継いで政界入りし，マルコス退陣後の1986年から1992年までフィリピン大統領を務めた。 (獨協大)	アキノ（コラソン=アキノ）
□ 3371	1967年，インドネシア・マレーシア・シンガポール・フィリピン・タイの5カ国は反共的性格の□□□□□を結成した。 (成蹊大)	東南アジア諸国連合（ASEAN アセアン）
□ 3372	カシミール地方の領有やバングラデシュの独立をめぐり，1947年，1965年，1971年の3度にわたり，□□□□□が起こった。 (オリジナル)	インド=パキスタン戦争（印パ戦争）
□ 3373	1947年に独立したインドとパキスタンは，□□□□□地方の帰属をめぐって紛争を続けている。 (大妻女子大)	カシミール
□ 3374	インド=パキスタン戦争（第3次）の結果，□□□□□は1971年にパキスタンから独立した。 (法政大)	バングラデシュ
□ 3375	インド初代首相ネルーの娘である□□□□□は，首相として貧困撲滅を掲げて改革を進めたが，シク教徒に暗殺された。 (オリジナル)	インディラ=ガンディー
□ 3376	□□□□□は暗殺された母のあとを継いでインド首相となったが，スリランカの民族問題に介入したことからタミル人に暗殺された。 (オリジナル)	ラジブ=ガンディー
□ 3377	インドでは，1980年にヒンドゥー至上主義を掲げる□□□□□が結成され，国民会議派政権と対立した。 (オリジナル)	人民党（インド人民党）
□ 3378	チリでは，1970年に□□□□□が史上初の選挙による社会主義政権を樹立したが，1973年に軍部によるクーデタで死亡した。 (東洋英和女学院大)	アジェンデ

☑ 3379 ⌣	1973年，チリではアジェンデ政権に対する軍事クーデタが起き，□□による独裁体制に移行した。 （青山学院大）	ピノチェト

THEME
社会と経済の変容

見出し番号 3380—3437

☑ 3380 ⌣	1960年代以降の先進諸国では，国家が国民の福祉を重視するという□□的な政策がとられるようになった。 （オリジナル）	福祉国家
☑ 3381 ⌣	西側諸国でも，資本主義を前提とした上で，社会保障の充実などを主張する□□を掲げる社会主義政党が現れ，政権を担うこともあった。 （オリジナル）	社会民主主義
☑ 3382 ⌣	重化学工業の発展や経済復興の進展は，経済の成長を促す一方で，社会に大気汚染や水質汚濁などの□□をもたらした。 （オリジナル）	公害
☑ 3383 ⌣	環境問題に警鐘を鳴らした先駆的文献である『沈黙の春』の著者である海洋学者は□□である。　（慶應義塾大）	レイチェル=カーソン
☑ 3384 ⌣	海洋学者のレイチェル=カーソンは，環境問題に警鐘を鳴らした先駆的文献である『□□』を著した。 （慶應義塾大）	沈黙の春
☑ 3385 ⌣	1972年にストックホルムで□□が開かれたが，これは環境問題に関する最初の本格的な国連会議であった。 （慶應義塾大）	国連人間環境会議
☑ 3386 ⌣	1971年8月にアメリカのニクソン大統領は，金とドルの交換停止，および10パーセントの輸入課徴金の設定に踏み切った。いわゆる□□である。　（中央大）	ドル=ショック

☑ 3387	先進資本主義諸国では1973年の春までに固定相場制は崩壊することになり、 　　　 へと移行して現在に至っている。　　　　　　　　　　　　　　　（愛知大）	変動相場制
☑ 3388	1973年に勃発した 　　　 では、アラブの産油国が石油戦略に代表される資源外交を展開したため、先進国では第1次石油危機（オイル＝ショック）が発生した。　（西南学院大）	第4次中東戦争
☑ 3389	第4次中東戦争をうけた 　　　 加盟国による石油戦略などにより、第1次石油危機（オイル＝ショック）が起こった。　　　　　　　　　　　　　　　　　（中央大）	アラブ石油輸出国機構（OAPEC） オアペック
☑ 3390	第4次中東戦争の際、OAPECはイスラエルの友好国への原油輸出を停止あるいは制限し、同時に 　　　 は原油価格を引き上げた。　　　　　　　　　　　　（中央大）	石油輸出国機構（OPEC） オペック
☑ 3391	第4次中東戦争をうけたアラブ石油輸出国機構の石油戦略などにより、1973年に先進国では 　　　 が起こった。　　　　　　　　　　　　　　　（中央大）	第1次石油危機（オイル＝ショック）
☑ 3392	1975年から、オイル＝ショックなどへの対応を協議するため、先進7カ国による 　　　 が毎年持ち回りで開催されるようになった。　　　　　　　　（青山学院大）	先進国首脳会議（サミット）
☑ 3393	オイル＝ショックにより、大量生産の経済路線は見直され、高度なテクノロジーが重要視される、量から質への 　　　 が必要とされるようになった。　（オリジナル）	産業構造の転換
☑ 3394	1979年にイギリス首相に就任した保守党の 　　　 は、福祉国家路線を修正し、産業民営化、外国企業の受け入れなどの規制緩和を進めた。　　　　　（青山学院大）	サッチャー
☑ 3395	1981年に発足した 　　　 政権は、「強いアメリカ」の再生をめざして軍備拡張と対共産圏強硬外交を展開した。　　　　　　　　　　　　　　　（南山大）	レーガン

☑ 3396 ⌕	1980年代になると，ケインズ型福祉国家を基礎とする政府から，新自由主義に基づく「____」への転換が，英米で進んだ。　　　　　　　　　　　　（大妻女子大）	小さな政府
☑ 3397 ⌕	アメリカでは1980年代に____が台頭し，国家の経済への介入を最小限に止める「小さな政府」という考え方が注目されるようになった。　　　　　（東京都市大）	新自由主義
☑ 3398 ⌕	フランスの____は初の社会党出身の大統領で，1981年から14年間の長期政権を築いた。　　　　（オリジナル）	ミッテラン
☑ 3399 ⌕	アルゼンチンでは，軍事政権が1982年にイギリス領の____を占領し，イギリスと戦争となったが，敗北を喫した。　　　　　　　　　　　　　　（同志社大）	フォークランド（マルビナス）諸島
☑ 3400 ⌕	中米の____で1950年代初頭に誕生した左翼政権は，土地改革を推進したが，1954年にアメリカに支援された軍事クーデタにより打倒された。　　　　　（上智大）	グアテマラ
☑ 3401 ⌕	中米では1979年の____により，サンディニスタ民族解放戦線が左翼政権を築いた。　　　（関西学院大）	ニカラグア革命
☑ 3402 ⌕	1979年にニカラグアでソモサ長期独裁政権が____民族解放戦線によって倒されると，アメリカが介入し，内戦に発展した。　　　　　　　　　　　　（中央大）	サンディニスタ
☑ 3403 ⌕	ブラジルで20世紀中頃に，民族主義的政策の下に経済発展をめざした大統領は____である。　（関西学院大）	ヴァルガス
☑ 3404 ⌕	1960年年代の南米では，社会不正や貧困，人権抑圧などと闘う「____」という考えが，カトリック教会によって提唱された。　　　　　　　　　　（オリジナル）	解放の神学

☑ 3405 ☐	パレスチナ人は，1964年に（　　　　　）を組織し，パレスチナ人による国家建設をめざした。　　　　　　　（花園大）	パレスチナ解放機構（PLO）
☑ 3406 ☐	1993年，パレスチナ解放機構（PLO）の（　　　　）議長は，イスラエルとパレスチナ暫定自治協定を結んだ。　　　（産業能率大）	アラファト
☑ 3407 ☐	1967年に，イスラエルは（　　　　）を起こしてエジプト・シリア・ヨルダンを攻撃し，ゴラン高原・ヨルダン川西岸などを占領した。　　　　　　　　　　　　　　　（花園大）	第3次中東戦争（6日間戦争）
☑ 3408 ☐	第3次中東戦争によって，（　　　　）はイスラエルの占領下におかれたが，1979年のエジプト゠イスラエル平和条約をうけて1982年に返還された。　　　　　　　　（大東文化大）	シナイ半島
☑ 3409 ☐	1967年の第3次中東戦争で，イスラエルはシリアから（　　　　）を奪った。　　　　　　　　　　　　　　（神戸女子大）	ゴラン高原
☑ 3410 ☐	第3次中東戦争で，イスラエルはパレスチナ南西部の（　　　　）を占領した。　　　　　　　　　　　（オリジナル）	ガザ地区
☑ 3411 ☐	1967年の第3次中東戦争でイスラエルは圧勝し，イェルサレム旧市街を含む（　　　　）を占領した。　　　（東海大）	ヨルダン川西岸
☑ 3412 ☐	1979年，エジプトのサダト大統領は，アメリカのカーター大統領の仲介でイスラエルと（　　　　）を締結した。　　　　　　　　　　　　　　　　　　　　　（明治大）	エジプト゠イスラエル平和条約
☑ 3413 ☐	エジプトの（　　　　）大統領は，イスラエルとの和解に転じ，1979年にエジプト゠イスラエル平和条約を締結した。（中央大）	サダト

古代文明の出現と東アジア

アジアと地中海世界の形成

イスラーム教とヨーロッパ世界

ヨーロッパ世界の進展

アジアの動向と「世界の一体化」

近世ヨーロッパ世界の動向

近代社会の形成

欧米諸列強の世界分割

世界現代史

☑ 3414	アメリカのカーター大統領の仲介によって，エジプトとイスラエルの和平合意が成立したときのイスラエル首相は，□□□である。 (上智大)	ベギン
☑ 3415	エジプトで，サダト大統領暗殺後に大統領に就任した□□□は長年にわたり独裁政治を行ったが，2011年に起こった民主化デモによって辞任した。 (オリジナル)	ムバラク
☑ 3416	イスラエル占領地における投石などによるアラブ人の抗議運動は，□□□と呼ばれる。 (成蹊大)	インティファーダ
☑ 3417	1993年にはノルウェーの仲介によってパレスチナ暫定自治協定（□□□）が調印され，イスラエルとパレスチナの共存が図られた。 (成城大)	オスロ合意
☑ 3418	1993年には□□□が結ばれ，ガザ地区とヨルダン川西岸地区にかぎって先行自治を認める暫定自治政府が成立した。 (上智大)	パレスチナ暫定ざんてい自治協定（オスロ合意）
☑ 3419	1991年，アメリカの□□□大統領の仲介の下，中東和平会議が開催され，93年にはパレスチナ暫定自治協定が締結された。 (早稲田大)	クリントン
☑ 3420	1993年にはパレスチナ暫定自治協定が結ばれ，ガザ地区とヨルダン川西岸の□□□で先行して暫定自治が開始された。 (上智大)	イェリコ
☑ 3421	1993年，イスラエルの□□□首相とPLOのアラファト議長がパレスチナ"暫定自治に関する原則の宣言"（オスロ合意）に調印した。 (慶應義塾大)	ラビン
☑ 3422	PLO内の主流派組織で穏健派の□□□は，イスラエルとの和平交渉を進めてきた。 (オリジナル)	ファタハ

☑ 3423	パレスチナの独立を唱えるイスラム原理主義組織である □□□ は反イスラエルの立場をとり，自爆テロを繰り返した。 (オリジナル)	ハマス(ハマース)
☑ 3424	1960年代，イランのパフレヴィー2世は，□□□ と呼ばれる近代化政策を進めた。 (福岡大)	白色革命
☑ 3425	1979年，ホメイニに指導された □□□ が起こって国王は亡命し，イラン=イスラーム共和国が成立した。 (福岡大)	イラン= イスラーム革命 (イラン革命)
☑ 3426	1979年に起こったイラン=イスラーム革命で，親米政策をとる国王は亡命し，□□□ と名乗る国家が成立した。 (立教大)	イラン= イスラーム共和国
☑ 3427	1979年，シーア派指導者の □□□ の指導によりイラン=イスラーム革命が起き，イラン=イスラーム共和国が成立した。 (広島文教女子大)	ホメイニ
☑ 3428	□□□ の源流はワッハーブの改革思想に求められる。彼はスーフィズムなどを批判し，イスラーム教本来の信仰への復帰を説いた。 (関西大)	イスラーム原理主義
☑ 3429	1979年に起こったイラン=イスラーム革命は □□□ を引き起こし，世界経済に大きな影響を及ぼした。 (立教大)	第2次石油危機
☑ 3430	2005年にイラン大統領に就任した保守・強硬派の □□□ はウラン濃縮を進め，国際社会から孤立した。 (オリジナル)	アフマディネジャド
☑ 3431	トルコが加わっていた反共軍事同盟である □□□ は，1979年のイラン=イスラーム革命をきっかけに解体された。 (佛教大)	中央条約機構 (CENTO)

古代文明と東アジア の出現

アジアと地中海 世界の形成

イスラーム教と ヨーロッパ世界

ヨーロッパ 世界の進展

アジアの動向と 「世界の一体化」

近世ヨーロッパ 世界の動向

近代社会 の形成

欧米諸列強の 世界分割

世界現代史

☑ 3432 ☐	イラクのサダム=フセイン大統領は，イラン=イスラーム革命の波及の抑止と国境紛争の力による解決のため，隣国に侵攻し，[ ]が起こった。 (慶應義塾大)	イラン=イラク戦争
☑ 3433 ☐	1970年代，韓国・台湾・香港などが加工業・製造業の育成に成功して，[ ]と呼ばれる中所得の国や地域となった。 (早稲田大)	新興工業経済地域（NIES）
☑ 3434 ☐	発展途上国とされたアジア・アフリカ諸国の間では，著しい経済成長を遂げた地域とそうでない地域の間の問題，いわゆる[ ]も指摘されるようになった。 (慶應義塾大)	南南問題（南南格差）
☑ 3435 ☐	1980年代に先端技術をめぐってアメリカ・西欧・日本の間で競争が激化し，特に自動車やコンピュータの分野では[ ]と呼ばれる状態が生じた。 (オリジナル)	貿易摩擦
☑ 3436 ☐	1985年，ドル安を容認する，先進5カ国（G5）による[ ]が成立した。 (慶應義塾大)	プラザ合意
☑ 3437 ☐	1980年代，アメリカのレーガン大統領は，「[ ]」，すなわち財政赤字と貿易赤字を拡大させることになった。 (東海大)	双子の赤字

THEME

冷戦の終結

見出し番号 3438—3481

出題頻度 ♛

☑ 3438 ☐	1970年代末から80年代初めにかけては，アメリカの[ ]大統領が，人権外交と呼ばれる独自の外交を展開した。 (明治大)	カーター
☑ 3439 ☐	カーター大統領の外交政策やデタントへの批判が高まり，1979年にソ連による[ ]への軍事侵攻が起こると，米ソ関係は再び緊張した。 (オリジナル)	アフガニスタン

☑ 3440	レーガン大統領はソ連に対して強硬な姿勢をとったため, 1970年代末から80年代前半にかけての時期の米ソ関係は「◻️◻️◻️」と呼ばれる。 (オリジナル)	新冷戦 (第2次冷戦)
☑ 3441	ゴルバチョフは,「ソ連水爆の父」と呼ばれた反体制物理学者の◻️◻️◻️博士を解放し, 反体制活動家に自由を与えた。 (早稲田大)	サハロフ
☑ 3442	ソ連では, 1985年に共産党書記長に就任した◻️◻️◻️が, ペレストロイカと呼ばれる全面的な体制の見直しを進めた。 (関西学院大)	ゴルバチョフ
☑ 3443	1985年にソ連共産党書記長に就任したゴルバチョフは, ◻️◻️◻️(建て直し)の標語を掲げて改革を開始した。 (同志社大)	ペレストロイカ
☑ 3444	ソ連では, 共産党書記長のゴルバチョフが, 建て直し政策の「ペレストロイカ」と情報公開を意味する◻️◻️◻️政策を推進した。 (早稲田大)	グラスノスチ
☑ 3445	ソ連のゴルバチョフは, 対外的には「◻️◻️◻️」を掲げ, アフガニスタンからの撤退や中ソ関係の正常化などの政策を遂行した。 (早稲田大)	新思考外交
☑ 3446	1987年12月, アメリカのレーガンとソ連のゴルバチョフは, 核兵器搭載可能な中距離ミサイルの全廃を合意した◻️◻️◻️に調印した。 (愛知大)	中距離核戦力全廃条約 (INF全廃条約)
☑ 3447	1988年3月, ゴルバチョフは◻️◻️◻️を発して, 東欧の社会主義各国の体制選択が自由であるとし, ソ連の指導権を事実上否定した。 (中央大)	新ベオグラード宣言
☑ 3448	ポーランドでは社会主義体制下で, 自主管理労組「◻️◻️◻️」が結成された。 (センター)	連帯

☑ 3449 ☐	1990年にポーランド大統領に選出された◯◯◯は、かつて1980年の自主管理労働組合「連帯」運動の指導者であった。　　　　　　　　　　　　　　　　（早稲田大）	ワレサ
☑ 3450 ☐	1989年11月には1961年に建設された◯◯◯が開放され、1990年にはドイツの再統一が実現され、東西冷戦の象徴が消滅した。　　　　　　　　　　　　　　　（成蹊大）	ベルリンの壁
☑ 3451 ▥	1989年10月に東ドイツの◯◯◯書記長は退陣し、11月にはベルリンの壁が開放され、東西ドイツの自由な行き来が認められた。　　　　　　　　　　　　　（神戸学院大）	ホネカー（ホーネッカー）
☑ 3452 ☐	ルーマニアを長らく独裁的に支配していた◯◯◯は、民衆の蜂起の結果、1989年に処刑された。　　（中央大）	チャウシェスク
☑ 3453 ▥	ソ連の改革と周辺諸国における体制の転換によって、1989年に東欧社会主義圏が消滅したことを「◯◯◯」という。　　　　　　　　　　　　　　　　　（オリジナル）	東欧革命
☑ 3454 ▥	1970年代後半、中国の沿海部には◯◯◯が作られ、外国企業が誘致された。　　　　　　　　　　（神戸女学院大）	経済特区
☑ 3455 ☐	中国で、共産党の実権を握った鄧小平（とうしょうへい）は、共産党独裁を維持しながら、市場経済原理を導入する◯◯◯を推進した。　　　　　　　　　　　　　　　　　　　（東洋大）	社会主義市場経済
☑ 3456 ☐	1989年に学生・労働者が集結して政治的民主化を求めたが、政府はこれを武力で鎮圧した。この事件を◯◯◯という。　　　　　　　　　　　　　　　　　　　（関西大）	天安門事件
☑ 3457 ▥	1989年の天安門事件は、初代の中国共産党中央委員会総書記で、改革・開放路線を推進した◯◯◯の死去をきっかけとして起こった。　　　　　　　　　　　　　（立教大）	胡耀邦（こようほう）

3458	中国で，1989年に天安門事件が起こると，□□□□総書記はこの責任を追及されて失脚した。（関東学院大）	趙紫陽
3459	中国では天安門事件後，□□□が総書記となり，鄧小平の死後は最高指導者となった。（関西大）	江沢民
3460	2003年，□□□は，江沢民の後任として中国の国家主席になった。（上智大）	胡錦濤
3461	台湾において，外省人と本省人との対立を背景に，1947年に台北で生じた官憲に対する大規模な抗議運動を□□□□という。（慶應義塾大）	二・二八事件
3462	台湾では，1990年代後半に□□□□が初めて直接選挙によって総統に選ばれた。（中央大）	李登輝
3463	民進党の□□□□は，台湾で初めて国民党以外の政党から総統に当選した。（オリジナル）	陳水扁
3464	2000年の台湾総統選挙では，□□□□の陳水扁が当選を果たし，初めての政権交代が実現した。（立教大）	民進党
3465	南アフリカ共和国では，1991年に□□□□大統領の下でアパルトヘイト政策が撤廃された。（慶應義塾大）	デクラーク
3466	南アフリカでは，1991年に黒人隔離諸法が撤廃され，1994年の選挙で反アパルトヘイト運動の闘士だった□□□□が大統領に就任した。（同志社大）	マンデラ

☑ 3467	1989年末，ソ連のゴルバチョフ書記長とアメリカ大統領の◯◯◯は，マルタ会談で冷戦の終結を確認しあった。 (成蹊大)	ブッシュ（父）
☑ 3468	1989年末に開かれた◯◯◯で，米ソ冷戦の終結が確認された。 (産業能率大)	マルタ会談
☑ 3469	冷戦終結後，米・ソ・英・仏の承認の下に1990年に，西ドイツが東ドイツを吸収する形で◯◯◯が生まれた。 (オリジナル)	統一ドイツ
☑ 3470	1990年にドイツが再統一されたときの連邦共和国の首相は◯◯◯である。 (近畿大)	コール
☑ 3471	政治参画によって環境保護・反核・女性解放・平和などをめざすドイツの政党◯◯◯は，1998年シュレーダー政権に参加した。 (早稲田大)	緑の党
☑ 3472	統一ドイツ初代大統領となった◯◯◯は，1985年に行ったナチス時代を反省する演説で知られている。 (オリジナル)	ヴァイツゼッカー
☑ 3473	アメリカはソ連と，1982年に戦略兵器削減交渉を開始し，1991年に核弾頭の削減などを定めた◯◯◯に調印した。 (センター)	(第1次)戦略兵器削減条約 (START1)
☑ 3474	1996年に，地下爆発実験を含むあらゆる核兵器の爆発実験を禁止する◯◯◯が国連で採択された。 (産業能率大)	包括的核実験禁止条約 (CTBT)
☑ 3475	1990年8月，◯◯◯大統領の下で，イラクはクウェートに侵攻し，湾岸戦争を引き起こした。 (甲南大)	サダム=フセイン

☑ 3476 ☐	1990年，イラクのサダム=フセインは　　　　　へ侵攻し，湾岸戦争の原因を作った。　　　　　　　　　　（中央大）	クウェート
☑ 3477 ☐	1990年8月，イラクが突然クウェートに侵攻したため，アメリカを中心とする多国籍軍が結成され，1991年1月から　　　　　　が始まった。　　　　　　　　（桃山学院大）	湾岸戦争
☑ 3478 ☐	ソ連での保守派のクーデタによりソ連の求心力は低下し，9月には，エストニア・ラトビア・リトアニアの　　　　　　が達成された。　　　　　　　　（西南学院大）	バルト3国独立
☑ 3479 ☐	ソ連のゴルバチョフの改革はゆるやかな　　　　　　への移行を進めるものであったが，計画経済に慣れた企業や市民の間では混乱が生じ，社会不安が増大した。　（オリジナル）	市場経済
☑ 3480 ☐	1991年12月に，エリツィンはウクライナ・ベラルーシの指導者とともに　　　　　を結成し，これによってソ連は消滅した。　　　　　　　　　　　　　　（オリジナル）	独立国家共同体 (CIS)
☑ 3481 ☐	1991年，保守派のクーデタが失敗した後，ソ連共産党は解散し，ソ連は消滅した。ロシア連邦の初代大統領には　　　　　　が就任した。　　　　　　　　　（成蹊大）	エリツィン

THEME
今日の世界とその課題

見出し番号 3482—3555

出題頻度 👑

☑ 3482 ☐	冷戦の終結とソ連の消滅によって，旧社会主義圏ではこれまで抑え込まれてきた民族運動や民族対立が表面化し，各地で　　　　　が起こった。　　　　　（オリジナル）	民族紛争
☑ 3483 ☐	ソ連消滅後，ロシア連邦内では，ムスリムの多いカフカースの　　　　　共和国が分離独立を主張し，ロシア軍による軍事侵攻をうけた。　　　　　（フェリス女学院大）	チェチェン

☑ 3484 □	ティトーの死後，1990年代に起きた◯◯◯では「民族浄化」などの悲劇が起こった。　　　　　　（立命館大）	ユーゴスラヴィア内戦
☑ 3485 □	1992年，◯◯◯が独立を宣言すると，セルビアとモンテネグロからなる新ユーゴスラヴィア連邦の軍隊が侵攻して内戦に突入した。　　　　　　　　　　　（明治大）	ボスニア・ヘルツェゴヴィナ
☑ 3486 □	1991年にユーゴスラヴィアからの分離独立を宣言した◯◯◯は，2004年にEU加盟を果たした。　（オリジナル）	スロヴェニア
☑ 3487 ◻	1991年に◯◯◯とスロヴェニアが，1992年にはボスニア・ヘルツェゴヴィナが独立を宣言し，ユーゴスラヴィア内戦が起こった。　　　　　　　　　（立命館大）	クロアティア
☑ 3488 □	セルビアは，◯◯◯地方のアルバニア系住民による分離・独立の運動に対して政府が武力弾圧を敢行し，これに対して1999年にはNATO軍による空爆が行われた。（オリジナル）	コソヴォ
☑ 3489 ◻	1990年代のユーゴスラヴィア連邦の内戦で，セルビアの◯◯◯はアルバニア系住民虐殺の責任を問われ，国際戦犯裁判にかけられた。　　　　　　　　（立教大）	ミロシェヴィッチ
☑ 3490 □	◯◯◯は，1997年に，アヘン戦争後の南京条約以来155年ぶりにイギリスから中国に返還された。　（青山学院大）	香港
☑ 3491 ◻	香港を返還した1997年にイギリス首相となった労働党の◯◯◯は，2003年からのイラク戦争においてアメリカに追従して支持を失った。　　　　　（フェリス学院大）	ブレア
☑ 3492 □	中国に返還された香港とマカオは特別行政区として，◯◯◯という高度な自治が認められた。　（オリジナル）	一国二制度

☑ 3493	1990年代以降の中国は，改革・開放路線により急速な経済成長をとげたが，一方で国内の◯◯◯やチベット自治区では政府の抑圧が強化された。　　　（オリジナル）	新疆ウイグル自治区

^{しんきょう} 新疆ウイグル自治区

| ☑ 3494 | 全斗煥の後継者となった◯◯◯は，民主化宣言を発し，韓国大統領の直接選挙を実現した。　　　（早稲田大） | 盧泰愚 |

チョンドゥファン 全斗煥

ノ テウ 盧泰愚

| ☑ 3495 | 1993年に韓国大統領に就任した◯◯◯は，32年ぶりの文民大統領であり，光州事件などにからんで二人の前大統領を処罰し，文民政治の定着に努めた。　　（成蹊大） | 金泳三 |

キムヨンサム 金泳三

| ☑ 3496 | 2000年，韓国の◯◯◯大統領は，初めて南北首脳会談を実現させ，ノーベル平和賞を受賞した。　　（名古屋学院大） | 金大中 |

キム デ ジュン 金大中

| ☑ 3497 | 韓国の金大中大統領は，民主化とともに，◯◯◯を掲げて北朝鮮への対話を呼びかけた。　　（島根県立大） | 太陽政策 |

| ☑ 3498 | 北朝鮮の◯◯◯総書記は，2002年の日朝首脳会談で日本人拉致の事実を認め，謝罪した。　　　（オリジナル） | 金正日 |

キムジョンイル 金正日

| ☑ 3499 | ソ連消滅後も社会主義体制を維持する北朝鮮は，核兵器保有疑惑や2006年からの◯◯◯実施など，日米をはじめとする世界の緊張の要因となっている。　（オリジナル） | 核実験 |

| ☑ 3500 | 台湾では2016年に民進党の◯◯◯が女性初の総統に当選し，台湾の独立維持のためにアメリカとの関係を深めている。　　　（オリジナル） | 蔡英文 |

さいえいぶん 蔡英文

| ☑ 3501 | 1986年からベトナムは開放経済政策である「◯◯◯」を採用し，外国資本の導入や市場経済化を推進した。　　（オリジナル） | ドイモイ |

古代文明の出現と東アジア

アジアと地中海世界の形成

イスラーム教とヨーロッパ世界

ヨーロッパ世界の進展

アジアの動向と「世界の一体化」

近世ヨーロッパ世界の動向

近代社会の形成

欧米諸列強の世界分割

世界現代史

☑ 3502 📖	ビルマ（現ミャンマー）は1948年にイギリスからの独立を果たしたが，政権は安定せず，1962年に　　　　が軍事独裁政権を樹立した。　　　　　　　　　　（名古屋外国語大）	ネ=ウィン
☑ 3503 📖	軍事政権下でのミャンマー（ビルマ）では，　　　　を指導者として民主化運動が進められたが，軍事政権はこれを弾圧した。　　　　　　　　　　　　　　（オリジナル）	アウン=サン=スー=チー
☑ 3504 📖	16世紀にポルトガルの植民地となり，インドネシア領をへて2002年に最終的に独立を達成した東南アジアの国は，　　　　である。　　　　　　　　　　（青山学院大）	東ティモール
☑ 3505 📖	アフガニスタンでは，1996年にイスラーム原理主義を唱える　　　　が政権を樹立し，極端なイスラーム化政策を展開した。　　　　　　　　　　　　　　（青山学院大）	ターリバーン
☑ 3506 📖	は歴史的に自らの国家をほとんど持つことができなかった民族で，今日でも，イラン，イラク，トルコなどの山岳地帯にまたがって居住している。　　（獨協大）	クルド人
☑ 3507 📖	スリランカでは多数派のシンハラ人の優遇策に対して，少数派のヒンドゥー教徒の　　　　が反発して，分離独立を要求し，紛争が長く続いた。　　　　　　（成城大）	タミル人
☑ 3508 📖	1986 〜 1994年にかけて，　　　　と呼ばれるGATT参加国による多角的貿易交渉が進められ，WTOの設立が決まった。　　　　　　　　　　　　　　（オリジナル）	ウルグアイ=ラウンド
☑ 3509 📖	第二次世界大戦後に発足した「関税と貿易に関する一般協定」（GATT）は，1995年に　　　　として再発足した。　　　　　　　　　　　　　　　　（順天堂大）	世界貿易機関（WTO）
☑ 3510 📖	1979年に，ヨーロッパ共通通貨の実現へ向けた第一歩として，EC加盟国の為替レートを安定させるための　　　　が発足した。　　　　　　　　　　（二松学舎大）	欧州通貨制度（EMS）

☑ 3511	1987年の[＿＿＿＿]では，1992年までにヒト・モノ・サービスの移動を自由化する「域内市場」を完成することが正式目標とされた。 （学習院大）	単一欧州議定書
☑ 3512	ヨーロッパ共同体（EC）は域内市場の統合を実現し，1992年には[＿＿＿＿]に調印し，これをうけて1993年にヨーロッパ連合（EU）が成立した。 （早稲田大）	マーストリヒト条約
☑ 3513	マーストリヒト条約に基づいて，1993年に，ECは[＿＿＿＿]となり，ヨーロッパ単一市場が形成された。 （立教大）	ヨーロッパ連合（EU）
☑ 3514	欧州では，2004年にEU憲法が採択されたが，フランスとオランダが批准を拒否したため，かわりに2007年に[＿＿＿＿]が調印された。 （清泉女子大）	リスボン条約
☑ 3515	1999年にEU域内の決済通貨として作られた[＿＿＿＿]は，2002年にはヨーロッパ共通通貨として全面的に使用されるようになった。 （オリジナル）	ユーロ
☑ 3516	EUの加盟国は2013年のクロアティアの加盟，2020年のイギリスの脱退を経て，2023年6月現在，[＿＿＿＿]となっている。 （オリジナル）	27カ国
☑ 3517	[＿＿＿＿]は，ヨーロッパ経済協力機構（OEEC）をもとに1961年に発足した。 （関西学院大）	経済協力開発機構（OECD）
☑ 3518	アメリカ・カナダ・メキシコは1994年に[＿＿＿＿]を発足させて広域市場の編成をめざした。 （関西学院大）	北米自由貿易協定（NAFTA）
☑ 3519	NAFTA3カ国の関係は，2020年発効の[＿＿＿＿]に発展し，より保護貿易色を強めた。 （オリジナル）	アメリカ=メキシコ=カナダ協定（USMCA）

☑ 3520	1980年代以降には，アジア太平洋経済協力（APEC）会議や南米南部共同市場（　　　　）などの地域的経済協力体制が創設された。 （関西学院大）	MERCOSUR（メルコスール）
☑ 3521	アジア，太平洋地域の経済発展を目的として，1989年にオーストラリアの提唱をうけて　　　　が発足し，ASEANもこれに参加した。 （関西学院大）	アジア太平洋経済協力（APEC）（エイペック）会議
☑ 3522	1996年に，東南アジア諸国連合とヨーロッパ連合の協力を促進するために　　　　が発足した。 （オリジナル）	アジア=ヨーロッパ会合（ASEM）
☑ 3523	2018年には，南北アメリカ大陸からアジアにまたがる環太平洋パートナーシップに関する包括的及び先進的な協定（　　　　）が発効した。 （オリジナル）	CPTPP（包括的・先進的TPP協定）
☑ 3524	アフリカ諸国は「アフリカは一つ」をスローガンに1963年にアフリカ統一機構を結成し，2002年にはヨーロッパ連合をモデルにして，　　　　に改組した。 （慶應義塾大）	アフリカ連合（AU）
☑ 3525	2000年以降，経済成長を続けた5カ国（ブラジル・ロシア・インド・中国・南アフリカ）を総称して　　　　と呼ぶ。 （オリジナル）	BRICS（ブリックス）
☑ 3526	先進国首脳会議（　　　　サミット）は，1997年〜2014年の間はロシアが加わりG8サミットとなっていた。 （オリジナル）	G7
☑ 3527	アジア通貨危機に対応するため，1999年にG8とブラジル，インド，中国などの新興国を加えた国際会議　　　　が発足した。 （オリジナル）	G20
☑ 3528	1997年，タイの通貨バーツの急落をきっかけに　　　　が発生し，アジア各国の経済構造の改革がIMFより求められた。 （慶應義塾大）	アジア通貨危機

№		問題	解答
☑ 3529	20世紀以降のアメリカは，1929年に始まる世界恐慌や，2008年の大手金融機関の破綻に端を発する◯◯◯◯など，世界的な経済危機の震源となった。 (早稲田大)	リーマン=ショック
☑ 3530	2001年9月11日，イスラーム急進派によって乗っ取られたアメリカの旅客機がニューヨークとワシントンのビルに突入する◯◯◯◯が起きた。 (オリジナル)	同時多発テロ事件 (9.11事件)
☑ 3531	2001年，同時多発テロ事件（9.11事件）を受けたアメリカの◯◯◯◯大統領は，直ちに「テロへの戦争」を宣言し，同年アフガニスタンを攻撃した。 (関西大)	ブッシュ (子)
☑ 3532	アメリカは同時多発テロ事件後，◯◯◯◯によって，イスラーム急進派組織のアル=カーイダを保護しているとするアフガニスタンのターリバーン政権を打倒した。 (オリジナル)	対テロ戦争
☑ 3533	2001年アメリカは，アル=カーイダの◯◯◯◯をかくまうターリバーン政権を崩壊させるとの理由で，アフガニスタンを攻撃した。 (早稲田大)	ビン=ラーディン
☑ 3534	2011年5月1日，イスラーム急進派組織◯◯◯◯の指導者ビン=ラーディンをアメリカの特殊部隊がパキスタンで殺害した。 (獨協大)	アル=カーイダ
☑ 3535	2003年，アメリカとイギリスは，イラク政府が大量破壊兵器を保有していると主張して◯◯◯◯を開始し，バグダードは陥落した。 (青山学院大)	イラク戦争
☑ 3536	2010年末から2011年にかけて，民主化運動によってチュニジア，エジプト，リビアで相次いで独裁政権が倒れたことを「◯◯◯◯」という。 (オリジナル)	アラブの春
☑ 3537	シリアでは内戦が発生し，2014年にはシリアとイラクにまたがる武装勢力「◯◯◯◯」が現れ，多くの難民が発生している。 (オリジナル)	IS (イスラム国)

□ 3538 ☐	20世紀には唯一の超大国を自負していたアメリカは，金融危機や戦費の増大により主導権にかげりがみられるようになり，世界は[　　　]へと向かっている。　（オリジナル）	多極化
□ 3539 ☐	アメリカ初のアフリカ系大統領[　　　]は2009年4月にプラハで，その年のノーベル平和賞の受賞理由の一つにもなった「核なき世界」を訴える演説をした。（慶應義塾大）	オバマ
□ 3540 ☐	政治や文化，経済（ヒト・カネ・モノ）が国境を越え，世界規模で動いていくことを[　　　]という。（オリジナル）	グローバリゼーション
□ 3541 ☐	主にアメリカ中西部の白人層の支持を受けて，2017年に大統領に就任した[　　　]は，国内産業を保護し，移民の受け入れを規制するなどの政策をとった。（オリジナル）	トランプ
□ 3542 ☐	2010年のGDPで日本を抜いて世界第2位の経済大国になった中国では，2013年に[　　　]が国家主席に就任して以来，権力集中の姿勢を強めている。（オリジナル）	しゅうきんぺい 習近平
□ 3543 ☐	中国の習近平は，アジア，ヨーロッパ，アフリカにまたがる経済圏を作り上げるという「[　　　]」構想を打ち出した。（オリジナル）	一帯一路
□ 3544 ☐	近年，中国は日本との間の領土に関する[　　　]問題を始めとして，アジアの近隣の諸国との間に領土・権益をめぐる摩擦や紛争を引き起こしている。（オリジナル）	せんかく 尖閣諸島
□ 3545 ☐	中国は一国二制度を保障していた香港に対して，2020年から[　　　]を導入し，その自治を形骸化させた。（オリジナル）	（香港）国家安全維持法
□ 3546 ☐	2014年3月，ロシア軍はウクライナのクリミア半島を制圧し，ロシア大統領[　　　]は同半島のロシアへの編入を一方的に宣言した。（獨協大）	プーチン

3547	2008年，プーチンが指名した［　　］は大統領選挙で圧勝し，大統領に就任したが，任期満了後は首相として後継のプーチン大統領を支えた。　　　　　（オリジナル）	メドヴェージェフ
3548	2022年，ロシアのプーチン政権は［　　］を行い，欧米を始め世界各国の非難をあびた。　　　　（オリジナル）	ウクライナ侵攻
3549	紛争や迫害あるいは災害によって，居住地から逃れざるを得なくなった［　　］の数は，近年増えつつある。　　　　　　　　　　　　　　　（オリジナル）	難民
3550	ヨーロッパ諸国では移民の排斥などを主張して人々の支持を集める［　　］が，近年，勢いを増している。　　　　　　　　　　　　　　　（オリジナル）	ポピュリズム
3551	イギリスはEU離脱（［　　］）派が国民投票で勝利し，2020年にEUを離脱した。　　　　　（オリジナル）	ブレグジット
3552	国連が紛争地の治安維持や選挙の監視などのために加盟各国の軍隊を派遣する活動を［　　］という。　　　　　　　　　　　　　　　（オリジナル）	国連平和維持活動(PKO)
3553	第二次世界大戦後の1950年に，［　　］が，難民問題に国際的に取り組むため，国際連合の下部組織として，ジュネーヴに設置された。　　　　　　　　（福岡大）	国連難民高等弁務官事務所(UNHCR)
3554	近年では，紛争を平和的に解決するために国際的な協力が必要であり，［　　］などの営利を目的としない民間団体の関与が重要視されている。　　　（オリジナル）	非政府組織(NGO)
3555	1997年の［　　］の調印に大きな役割を果たした非政府組織（NGO）は，ノーベル平和賞を受賞した。　　　　　　　　　　　　　　（オリジナル）	対人地雷全面禁止条約

3556 ☑	一般相対性理論を完成したドイツの ⬚ は，文字通り物理学の革新者であった。 (学習院大)	アインシュタイン
3557 ☑	アインシュタインは ⬚ を発表し，従来のニュートン物理学に根本的な革新をもたらした。 (関西学院大)	相対性理論
3558 ☑	アインシュタインなどによる核物理学の研究は原子爆弾を生み出し，第二次世界大戦後には ⬚ の開発につながった。 (オリジナル)	原子力発電
3559 ☑	1970年代にアメリカの ⬚ で大規模な原子力発電所の事故が起きた。 (南山大)	スリーマイル島
3560 ☑	1986年，ソ連（現ウクライナ）の ⬚ 原子力発電所で爆発事故が発生し，周辺諸国にも大きな被害が及んだ。 (早稲田大)	チョルノービリ（チェルノブイリ）
3561 ☑	2011年，日本の東京電力 ⬚ で，原子炉のメルトダウン（炉心溶融）と放射性物質の放出という重大な事故が発生した。 (オリジナル)	福島第一原子力発電所
3562 ☑	世界各国で原子力発電に対するリスクが考慮され，水力・風力・太陽エネルギーなどの ⬚ への依存を増やす政策も進められている。 (オリジナル)	自然エネルギー
3563 ☑	1903年，アメリカの ⬚ が人類初の有人動力飛行に成功し，20世紀は「飛行機の世紀」として幕を開けた。 (立教大)	ライト兄弟

☑ 3564	人類初の宇宙飛行となったのは，ソ連による1957年の人工衛星◻︎の打ち上げだが，この技術は軍事ミサイルにも使われていた。 (立教大)	スプートニク1号
☑ 3565	アメリカは1969年，宇宙船◻︎により人類初の月面着陸を成功させた。 (学習院大)	アポロ11号
☑ 3566	1920年代にアメリカで放送が始まったラジオが第一次・第二次世界大戦の戦間期に各国にも広がった。第二次世界大戦後に◻︎の実用放送が始まるなど，メディアは進化・多様化した。 (共立女子大)	テレヴィジョン（テレビ）
☑ 3567	1946年にアメリカで実用化された◻︎は，小型化と低価格化が進み，1990年代になるとパーソナル=◻︎として一般に普及した。 (オリジナル)	コンピュータ
☑ 3568	1990年代以降は，コンピュータを通信回線でつないで構築する◻︎が通信手段として普及し，広く利用されるようになった。 (オリジナル)	インターネット
☑ 3569	インターネットや携帯電話の普及による社会の急激な変革を，◻︎という。 (オリジナル)	情報技術（IT）革命
☑ 3570	コンピュータの発展にともない2010年代に開発が進んだ◻︎は，人間の知的活動をより大きく広げる可能性をもつとされる。 (オリジナル)	人工知能（AI）
☑ 3571	20世紀になると，フレミングが発見した◻︎など微生物の増殖を抑制する抗生物質が広く用いられるようになり，また予防医学も発達した。 (中京大)	ペニシリン
☑ 3572	イギリスの細菌学者の◻︎は，青カビの一種からペニシリンを分離することに成功した。 (成蹊大)	フレミング

3573	1953年に遺伝子を構成するDNAの構造が明らかとなり，2003年には[ ]によって人間の遺伝子配列が解読された。　　　　　　　　　　　　　　　　（オリジナル）	ヒトゲノム計画
3574	細胞や臓器を作り出すことができる[ ]が研究開発され，再生医療に貢献することが期待されている。　　　　　　　　　　　　　　　　（オリジナル）	iPS細胞（人工多能性幹細胞）
3575	1990年代末には，羊などを対象に[ ]が開発され，医療に新しい希望をもたらした一方で，生命倫理の問題も問われている。　　　　　　　　　　　　（オリジナル）	クローン技術
3576	1980年代からは，産業革命以来の化石燃料の大量使用や人口の急増など，人間の活動による[ ]が問題視され始めた。　　　　　　　　　　　　（オリジナル）	地球温暖化
3577	1987年にオゾン層の保護を進めるために，フロンガスを規制する[ ]が採択された。　　（早稲田大）	モントリオール議定書
3578	1992年，リオデジャネイロで[ ]が開かれた。この会議で採択された宣言には「持続可能な開発」の理念が盛り込まれた。　　　　　　　　　　（慶應義塾大）	地球サミット（国連環境開発会議）
3579	将来世代のために環境保全と開発を両立させようとする「[ ]」という考えは，1992年の地球サミットでもうたわれた。　　　　　　　　　　　　（オリジナル）	持続可能な開発
3580	1992年に開かれた環境と開発に関する国連会議（地球サミット）では，「持続可能な開発」を進めるための27原則からなる[ ]が採択された。　　（オリジナル）	リオ宣言
3581	1992年，リオデジャネイロで「地球サミット（国連環境開発会議）」が開催され，持続可能な開発を実現するための行動計画である「[ ]」が採択された。　（明治大）	アジェンダ21

☑ 3582	1997年の第3回気候変動枠組条約締約国会議（COP3）では，先進国の温室効果ガス削減目標を定めた◻◻◻◻が採択された。　（早稲田大）	京都議定書
☑ 3583	貧困や格差，地球環境問題など世界的課題に対して長期的な見通しが求められ，2015年には国連サミットで「◻◻◻◻」が定められた。　（オリジナル）	持続可能な開発目標（SDGs）
☑ 3584	◻◻◻◻は，ウィーンで心理学や精神医学の領域において精神分析学を発展させ，『ヒステリー研究』『夢判断』などを著した。　（阪南大）	フロイト
☑ 3585	フランスの社会人類学者の◻◻◻◻らが提唱した構造主義は，西欧中心の思考方法から離れた観点を示した。　（二松学舎大）	レヴィ＝ストロース
☑ 3586	理性と進歩を重視する◻◻◻◻は，19世紀以降ヨーロッパで強い影響力を持ち続け，20世紀社会主義の基盤ともなった。　（オリジナル）	合理主義
☑ 3587	ドイツの社会科学者の◻◻◻◻は，ヨーロッパで近代資本主義が展開した背景にプロテスタントの禁欲的な宗教倫理を見出した。　（関西学院大）	ヴェーバー（マックス＝ヴェーバー）
☑ 3588	アメリカを中心に，教育学者でもある◻◻◻◻らによって大成されたプラグマティズムは，実社会における成果から思考の真偽を決定しようとした。　（中京大）	デューイ
☑ 3589	アメリカのデューイは，真理を実用的価値において探究する◻◻◻◻の哲学者として知られる。　（西南学院大）	プラグマティズム
☑ 3590	1970年代以降，様々な社会不安から合理主義に対する再検討が始まり，理性や進歩も相対的な価値しかもたないとする◻◻◻◻の考え方が登場してきた。　（オリジナル）	ポスト＝モダニズム

☑ 3591	合理主義の考え方の根底に, 欧米諸国は「文明的」であり, アフリカやアジアは「未開で野蛮」であるという価値観があることを批判する◯◯◯◯の考え方が登場した。 (オリジナル)	ポスト= コロニアリズム
☑ 3592	世界各地の文化や習慣は, それぞれ独自の価値を持ち, 互いに対等であるという◯◯◯◯という考え方が現れた。 (オリジナル)	文化多元主義
☑ 3593	芸術を「高尚な」ものと「通俗的な」ものとに区別するような社会の動きに対して, ◯◯◯◯なども含めた多様な芸術表現を対等に尊重する動きが生まれた。 (オリジナル)	ポップ= カルチャー
☑ 3594	20世紀初めにイギリスでは, パンクハーストら女性参政権活動家(◯◯◯◯)が抗議運動を行い, 女性の社会進出を促した。 (オリジナル)	サフラジェット
☑ 3595	欧米諸国や日本で女性解放運動が高まった1960〜70年代以降, 男尊女卑のような女性差別を生む社会構造の変革をめざす◯◯◯◯の考え方が登場した。 (オリジナル)	フェミニズム
☑ 3596	1979年に国際連合で採択された◯◯◯◯を受けて, 日本では1985年に男女雇用機会均等法が成立した。 (慶應義塾大)	女性差別撤廃条約
☑ 3597	1960年代後半からアメリカで始まった女性解放運動は, 70年代には女性の社会進出をさかんにし, 1985年には日本において◯◯◯◯の成立へとつながった。 (オリジナル)	男女雇用機会均等法
☑ 3598	20世紀後半から, 性別をめぐる考え方が見直され, 身体的な性とは別に社会的に認められる◯◯◯◯が尊重されるべきであるという考え方が広がった。 (オリジナル)	ジェンダー
☑ 3599	第二次世界大戦頃, フランスの実存主義の哲学者・文学者の◯◯◯◯が『存在と無』を書いた。 (関西学院大)	サルトル

☑ 3600	第一次世界大戦後のヨーロッパ情勢を背景にして出版された[　　　]の『西洋の没落』は大きな反響を呼んだ。(南山大)	シュペングラー
☑ 3601	『オリエンタリズム』を著したアメリカ人学者[　　　]は，中東・北アフリカ・インドなどを後進地域とみなす，西洋学者の見方・偏見を批判した。(慶應義塾大)	サイード
☑ 3602	『ジャン=クリストフ』の作者[　　　]は，1932年8月にアムステルダムで開かれた国際反戦大会の呼びかけ人となった。(駒澤大)	ロマン=ロラン
☑ 3603	『魔の山』を著したドイツのノーベル賞作家の[　　　]は，ファシズムに反対し，アメリカへ亡命した。(オリジナル)	トーマス=マン
☑ 3604	ガンディーと親交を結んだインドの詩人[　　　]は，『ギーターンジャリ』で1913年にアジア人として初めてノーベル文学賞を受賞した。(福岡大)	タゴール
☑ 3605	印象派の画風に反発した野獣派フォーヴィスムの代表的画家に，フランスの[　　　]がいる。(センター)	マティス
☑ 3606	スペイン出身で当時パリに居住していた画家[　　　]は，スペイン内戦中のドイツ軍による爆撃に抗議して「ゲルニカ」を描いた。(駒澤大)	ピカソ
☑ 3607	シュルレアリスム後期を代表する画家として，スペイン生まれで，「記憶の固執」などを描いた[　　　]があげられる。(オリジナル)	ダリ
☑ 3608	オーストリアの作曲家[　　　]は，無調音楽と十二音技法を確立し，ナチス政権が誕生するとアメリカに亡命した。(オリジナル)	シェーンベルク

世界史一問一答 さくいん

※この本に出てくる見出し語を 50 音順に配列しています。
※数字は見出し番号です。

キ

ク

ランク順 聴いて覚える世界史探究
PRODUCTION STAFF

ブックデザイン
高橋明香(おかっぱ製作所)

イラスト
加納徳博

執筆協力
(株)シナップス

企画
小野優美, 佐藤由惟

編集協力
**(株)シー・キューブ, 秋下幸恵,
佐藤玲子, 高木直子, 吉沢良子**

AI音声
HOYA(株) ReadSpeaker

組版
(株)四国写研

印刷
(株)リーブルテック